Fabian Heubel

Was ist chinesische Philosophie?

Kritische Perspektiven

Meiner

Bibliographische Information der Deutschen Nationalbibliothek

Die Deutsche Nationalbibliothek verzeichnet diese Publikation in der Deutschen Nationalbibliographie; detaillierte bibliographische Daten sind im Internet über ‹http://portal.dnb.de› abrufbar.

ISBN 978-3-7873-3808-5
ISBN eBook 978-3-7873-3809-2

 Satz: mittelstadt 21, Vogtsburg-Burkheim. Druck und Bindung: Stückle, Ettenheim. Gedruckt auf alterungsbeständigem Werkdruckpapier, hergestellt aus 100 % chlorfrei gebleichtem Zellstoff. Printed in Germany.

INHALT

Für meinen Vater Werner,
der jahrelang ein Studium von etwas unterstützt hat,
das es gar nicht gibt: chinesische Philosophie. –
Oder gibt es sie doch?

Einleitung

Die Frage »Was ist chinesische Philosophie?« führt in Europa nach wie vor häufig zu der Gegenfrage: Ist chinesische Philosophie denn überhaupt Philosophie? Dieser Zweifel erinnert an die Frage, die dem Komponisten John Cage in den 1950er Jahren einmal nach einem Konzert gestellt worden ist: Ist *das* denn überhaupt noch Musik? Cage gab darauf die legendäre Antwort: »you must not call it music, if this expression hurts you« (Riehn 1990: 97); »Sie brauchen es nicht für Musik zu halten, wenn dieser Ausdruck Sie choquiert.« (Metzger 1969: 142) Es ist an der Zeit, mit ähnlich gelassener Ironie auf die sich hartnäckig haltende Behauptung zu antworten, dass »chinesische Philosophie« doch gar keine »Philosophie« sei: »Du brauchst es nicht Philosophie zu nennen, wenn dich dieser Ausdruck schmerzt.«

Oder ist es besser, der Frage »Was ist chinesische Philosophie?« aus dem Weg zu gehen? Ist φιλοσοφία (philosophia) nicht griechisch? Warum nicht einfach von *Denken* sprechen? Aber denkt »China« denn überhaupt? (Cheng 2009) Ist das Chinesische eine »Sprache«, in der philosophisch gedacht werden kann? Diese Fragen mögen absurd klingen. Sie werden jedoch in Europa seit Jahrhunderten ernsthaft diskutiert. Die Antwort auf die Frage »Was ist chinesische Philosophie?« muss deshalb immer auch mit diesen alten Gespenstern kämpfen. Dieses Buch kreist um widerstreitende Perspektiven, aus denen es möglich ist, sich chinesischer Philosophie anzunähern. Kritische Perspektiven werden sichtbar, indem diese verschiedenen Denkwege sich wiederholt be-gegnen. In dieser Bewegung taucht etwas auf, was ich *frei-gelassene Philosophie* nennen möchte. Damit scheint es indes zunehmend unwichtig zu werden, ob die Sache, um die es geht, den Namen »Philosophie« erhält – oder »Denken« oder sonst einen anderen. Wenn dieses Buch es verdient, eine Übung in kritischem Denken genannt zu werden, dann ist es auch eine Übung darin, sich von vorgefertigten Meinungen darüber zu lösen, was als »chinesisch« und was als »Philosophie« gilt.

Dieses Buch geht davon aus, dass die Beantwortung der Frage »Was ist chinesische Philosophie?«, heute jedenfalls, notwendig *politisch* ist. Die »kritischen Perspektiven« im Untertitel führen deshalb auch immer wieder in Erörterungen, die in den Umkreis politischer Philosophie gehören. Von diesem ausgehend nähert sich der Denkweg dieses Buches sodann ästhetischen, ethischen und (nach-)metaphysischen Fragen. Der Grund für dieses Vorgehen ist die veränderte Stellung Chinas in der Welt. Seit der Mitte des 19. Jahrhunderts haben Generationen von chinesischen Gelehrten und Intellektuellen nach Wegen gesucht, um auf die Aggressivität des westlichen Imperialismus zu antworten. Das Studium europäischer Philosophie vom Altertum bis in die Gegenwart war Teil von langwierigen Bemühungen, diese Geschichte zu verstehen und aus ihr zu lernen. Etwa seit dem Jahr 2000 äußert sich das wachsende »Selbstvertrauen« (zìxìn 自信) in den gewundenen Weg chinesischer Modernisierung zunehmend als geophilosophische »Selbstbesinnung« (zìjué 自覺) auf die Notwendigkeit, »chinesische Philosophie« als *Weltphilosophie* zu verstehen: demnach ist chinesische Philosophie als »chinesische«, also als regionale, nationale oder bloß kulturspezifisch begrenzte, überhaupt keine »Philosophie«, weil sie unfähig ist, über Chinas Verhältnis zur »Welt« im Ganzen nachzudenken. Die Entwicklung einer weltphilosophischen Perspektive verlangt allerdings, das Potenzial jener *transkulturellen Dynamik* von Altem und Neuem, Östlichem und Westlichem ernst zu nehmen, die China seit dem 19. Jahrhundert tiefgreifend verändert hat. Diese durch den Westen erzwungene Veränderung wirkt nun zunehmend auf den Westen zurück und untergräbt die von westlichen Staaten dominierte Weltordnung.

Chinesische Philosophie als Weltphilosophie

Der Weg zu einer von chinesischen Quellen maßgeblich inspirierten Weltphilosophie ist noch weit. Die Sprache der klassischen chinesischen Philosophie in ihrer Entwicklung über die Jahrtausende hinweg ist im Westen nach wie vor weitgehend unbekannt und unübersetzt. Durch den ökonomischen und politischen Aufstieg Chinas zu einer modernen Weltmacht wächst der Druck auf Philosophie in Europa, dieser Entwicklung Aufmerksamkeit zu schenken. In der chinesischen Gegenwartsphilosophie gibt es zunehmend Stimmen, die von geistiger Größe träumen: »Heute gehört das, was zu China gehört, auch zur Welt. Das ist eine Tatsache. Das ökonomische Gewicht bestimmt das Gewicht von Politik, Kultur und Denken (Marx' Theorie des ›ökonomischen Unterbaus‹ ist nach wie vor gültig). Sobald China ein wichtiger Teil der Welt wird, müssen wir die Bedeutung von Chinas Kultur und Denken für die Welt diskutieren. Wenn Chinas Wissenssystem nicht am Aufbau des Wissenssystems der Welt teilnehmen kann, so dass ein neues, universales Wissenssystem entsteht, und wenn China nicht zu einem großen Land der Wissensproduktion werden kann, dann bleibt es bloß ein kleines Land, unabhängig davon, wie groß sein Umfang auf dem Gebiet der Ökonomie und der materiellen Produktion ist.« (Zhào 2005: 2)

Dies ist ein Zitat aus dem Buch *Das System des Himmelunten* von Zhào Tīngyáng 趙汀陽. Sein Buch *Die Aktualität des Himmelunten* – ins Deutsche übersetzt unter dem Titel *Alles unter dem Himmel. Vergangenheit und Zukunft der Weltordnung* – hat dazu beigetragen, die Diskussion über damit verbundene Fragen auch in den deutschsprachigen Raum zu tragen. (Zhào 2016) Aus einer Perspektive, die der Schweizer Sinologe Jean François Billeter formuliert hat, lässt sich die Rede vom »Himmelunten« (tiānxià 天下) ohne große Schwierigkeiten als eine Waffe im »Krieg der Ideen« identifizieren, den das »chinesische Regime« gegen »uns« führt. (Billeter 2020: 101) Deutsche Kommentare sehen in Zhàos Versuch, mit Hilfe der Idee eines »Systems des Himmelunten« über die »Weltordnung« nachzudenken, düster das Aufdämmern einer »von China dominierten Weltordnung« (Osterhammel 2020) und eine »politische Kosmologie«, die als »freundliche Ordnung« (Assheuer 2020) daherkommt, hinter der sich aber der Aufruf zu einem neuen »Kampf der Weltanschauungen« verbirgt: »Und wer wollte bestreiten, dass unsere Zeit an der Schwelle einer Konfrontation zweier Weltmächte, der USA und China, steht, eine Zeit, die mithin auch durch die Konfrontation zweier Philosophien geprägt wird: eines westlichen, die Menschenrechte in sein Zentrum stellenden Universalismus, sowie eines Universalismus der friedlichen Koexistenz unterschiedlicher Systeme […].« Es verdichten sich, so Brumlik weiter, »die Hinweise auf eine auch philosophische Konkurrenz zwischen China und dem ›Westen‹, sofern man heute […] überhaupt noch von ›dem Westen‹ sprechen kann«. Dabei wird eine »aus China kommende, erklärtermaßen neokonfuzianische Philosophie gegen die klassische liberale Philosophie, etwa von John Rawls, in Stellung gebracht«. (Brumlik 2020: 81)

Ein Grundprinzip der chinesischen »Kunst des Krieges« lautet: Wer weder den gegnerischen Anderen noch sich selbst kennt, läuft Gefahr, jeden Kampf zu verlieren. (Klöpsch 2009: 20) Auf die Situation des von Brumlik beschworenen »Kampfes der Weltanschauungen« übertragen, stellt sich für Philosophie in Europa die Frage, ob sie von China und chinesischer Philosophie denn überhaupt genug weiß, um auf einen solchen »Kampf« hinreichend vorbereitet zu sein. Unkenntnis und Desinteresse hinsichtlich chinesischer Philosophie sind so offensichtlich und stark, dass diese Frage ohne Zögern verneint werden kann. Wie in der interkulturellen Kommunikation zwischen China und Europa die Gewichte verteilt sind, zeigt das von Brumlik lobend angeführte Beispiel des monumentalen Werkes von Jürgen Habermas *Auch eine Geschichte der Philosophie*, in dem »Konfuzianismus und Taoismus« ein kurzes Kapitel gewidmet ist (Habermas 2019: 383–405) – das Gewicht, das darin chinesischer Philosophie zukommt, ist so gering wie schon in Hegels *Vorlesungen zur Geschichte der Philosophie*, der sie unter der Rubrik »orientalische Philosophie« auf wenigen Seiten abhandelt, denn »sie ist nur ein Vorläufiges, von dem wir nur sprechen, um davon Rechenschaft zu geben, warum wir uns nicht weitläufiger damit beschäftigen, und in welchem Verhältnis es zum Gedanken, zur wahrhaften Philosophie steht«. (Hegel 1986/18: 138) Es sieht leider so aus, als ob sich in Europa seitdem *fast nichts* geändert hat. Daran schließt sich die weitergehende Frage an, ob ein Europa sich selbst kennt, das den gegnerischen Anderen – in diesem Fall China – *nicht* kennt? Ich gehe in diesem Buch der These nach, dass auch diese Frage verneint werden muss. Ein Europa, das sich weiterhin selbstbezüglich und selbstgefällig für den normativen Maßstab von dem hält, was als modern und fortgeschritten gelten kann, hört auf zu verstehen, was »Moderne« bedeutet, weil es sich von der

Dynamik einer globalen Modernisierung abschneidet, die dereinst von Europa ausgegangen ist: Die chinabezogene Unkenntnis lähmt auch die europäische Fähigkeit zur kritischen Selbsterkenntnis.

Ganz anders steht es um die chinesische Aufarbeitung der europäischen Philosophiegeschichte, die seit dem 19. Jahrhundert große Fortschritte gemacht hat und vom Altertum bis in die jüngste Gegenwart unablässig übersetzt und erörtert wird – der Wissensunterschied ist so groß, dass das Unterfangen einer vergleichbaren Aufarbeitung der chinesischen Philosophiegeschichte in Europa geradezu utopisch erscheint. Deutsche Philosophie hat im China des 20. Jahrhunderts einen geradezu ungeheuren Einfluss ausgeübt, allen voran einer der schärfsten Kritiker des deutschen Idealismus: Karl Marx. *Chinesische Philosophie* hat sich durch die Öffnung für europäische Einflüsse tiefgreifend verändert. Dem steht auf europäischer Seite nichts Entsprechendes gegenüber. Das hat zu einer geistigen Enge geführt, die von ihrer eigenen Enge kaum etwas ahnt, ja sich sogar selbstgefällig für weltoffen hält. Zhào dreht deshalb den Spieß um und kann durchaus mit Recht behaupten, dass politische Philosophie in Europa *weltblind* ist. Aber was bedeutet »Welt«? An dieser Stelle führt er einen umfassenden Begriff von »Welt« im Sinne des »Himmelunten« ein. (Zhào 2005: 25) Seiner Auffassung nach bleiben Versuche, die destruktiven Konsequenzen des modernen Nationalismus zu überwinden, leicht im Rahmen des inter-nationalen Verhältnisses *zwischen* Nationalstaaten befangen. Und spricht nicht auch Kant vom ewigen Frieden »unter Staaten«?

Die Diskussion um Zhào Tīngyángs Buch ist ein Beispiel für die geistigen Widerstände, die sich in Europa schnell gegen China aufbauen. Seitdem sich im 18. Jahrhundert die Gegenüberstellung von aufgeklärtem Europa und despotischem China etabliert hat, liegt das Thema eines »Kampfes der Weltanschauungen« in der Luft. Nach etwa zweihundert Jahren des ungleichen Kampfes, in dem die chinesische Seite hoffnungslos unterlegen war und ums Überleben zu kämpfen hatte, taucht China nun, zu Beginn des 21. Jahrhunderts, aus dem Abgrund der Geschichte wieder auf. Um diesen Wiederaufstieg zu verstehen, ist es offenbar nicht ausreichend, sich mit der Herausbildung bestimmter moderner politischer Regime und ideologischer Diskurse zu beschäftigen. Es ist notwendig, das alte China einzubeziehen und es als ebenso wichtig für das tiefergehende Verständnis der Gegenwart Chinas anzusehen wie die griechisch-römische Antike für das Verständnis Europas.

Wenn nun versucht wird, den in der klassischen chinesischen Philosophie weit verbreiteten Begriff des »Himmelunten« etwa in ein »Confucian New Tian Xia Model« zu überführen, wird deutlich sichtbar, wie sehr die »Renaissance des Klassischen« (gǔdiǎn fùxīng 古典復興) bereits in der Erörterung aktueller Probleme und Konflikte angekommen ist. (Bai 2020: 175–213) Das ist eine Entwicklungstendenz, die auf das Ende der Kulturrevolution (1976) zurückgeht und sich seitdem andauernd verstärkt und ausgeweitet hat. Das bedeutet, dass der philosophische Diskurs der chinesischen Antike für die Auseinandersetzung mit dem modernen China allmählich an Bedeutung gewinnt. Es wird nun zunehmend deutlich, dass es nicht mehr bloß ein bestimmtes politisches Regime ist, das die »liberale Weltordnung« auf die Probe stellt, sondern das, was manche chinesische Intellektuelle gerne »chinesische Zivilisation« (zhōnghuá wénmíng 中華文明) nennen. Auf europäischer Seite wird in dieser Situation geradezu reflexhaft ein Diskurs reaktiviert, der China in bedrohlichem Licht zeichnet. *Interkulturelle Kommunikation* nimmt dadurch die Gestalt *ideologischer Konfrontation* an. Die Möglichkeit sich geduldig mit chinesischer Philosophie auseinanderzusetzen, sie also kritisch zu analysieren, wo es nötig ist, aber auch von ihr zu lernen, wo es möglich ist, droht im Pulverdampf dieses Kampfes zu verschwinden. Damit schwindet indes auch die Möglichkeit, sich Klarheit darüber zu verschaffen, um was für einen »Anderen« es sich überhaupt handelt. Der »Kampf der Weltanschauungen« droht auf europäischer Seite zum Kampf gegen chinesische Gespenster zu werden.

Worin ist dieser reflexhafte Widerstand gegen alles Chinesische begründet? Die kritische Auseinandersetzung mit dem Werk des einflussreichen französischen Philosophen und Sinologen François Jullien, die im Zentrum des ersten Teils dieses Buches steht, versucht Antworten zu geben. Im ersten Kapitel gehe ich der *Selbstblockade interkulturellen Philosophierens* nach, die ich in seinen Schriften sehe. Julliens Deutung »chinesischen Denkens« liefert bequeme Gründe für den Ausschluss »chinesischer Philosophie« aus dem philosophischen Diskurs der Moderne. Gleichwohl hat er eine »philosophische Interpretation« klassischer chinesischer Texte entwickelt, von der sich viel lernen lässt und die für meinen Zugang zu ihnen immer wieder eine wichtige Orientierung war. Jullien ist allerdings ein Meister darin, die teilweise willkürlich gewählten Quellen für seine Deutung zu verschleiern, um ihr den Anschein der Allgemeingültigkeit zu verleihen – deshalb werde ich wiederholt auf die Bedeutung zu sprechen kommen, die der konfuzianische Philosoph Wáng Fūzhī 王夫之 (1619–1692) für die Herausbildung seiner Perspektive hatte.

Julliens Strategie der Verschleierung hat gute Gründe, denn sobald die Erörterung chinesischer Texte beginnt, philosophisch und philologisch ein wenig in die Tiefe zu gehen, wirkt das auf Leserinnen und Leser ohne Grundkenntnisse sofort allzu sinologisch und abschreckend »chinesisch«. Das Problem besteht jedoch weniger im Fachchinesisch als in der mangelnden Allgemeinbildung auf dem Gebiet des Chinesischen. Die Zeit scheint reif zu sein für Bemühungen, diesen Teufelskreis zu durchbrechen – dem Risiko der Überforderung zum Trotz wird deshalb in diesem Buch systematisch die international anerkannte Standardumschrift Hànyǔ Pīnyīn mit diakritischen Zeichen für die vier Töne verwendet, ohne die eine korrekte Aussprache der Umschrift nicht möglich ist. Entsprechend halte ich es für notwendig, auf die Strategie der Verschleierung zu verzichten und immer wieder auf den spezifischen Kontext hinzuweisen, in dem meine Kritik an Jullien entstanden ist. Ein solches Vorgehen weckt leicht den Verdacht subjektiver Willkür. Dieser Verdacht ist aber unbegründet, sobald anerkannt wird, dass auch die Auseinandersetzung mit chinesischer Philosophie unvermeidlich von bestimmten Forschungsperspektiven geprägt ist, die sich ergänzen, aber auch miteinander konkurrieren können. Die von Habermas vorgelegte »Geschichte der Philosophie« etwa wird angeleitet von der »Frage einer Genealogie nachmetaphysischen Denkens«. Mein Zugang zu chinesischer Philosophie orientiert sich an der Frage einer philosophischen »Theorie des Energiewandels« (qìhuà lùn 氣化論) und des dazu gehörenden Paradigmas »energiewandelnder Subjektivität« (qìhuà zhǔtǐxìng 氣化主體性). Das ist eine Perspektive, die explizit von einem transkulturellen Diskussionskontext innerhalb der chinesischen Gegenwartsphilosophie ausgeht, der in Europa weitgehend unbekannt ist.

Einen Anfang zu machen und mit neuen Möglichkeiten des Denkens zu experimentieren, kann leicht den Charakter des Beliebigen annehmen. Zufällig wirkt zumindest die Tatsache, dass gerade die deutsche Rezeption eines Buches von Zhào Tīngyáng einen Schritt in die Richtung einer längst überfälligen Diskussion angeregt hat. (Brunozzi/Hahn 2020) Angenommen also, dass die Gegenüberstellung von Liberalismus und Konfuzianismus, von Kant und »Tianxia«, auf eine bedenkenswerte Problematik hinweist, stellt sich sogleich die Frage, was denn »Tianxia« bedeutet – tiānxià 天下 kann verstanden werden als »etwas, was unter dem Himmel ist«. Ich bevorzuge die sicherlich etwas gewöhnungsbedürftige Übersetzung als »Himmelunten«.

Kampf oder Koexistenz?

Angenommen also, dass nun »neokonfuzianische« und »klassische liberale Philosophie« miteinander konkurrieren, ist darin zunächst eine bemerkenswerte Annahme darüber enthalten, was dieser »Kampf« *nicht* ist: Es ist kein Kampf zwischen chinesischem Sozialismus und westlichem Liberalismus. Warum eigentlich nicht? Warum nicht davon ausgehen, dass der moderne Konfuzianismus, der sich in der VR China seit 1949 entwickelt hat, Teil einer ideologischen Konstellation ist, in deren Mittelpunkt ein Sino-Marxismus steht, ohne den wiederum die Rede von einem »Sozialismus chinesischer Prägung« nicht zu verstehen ist – wobei das Chinesischwerden oder die »Sinisierung« des Marxismus vor allem seit den 1980er Jahren ja nicht nur explizit dazu geführt hat, ausgewählte Aspekte der Tradition konfuzianischen Lernens zu integrieren, sondern auch eine Öffnung für den »Liberalismus« mit sich gebracht hat, die sich nicht auf den Bereich ökonomischer Liberalisierung beschränkt. Der Kontrast von »neokonfuzianischer« und »klassischer liberaler Philosophie« läuft Gefahr, die Herausforderung chinesischer Gegenwartsphilosophie misszuverstehen, indem konfuzianisches »China« und liberales »Europa« einander *komparativ* gegenübergestellt werden. Das Bedürfnis, ein Feindbild zu errichten, führt zudem dazu, innerchinesische Stimmen auszublenden, die seit Jahren kritisch auf die Gefahr eines ideologischen Missbrauchs der Rede vom »Himmelunten« als Begriff der politischen Philosophie hinweisen. (Gé 2015; Liáng 2018) Unterschlagen werden auch Bemühungen, Kant und Konfuzianismus, die Idee vom »ewigen Frieden« und diejenige der »Befriedung des Himmelunten« (píng tiānxià 平天下), zu versöhnen, indem das Motiv des »Himmelunten« kosmopolitisch gelesen und gegen die Gefahr eines imperialen Missbrauchs gewendet wird. (Lǐ 2016) Das »System des Himmelunten« verweist auf eine verschlungene Konstellation von »Selbstkultivierung« (xiūshēn 修身), »Familie« (jiā 家), »Staat« (guó 國) und »Himmelunten«, die Entwicklungsmöglichkeiten enthält, die sich keineswegs auf die Stichworte »autoritär« oder »totalitär« reduzieren lassen. Im vorliegenden Buch versuche ich Zugänge zu dieser Konstellation zu eröffnen, die allerdings *nicht* beim Moment des »Himmelunten« ansetzen, sondern bei demjenigen der *Selbstkultivierung* und einem damit verbundenen *Paradigma der Subjektivität.*

Damit unterscheidet sich meine Perspektive deutlich von derjenigen, die Zhào Tīngyáng wählt, wenn er die »Kreislaufstruktur« des Verhältnisses von »Himmelunten – Staat – Familie – Staat – Himmelunten« diskutiert – die deutsche Übersetzung spricht von »Tianxia – Staat – Sippe – Staat – Tianxia«, was ich für irreführend halte. (Zhào 2016: 81/75) Zhào zitiert zwar die entscheidende Stelle aus dem konfuzianischen Klassiker *Das große Lernen* (*Dàxué* 大學), lässt jedoch in seiner weiteren Diskussion das für dieses politische Modell unverzichtbare Moment der »Selbstkultivierung« einfach weg. In diesem Schlüsseltext der politischen Philosophie heißt es dazu sehr deutlich und unmissverständlich: »Vom Himmelssohn bis zum gewöhnlichen Menschen, für alle ist Selbstkultivierung die Wurzel. Dass einer, dessen Wurzel in Unordnung ist, in seinen Zweigen [Familie, Staat und Himmelunten] regiert [in Ordnung] ist, das gibt es nicht.« (Zhū 1983: 3–4; Zhào 2016: 87/81; Wilhelm 1981: 46–47) Im Mittelpunkt der »Kreislaufstruktur« steht also *nicht* die »Logik der Familie« oder das »Prinzip der Sippe«, sondern eine »Kultivierung des Weges« (xiūdào 修道), die in einer Doppelbewegung »innere Kultivierung« (nèixiū 內修) und »äußere Kultivierung« (wàixiū 外修) miteinander verschränkt (nèiwài jiāoxiū 內外交修), wobei »Ordnung der Familie«, »Regierung des Staates« und »Befriedung des Himmelunten« allesamt als Angelegenheiten angesehen werden, die von »Selbstkultivierung« nicht getrennt werden können. (Xióng 2001: 671–672; Heubel 2014: 44) So gesehen, beraubt Zhào Tīngyáng die »Kreislaufstruktur« des Mittelpunktes, um den das ganze »System des Himmelunten« kreist, und schlägt deshalb von Anbeginn eine fragwürdige Richtung ein. Meine Diskussion des Verhältnisses von Subjektivität und Politik im zweiten Teil dieses Buches orientiert sich demgegenüber an der von Xióng Shílì 熊十力 (1885–1968), einer Gründungsfigur des »zeitgenössischen Neokonfuzianismus« (dāngdài xīnrújiā 當代新儒家), vorgeschlagenen Interpretation.

Ist es nicht un-philosophisch, der »chinesischen Weltanschauung« einfach eine »europäische« entgegenzusetzen, ohne die Perspektiven immanenter Kritik einzubeziehen, die im chinesischsprachigen Kontext entwickelt werden? Wird dadurch nicht ein totalisierender Blick auf chinesische Philosophie geworfen, der einmal mehr unterstellt wird, konformistisch und kritiklos zu sein (siehe Kap. 2)? Statt gegen den konfuzianischen Autoritarismus zu polemisieren, scheint es mir sinnvoller zu sein, auch den chinesischen Sozialismus als Teil einer *transkulturellen Dynamik* zu verstehen, in der Altes und Neues, Chinesisches und Westliches auf paradoxe Weise miteinander kommunizieren. Wie ist jedoch das Verhältnis der komparativen und der transkulturellen Perspektive zu verstehen (siehe Kap. 1)? Das ist eine Leitfrage dieses Buches, der ich nachgehe, indem ich mich mit europäischen Deutungen »chinesischen Denkens« auseinandersetze.

Die paradoxe Koexistenz unterschiedlicher politischer Positionen, ja ideologischer Systeme innerhalb des »Sozialismus chinesischer Prägung« hat sich in der VR China seit 1949 langsam herausgebildet. Sie war keineswegs immer »friedlich«. Ganz im Gegenteil: Auf dem Weg dahin haben grausame Konflikte stattgefunden, in denen Liberalismus und Konfuzianismus im Namen des sozialistischen Aufbaus unbarmherzig bekämpft worden sind. Allmählich hat sich allerdings eine in sich lern- und wandlungsfähige Konstellation von Sino-Marxismus, modernem Konfuzianismus und Liberalismus herausgebildet, in der diese unterschiedlichen Denksysteme zwar keineswegs konfliktfrei koexistieren, aber doch auch ohne sich bis aufs Messer zu bekämpfen. Aus dieser Perspektive ist die »Koexistenz unterschiedlicher Systeme« zunächst einmal ein innerchinesisches Entwicklungsmodell, das aus der Dynamik einer hybriden Modernisierung hervorgegangen ist, in der unterschiedliche und einander ausschließende Modernisierungswege seit dem 19. Jahrhundert nicht nur miteinander konkurriert haben, sondern immer wieder darauf aus waren, einander zu vernichten. Die konkrete Ausgestaltung der »Koexistenz unterschiedlicher Systeme«, die allmählich erreicht werden konnte, bleibt allerdings notwendigerweise umstritten, denn es handelt sich dabei um eine sich unablässig wandelnde Konstellation, die immer neu ausbalanciert werden muss – »Harmonie« bezeichnet in diesem Zusammenhang keine feste Ordnung, sondern die kontinuierliche Bemühung um das Erreichen eines vorläufigen und beweglichen Gleichgewichts. In Anbetracht der vielen Millionen Toten, die alleine die ideologischen Kämpfe im Inneren Chinas seit dem späten 19. Jahrhundert gefordert haben, ist kaum zu leugnen, dass diese Idee der »Koexistenz« ein großer Fortschritt ist.

Erst mit dem Aufstieg Chinas zu einer ökonomischen, politischen und technologischen Weltmacht stellt sich in Europa unausweichlich die Frage nach dem universalistischen Gehalt des chinesischen Weges der Modernisierung – für chinesische Gelehrte wurde die ernsthafte Beschäftigung mit der Geschichte europäischer Denksysteme erst durch die Übermacht des westlichen Imperialismus und eine ganze Kette von Niederlagen und Demütigungen zur unabweisbaren Notwendigkeit. Mit Bezug auf das konfuzianische *Buch der Riten* hat eine Reihe von Reformern und Revolutionären seit dem 19. Jahrhundert immer wieder den universalistischen Gehalt einer Welt des »Himmelunten« (tiānxià) beschworen, in der der »große Weg« (dàdào 大道) verwirklicht, »das Himmelunten öffentlich wird« (tiānxià wéi gōng 天下為公) und die »große Gemeinsamkeit« (dàtóng 大同) besteht. (Wilhelm 1981: 56; Zhào 2016: 46/49) Bis heute sind diese Ideen fester Bestandteil des politischen Selbstverständnisses und auch Zhào Tīngyáng zitiert die berühmte Anfangspassage in der Einführung von *Die Aktualität des Himmelunten* ausführlich. (Zhào 2016: 10–11/20) Nur blieben sie im Westen lange unbeachtet oder galten als utopische Spinnerei, die bestenfalls wohlwollend belächelt wurde – denn China war ja ein politisch wie auch diskursiv weitgehend ohnmächtiger Spielball im geopolitischen Kampf imperialistischer Großmächte und sah sich gezwungen, den historischen Schritt vom »Himmelunten« zum »National-Staat« zu vollziehen. Da aber »China« in das in Europa entstandene System der National-Staaten nur begrenzt hineinpasst, denken chinesische Forscher nun über ein »neues System des Himmelunten« nach. (Chén 2007: 110–111) Auf europäischer Seite wird indes der auf die Antike zurückgehende Universalismus des »Himmelunten« (tiānxià 天下) als »Angriff auf den menschenrechtlichen Universalismus« wahrgenommen, als Position im Kampf philosophischer Weltanschauungen zwischen dem »liberalen Westen« und der »autoritären Weltgroßmacht China« (Brumlik 2020: 85): Aus westlicher Sicht kann es nur *einen* Universalismus geben, nämlich den einzig wahren, der neben sich keinen anderen zu dulden bereit ist.

Die Idee eines »Universalismus der friedlichen Koexistenz unterschiedlicher Systeme« ist keineswegs neu, sondern im Kern bereits im 19. Jahrhundert von Theoretikern der »konservativen Revolution« wie Kāng Yǒuwéi 康有為 (1858–1927) und Liáng Qǐchāo 梁啟超 (1873–1929) vertreten worden. (Heubel 2016: 27–28) Ein Blick auf die Geschichte der modernen »Kommunikation der drei Traditionen« (tōng sān tǒng 通三統) legt die Vermutung nahe, dass auch ein »Liberalismus chinesischer Prägung« nicht außerhalb der *paradoxen Koexistenz* von Konservatismus, Liberalismus und Sozialismus denkbar ist. Selbst wenn die moderne »Traditionsaneignung« nur dazu dient, »die importierte Idee der Demokratie gewissermaßen nachträglich mit Gedanken aus dem autochthonen geistigen Erbe zu unterfüttern«, bleibt sie doch unverzichtbar, wenn nämlich China nicht »das Schicksal allzu vieler der vom Westen überrollten Kulturen erleiden« soll. (Roetz 1992: 17) Auch dort, wo Philosophen in der Republik China auf Taiwan seit 1949 versucht haben – gegen den Marxismus-Leninismus auf dem chinesischen Festland – die Demokratisierung Chinas zu denken, kommt der Verbindung von modernem Konfuzianismus und westlichem Liberalismus eine unverzichtbare Bedeutung zu – und das geht bis hin zu Versuchen, das universalistische Potenzial konfuzianischen Lernens im engen Austausch mit den Schriften von John Rawls zu rekonstruieren. (Dèng 2015; Dèng 2020)

Der Rede von einer »friedlichen Koexistenz unterschiedlicher Systeme« ziehe ich die Idee der *paradoxen Koexistenz unvereinba-*

rer Positionen vor, um der Gefahr vorzubeugen, dass »politisches Konfliktpotenzial« hinter dem Schleier falscher Harmonie verschwindet. (Celikates 2020: 379) Die steht nicht nur im Mittelpunkt der Theorie vom »neuen Kommunizieren der drei Traditionen«, die zur geschichtsphilosophischen Rechtfertigung des Regimes der kommunistischen Partei ins Spiel gebracht wird, sondern findet sich bereits in den »drei Prinzipien des Volkes« von Sun Yat-sen (Sūn Zhōngshān) 孫中山, deren drei »Ismen« mit den drei großen modernen ideologischen Positionen des Konservatismus, Liberalismus und Sozialismus korrespondieren. (Heubel 2016: 42–46) Die Verwirklichung der Idee einer paradoxen Kommunikation unvereinbarer »Ismen«, die auf Möglichkeiten gewaltloser Koexistenz zielt, hat demnach den Weg chinesischer Modernisierung seit dem 19. Jahrhundert begleitet. Mit der Annäherung an das damals vielen Reformern und Revolutionären gleichermaßen vor Augen stehende ferne Ziel, nämlich China wieder »reich und stark« zu machen, drängt sich die Frage nach dem »universalistischen Potenzial« dieses Weges auf. Durch die eingehende Erörterung von Julliens und Billeters Deutungen »chinesischen Denkens« versuche ich in diesem Buch Perspektiven der kritischen Auseinandersetzung zu erkunden, die eine *totalisierende Kritik* im Namen von »Konformismus« und »Totalitarismus« vermeiden (siehe Kap. 2 und 3).

Billeters Kampfschrift *Warum Europa. Reflexionen eines Sinologen* (Billeter 2020) möchte geistige Waffen im »Krieg der Ideen« bereitstellen, den das »chinesische Regime« gegen »uns« führt. Dafür skizziert er eine Karikatur der chinesischen Geistesgeschichte, die an Antitraditionalismus der wütenden Vergangenheitsbewältigung kaum nachsteht, die chinesische Intellektuelle im 20. Jahrhundert betrieben haben. Wie es für einen »Kampf der Weltanschauungen« üblich ist, wächst darin der Druck, Partei zu ergreifen: Bist du für die Freiheit oder für den Totalitarismus? Entweder – oder? Hier oder dort? Freund oder Feind? Billeters moralischer Eifer rückt all diejenigen, die an dieser Stelle zögern und zweifeln, in die Nähe von Sympathisanten eines despotischen Imperiums, dessen Macht in Europa noch nicht hinreichend erkannt ist. Für Billeter steht Europa vor der Aufgabe, das totalitäre China in eine liberale Demokratie zu transformieren. Ist Ähnliches nicht auch schon mit dem totalitären Deutschland gelungen? Er beschwört die Möglichkeit des radikalen Bruchs mit der Vergangenheit. François Jullien glaubt hingegen nicht an die Möglichkeit liberaler Demokratie in China, weil das einen »metaphysischen Schnitt« mit dem Bestehenden erfordern würde, der im geschlossenen Immanenzzusammenhang »stiller Wandlungen« schlicht undenkbar ist. Schon im chinesischen Altertum sieht er eine Tendenz zur Perfektionierung totalitärer Regierungstechniken, lange bevor das aufgeklärte Europa anfing, über panoptische Mechanismen der Disziplinierung nachzudenken (siehe Kap. 2). Wie sollte Europa fähig sein, an dieser Stelle verändernd einzugreifen, vielleicht gar einen revolutionären Umsturz zu bewirken, und zwar nicht nur des »roten Imperiums« der kommunistischen Partei Chinas, sondern einer ganzen Zivilisation, auf die der Name »System des Himmelunten« oder »Tianxia-System« (tiānxià tǐxì 天下體系) nur aushilfsweise verweist? Dem steht die These gegenüber, dass China bei aller »Verwestlichung« nicht zu einem »zweiten Europa« werden kann und wird. (Schmidt-Glintzer 2009: 106)

Für Micha Brumlik ist »Kulturrelativismus« keine »vernünftige politische Option«: »Heute geht es, auf die globalisierte Welt bezogen, tatsächlich um das, was nur oberflächlich als ›Liberalismus‹ bezeichnet wird, aber etwas weit Umfassenderes, eben Menschenrechtsuniversalismus meint.« (Brumlik 2020: 90) Auch Billeter verwirft den Relativismus der Werte und Kulturen. Die »chinesische Tradition« gegen »Menschenrechte, demokratische Prinzipien und andere Elemente der politischen Tradition Europas« auszuspielen, ist für ihn Teil des »Krieges der Ideen«, die das »chinesische Regime« gegen »uns« führt. (Billeter 2020: 101) Ich möchte mich nicht auf die komplizierte Debatte über »Menschenrechte in China« (Roetz 2012) einlassen und mich auch nicht mit den weitergehenden Fragen beschäftigen, die mit dem »globalen Menschenrechtsregime der Gegenwart« (Menke/Pollmann 2008: 16) verbunden sind. Vielmehr möchte ich fragen, ob dieser »Liberalismus«, der zum ideologischen »Kampf der Weltanschauungen« aufruft, nicht in die Falle einer martialischen Bestimmung des Politischen tappt, die die Möglichkeit »friedlicher Koexistenz« tatsächlich ausschließt: »die Unterscheidung von Freund und Feind«. (Schmitt 2002: 26) Vor allem im zweiten Teil dieses Buches werde ich mich dem Problem der *totalisierenden* Kritik chinesischer Kunst und

Kultur widmen, durch die Billeters Verständnis vom »Krieg der Ideen« zwischen China und Europa erklärt werden kann.

Brumlik wirft Zhào polemisch theoretische Nähe zu Carl Schmitt vor, ist diesem jedoch selber in entscheidender Hinsicht viel näher als Zhào, der explizit eine auf »antagonistischem Kampf« und »Freund-Feind-Unterscheidung« beruhende Bestimmung des Politischen ablehnt: »Carl Schmitt hat den Begriff des Politischen, der auf der Unterscheidung von Freund und Feind sowie dem Leben als ewigem Kampf beruht, tiefgehend interpretiert. Gleichgültig, ob es sich um den Kampf des Christentums gegen das Heidentum oder den innerchristlichen Kampf gegen Häresien, ob es sich um das Hobbes'sche ›Gesetz des Dschungels‹ oder die marxistische Theorie des Klassenkampfes handelt, ob es sich um die auf dem System der Nationalstaaten beruhende Theorie internationaler Politik oder um Huntingtons ›clash of civilisations‹ handelt, alle diese Ideen des Kampfes stehen mit dem Begriff der Freund-Feind-Politik in engem Zusammenhang. Im Gegensatz dazu beruht die begriffliche Hypothese des Himmelunten auf der Annahme, dass es einen Weg geben muss, jegliches Andere der Ordnung der Koexistenz einzuverwandeln [huàrù 化入]. Selbst wenn ein Anderer es entschieden ablehnt, dem System des Himmelunten beizutreten, gibt es notwendigerweise einen Modus der friedlichen Koexistenz [...].« (Zhào 2016: 5/15–16) Und er fasst dieses »Prinzip der Koexistenz« wie folgt zusammen: »Eine Politik, die Feinde sucht, ist in Wirklichkeit das Gegenteil von Politik, denn Politik ist die Wandlung von Feind in Freund.« (Zhào 2016: 32/37)

Im Mittelpunkt von Zhào Tīngyángs begrifflicher Bestimmung des Politischen steht offensichtlich weder der »Kampf« noch die »Unterscheidung von Freund und Feind«, sondern »friedliche Koexistenz« und »Kooperation«. In der Kritik am marxistischen Klassenkampf klingt auch die Kritik am Maoismus an, sofern dieser den Begriff des Klassenkampfes mit verheerender Gewaltsamkeit auf die chinesische Realität des 20. Jahrhunderts angewandt hat – und sich dabei über die Zweifel von Sun Yat-sen und vielen konfuzianischen Intellektuellen hinweggesetzt hat, für die es im kaiserzeitlichen China eine Klassengesellschaft im marxistischen Sinne nicht gegeben hat. Dem entspricht die Tatsache, dass der Konfuzianismus als ideologische Waffe im »Kampf der Weltanschauungen« weitgehend untauglich ist. Wenn er eine politische Ideologie ist, dann weit mehr eine der *Kultivierung* als des *Kampfes*. Genau aus diesem Grund hat sich der radikale Anti-Traditionalismus chinesischer Kommunisten immer wieder rabiat gegen die Figur des Kǒngzǐ 孔子 (551–479, latinisiert: Konfuzius) und den Konfuzianismus insgesamt gewandt: für den Kampf gegen den »Feudalismus« im Inneren und den »Imperialismus« von außen erschien er ihnen viel zu schwächlich und gelehrt. Folglich gehört es zum Gründungsmythos der VR China, dass erst durch die Transformation des Marxismus in Maoismus die chinesische Modernisierung zum *Kampf* gegen innere und äußere Feinde fähig geworden ist. So gesehen ist es irreführend, wenn Brumlik einen »Kampf der Weltanschauungen« zwischen Liberalismus und Konfuzianismus konstruiert, denn wenn China tatsächlich einen »Krieg der Ideen« führt, stehen sich in diesem zwei ideologische Positionen gegenüber, die beide mit Europa eng verbunden sind: Liberalismus und chinesischer Marxismus. Europäische Marxisten oder Ex-Marxisten stören sich vielleicht an dem Begriff »chinesischer Marxismus« und zweifeln daran, ob *dieser* Marxismus überhaupt als Marxismus gelten kann. Prinzipiell ist die Antwort auf einen solchen Zweifel ähnlich wie auf den Zweifel, ob es »chinesische Philosophie« gibt: die Rede von »Marxismus« (Mǎkèsīzhǔyì 馬克思主義) in der VR China ist eine überwältigende Tatsache, die nicht durch Leugnung verschwindet. Ähnlich ist die Situation auch beim Begriff der »Demokratie«, insofern die Rede von »sozialistischer Demokratie« oder »Volksdemokratie« im Westen von vorneherein als ideologische Fassade abgetan wird, statt zumindest den Versuch zu machen, der Bedeutung von »Demokratie« (mínzhǔ 民主) im chinesischen Kontext nachzugehen. Verständlicherweise wird auf europäischer Seite in all diesen Fällen versucht, die diskursive Vorherrschaft über die Bedeutung dieser Begriffe zu verteidigen.

Ironischerweise kämpft Europa in diesem »Kampf der Weltanschauungen« in entscheidender Hinsicht *gegen sich selbst*: nämlich gegen einen an (Klassen-)Kampf und der »Unterscheidung von Freund und Feind« orientierten Begriff des Politischen, der weit mehr mit dem revolutionären Denken der europäischen Aufklärung als mit konfuzianischem Denken zu tun hat. In diesem Horizont begegnen sich Maoismus und Carl Schmitt und auch der Zusammenhang von Maoismus und dem daoistischen Motiv »weich ist stärker als hart« (Schickel/Schmitt 1970: 17) wird aus dieser Perspektive philosophisch verständlich. Die Rezeption marxistischer Ideologie hat chinesische Denker dazu ermächtigt, sich auf einem gewundenen Weg hybrider Modernisierung und durch eine tiefgreifende Verwestlichung hindurch gegen den westlichen Imperialismus zu wenden. Auch wenn der Konfuzianismus zum »Kampf der Weltanschauungen« weitgehend ungeeignet ist, wendet sich die Theorie vom »System des Himmelunten« aus konfuzianischer Perspektive gegen die aggressiven, um nicht zu sagen barbarischen Seiten der kommunistischen Revolution in China. Der konfuzianische Diskurs erweist sich dabei durchaus als kritische Kraft. Zhào Tīngyáng vorschnell der Rechtfertigung eines neuen chinesischen Imperialismus und Autoritarismus zu verdächtigen, scheint mir deshalb auf einer Fehleinschätzung des Verhältnisses von Marxismus und Konfuzianismus im gegenwärtigen China zu beruhen.

Warum chinesische Philosophie?

Anstatt mich an diesem »Kampf der Weltanschauungen« zu beteiligen, möchte ich in diesem Buch einen Schritt zurück tun und grundsätzlich einer anderen Frage nachgehen: Warum China? Warum chinesische Philosophie? Oder: Warum trotzdem, warum gerade jetzt chinesische Philosophie? Warum ist es Zeit, kritische Perspektiven in der Auseinandersetzung mit chinesischer Philosophie zu entwickeln? Statt einmal mehr *europäische Werte* zu verteidigen, schlage ich einen Perspektivenwechsel vor. Diesen vollziehe ich in diesem Buch weniger, indem ich *direkt* eine alternative Sicht der Dinge zum Ausdruck bringe, als vielmehr *indirekt* auf dem Weg immanenter Kritik, indem ich mich vor allem an den Schriften der drei philosophischen Chinakenner François Jullien, Jean François Billeter und Heiner Roetz abarbeite.

Das bedeutet, dass ich in diesem Buch versuche, die Perspektive eines beobachtenden Teilnehmers einzunehmen, der sich im »Kampf der Weltanschauungen« nicht eindeutig auf der einen oder auf der anderen Seite positioniert, obwohl er weiß, dass eine solche

Position der Positionslosigkeit paradox ist. Mit dem Aufruf zum »Kampf« geht eine Vereinfachung zweier Seiten einher, durch welche die Gegend der Unbestimmtheit *zwischen* ihnen schrumpft oder gar zum Verschwinden gebracht wird. Die Aufgabe *interkulturellen* Philosophierens sehe ich indes darin, so *zwischen* China und Europa zu *wandeln*, dass die zukunftsträchtige Unbestimmtheit dieses *Zwischen* (siehe Kap. 1) sich wieder erweitert, um Möglichkeiten *transpositionalen* Denkens zu erkunden: ein freies Denken, das sich durch zueinander gehörende und doch einander ausschließende Positionen hindurch zu bewegen und zu verwandeln vermag.

Ein chinesischer Philosoph und Literat, um den es in diesem Buch immer wieder geht, ist Zhuāngzǐ 莊子 (365–290). Er wird gewöhnlich dem Daoismus zugerechnet. Es gibt jedoch auch Stimmen, die ihn für einen heterodoxen Konfuzianer halten (siehe Kap. 7). An dieser Stelle möchte ich erwähnen, dass sich unter dem enormen Druck zur Modernisierung der »Weltanschauung« im China des 20. Jahrhunderts eine »feindliche Haltung« nicht nur gegenüber Kǒngzǐ, sondern auch gegenüber Zhuāngzǐ herausgebildet hat. In ihm wurde ein Hauptverantwortlicher für den mangelnden »Kampfgeist« der Chinesen gesehen. Der zum Repräsentanten marxistischer Literatur stilisierte Lǔ Xùn 魯迅 (1881–1936) etwa polemisiert unablässig gegen Zhuāngzǐ als Quelle einer so flexiblen und wandlungsfähigen wie konformistischen und realitätsflüchtigen Lebenshaltung. Sein Ziel war es, den Geist des Buches *Zhuāngzǐ* auszurotten und durch einen neuen »Kriegergeist« zu ersetzten: »ohne die mindeste Möglichkeit der Versöhnung«. (Liu 2016: 82) Es waren zwei politische (1911 und 1949) und zwei kulturelle (1919 und 1966–1976) Revolutionen nötig, um die massiven Widerstände gegen die Modernisierung in China zu brechen und im Inneren wie im Äußeren die Bedingungen der Möglichkeit für den »politischen« Kampf im Sinne Carl Schmitts zu schaffen. Es ist eine Ironie der Geschichte, dass heute Zhào Tīngyángs »System des Himmelunten« als Ausdruck eines neuen chinesischen Imperialismus gesehen wird, während er doch eher den maoistischen »Kriegergeist« in Richtung eines an Konfuzianismus und Daoismus orientierten Geistes der *paradoxen Koexistenz sich ausschließender Positionen* verschieben möchte. Es ist der Versuch, eine politische Perspektive denkbar zu machen, durch die verhindert werden kann, dass China und der Westen in einen mörderischen Kampf hineingeraten, der vom »Unterschied zwischen Freund und Feind« geprägt wird. Dem gegenüber taucht die Perspektive auf, im Namen von »Liberalismus« und »Menschenrechtsuniversalismus« in einen »Kampf der Weltanschauungen« einzutreten, in dem der Gegner ein »totalitäres Regime« (Billeter 2020: 116) ist, dessen »imperiale Ordnung« ungebrochen von der konfuzianisch geprägten Hàn-Zeit bis ins 1949 gegründete sozialistische China reicht. An diesem Punkt möchte ich dringend dazu raten, sich nicht blindlings in einen Kampf zu stürzen, in dem der zum »Feind« erklärte Gegner weitgehend unverstanden und unbekannt ist. Das vorliegende Buch versucht einen kleinen Schritt in diese Richtung zu tun, indem es nachzeichnet, wie und warum »chinesisches Denken« in den Schriften europäischer Sino-Philosophen mit Konformismus, Despotismus und Totalitarismus verbunden wird.

Es scheint mir falsch, Zhuāngzǐs paradoxen *Perspektivismus* als *Relativismus* zu verstehen. Er betont, dass jede Position aus Positionslosigkeit hervorgegangen ist und umgekehrt Positionslosigkeit immer eine Position voraussetzt. Der Begriff des »Himmelunten« (tiānxià 天下) ist nicht nur konfuzianisch, es ist ein Begriff, der von sehr unterschiedlichen, mit- und gegeneinander konkurrierenden Denkpositionen geteilt wird. In dem »Himmelunten« überschriebenen letzten Kapitel des *Zhuāngzǐ* wird eine denkwürdige Deutung dieses Begriffs skizziert. Dabei geht Zhuāngzǐ keineswegs von »friedlicher« oder »harmonischer« Koexistenz aus, sondern von der historischen Situation, die er erlebt hat: »Das Himmelunten ist in großer Unordnung« (tiānxià dàluàn 天下大亂) und »kämpfende Staaten« (zhànguó 戰國) ringen in verlustreichen Kriegen um die politische Vorherrschaft. In dieser Situation widmen sich im »Himmelunten« (tiānxià 天下) viele dem Studium der »Kunst des Weges« und halten ihre eigene Deutung dieses Weges für die richtige: Der wahre »Weg von innerer Heiligkeit und äußerer Königlichkeit« – von innerer und äußerer Kultivierung (Heubel 2016: 170) – ist dunkel geworden, das »große Wesen der Alten« ist verloren gegangen und die »Kunst des Weges« wird vom »Himmelunten [von aller Welt] gespalten«. (Guō 1961: 1069; Ziporyn 2020: 267–268) Ist diese Stelle ein Beleg dafür, dass Zhuāngzǐ der »Vielfalt [...], die in die Gesellschaft Einzug gehalten hat« (Schleichert/Roetz 2020: 338), ablehnend gegenübersteht (siehe Kap. 10)?

Ganz zu Recht hat Billeter wiederholt darauf hingewiesen, dass Zhuāngzǐ kein harmloser Apologet esoterischer Weltflucht und geistiger Befreiung ist, sondern ein zutiefst politischer Philosoph, der versucht, durch die mörderischen Kämpfe seiner Zeit hindurch zu denken. Ein Beispiel ist der Beginn des ersten Gesprächs im vierten Kapitel des *Zhuāngzǐ*, das Billeter übersetzt und ausführlich kommentiert hat: »Yán Huí kam zu Kǒngzǐ [Konfuzius], um sich von ihm zu verabschieden. Kǒngzǐ fragte: ›Wohin willst du?‹ ›Ich will nach Wèi.‹ Kǒngzǐ sprach: ›Was willst du dort?‹ Er sprach: ›Ich höre sagen, dass der Fürst von Wèi, der im besten Mannesalter steht, in seinem Handeln alleinherrschend ist, dass er den Gebrauch seines Landes leicht nimmt und seine Fehler nicht sieht. Der leichtfertige Gebrauch [von Mitteln des Krieges] tötet das Volk. Die Leichen liegen in seinem Land umher, unzählbar wie das Heu auf den Wiesen, und das Volk ist hilflos.« (Wilhelm 1912: 26) In dem sich daran anschließenden Gespräch geht es um die Frage, wie ein kritischer Diskurs unter solchen Bedingungen möglich ist und wie politische Veränderung herbeigeführt werden kann, ohne das eigene Leben leichtsinnig zu gefährden (siehe Kap. 10). Vor diesem Hintergrund entwickelt Zhuāngzǐ seine »Kunst des Weges«, von der er durchaus zu glauben scheint, dass sie zur »Regierung des Himmelunten« als »Selbstregierung« führen kann. *Innere Kultivierung* – die (Selbst-)Regierung der Welt – und äußere Kultivierung – die Regierung der Anderen – gehören dabei untrennbar zusammen. Diese Philosophie der Kultivierung wird im »Subjektivität und Politik« überschriebenen zweiten Teil dieses Buches am Leitfaden eines neuen »Paradigmas der Subjektivität« diskutiert, das Billeter mit Bezug auf das Buch *Zhuāngzǐ* vorgeschlagen hat.

Der zweite Teil endet mit einem »Das Atmen der Freiheit« überschriebenen Kapitel, in dem der Versuch unternommen wird, von dem *Atmen* oder der *Atem-Energie* (qì 氣) und dem damit verbundenen Paradigma *energiewandelnder Subjektivität* her Freiheit zu denken. Ein hybrider Begriff wie energiewandelnde Subjektivität ist eine Herausforderung. Er bezeugt eine *interkulturelle* Vorgehensweise, die im ersten Teil des Buches vor allem in Auseinandersetzung mit den Schriften des französischen Philosophen und

Sinologen François Jullien erläutert wird. Ich spreche in diesem Zusammenhang von einer *transkulturellen* Seite interkulturellen Philosophierens, auf der es prinzipiell unmöglich wird, Begriffe noch eindeutig dem Osten oder dem Westen, China oder Europa zuzuordnen. Dem steht eine *komparative* Seite gegenüber, auf der vielfach der hermeneutische Kontrast von Chinesischem und Europäischem zur Anwendung kommt. Methodisch gehe ich davon aus, dass die komparative und die transkulturelle Seite interkultureller Kommunikation zueinander gehören und einander benötigen. Aus komparativer Perspektive gilt der Gebrauch von Begriffen wie »Subjektivität«, »Energie« oder »Freiheit« in der Deutung chinesischer Texte als fragwürdig oder gar illegitim, weil damit fremde europäische Begriffe chinesischen Quellen aufgezwungen werden. Aus transkultureller Perspektive sieht die Sache anders aus. Denn in der chinesischsprachigen Gegenwartsphilosophie sind die Wendungen zhǔtǐxìng 主體性 (Subjektivität), néngliàng 能量 (Energie) oder zìyóu 自由 (Freiheit) nicht nur weit verbreitet in Diskussionen, die europäischer Philosophie gewidmet sind, sondern auch in Interpretationen klassischer chinesischer Texte. Mehr noch, transkulturelle Mischbegriffe sind aus der Alltagssprache nicht wegzudenken. Von daher ist »energiewandelnde Subjektivität« auch keine Neubildung meinerseits, sondern der Versuch, qìhuà zhǔtǐxìng 氣化主體性 ins Deutsche zu übersetzten (siehe Kap. 1). Hinzu kommt, dass die Rede von »Energiewandel« von der kritischen Evolutionstheorie angeregt ist, die ich während meiner Studienzeit kennengelernt habe. (Edlinger et al 1991: 36, 70) Die Suche nach einer Übersetzung für qìhuà 氣化 hat mich letztlich wieder auf diese Wendung zurückgebracht.

Im Unterschied zu Jullien und Billeter versuche ich in diesem Buch nicht etwas über *das* chinesische Denken oder *die* chinesische Philosophie zu sagen. Meine kritische Diskussion ihrer Perspektiven zeigt, dass das eine so hochmütige wie trügerische Anmaßung ist. Auf diesem Weg treten selbstverständlich auch Grenzen und Beschränktheiten meiner Perspektive hervor, die durch diese Auseinandersetzung Konturen gewinnt. Ich möchte nicht unerwähnt lassen, dass mein Zugang nur teilweise auf Bücherwissen gründet. Viele Überlegungen dieses Buches sind aus einer Vielzahl von Gesprächen mit chinesischen Freunden und Kollegen erwachsen, von denen ich kaum behaupten kann, dass sie besonders einflussreich und über Fachkreise hinaus international bekannt sind. Die Quelle meiner Reflexionen sind vielfach der lebendige Austausch und die Lektüre unveröffentlichter Texte oder Tagungsbeiträge, also ein Forschungskontext, in dem die Dinge noch unbestimmt und in Bewegung sind. Ich verstehe mich weniger als Geistesgeschichtler, denn als aktiver und kritischer Teilnehmer an einem philosophischen Diskurs, der noch im Entstehen begriffen ist. Zu den kritischen Perspektiven, die in diesem Buch erörtert werden, gehört auch meine eigene. Es ist eine von vielen möglichen Perspektiven, die gleichwohl nicht bloß meine eigene ist, weil sie in ein Netzwerk von Perspektiven verflochten ist, ohne das sie nicht entstanden wäre.

Ansätze zur philosophischen Interpretation des Buches *Zhuāngzǐ* haben in der französischsprachigen Sinologie zu sehr verschiedenen, ja geradezu gegensätzlichen Ergebnissen geführt. Weil sie kritisch aufeinander bezogen sind, eröffnen sie eine seltene Gelegenheit, einen akademischen Streit über das, was »chinesisches Denken« ist, aus der Nähe zu beobachten. Aufgrund mangelnder Grundkenntnisse zur chinesischen Geistes- und Kulturgeschichte in Europa besteht die Gefahr, dass die *philosophische* Bedeutung des französischen Streitgesprächs hinter dem Eindruck einer sinologischen Spezialdiskussion verschwindet. Der Streit zwischen Jullien und Billeter erscheint jedoch nur deshalb als schwer verständliches Fachgespräch, weil sich bisher kaum jemand die Mühe machen möchte, das Chinesische philosophisch ernst zu nehmen. Solange »wir« dem Drang zur Vereinfachung erliegen und das Chinesische als Ganzheit oder gar als totalitären Block wahrnehmen *wollen*, so lange wird das Chinesische »uns« prinzipiell unverständlich bleiben und allzu *chinesisch* erscheinen. Mein Weg durch den Streit zwischen Jullien und Billeter über das »chinesische Denken« stellt die Geduld der Leserinnen und Leser sicherlich auf eine harte Probe. An einigen Stellen muss die philosophisch-sinologische Diskussion ausgewählter Texte ein wenig ins Detail gehen, um weitreichende Übersetzungs- und Deutungsfragen verständlich zu machen. Zweifellos ist jedoch auch dieser gelegentliche Abstieg ins Fachchinesisch nur ein blasser Vorgeschmack auf die Schwierigkeiten, die eine vertiefte Auseinandersetzung mit chinesischer Philosophie mit sich bringt.

Zu Beginn dieser Einleitung habe ich die weltphilosophischen Geltungsansprüche erwähnt, die im Kontext chinesischer Gegenwartsphilosophie geäußert werden. Der Versuch, das »Himmelunten« als Weltbegriff ins Spiel zu bringen, ist immerhin noch ein Gesprächsangebot, in dem sich viele Bezüge zur europäischen Philosophie finden, die eine weitergehende Diskussion zumindest ermöglichen können. Aus europäischer Perspektive scheint mir eine andere Entwicklungstendenz viel beunruhigender zu sein.

Der Bereich chinesischer Gegenwartsphilosophie, der mit klassischen Texten zu tun hat, wendet sich zunehmend nach innen. Es entsteht dabei ein »innerer Kreislauf« (nèi xúnhuán 內循環) von Ideen und Deutungen dieser Texte, der sich weitgehend selbst genügt. Die Bezüge nach »außen«, insbesondere zur Geschichte der modernen Rezeption europäischer Philosophiegeschichte in China, werden dabei gekappt oder unkenntlich gemacht und wirken zunehmend nur noch indirekt und verborgen weiter. Damit verschwinden wichtige Teile des philosophischen Diskurses hinter einem Schleier aus Anspielungen und Kommentaren, deren Bedeutung ohne eine gewisse Vertrautheit mit den klassischen Texten und ihrem historischen Kontext unverständlich bleiben muss. Diese Tendenz droht auf der anderen Seite einen westlichen China-Diskurs zu verstärken, der ebenfalls vor allem um sich selbst kreist und von innerchinesischen Entwicklungen abgeschnitten wird. Ein in die Zukunft weisendes Leitmotiv meiner Erörterung chinesischer Philosophie ist die Erkundung von Denk- und Kommunikationsmöglichkeiten *zwischen* diesen beiden diskursiven Kreisläufen.

Dafür ist es unerlässlich, die transkulturelle Dynamik innerhalb des philosophischen Diskurses der Moderne in China zu verstehen und sich das Ungenügen komparativer Deutungen vor Augen zu führen, die darauf beruhen, China und Europa unentwegt einander gegenüberzustellen. *Chinesische Philosophie* kann dann zu einem welt-philosophischen Weg werden, der sowohl die herkömmliche Spaltung zwischen altem und neuem China als auch die zwischen europäischem und chinesischem Denken in den Wirbel kreativer Transformation einfließen lässt.

I. IMMANENZ UND KRITIK

1. Das andere Zwischen

1.1 Am Anfang des Weges

»[...] nous ne sommes qu'au début du chemin.« (Jullien 2012: 9) Die europäische Auseinandersetzung mit chinesischer Philosophie befindet sich nach wie vor am Anfang eines langen, schwierigen und gewundenen Weges. Seit dem 17. Jahrhundert gab es immer wieder wegweisende Bemühungen, neue Möglichkeiten des Denkens zwischen China und Europa zu eröffnen. Sie sind jedoch vereinzelt geblieben. Ein Durchbruch lässt weiterhin auf sich warten.

Die Schriften von François Jullien markieren einen wichtigen Schritt auf dem Weg, die eurozentrische Enge akademischer Philosophie zu durchbrechen. Im Verlauf meiner langjährigen Beschäftigung mit klassischer und moderner chinesischer Philosophie hat sich allerdings der Eindruck verstärkt, dass seine Idee »interkultureller Alterität« zutiefst problematisch ist. Zunehmend drängte sich der Verdacht auf, dass sie das notwendige Gespräch zwischen »europäischem« und »chinesischem Denken« mehr verhindert als fördert. Warum das so ist, konnte ich mir jedoch zunächst nicht erklären. Erst durch die Arbeit an einem alternativen Begriff *interkultureller Philosophie* ist mir allmählich deutlicher geworden, warum Julliens »Umweg über China« ein Abweg ist.

Ich möchte zwei Seiten des Interkulturellen unterscheiden: eine komparative und eine transkulturelle. Damit sollen zwei einander vielfach ausschließende Perspektiven interkulturellen Philosophierens verbunden werden. Eine andere theoretische Möglichkeit besteht darin, interkulturelle und transkulturelle Philosophie einander gegenüberzustellen. Ein Grund dafür ist, dass die Bedeutung interkultureller und komparativer Philosophie häufig kaum zu unterscheiden ist. Wichtige Quelle für einen alternativen Begriff interkultureller Philosophie ist das erneute Nachdenken über den Begriff des *Zwischen* und seine Bedeutung für das Verständnis des »Inter-kulturellen«.

Jullien schreibt: »Wenn der Begriff des ›Inter-Kulturellen‹ einen Sinn haben soll, kann er nur darin bestehen, dieses *Zwischen*, dieses Zwiegespräch als neue Dimension der Welt und der Kultur zur Entfaltung zu bringen.« (Jullien 2016: 92; Jullien 2017: 94) Dem stimme ich grundsätzlich zu. Es wird sich jedoch zeigen, dass dieses »Zwischen« auf sehr unterschiedliche Weise verstanden werden kann und sich damit auch unterschiedliche Wege interkulturellen Philosophierens auftun. Ziel der folgenden Überlegungen ist es deshalb nicht, »gegen François Jullien« anzuschreiben, um ihn zu widerlegen (Billeter 2006). Vielmehr geht es darum, in seiner Deutung »chinesischen Denkens« geistige und kulturelle Blockaden aufzuspüren und zu benennen, die dazu geführt haben, dass sein Modell des inter-kulturellen Dialogs letztlich monologisch geblieben ist. Warum hat es dazu beigetragen, die Bedingungen für das notwendige Gespräch mit der chinesischen Welt mehr zu verschlechtern als zu verbessern? Im Folgenden werde ich versuchen, diese Frage zu beantworten, indem ich vor allem Julliens programmatischen Text *L'écart et l'entre* Schritt für Schritt erörtere. Dabei soll allmählich ein Weg interkulturellen Philosophierens hervortreten, der durch *komparative Hermeneutik* und *transkulturelle Dynamik* hindurch verläuft. Jullien hat *L'écart et l'entre* als »Manifest« bezeichnet (Jullien 2013b: 8–9). Indem ich Schritt für Schritt darauf antworte, versuche ich meine Überlegungen zu einem *Gegen-Manifest* zu versammeln.[1]

Jullien hat seine Forschung in den späten 1980er und frühen 1990er Jahren explizit im Bereich der Komparatistik verortet. Obwohl er diese später gelegentlich kritisiert, macht sich in der Bedeutung, die der »kontrastive Effekt« (Jullien/Marchaisse 2000: 262) für seine Analysen spielt, durchgängig eine starke komparative Tendenz bemerkbar. Die Absicht der folgenden Überlegungen ist allerdings weder, komparative Zugangsweisen abzulehnen, noch Jullien einfach dem komparativen Lager zuzuordnen. Vielmehr interessiert mich die Frage, warum er schon früh komparative Forschung überzeugend kritisiert hat, ohne doch wirklich aus ihrem Schatten heraustreten zu können (Jullien 2003: 3–15; Jullien 1989: 275–288). Er scheint zunehmend gegen komparative Mauern anzurennen, ohne jedoch über die theoretischen und praktischen Mittel zu verfügen, sie zu übersteigen.

Die widersprüchliche Situation eines *Komparatisten wider Willen* ist in zweifacher Hinsicht der genaueren Erörterung wert: Zunächst einmal erlaubt sie eine Erklärung für den nach wie vor dürftigen Zustand interkultureller Philosophie in Europa. Deren Situation ist durch die Arbeiten Julliens nicht verbessert worden. Ganz im Gegenteil: Hartnäckige Klischees über das »chinesische Denken« werden durch sie bestätigt und verstärkt. Das von ihm vielfach variierte Bild »chinesischen Denkens« ist gekennzeichnet durch schroffe Entgegensetzungen zwischen China und Europa, die etwa prozesshafte Immanenz und kreative Metaphysik, Disponibilität und Subjektivität, Konformismus und Freiheit einander gegenüberstellen. Diese Arbeit mit Kontrasten erweist sich aber als starr und steril. Anders lautenden Bekundungen Julliens zum Trotz, der sich gerne zum intellektuellen Dissidenten stilisiert, verstärkt sie zudem, auf chinesischer wie auf europäischer Seite, genau jenes konformistische Denken der Anpassung, auf welches Jullien »das« chinesische Denken zu reduzieren beliebt (siehe Kap. 2). *Politisch* ist Julliens Interpretation »chinesischen Denkens« somit weniger durch das, was sie direkt behauptet, als durch das, was sie indirekt ausschließt. Es ist Jullien, der *die* chinesischen Literaten zur »ewigen Stille der Prozesse« (Jullien 2005: 153) verurteilt. Dieses drastische Urteil, gefällt vor einem intellektuellen Schnellgericht, das keine Gegenrede vorsieht, wird sodann mit dem Anschein philosophischer Notwendigkeit ummäntelt und wohlgefällig hinter dem Respekt für kulturelle Diversität versteckt.

Heiner Roetz hat die politischen Konsequenzen von Julliens Darstellung des chinesischen Denkens der Immanenz klar benannt: »die starre Alternative Transzendenz oder Immanenz […] kann allerdings den Blick auf die chinesische Kultur der Dissidenz nur verstellen«. (Roetz 2011: 67) Das Klischee des chinesischen Denkens der Immanenz – durch das China dem Gefängnis einer historischen und sprachlichen Logik überantwortet wird, aus dem es keinen Ausbruch geben kann – droht immerfort umzuschlagen in die Komplizenschaft mit einer Ideologie sozialer und politischer Harmonie, in der die autoritären und kollektivistischen Tendenzen von konfuzianischem Konservatismus und chinesischem Sozialismus sich die Hände reichen. Die geschlossene Welt konformistischer Immanenz aufzusprengen, in die Jullien »die Chinesen«

einsperrt, ist nicht nur Voraussetzung dafür, um im interkulturellen Diskurs zwischen China und Europa die Seite transkultureller Dynamik zu erschließen: Der europäische Widerspruch zwischen proklamierter Kulturoffenheit und struktureller Verschlossenheit wird dadurch der kritischen Selbstreflexion zugänglich.

1.2 Hybride Modernisierung

Wider die Exteriorität Chinas

China steht für Jullien geographisch, historisch und sprachlich in einem Verhältnis der Exteriorität zu Europa. (Jullien 2012: 17) Dieses Verhältnis ist für ihn zugleich eines der *Indifferenz*, durch die es weder möglich ist, von einer *Differenz* zwischen China und Europa zu sprechen noch von kultureller *Identität*. Dafür müssen seiner Auffassung nach beide Seiten erst aus ihrer »wechselseitigen Indifferenz« (Jullien 2012: 18) herausgeführt werden, um sich gegenübertreten zu können. Der »westliche Sinologe« (Jullien 2012: 17) sieht sich daher zunächst einmal nicht mit der Verschiedenheit eines fernen China konfrontiert, sondern mit der Schwierigkeit, Bedingungen erarbeiten zu müssen, die es erlauben, den Zustand der Nicht-Kommunikation zu überwinden. Wer wollte das Problem der Indifferenz leugnen, mit dem sinologisch informiertes Philosophieren im Rahmen der akademischen Philosophie Europas zu kämpfen hat? Es bedarf erheblicher Anstrengungen, um Interesse für intellektuelle Entwicklungen im fernen Osten zu wecken und Bedingungen der Möglichkeit für vertiefte Kommunikation zu schaffen. Jullien hat früh die Notwendigkeit der Konstruktion *interkultureller Alterität* (Jullien 2003: 4) ins Spiel gebracht, die er aus der Tatsache der (geographischen, historischen und sprachlichen) *Exteriorität* Chinas ableiten zu können glaubt. Seine Ideen des »Umwegs über China« (Jullien 2012: 19) und der »Dekonstruktion [europäischen Denkens] von außen« (Jullien 2012: 21) versuchen vor allem mit Hilfe des Vokabulars französischer Gegenwartsphilosophie die Öffnung von Philosophie in Europa für »chinesisches Denken« zu motivieren. Er hat damit Perspektiven geschaffen, deren methodische Reflektiertheit es ermöglicht, den

Begriff interkultureller Philosophie kritisch weiterzudenken und als unverzichtbaren Bestandteil zeitgenössischer Philosophie zu konzipieren.

Das Zusammenspiel von Chinas *Exteriorität* im Verhältnis zu Europa und der von Europa aus zu konstruierenden *Alterität* Chinas hat Jullien bereits in der Einleitung zu *La valeur allusive* in programmatischer Klarheit umrissen. An diesem Programm möchte ich im Folgenden grundlegende Zweifel äußern. Dabei gehe ich (1.) davon aus, dass nach den Kulturbrüchen, die regional verschiedenartig verlaufende Wege der Modernisierung ausgelöst haben, die kultur-historischen Ressourcen Chinas und Europas *prinzipiell* gleich weit von »uns« entfernt sind – *prinzipiell* heißt: Unter den Bedingungen *historischer Korrespondenz*, die weiter unten mit Bezug auf Walter Benjamin genauer zu erörtern ist, sind linear-chronologische Entfernungen überspringbar. Nicht nur die Alterität des klassischen China ist konstruiert, sondern ebenso die Intimität »unseres« (europäischen) Verhältnisses zum klassischen Griechenland. Sodann gehe ich (2.) davon aus, dass sich die Diskussion um das Verhältnis zwischen China und Europa entscheidend verändert, sobald die Perspektive chinesischer Modernisierung mitsamt ihren intellektuellen Folgewirkungen einbezogen wird. Diese beiden Ausgangspunkte möchte ich in diesem Abschnitt erläutern.

(1.) Das Verhältnis von Griechenland und modernem Europa kann nicht einfach als selbstverständlich vorausgesetzt werden. Es existiert in diesem Fall keine ungebrochene historische Kontinuität. Es ist auch in diesem Fall keineswegs abwegig, von einer »Abwesenheit historischer Verbindungen« (Jullien 2003: 8) zu sprechen, weil die kulturelle Nähe zum alten Griechenland ebenfalls konstruiert und fiktiv ist. Damit wird Julliens geschichtsphilosophisches Modell zweifelhaft. Woher kommt die Stilisierung Griechenlands zum Ursprung »unserer« (europäischen) Zivilisation? Warum diese Verteidigung einer hellenozentrischen Genealogie, in der »den Griechen« als »unseren« Vorfahren grundsätzlich eine privilegierte Stellung zukommt?

Enrique Dussel erklärt diese Stellung durch eine »eurozentrische Ideologie der deutschen Romantik«, durch die eine direkte historische Verbindung von klassischem Griechenland und modernem Europa geschaffen wurde. Diese liegt nicht nur Hegels Geschichtsphilosophie zugrunde, sondern wird bis heute selbst unter kritischen Intellektuellen in Europa als weitgehend unhinterfragte Tatsache akzeptiert. (Dussel 2000: 468) Das gilt nicht nur für Jürgen Habermas, den Dussel explizit kritisiert, sondern auch für Michel Foucault, in dessen Spätwerk die historische Entwicklungsstruktur von (griechisch-römischer) Antike, (christlichem) Mittelalter und modernem Europa beibehalten worden ist. Auch Julliens philosophische Strategie, Europa durch den Umweg über China zu dekonstruieren, rüttelt nicht an *dieser* historischen Struktur. Mir scheint es notwendig, diese Struktur in Frage zu stellen, um historische Analysen der Pluralität von Modernisierungswegen voranzutreiben, die außerhalb Europas längst entwickelt werden, aber in Europa mit der Schwierigkeit einer strukturell tief verankerten Indifferenz gegenüber außereuropäischen Kulturen zu kämpfen haben. Es liegt nahe, genau in dieser Indifferenz einen wichtigen Grund für das »Ende der Ära westlicher Philosophie« und für die »Krise des europäischen Denkens« nach dem Ende des Imperialismus zu sehen, auf die Foucault im Gespräch mit japanischen Zen-Mönchen zu sprechen kommt. (Foucault 1978: 622–623/780–781)

Dussel fordert die Befreiung der Philosophie vom »Hellenozentrismus«: »Neither Nietzsche, nor Heidegger, nor Habermas, to cite just a few, are able to transcend ontological Eurocentrism (nor its foundation, Germanocentric Hellenocentrism). For its part, the teaching of philosophy is the quintessence of such Hellenocentrism throughout the world (even in the universities of Africa, Latin America, and among the most influential elites of Asia). Is it possible for philosophical reflections to go beyond the original Greek horizons? An ethics of liberation on a global scale must first ›liberate‹ philosophy from Hellenocentrism, or there will be no *global* philosophy in the future, in the twenty-first century.« (Dussel 2013: 260) Demnach ist auch die Bedeutung chinesischer Gegenwartsphilosophie nur durch den Bruch mit dem philosophischen »Hellenozentrismus« richtig in den Blick zu bekommen. Damit wird ein Ausweg aus der »Krise europäischen Denkens« nach dem Ende des Imperialismus denkbar, von der Foucault spricht. Julliens offen zur Schau gestellter »Hellenozentrismus« wird jedenfalls an dieser

Stelle bereits als ein Zeichen für philosophischen Provinzialismus und Konservatismus erkennbar.

Walter Benjamins Geschichtsphilosophie kann eine Perspektive eröffnen, die es unnötig macht, für die Möglichkeit eines »Tigersprungs« aus der Jetztzeit ins Vergangene zwischen antikem Griechenland, antikem Rom oder antikem China zu unterscheiden: Geschichte ist in gleicher Weise »Gegenstand einer Konstruktion«, unabhängig davon, ob der Sprung in die griechische, in die römische oder in die chinesische Geschichte erfolgt. Der *dialektische Sprung*, von dem Benjamin spricht, setzt ja gerade voraus, dass eine spezifische Vergangenheit aus dem »Kontinuum der Geschichte« herausgesprengt werden kann, das »uns« an erfundene historische Ursprünge bindet, deren kulturelle Macht die Freiheit der »Witterung für das Aktuelle, wo immer es sich im Dickicht des Einst bewegt«, willkürlich beschränkt. Warum sollte es nicht möglich sein, ein solches *Einst* auch in der chinesischen Vergangenheit zu finden? Ist der Sprung ins griechische Einst wirklich weniger weit als der Sprung in das chinesische? Benjamin spricht mit großem Pathos vom »Augenblick einer Gefahr«, in dem es gilt, ein Bild der Vergangenheit festzuhalten, durch das »die Überlieferung von neuem dem Konformismus« abgewonnen werden kann, »der im Begriff steht, sie zu überwältigen«. (Benjamin 1980: 695, 701) Er knüpft darin an Nietzsches Forderung an, die Interpretation der Vergangenheit »aus der höchsten Kraft der Gegenwart« zu vollziehen. Gelingt dies, treten »Nähen und Verwandtschaften« hervor, durch die »man fast handgreiflich an das sehr relative Wesen aller Zeitbegriffe gemahnt wird: beinahe scheint es, als ob manche Dinge zusammen gehören und die Zeit nur eine Wolke sei, welche es unseren Augen schwer macht, diese Zusammengehörigkeit zu sehen«. (Nietzsche 1988: 446; Heubel 2008: 29–30)

In meiner Annäherung an spezifische Aspekte chinesischer Philosophie, Literatur und Kunst habe ich immer wieder die Erfahrung von verblüffenden Korrespondenzen und Zusammengehörigkeiten gemacht, von intuitiver Nähe und Verwandtschaft, die aus der Perspektive der chronologischen Zeitvorstellung historischer Kontinuitätslinien in China oder Europa nicht erklärbar sind. Benjamins Rede von einem Tigersprung ins Vergangene hilft dabei, solche Erfahrungen philosophisch aufzuarbeiten. Ist es nicht an der Zeit, die chinesische Überlieferung dem »Konformismus« zu entwinden? Aber wie? Und ist denn China mit einem »Augenblick der Gefahr« verbunden? Gefahr für was und für wen? Ein zweiter Blick auf Nietzsches Rede von »Nähen und Verwandtschaften« zeigt, dass »Zusammengehörigkeit« für ihn an der Bruchlinie von Orient und Okzident, von Asien und Europa ihre Grenze hat. Er stellt die »Hellenisierung der Welt« und die »Orientalisierung des Hellenischen« gegenüber und kommt von daher auf eine weitreichende geschichtsphilosophische These: »Das rhythmische Spiel jener beiden Factoren gegen einander ist es, was namentlich den bisherigen Gang der Geschichte bestimmt hat.« Auf »unserer gegenwärtigen Welt« liegt der »Geist der hellenischen Cultur« jedoch »in unendlicher Zerstreuung«. Woran Nietzsche an dieser Stelle beim Phänomen der »Orientalisierung« denkt, ist der Einfluss des nahen und mittleren Ostens, wobei ihm das Christentum als »ein Stück orientalischen Alterthums« gilt, so dass er auch die Christianisierung als Orientalisierung Europas verstehen kann – wenn er vom »Orient« oder von »Asien« spricht, hat das also mit dem fernen Osten in der Regel nichts zu tun. Eine große Aufgabe sieht er nun darin, die zerstreuten Fäden der hellenischen Kultur wieder zusammenzubinden. Diese Möglichkeit dämmert auf, denn »die Erde, die bisher zur Genüge orientalisiert worden ist, sehnt sich wieder nach Hellenisierung«. (Nietzsche 1988: 446–447) Das sind vage Spekulationen, die jedoch ahnen lassen, wie verwickelt die geophilosophischen Implikationen sind, wenn die »Gefahr« der »Orientalisierung« oder »Asiatisierung« nicht mehr von den Persern, sondern von den Chinesen ausgeht und die neue Gestalt einer Sinisierung der Welt anzunehmen scheint. Es ist nicht überraschend, dass in einem solchen Kontext die Frage aufkommt, wie Europa dieser »Gefahr« begegnen kann und soll. Und welche Aufgabe kommt der Philosophie dabei zu? Soll sie sich an einer Maxime orientieren, die Nietzsche den »älteren Philosophen« zuschreibt: »[…] der mächtige Lauf griechischer Kultur soll nicht aufgehalten, furchtbare Gefahren sollen ihr aus dem Wege geräumt werden, der Philosoph schützt und vertheidigt seine Heimat«? Oder soll sie sich etwa an Platon ein Vorbild nehmen: dieser ist »im Exil und conspirirt gegen sein Vaterland«? (Nietzsche 1988: 810)

Werden *kritische* und *konformistische* Bilder der Vergangenheit unterschieden, ist unschwer zu erkennen, dass die Bilder, die Jullien von verschiedenen Aspekten der chinesischen *und* der europäischen Vergangenheit zeichnet, in hohem Maße konformistisch sind. (Roetz 2011: 61–67) Sie fesseln »uns« mehr in überkommenen Bildern von China und Europa, als dass sie dabei helfen, aus der schlechten Kontinuität von Klischees herauszutreten. Daher komme ich in diesem Kapitel immer wieder auf die Frage zurück, warum Julliens Begriff der interkulturellen Alterität jenen komparativen Rahmen nicht zu sprengen vermag, den er seit *La valeur allusive* überzeugend kritisiert hat. Warum scheitert er weitgehend an der Öffnung interkulturellen Philosophierens für die Dimension transkultureller Dynamik? Warum blockieren Julliens Schriften – durchaus entgegen der von ihm selber vielfach bekundeten Absicht – eine »fruchtbare« philosophische Kommunikation zwischen China und Europa? Es wird sich zeigen, dass Julliens Zugang zu »chinesischem Denken« grundsätzlich problematisch ist, insofern er erst einen »Abstand« zu diesem behauptet, um es sodann von seiner »ursprünglichen Perspektive« fassen zu wollen. (Jullien 2003: 6; 2012b: 13–18)

Ist nicht nach diversen modernen Erfahrungen des Kulturbruchs, in China wie in Europa, »Tradition« nur gebrochen zugänglich, auf dem Wege von Rekonstruktionen, in die immer auch das Bewusstsein historischer Diskontinuitäten einfließt? Die Besinnung auf kulturelle Brüche lässt sich nicht auf die Leugnung »unserer historischen und sprachlichen Subjektposition« reduzieren. (Jullien 2013a) Vielmehr zeigt sich darin eine – durch die kultur-historischen Katastrophen der Modernisierung radikalisierte – aufklärerische Grundüberzeugung, wonach sich keine Tradition allein dadurch rechtfertigen lässt, dass sie gegeben ist oder als wünschenswert angesehen wird. Die schwierige und sich immer neu stellende Aufgabe einer »nicht regressiven Aneignung der Tradition« (Roetz 1992: 17) führt zu einer Arbeit mit ausgewählten kultur-historischen Quellen, in der pauschalen Aussagen über ganze Denktraditionen, über »das chinesische Denken«, »die Chinesen«, »die Europäer« oder »die Griechen«, grundsätzlich mit großem Misstrauen begegnet wird. Allerdings werden solche Verallgemeinerungen auf absehbare Zeit kaum aus dem kulturellen Bewusstsein einer Menschheit verschwinden, die entlang der Grenzen von Nationalstaaten und Nationalsprachen organisiert ist.

(2.) Die Diskussion um das Verhältnis zwischen China und Europa verändert sich entscheidend, sobald die Perspektive der hybriden Modernisierung Chinas mitsamt ihren intellektuellen Folgewirkungen einbezogen wird. Seitdem europäische Staaten im 19. Jahrhundert begonnen haben, China »mit Gewalt zu kolonisieren« (Jullien 2012: 16), sind chinesisches und europäisches Denken *in China* dazu genötigt worden, miteinander zu kommunizieren. China und Europa sind somit in einen sehr einseitigen intellektuellen Dialog eingetreten: Europa spricht und China hört zu; China spricht und Europa hört weg. Das sich im 19. Jahrhundert herausbildende Interesse chinesischer Gelehrter für westliche Philosophie steht unverkennbar im Zeichen der schweren Krise, in die China durch die brutale Dynamik eines Modernisierungsprozesses gestürzt ist, der insbesondere nach der Niederlage im sinojapanischen Krieg von 1894–1895 eine revolutionäre Zuspitzung erfährt, die schließlich das chinesische Kaiserreich zum Einsturz bringt (1911). (Heubel 2016: 20–36) Das Problem der Differenz zwischen westlichen und östlichen Kulturen tritt in dem Moment als dringlich hervor, in dem das Bewusstsein für die Gefährdung der kulturellen Identität Chinas sich verbreitet. (Heubel 2015a) Das komparative Interesse für kulturelle Differenzen sowie die damit verbundene Bemühung um die Rekonstruktion der Geistesgeschichte Chinas mit Hilfe von Kategorien westlicher Philosophie ist von der Dynamik dieser Modernisierung hervorgebracht worden. *Chinesische Gegenwartsphilosophie* wird also zunächst einmal *nicht* von der sinologischen Frage bewegt, wie sich die sprachliche und historische Indifferenz zwischen China und Europa überwinden lässt, sondern wie einer kulturellen Konfrontation begegnet werden kann, die chinesisches und europäisches Denken bereits gewaltsam miteinander in Verbindung gebracht hat. – Mit *chinesischer Gegenwartsphilosophie* ist hier vor allem diejenige Philosophie gemeint, die sich des Chinesischen als sprachlichem Medium bedient und die, aufgrund der für das moderne Chinesisch charakteristischen Entwicklung, stark *sinophon* (umgangssprachlich) geprägt ist, ohne die *sinogrammatische* Qualität der klassischen

Schriftsprache aufgegeben zu haben, deren Schriftzeichen von der mündlichen Aussprache durchaus unabhängig sind.

Ich kann deshalb Jullien nicht zustimmen, wenn er von einem symmetrischen Verhältnis zwischen China und Europa ausgeht, in dem beide Seiten zunächst einmal die wechselseitige »In-differenz« überwinden müssen. Denn durch die Modernisierung der Wissensordnung in China ist ein asymmetrisches Verhältnis beider Seiten entstanden, in dem sich europäische Indifferenz gegenüber China und chinesisches Interesse an Europa gegenüberstehen. Aus europäischer Sicht ist daher die entscheidende Frage, ob und wie diese Wissens-Asymmetrie ausbalanciert werden kann. Die »Indifferenz«, von der Jullien spricht, ist vor allem ein europäisches Problem.

Modernisierung als geteiltes Problem Chinas und Europas

Modernisierung ist ein Problem, das China und Europa teilen. Die Philosophie auf beiden Seiten reagiert darauf, indem sie unterschiedliche, ihr sprachlich und kulturell zugängliche »Ressourcen« fruchtbar macht. Dafür ist es in der Tat nicht notwendig, sich auf die Universalität der menschlichen Vernunft oder der menschlichen Natur als gemeinsamer Grundlage zu berufen. (Jullien 2012: 25) Der Zwang zur Modernisierung ist ein gemeinsamer Bezugspunkt, durch den China und Europa in eine historische Konstellation eingetreten sind, durch die sich ein Zugang zu den »Ressourcen« beider Kulturarchive eröffnet. Dabei bildet die transkulturelle Dynamik von historischen Lernprozessen – und nicht historische Indifferenz – den Anfang interkultureller Kommunikation. In diesem Sinne ist Modernisierung das *historische Apriori* interkulturellen Philosophierens. China und Europa stehen somit keineswegs in einem »logischerweise ahistorischen« Verhältnis der Alterität, das sodann nach einer Methode der »komparativen Fiktion« verlangen würde, wie Jullien sein Vorgehen in *La valeur allusive* treffend nennt. (Jullien 2003: 8) Vielmehr ist es entscheidend zu sehen, dass sich *in China* der philosophische Diskurs der Moderne sowohl aus östlichen (vor allem chinesischen, japanischen, indischen) als auch aus westlichen (vor allem europäischen und nordamerikanischen)

Quellen speist, die in transkultureller Dynamik zusammenfließen. Das bedeutet, dass nun Aspekte westlicher Philosophie unter Berufung auf chinesische Philosophie kritisiert werden können und umgekehrt, wobei diese transkulturelle Dynamik zu Konfliktlinien führt, die nicht nur zwischen verschiedenen intellektuellen Strömungen und Schulen verlaufen, sondern auch durch einzelne Intellektuelle und ihre Philosophien hindurch. Damit kommt es zu inneren Widersprüchen, die etwa darin bestehen können, auf der einen Seite ein leidenschaftlicher Verteidiger der kulturellen Identität und des vielbeschworenen Geistes chinesischer Kultur zu sein, aber gleichzeitig eine in hohem Maße von westlicher Terminologie beeinflusste Sprache zu sprechen, um diesem Geist Ausdruck zu verleihen. Eine solche hybride Konstellation wird folglich einerseits von einer Tendenz zu komparativen Kontrasten geprägt, die sich am Problem von (kultureller) Differenz und Identität orientieren, aber andererseits auch von Möglichkeiten kreativer Transformation, in der unterschiedliche Quellen zu etwas Neuem zusammenkommen, für das alte komparative Kategorien wie östlich und westlich, chinesisch und europäisch zunehmend unzureichend erscheinen.

China kann für Europa gerade *nicht* fruchtbar werden, wenn es zunächst einmal sprachlich und historisch außerhalb Europas verortet wird, um dann in einem zweiten Schritt die klassischen Denktraditionen Chinas und Europas in ein kommunikatives Spannungsverhältnis zu versetzen. Deshalb ist es vielversprechender, von Modernisierung als geteiltem Problem auszugehen, um sodann durch philosophische Diskurse der Moderne in China und in Europa hindurch die klassischen Quellen ins Gespräch zu bringen. Dabei verdient die chinesische Gegenwartsphilosophie aus europäischer Perspektive besondere Aufmerksamkeit, weil sie durch Rezeption und Transformation westlicher Quellen ein transkulturelles Potenzial angesammelt hat, das Philosophie in Europa sich erst langsam wird erarbeiten müssen.

Unter *Sinisierung* (hànhuà 漢化) verstehe ich keine exotisierende Verklärung chinesischer Kultur, sondern zunächst einmal die Schaffung elementarer Bedingungen für die Auseinandersetzung mit klassischem und modernem chinesischsprachigem Denken in Europa. Im Sinne des Prinzips der Reziprozität sollte der *Okzidentalisierung Chinas* auf europäischer Seite zumindest die Anerkennung der Möglichkeit einer *Sinisierung Europas* gegenübertreten. Mit der Okzidentalisierung der chinesischen Wissensordnung seit dem 19. Jahrhundert ist zugleich auch die Grundlage für eine Sinisierung europäischen Wissens gelegt worden, weil durch die Übersetzung europäischer Philosophie ins Chinesische auch umgekehrt die Übersetzung chinesischer Texte in europäische Sprachen vorbereitet wird.

Die im Chinesischen verbreitete Rede von »chinesischer Philosophie« (zhōngguó zhéxué 中國哲學) beruht auf der Verwestlichung klassischer Gelehrsamkeit in China. Umgekehrt aber scheint der Gedanke einer Veröstlichung europäischer Philosophie absurd oder weckt gar Reflexe der Angst und der Abwehr. Darin zeigt sich die Tiefe der historisch gewachsenen Kluft, durch die die geistigen Welten in China und Europa nach wie vor voneinander getrennt sind. Allerdings ist *im Chinesischen* die Sinisierung europäischer Philosophie bereits weit fortgeschritten, denn in die chinesischen Übersetzungen und Deutungen europäischer Texte fließt selbstverständlich der Reichtum traditioneller chinesischer Quellen ein. Zudem werden die Interpretationen klassischer chinesischer Texte mit großer Selbstverständlichkeit und auf kreative Weise mit diversen Lehren und Begriffen aus Europa verknüpft. Darin zeigt sich die transkulturelle Dynamik einer hybriden Modernisierung, die umgekehrt im Verhältnis von Europa zu China bisher nur schwach ausgeprägt ist.

Julliens Identifizierung von »Sinisierung« (Jullien 2012: 20) mit einer exotisierenden Idealisierung Chinas, die er getragen sieht von westlichen Sinologen, die, entfremdet vom »Geist des Westens«, von der »zunehmenden Sinisierung ihrer Subjektivität« träumen (Jullien 2003: 3, 9), zeichnet ein Zerrbild, mit dem die Möglichkeit ausgeschlossen wird, sich von den hybriden Gebilden chinesischer Gegenwartsphilosophie bewegen zu lassen. Jullien betont wiederholt, »Transformation« oder »Wandel« (transformation) sei das Wesensmerkmal einer lebendigen Kultur: einer zu »Kultur-Wandel« (*wén-huà* 文一化) (Jullien 2012b: 175) fähigen Kultur. Ich sehe in der *Sinisierung europäischer Philosophie* eine Chance zu solchem »Kultur-Wandel«. Julliens Schriften haben dafür den Weg bereitet. Das konnten sie, gerade weil in ihnen die Forderung nach einer »wahrhaft abendländischen Sinologie« (Jullien 2003: 4) Ausdruck gefunden hat, einer Sinologie also, die sich in diesem Fall nicht davor scheut, ihre Interpretation »chinesischen Denkens« ganz bewusst in den Horizont französischer Gegenwartsphilosophie zu rücken.

Das hat ihm von sinologischer Seite den Vorwurf eingetragen, der Dialog zwischen chinesischem und abendländischem Denken finde nur noch im Inneren des »Monologs eines abendländischen Intellektuellen« und in einem »sehr eigentümlichen philosophischen Jargon« statt. (Billeter 2006: 48, 59–60; Jullien 2006: 133–134) Die philosophischen Begriffe, mit denen Jullien über »chinesisches Denken« spricht, sind sicherlich diskutabel, aber der Ansatz, »eine Annäherung an die chinesische Realität vom Abendland her« (Jullien 2003: 4) zu betreiben und ganz bewusst Bezüge zu Begriffen und Problemen europäischer Philosophie herzustellen, ist notwendig, weil nur so die sinologisch-philologische Arbeit hermeneutisch situiert werden kann. Problematisch ist also weniger Julliens »philosophischer Jargon«, sondern die Tendenz, seine Bezüge zum französischsprachigen Denken der Gegenwart zu verschleiern. Das Netz von Begriffen und Themen, das Jullien im Laufe der Jahre gesponnen hat, wird somit zunehmend zu einem selbstbezüglichen und selbstgefälligen Denksystem, in das einzutreten mit der Nötigung verbunden wird, sich umspinnen zu lassen.

Gleichwohl spricht aus Julliens Vorgehen die Einsicht, dass die theoretische Schwäche der sinologischen Beschäftigung mit »chinesischem Denken« der Unfähigkeit entspringt, die eigene Arbeit im philosophischen Diskurs der Gegenwart zu verorten. Damit ist zweifellos ein hoher Anspruch verbunden, denn eine solche philosophisch-sinologische Arbeit verlangt nicht nur Vertrautheit mit dem kultur-historischen Kontext Chinas und mit chinesischen Texten, sondern auch die aktive Teilnahme an fachphilosophischen

Entwicklungen in Europa. In einigen Büchern löst Jullien die damit einhergehende philosophisch-sinologische Doppelbelastung in Richtung Philosophie auf. (Jullien 2013: 9) Er ist damit kein Einzelfall. Auch sein sinologischer Kontrahent Jean François Billeter hat etwa mit *Ein Paradigma* ein philosophisches Buch vorgelegt, in dem seinen sinologischen Studien nurmehr der Status von Vorarbeiten beigemessen wird. (Billeter 2012) Für interkulturelles Philosophieren, das sich zwischen China und Europa bewegt, sind das kleine Anzeichen dafür, dass chinesische Quellen französischsprachiges Philosophieren anregen können. Wahrscheinlich ist es nicht übertrieben, darin die Entstehung eines neuen Philosophentypus in Europa zu sehen, für den der kompetente Umgang mit außereuropäischen Sprachen zum konstitutiven Bestandteil genuin philosophischer Arbeit gehört. Jullien ist einer der ersten Philosophen in Europa, die diesen Weg konsequent eingeschlagen haben.

Mit Julliens Entscheidung, »chinesisches Denken« bewusst in den Horizont zeitgenössischer europäischer Diskurse zu stellen, geht die Tendenz einher, chinesische Motive so aufzuarbeiten, dass sie die Qualität philosophischer Begriffe gewinnen: Allusivität, Wandel/Transformation, Fadheit, Effektivität/Wirksamkeit und Disponibilität/Verfügbarkeit etwa hat er zu Begriffen verdichtet, von denen er hofft, dass sie vom zeitgenössischen Denken in Europa als sinnvolle Vorschläge rezipiert werden können. Die *Sinisierung europäischer Philosophie* ist mit diesem Vorgehen durchaus vereinbar, insofern es dabei darum geht, in Auseinandersetzung mit chinesischen Quellen entwickelte Begriffe in europäischen Kontexten fruchtbar zu machen. Die Möglichkeit für einen solchen lebendigen Gebrauch erwächst dann allerdings aus der sich philosophisch artikulierenden hybriden Modernisierung Chinas und nicht aus dem vormodernen Abstand zwischen China und Europa.

1.3 Identität und Nicht-Identität

Was sind kulturelle Differenzen?

»Unsere Moderne« lässt sich normativ nicht länger auf die europäische und nordamerikanische Moderne, auf den sogenannten Westen, beschränken. In Ostasien hat sich ein beträchtliches Vertrauen in den universalistischen Gehalt westlicher Begriffe herausgebildet und allenthalben werden mit ihrer Hilfe regionale Wege der Modernisierung analysiert. Andererseits zeigen sich in der chinesischen Forschung deutliche Tendenzen zu theoretischer Emanzipation. Diese wahrt enge Bezüge zu europäischen Denktraditionen, die im 20. Jahrhundert enormen Einfluss ausgeübt haben. Gleichzeitig verstärkt sich jedoch der »selbstbesonnene« (zìjué 自覺) und von wachsendem »Selbstvertrauen« (zìxìn 自信) geprägte Rückbezug auf die chinesische Literatur, deren Quellen neu gelesen und gedeutet werden.

Aus dieser Erfahrung der ständigen Bewegung zwischen und durch unterschiedliche Lebens- und Sprachkulturen hindurch wächst der Zweifel an Julliens Verfahren, »Kulturen einander gegenüberzustellen« (mettre en vis-à-vis les cultures) (Jullien 2012b: 170). Das klingt starr und statisch, entspricht aber durchaus der kontrastiven Strategie, die in Julliens Büchern vielfach zur Anwendung kommt und ihm wiederholt den Vorwurf eingetragen hat, Kulturen essentialistisch zu fixieren. Wenn er von einem *Zirkulieren* zwischen Sprachen und Kulturen spricht, scheint er der Erfahrung einer transkulturellen Dynamik nahe zu kommen, die von interkulturellem Philosophieren verlangt, zumindest in zwei Sprachen und Kulturen »einzutreten«: in eine Bewegung wechselseitiger Kommunikation und Transformation, die für beide Seiten kulturell nur fruchtbar sein kann, wenn sie mit der Bereitschaft zu kritischer Selbstbesinnung einhergeht.

Die Frage, wie interkulturelles Philosophieren »dem Ethnozentrismus entkommen« (Jullien 2012: 28) kann, stellt sich in Europa derzeit vor allem als Frage, wie sich die Indifferenz gegenüber nicht-europäischen Sprachen und Kulturen überwinden lässt. Das entscheidende Problem ist nicht die *Differenz* von Sprachen und Kulturen, sondern die europäische *Indifferenz* gegenüber nicht-europäischen Sprachen und Kulturen. Bekanntlich ist die heute verbreitete philosophische Indifferenz Europas gegenüber China keine historische Konstante. Einige europäische Philosophen im 17. und 18. Jahrhundert haben den sprachlichen und kulturellen Abstand zwischen beiden als der philosophischen Kommunikation keineswegs hinderlich angesehen – sicherlich, Leibniz und Wolff konnten kein Chinesisch, aber ist das ein Grund, ihr philosophisches Interesse an China abzuwerten? Ist nicht die Indifferenz, von der Jullien spricht, selber Teil der Herausbildung einer europäischen Identität im 19. Jahrhundert, die im Inneren in nationalstaatlicher Konkurrenz und nach außen in imperialistischer Expansion ihren Ausdruck fand? Dem Prozess der Befriedung nationalstaatlicher Konkurrenz innerhalb Europas nach 1945 und der Entwicklung der Europäischen Union in Richtung einer »postnationalen Konstellation« auf der einen Seite steht auf der anderen eine wenig beachtete Leerstelle gegenüber: Was kann an die Stelle der imperialistischen Expansion und der Kolonisierung außereuropäischer Lebenswelten treten, die in Hegels Komparatistik der Zivilisationen ihre philosophisch idealisierte Rechtfertigung erhalten haben? Findet nicht die Krise von Europa als kultureller Idee Ausdruck in der philosophischen Sprach- und Ratlosigkeit angesichts der tiefgreifenden Umwälzungen, die sich im Verhältnis von Europa und Asien vollziehen? Kann »Europa« im Kontext von globalen Dynamiken der Modernisierung ohne eine weltphilosophische Perspektive gedacht werden?

Jullien begründet seine Kritik an der Rede von »kulturellen Differenzen«, der er die Rede von »Abständen« (écarts) gegenüberstellt (Jullien 2012: 24), mit dem Ungenügen der Dialektik von Differenz und Identität. Die Insistenz auf kulturellen Differenzen gilt ihm als Kehrseite eines identifizierenden Denkens, das die *eigene* Identität als unveränderliches Wesen zu fixieren sucht. Solchem Streben nach kultureller Identität begegnet Jullien mit scharfer Ablehnung: Eine Kultur, so betont er, die sich nicht mehr wandelt, ist eine tote Kultur. (Jullien 2012: 26) Und er verweist auf das moderne chinesische Wort für »Kultur«, wénhuà 文化, das wén 文 (Text, Schriftzeichen, Beispielhaftigkeit, Vollendung) und huà 化 (Wandel, Transformation) verbindet, um die Unvereinbarkeit von lebendiger Kultur und starrer Identität zu unterstreichen. Aber baut Jullien mit der stark klingenden Behauptung, dass es kulturelle Identität gar nicht gibt, einen billigen Strohmann auf, den er dann leicht erledigen kann? Wer geht heute noch davon aus, dass kulturelle Identitäten absolut unveränderlich sind? Und sobald »kulturelle Identitäten« als veränderlich gedacht werden, schwindet dann nicht der Unterschied zwischen dem, was er »kulturelle Identität«, und dem, was er »eigene Position« nennt? (Jullien 2016, 87; Jullien 2017, 90–91) Wenn Jullien sagt, dass »eine Kultur keine Identität hat, weil sie sich unaufhörlich transformiert« (Jullien 2016a), dann möchte ich dem Folgendes entgegenhalten: Nein, eine Kultur kann sich nur transformieren, wenn und weil sie Identität(en) hat und immer neu hervorbringt.

So gesehen sind kulturelle Identitäten nichts anderes als mehr oder weniger beständige »Positionen« oder »Standpunkte«. Das bedeutet aber gerade nicht, dass Identität ein »Phantasma« ist. Identitäten sind vielmehr Realitäten, die wegzuleugnen nicht nur naiv ist, sondern zu einer gefährlichen Realitätsverweigerung führen kann. Die Tatsache, dass Menschen auf ihrer kulturellen Identität bestehen, verschwindet nicht dadurch, dass sie als konstruiert und veränderlich entlarvt wird. Im Gegenteil: Wenn Menschen ihre Identität bedroht sehen, neigen sie dazu, sich verzweifelt und blind an eben diese zu klammern.

Deshalb erscheint es gleichermaßen falsch, die Bedeutung kultureller Identität zu verklären oder zu verleugnen. Als Alternative taucht die Möglichkeit auf, Identität und Nicht-Identität als *bestimmte Nicht-Identität* zusammenzudenken. In diesem Sinne spricht Jacques Derrida in seiner Erörterung einer »europäischen kulturellen Identität« von »der Nicht-Identität zu sich« (la non-identité à soi) und »der Differenz mit sich« (la différence avec soi) (Derrida 1991: 16) – und Peter Trawny kommt in seinen Reflexionen zu Adornos Text »Was ist deutsch?« auf die Idee einer »deutschen Nicht-Identität« (Trawny 2016: 50). Derrida betont die Aufgabe, die Idee Europas zu bewahren, aber so, dass es sich gerade nicht »in seiner eigenen Identität verschließt« (Derrida 1991: 33). Wenn er davon spricht, sich für einen »Abstand« (écart) zu öffnen, dann hat er die Fähigkeit von »Kultur« vor Augen, »nicht mit sich selbst identisch zu sein«, sowie die Möglichkeit einer »Selbstkultivierung« (culture de soi), der es *nicht* darum geht, »keine Identität zu haben«, sondern darum, immer wieder von sich Abstand nehmen zu können, um das Andere im Eigenen zu kultivieren. (Derrida 1991: 16–17)

Am Schluss von *Procès ou Création* (Jullien 1989) beschreibt Jullien eine Überzeugung, die den späteren Überlegungen in *L'écart et l'entre* (Jullien 2012) sehr nahe kommt: »Denn es wäre ganz falsch zu glauben, dass wir, wenn wir eine ›andere‹ Kultur entdecken, die unsere *schon* kennen und als sicheren Besitz zur Verfügung haben: nicht weil der Durchgang durch eine fremde Kultur uns unsere Ursprungskultur [notre culture d'origine] hätte vergessen lassen, sondern weil wir, indem wir zu ihr zurückkommen, erst ermessen können, in welchem Maß die reine Gewohnheit nicht länger den Platz des Wissens einnehmen kann und inwiefern die aus Vertraulichkeit und heimlichem Einverständnis [connivence] geborene Illusion nicht länger ausreicht. […] Jegliche Kultur wird auf diese Weise problematisch, tief befremdlich und *exotisch* faszinierend – auch die ›unsere‹«. (Jullien 1989: 288) In *Procès ou Création* strebt Jullien noch eine Komparatistik an, die der beschriebenen Dialektik von »unserer Ursprungskultur« und »einer anderen Kultur« gerecht zu werden vermag, ohne entweder der ethnozentrischen Verklärung des Eigenen oder der exotischen des Anderen zu verfallen. In *L'écart et l'entre* grenzt er sich hingegen entschiedener von solchem komparativen Vorgehen ab: »Ich vergleiche nicht oder tue es nur vorübergehend und in begrenzten Bereichen«. (Jullien 2012: 59) Gleichwohl scheint er weiterhin der Überzeugung zu sein, dass das Problem der starren Entgegensetzung von Eigenem und Anderem gelöst werden kann, indem die dialektische Einsicht zur Geltung gebracht wird, dass das Eigene immer auch des Anderen bedarf, um sich als Eigenes zu erkennen, und ein Selbst sich von sich selbst »abstoßen« muss, um »Selbst« zu werden. (Jullien 2012: 79) Damit eröffnet er eine Perspektive, die es erlaubt, jene eurozentrische Indifferenz zu unterlaufen, die nicht nur die philosophische Beschäftigung mit China in Europa blockiert, sondern auch die Entfaltung des »selbstkritischen Potentials« europäischer Philosophie und ihre »Kraft zur Selbsttransformation« (Habermas 1993: 127–128).

Mit der Kritik kultureller Identität sind Fragen an die Identitätspolitik der VR China zu Beginn des 21. Jahrhunderts verbunden. Diese Kritik richtet sich gegen die nostalgische Verteidigung einer Idee des »Geistes der chinesischen Kultur« (zhōnggúo wénhuà jīngshén中國文化精神), deren Entstehung von der Dynamik hybrider Modernisierung nicht getrennt werden kann. Nach 1945 bestand ein wichtiger Durchbruch kritischen Denkens in Europa darin, das *Wesen* von Kultur als historisch wandelbar zu verstehen, und zwar nicht nur die Sphäre ihrer materialen *Erscheinungen*. Der Glaube an die Unveränderlichkeit »chinesischen Wesens« (zhōngtǐ 中體), auch nachdem es von den Revolutionen des 20. Jahrhunderts bis zur Unkenntlichkeit entstellt worden ist, erscheint aus dieser Perspektive zweifelhaft. Die Schwierigkeit, einen *Wesenswandel* chinesischer Kultur zu denken, zeigt sich auch in dem chinesischen Begriff für »Kultur«, auf den sich Jullien bezieht: denn das Zeichen wén 文 heißt nicht nur Text und Schrift, sondern auch äußere Erscheinung, Schein und Dekor (im Gegensatz zur »Substanz« zhí 質). Wén 文 und zhí 質 sind im Sinne von »Kultivierung« und »Vitalisierung« gegenwendig aufeinander bezogen (Heubel 2016: 207; Kē 2010: 113–127), aber wén-huà (Kultur-Wandel) kann sich auch auf den Wandel des äußeren Erscheinungsbildes beziehen, der mit der Vorstellung von der Unveränderlichkeit des Wesens (běntǐ 本體) durchaus vereinbar ist.

Dem entspricht die unter chinesischen Intellektuellen verbreitete Auffassung, dass Europa mit der Abkehr von traditioneller Metaphysik und christlicher Religion seine kulturelle Identität aufgegeben hat: Europäische Kultur hat sich in ihrem Wesen gewandelt, insofern dieses als untrennbar verbunden mit platonischer Metaphysik angesehen wird. Zweifellos gibt es in der europäischen Philosophie des 19. und 20. Jahrhunderts eine starke Tendenz zu nachmetaphysischem und post-christlichem Denken. Gemeinsames Ziel war es, das platonisch-christliche *Wesen* Europas hinter sich zu lassen. Unzweifelhaft ist auch, dass diese philosophische Modernisierung des Denkens und die selbstkritische Reflexion von »Identität«, die von ihr ausgelöst wurde, dazu beigetragen haben, das Verständnis nationaler Identitäten in Europa tiefgreifend zu verändern. Demgegenüber beschwören einflussreiche chinesische Intellektuelle heute – noch oder wieder? – die transhistorische Kontinuität des *Geistes chinesischer Kultur* in einer Weise, die Spuren der Verwundung und Vermischung zu tilgen versucht, die vom Weg hybrider Modernisierung zeugen. Gerade die lautstarke Beschwörung der kulturellen Identität und Kontinuität Chinas weckt allerdings Zweifel, ob die zerstörerische Gewalt hybrider Modernisierung philosophisch hinreichend aufgearbeitet worden ist. Wird nicht die kritische Besinnung auf diese Dynamik kreativer Zerstörung durch die Beschwörung kultureller Identität verhindert und verdeckt? Bezeugt nicht der Traum von der transhistorischen Kontinuität »chinesischen Wesens«, dass das Trauma der Modernisierung in China bisher weit weniger reflexiv durchdrungen worden ist als in Europa? Ist davon auszugehen, dass das transkulturelle und kreative Potenzial chinesischer Gegenwartsphilosophie erst mit der vertieften Aufarbeitung traumatischer Erfahrungen allmählich zu voller Entfaltung kommen kann? Solche Fragen führen in eine interkulturelle Kommunikation zwischen zeitgenössischer Philosophie in China und in Europa, die bei der Besinnung auf die Paradoxien chinesischer Modernisierung anfängt. Das setzt allerdings voraus, dass in Europa das Bewusstsein für die kulturellen und intellektuellen Pathologien wächst, die der europäische Imperialismus in Ostasien erzeugt hat. Jullien fragt in dieser Hinsicht sehr zu Recht: »Hat der Westen auch nur damit begonnen, sich des Traumas bewusst zu werden, das andere Kulturen durch ihre plötzliche Verpflichtung erlitten haben, angesichts der am Ende des 19. Jahrhunderts von Europa behaupteten Macht, dessen begriffliche Normen und Kategorien durchlaufen zu müssen […].« (Jullien 2009: 251) Um sich dieses Trauma bewusst zu machen, ist es allerdings nötig, sich mit einer chinesischen Gegenwartsphilosophie auseinanderzusetzen, in der die Nötigung, westliche Begriffe zu verstehen und zu verarbeiten, tiefe Spuren hinterlassen hat.

Sinisierung der europäischen Philosophie?

Sind Julliens Arbeiten für den philosophischen Austausch zwischen modernem China und modernem Europa förderlich? Hier sind Zweifel angebracht. Wiederum drängt sich der Eindruck auf, dass Julliens Schriften einen solchen Austausch mehr blockieren als fördern. Sein abschätziges Urteil über die chinesischsprachige Philosophie des 20. Jahrhunderts ist geprägt von der Überzeugung, dass die Verwestlichung »chinesischen Denkens« – und die damit einhergehende Assimilation westlicher Begriffe und Kategorien – dieses der Standardisierung und folglich der Sterilisierung überantwortet hat. (Jullien 2012: 77) Seine Kritik nimmt teilweise einen Ton an, der fatal an anti-westlichen Kulturnationalismus in China erinnert: »Wenn man heute einen Text der klassischen chinesischen Literatur liest, der neu geschrieben, das heißt im zeitgenössischen, nach europäischen Kategorien reformatierten Chinesisch neu entfaltet wurde, bietet er nur den blassen Widerschein von westlichen kulturellen Erwartungen. Obwohl auf Chinesisch geschrieben, handelt es sich um einen sterilisierten und enttäuschenden Text, der wie durch ein Sieb durch diese kategoriale Vereinheitlichung getrieben wurde. Durch diese Vereinheitlichung, die den Abstand abbaut, ist der Sinn und somit das Mögliche für das Denken verloren gegangen – die Ressourcen sind verdeckt und versiegt«. (Jullien 2008: 255–256) Deutlicher lässt sich kaum sagen, dass sich Jullien für die Aufgabe nicht interessiert, das Trauma der sprachlichen Kolonisierung des Chinesischen aufzuarbeiten.

Läuft sprachliche Hybridisierung unvermeidlich auf Sterilisierung hinaus? Meine Perspektive ist von derjenigen Julliens sehr verschieden, denn mir scheint chinesische Philosophie gerade durch die Rezeption und Transformation westlicher Begriffe *hindurch* ein transkulturelles und kreatives Potenzial angesammelt und aufgebaut zu haben, das es in europäischen Sprachen bisher nicht gibt. Jullien ist nicht entgangen, dass die machtvolle Tendenz, Modernisierung auf Okzidentalisierung zu reduzieren, in China ein Gefühl des Identitätsverlustes erzeugt hat, das nun in Beschwörungen der »Sinität« (zhōngguóxìng 中國性), der indigenen Kultur und der »Nationalstudien« kompensatorisch Trost sucht. Wäre es von daher nicht ratsam, darauf zu verzichten, in das Lamento über den westlichen Einfluss auf die chinesische Gegenwartsphilosophie einzustimmen? Stellt sich nicht vielmehr die Frage, woran es liegt, dass das darin angesammelte kreative Potenzial bisher nur begrenzt zur Entfaltung gekommen ist?

Das sind Fragen, die Jullien nicht stellt. Er gibt vor, Exotismus zu verabscheuen. Diese Abscheu wirkt jedoch scheinheilig, weil es kaum zu übersehen ist, dass sein »China« nur deshalb über den engen Kreis sinologischer Forschung hinaus wirkt, weil es das exotische Bedürfnis nach der »Alterität« chinesischen Denkens und chinesischer Kultur zu befriedigen vermag. Zudem erweist sich sein Abscheu vor dem Exotismus als vorschnell und kurzsichtig, insofern er dazu führt, die Möglichkeit auszuschließen, »einander zu befruchten« (se féconder l'une par l'autre) (Jullien 2012: 60). Jullien versucht einen »Dia-log« der »Ressourcen« chinesischen und europäischen Denkens in Gang zu bringen und äußert die Absicht, *zwischen* ihnen zu »zirkulieren«. Dabei soll jedoch der historisch bereits vollzogenen *Europäisierung Chinas* prinzipiell keine *Sinisierung Europas* an die Seite treten dürfen: »Weder konvertiere ich zum chinesischen Denken noch sinisiere ich mich, was – das ist mir klar – viele Orientalisten enttäuscht«. (Jullien 2012: 60) Vermag Jullien durch die polemische Ablehnung der eigenen Sinisierung dem Ruch des Orientalismus zu entkommen? Oder fällt er in die Falle des Orientalismus, gerade weil er vor der Orientalisierung der Welt Angst hat? – In einer biographischen Erzählung seiner Erfahrungen im maoistischen China der 1970er Jahre spricht Jullien von »meiner fortschreitenden Sinisierung«, die er als Schnellkurs strategischen Denkens unter totalitären Bedingungen schildert. (Jullien 2000: 94) Diese traumatische »Sinisierung« hat sein Verständnis »chinesischen Denkens« geprägt, ihn aber auch verständlicherweise zu einer ablehnenden Haltung geführt.

Nur wer sich öffnet, wo es möglich ist, kann sich auch verschließen, wo es nötig ist. Indem Jullien sich der *Sinisierung* verweigert, werden Möglichkeiten kultureller und sprachlicher Selbsttransformation blockiert, ohne die jene interkulturelle »Zirkulation« kaum in Gang kommen kann, die er fordert. Hier wird eine Selbstblockade erkennbar, unter der die philosophische Fruchtbarkeit von Julliens Schriften empfindlich leidet: Einerseits erhebt er »Fruchtbarkeit« (fécondité) zum interkulturellen Leitbegriff, andererseits schließt er jedoch jene Fruchtbarkeit zwischen China und Europa aus, die allein aus wechselseitiger »Befruchtung« (fécondation) entspringen kann. (Jullien 2008: 192) Beschwört Jullien nicht die Fruchtbarkeit eines *Dia-logs auf Distanz*, eines *Zwiegesprächs mit Abstand*? Fürchtet er nicht in der Sinisierung eine »Befruchtung«, für die beide Seiten sich so nahekommen müssen, dass sie sich vermischen und vereinen? Sucht er nach der Möglichkeit von *Fruchtbarkeit ohne Befruchtung*? Die Idee der Sinisierung europäischer Philosophie bedeutet für mich zunächst einmal nichts anderes als die Möglichkeit der Öffnung und die Bereitschaft zur Offenheit. Solches Sich-Öffnen und Empfänglich-Werden ist nicht zu verwechseln mit naiven Vorstellungen einer »Synthese der Kulturen« oder einer »großen kulturellen Symbiose«, die in der Tat bloß die Kehrseite eines monokulturellen und monolingualen Ethnozentrismus wären. (Jullien 2010: 59; Jullien 2008: 193)

Es ist nicht einfach, die Verschiedenheit der beiden Perspektiven klar zum Ausdruck zu bringen. Sie läuft hinaus auf die Bereitschaft oder Ablehnung, sich zu sinisieren: »sich ›sinisieren‹ heißt Chinese zu werden« (se »siniser« c'est devenir Chinois), schreibt Jullien in seiner Antwort auf meine Kritik. (Jullien 2013a) Für ihn signalisiert die Bereitschaft zur Sinisierung nicht nur die schlecht mystische Träumerei von »Tao« und »Zen«, sondern auch ein »schlechtes Gewissen der europäischen Vernunft«, das mit der Tendenz einhergeht, »das europäische Denken zu vernachlässigen«, statt mit ihm zu arbeiten, indem es für »das chinesische Denken« geöffnet wird. Die interkulturelle Bewegung zwischen China und Europa ergibt in der Tat keinen Sinn, wenn die Öffnung für »chinesisches Denken« nicht zugleich mit der Arbeit an »europäischem Denken« einhergeht. Es ist schwierig geworden zu sagen, was es bedeutet, Europäer zu *sein*. Umso mehr stellt sich die Frage, was es bedeuten kann, Europäer zu *werden*. – Für mich persönlich ist die Antwort inzwischen ziemlich klar: *Ein* Weg, um *Europäer zu werden*, ist, *Chinese zu werden*.

Unter den Bedingungen hybrider Modernisierung kann *Chinese zu werden* nicht bedeuten, sich naiv dem Dào/Tao 道 hinzugeben, verlangt vielmehr, in jenen Wirbel aus Selbstverneinung und Selbstbildung einzutreten, in dem chinesische Intellektuelle im 20. Jahrhundert sich zu orientieren versucht haben. Der bodenlose Standpunkt »deutscher Nicht-Identität« ist für das Verständnis dieser kulturellen Erfahrung hilfreich, insofern »wir« lernen, in den Kehrtwendungen hybrider Modernisierung, die China durchlaufen hat, »unsere Moderne« zu erkennen. In ihrer Gegenwendigkeit und in ihrer häufig schockierenden Hässlichkeit enthält sie eine paradoxe Zusammengehörigkeit des sich Ausschließenden, deren transformative Kraft und normatives Potenzial schwierig zu verstehen ist.

Sinisierung europäischer Philosophie bedeutet somit immer auch, in eine von historischen Krisen und Katastrophen geprägte

Beziehung von China und Europa einzutreten. Diese kann jedoch nur in einen Prozess wechselseitigen Lernens eintreten, wenn der Europäisierung chinesischer Philosophie etwas wie die Sinisierung europäischer Philosophie reziprok zur Seite tritt – das ist eine Denkmöglichkeit, die aus der Perspektive von Philosophie in Europa derzeit kaum mehr als provokativen Charakter hat. Aber erst damit könnten die kulturellen Bedingungen entstehen, um zu jener wahrhaft »reziproken Beeinflussung zwischen chinesischem und europäischem Denken« (Jullien 2013a) zu kommen, zu der Jullien sich bekennt, ohne jedoch die Notwendigkeit der Reziprozität der *Europäisierung Chinas* und der *Sinisierung Europas* in Erwägung ziehen zu wollen. In dem von Jullien gezeichneten Bild »chinesischen Denkens« wird die dumpfe Ahnung der damit unvermeidlich verbundenen Lernanstrengungen immer wieder unter den verführerischen Vereinfachungen kontrastiver Effekte begraben.

Vor diesem Hintergrund kann ich mich des Eindrucks nicht erwehren, dass Julliens berechtigte Kritik an einer im globalen Tourismus zum Ausdruck kommenden »aseptischen« (Jullien 2010: 31–32) Diversität der Kulturen zumindest teilweise auf ihn selbst zurückfällt. Das ihm vorschwebende »kommende kulturelle Subjekt« (Jullien 2010: 53–63), das eine andauernde Bewegung *zwischen* lokalen – immer sprachlich gebundenen – »Ressourcen« auf der einen Seite und der globalisierten Welt auf der anderen auszutragen vermöchte, bleibt selbst in hohem Maße »aseptisch«. Seiner Konzeption der Diversität von Kulturen gelingt es nicht, überzeugend aus dem Schatten jenes gutgemeinten Multikulturalismus herauszutreten, den er unentwegt lächerlich macht. Solange der Wechsel zwischen kulturellen Identitäten als eine Art Rollenspiel verstanden wird, in dem Rollen gewählt werden können wie Reiseziele, bleibt Multikulturalität eine sich als Weltoffenheit missverstehende Engstirnigkeit.

Schon das mit Bikulturalität und Bilingualität verbundene Hin und Her zwischen Regionen und Sprachen stellt häufig vor kaum zu bewältigende Schwierigkeiten. Transkulturell verstandene Bikulturalität verlangt, so zwischen Kulturen und Sprachen zu leben, dass beide nicht im Sinne von Eigenem und Fremdem, sondern als Momente einer *transformativen Subjektivität* verstanden werden, die als zusammengehörige in sich unterschieden sind. Mit der Verdoppelung des Eigenen gehen Entfremdungserfahrungen einher, aber zugleich kann Identität sich darin vom Zwangscharakter starrer Fixierung lösen, um sich für das Nichtidentische im Eigenen zu öffnen. Solch ständige Unbeständigkeit oder identitäre Nicht-Identität darf jedoch nicht mit der Illusion kultureller »Verfügbarkeit« oder »Disponibilität« (Jullien 2012c: 23–50) verwechselt werden, die eine Standpunktlosigkeit voraussetzt, die zu keinerlei Festlegungen und Verfestigungen führt. Wer nicht schon von Kindheit an zwei- oder mehrsprachig aufgewachsen ist, muss große Anstrengungen unternehmen, um sich zwischen zwei oder mehr Sprachen und ihren kulturellen Eigenheiten frei bewegen zu können. Diese Art von transkultureller Bildung – von *Transkultivierung* – ist ein Weg des Lernens, der die Bereitschaft zu anhaltender Selbstbesinnung und Selbstveränderung verlangt.

Die wohlmeinende, aber ungeschichtliche Annahme der Gleichheit verschiedener Kulturen, die alle »unserer« Wahlfreiheit offenstehen, gerät leicht in den Verdacht, der Idee eines »globalen Supermarktes der Kulturen« (Jullien 2008: 193) anzuhängen. Damit ist eine Tendenz zum Kulturrelativismus verbunden, die nur die Kehrseite jener strukturell tief verankerten Indifferenz ist, die nach wie vor das Verhältnis Europas zu nicht-europäischen Kulturen und Sprachen prägt. Philosophisches Denken ist nicht unabhängig von sich wandelnden Machtkonstellationen. Welche Anstrengungen haben nicht moderne Philosophen in China unternommen, um sich den vom Westen »erzwungenen Wandel« (Jullien 2010: 40) zuzueignen, um also Modernisierung nicht nur als heteronomen Zwang, sondern auch als autonome und kreative Selbsttransformation deuten zu können. In Julliens unwilliger Zurückweisung der Sinisierung europäischer Philosophie wirkt eine Verweigerung gegenüber tiefergehendem *Kultur-Wandel*, mit der die Dürftigkeit des interkulturellen Diskurses in Europa untrennbar verbunden ist, die Julliens Schriften zugleich zu überwinden versuchen. Denn die idealisierende Identifikation mit dem Fremden und Anderen ist die Kehrseite eines höflich auf Abstand bedachten Dia-logs, dessen »Fruchtbarkeit« letztlich dem Wunder unbefleckter Empfängnis ähnelt. Spuken darin nicht letztlich doch noch ethnozentrische Vorstellungen der Reinheit und Ewigkeit von Volksgeistern herum? Exotisierende Identifizierung und xenophobe Distanzierung setzen beide eine Wahlfreiheit voraus, die chinesische Intellektuelle in ihrer Begegnung mit der vergewaltigenden Wucht westlicher Modernisierung nicht hatten.

Umso paradoxer mutet der identitätsfixierte Kulturnationalismus an, der in China teilweise auch philosophisch kräftig angeheizt wird. Spricht aus ihm nicht die Unfähigkeit und der Unwille, den hybriden Charakter der modernen chinesischen Sprache und damit auch der chinesischen Gegenwartsphilosophie anzuerkennen, den jener Nationalismus zugleich voraussetzt? Diese Anerkennung ist schwierig, weil sie die Aufarbeitung des Traumas verlangt, das mit hybrider Modernisierung aufs Engste verbunden ist: Die – euphemistisch gesagt – *Befruchtung* von China durch Europa war alles andere als eine exotisch-erotische Erfahrung, die sich romantisch verklären lässt. Kulturnationalistisch gesonnene chinesische Intellektuelle tendieren deshalb ebenfalls dazu, den kulturellen Verkehr zwischen China und dem Westen zu einer Art unbefleckter Empfängnis zu verklären: Die chinesische Moderne wird als Kind einer interkulturellen Begegnung gesehen, durch die das *Wesen* chinesischer Kultur unverändert geblieben ist. Der Einfluss des Westens wird damit auf einen externen Reiz reduziert, der das »geistige Leben« (jīngshén shēngmìng 精神生命) Chinas und damit den Kern kultureller Identität unangetastet gelassen hat. Aber wie ist dann das Verhältnis zwischen jenem vermeintlich reinen »geistigen Leben« und einer Modernisierung auf der Ebene materialer Kultur zu verstehen, die mit großer Brutalität vorangetrieben worden ist und vormoderne Spuren kulturellen Lebens mehr oder weniger rücksichtslos ausgetilgt hat? Es ist jedenfalls kein Ausdruck eines materialistischen Verständnisses von Kultur, wenn zuweilen davon ausgegangen wird, dass das »chinesische Wesen« (zhōngtǐ 中體) auch nach den ungeheuren Angriffen und Eingriffen des Westens unbeschädigt und unversehrt geblieben ist. Oder gibt es Gründe für solchen Idealismus? Sind die Veränderungen, die China durch Verwestlichung abgenötigt worden sind, tatsächlich nur Veränderungen an der Oberfläche, auf der Ebene der Erscheinungen?

Jullien ringt mit der Schwierigkeit, im Begriff des »Abstands« die Möglichkeit interkultureller Fruchtbarkeit ohne Befruchtung zu denken. Obwohl in China seit dem 19. Jahrhundert die vom

Westen aufgenötigte Erneuerung als »große Veränderung« wahrgenommen wird, wie es sie seit 3000 Jahren nicht gab, fällt es chinesischen Intellektuellen nach wie vor schwer, den Prozess der hybriden Modernisierung als einen »Wandel« (huà 化) anzuerkennen, der »Geist« (jīngshén 精神) und »Wesen« (běntǐ 本體) chinesischer Kultur tiefgreifend verändert. Ist nicht deren vielbeschworene »kreative Transformation« (chuànzàoxìng zhuǎnhuà 創造性轉化) unvermeidlich ein Prozess der »Hybridisierung« (hùnzáhuà 混雜化), in dem die »Mannigfaltigkeit von Verschiedenem« (zá 雜) zur Bildung einer neuen »Wesenseinheit« (hùnhétǐ 混合體) führt, der man gleichwohl die Verschiedenheit der Quellen noch ansieht, die in ihr verschmolzen worden sind?

1.4 Mit Abständen arbeiten?

Differenz und Abstand

Jullien kritisiert den Glauben an einen unveränderlichen Geist der chinesischen Kultur, den kulturnationalistischen »Diskurs der Sinität« sowie die Unterscheidung zwischen »ausländischer Sinologie« (hǎiwài hànxué 海外漢學) und (chinesischen) »Nationalstudien« (guóxué 國學), für deren Durchführung eine Art »kulturelle Blutsverwandtschaft« (Jullien 2008: 256) für notwendig gehalten zu werden scheint, die unverkennbar ethnozentrischen Charakter hat. Was er hingegen nicht sieht, oder zumindest viel zu wenig sieht, ist die Tatsache, dass nicht nur dieser Rückzug auf eine vermeintlich feste und unveränderliche kulturelle Identität die Entwicklung interkultureller Philosophie blockiert, sondern durchaus auch seine eigene Art und Weise, mit kulturellen *Abständen* zu arbeiten: In seinen Büchern neigt er dazu, die »Positionen« europäischer Philosophie einerseits und chinesischen Denkens andererseits auf eine Weise zu kontrastieren, die immer wieder hinter seine eigene Kritik an der komparativen Verhärtung von kulturellen Differenzen und Identitäten zurückfällt. Die von ihm vorgenommene »Trennung der Kulturen und der Denkweisen« eröffnet durchaus einen »Raum der Reflexivität« (Jullien 2012: 31), in dem sich ein interkultureller Diskurs entfalten kann, der sich der Gefahr des Rückfalls in kulturelle Klischees bewusst ist. Mit Blick auf das »identitäre Bedürfnis« (Jullien 2012: 31) nach klaren und beruhigenden Kulturgrenzen und Kulturgegensätzen, die gegebenenfalls dem Freund-Feind-Schema des Zusammenpralls der Zivilisationen und des Kampfes der Weltanschauungen dienlich gemacht werden können, bedeutet Julliens Begriff des »Abstands« in der Tat eine »Störung« (dérangement; Jullien 2012: 31). Er betont die »Fruchtbarkeit« (fécondité) verschiedener Sprachen und Denkweisen für eine »*Selbstreflexion* des Menschlichen« (*auto-réfléchissement* de l'humain), die auf apriorische und deshalb »ideologische« Annahmen über die Natur des Menschen verzichtet (Jullien 2012: 31–32). Das Denken des Abstands stellt einen Versuch dar, sowohl »faulen Relativismus« als auch »billigen Universalismus« zu vermeiden. (Jullien 2012: 44) Letzterer wartet mit Behauptungen über das Wesen des Menschen auf, die historische Entwicklungen ignorieren. Jullien versucht sich von Tendenzen zur Ideologiebildung zu distanzieren, die sowohl Relativismus als auch Universalismus eingeschrieben sind. Mit der Unterscheidung von Differenz und Abstand vermag er deshalb die Grenzen der von ihm zurückgewiesenen »Komparatistik der Differenz« klar zu bezeichnen – schon in dem 1985 veröffentlichten Buch *La valeur allusive* hat Jullien die Kritik an der Sterilität einer »Komparatistik der Differenz« (comparatisme de la différence) deutlich zum Ausdruck gebracht und ihr die Idee »interkultureller Alterität« (l'altérité interculturelle) entgegengesetzt. (Jullien 2003: 5) Seine Kritik wendet sich gegen unproduktive Fixierung auf Differenzen. Dieser stellt er ein Arbeiten mit Abständen entgegen, die kulturelle Momente voneinander distanziert, nicht um sie voneinander abzuspalten, sondern um sie in ein produktives Spannungsverhältnis zu versetzen, das zum Denken anregen soll. Mit dem Begriff des Abstands will Jullien ein komparatives Verständnis von Differenzen vermeiden, das diese durch Essentialisierung letztlich sterilisiert und zu philosophischer Unfruchtbarkeit verdammt.

Was Jullien zur Unterscheidung zwischen Differenz und Abstand sagt, ist ein wichtiger Schritt auf dem Wege der methodologischen Klärung des Charakters interkultureller Arbeit: »Das Wesensmerkmal des Abstands – und das ist entscheidend für mich – besteht darin, dass er folglich nicht wie die Differenz aspektbezogen oder deskriptiv ist, sondern produktiv – und zwar in dem Maße, in dem er das, was er trennt, in Spannung versetzt. *In Spannung versetzen*: das ist es, womit der Abstand operieren muss«. (Jullien 2012: 34) Das »Arbeiten mit Abständen« hält er für produktiv, weil es durch die Distanzierung kultureller Ressourcen voneinander jenen »Raum der Reflexivität« eröffnen kann, durch den diese sich überhaupt erst gegenseitig in den Blick nehmen können. Julliens *Komparatistik des Abstands* beruht somit auf einer strategischen Anordnung, einem interkulturellen »Dispositiv«, dessen Fruchtbarkeit nur entfaltet werden kann, wenn die Ordnung bestehender Differenzen und Identitäten nicht bloß bestätigt wird, vielmehr eine Störung dieser Ordnung ins Spiel kommt, die hervortritt, sobald die getrennten Momente in ein dynamisches Spannungsverhältnis eintreten. Für ihn ist die Arbeit mit Differenzen und Identitäten zur Sterilität verdammt, während die Arbeit mit Abständen die »Diversität der Kulturen« in ihrer Fruchtbarkeit hervortreten lässt. (Jullien 2012: 36)

In diesem Sinne wendet er sich auch gegen die identitätspolitische Verdinglichung »chinesischen Denkens« und betont dessen Anbindung an das Medium der chinesischen Sprache: »wenn ich ›chinesisches Denken‹ sage, setze ich für es keinerlei Identität voraus, keinen prinzipiellen Essentialismus – muss ich das immer wieder betonen? –, sondern ich bezeichne damit nur jenes Denken, das sich auf Chinesisch ausdrückt und verwirklicht. Genauso wenig gehe ich von irgendeinem Determinismus der Sprache über das Denken aus, weil auch die Sprache – sie vor allem – eine *Ressource* ist«. (Jullien 2012: 41) Mit dieser Klarstellung versucht Jullien seine Interpretation »chinesischen Denkens« und der damit korrespondierenden Begriffe »europäischer Philosophie« oder »europäischen Denkens« vom Vorwurf des Essentialismus zu befreien, der von einigen Kritikern vorgebracht worden ist – ohne allerdings an die tieferen Ursachen dieser Kritik zu rühren, in der er bloß ein immer wiederkehrendes, lästiges Missverständnis zu sehen scheint, das der mangelnden Kenntnis seiner Schriften entspringt. Diese »Missverständnisse« sind jedoch nicht willkürlich, sondern entspringen der Tendenz in seinen Schriften selber, Abstände zu sterilen Differenzen gerinnen zu lassen. Es gelingt Jullien nicht hinreichend, in seiner Arbeit mit Abständen die von ihm gegen die Komparatistik angemahnte Flüssigkeit der Momente zu wahren. Aller Kritik an der Komparatistik zum Trotz ist seine Vorliebe für kontrastive Effekte selbst noch allzu komparatistisch. Dass er hinter seinen eigenen Anspruch immer wieder zurückfällt, liegt an grundlegenden Problemen seines Ansatzes.

Die Fruchtbarkeit der Vermischung

Durchaus im Sinne der methodologischen Überlegungen, die Jullien bereits in der Einleitung zu *La valeur allusive* entwickelt hat, ist es sinnvoll, zwei Arten komparativer Forschung auseinanderzuhalten: die eine arbeitet mit *Differenzen*, die andere mit *Abständen*. Sehr zu Recht insistiert Jullien darauf, dass seine philosophische Arbeit mit kulturellen Abständen nicht leichthin mit einer komparativen Forschung verwechselt werden darf, die von fixen Differenzen und Identitäten ausgeht. Seine Kritik des Kulturessentialismus stellt sich einer komparativen Philosophie entgegen, die an die Unveränderlichkeit von Volksgeistern, Volkskulturen oder kollektiven Mentalitäten glaubt. Gleichwohl spricht viel dafür, den Schwerpunkt von Julliens Forschungsansatz ebenfalls im Bereich der Komparatistik zu verorten. In diesem Sinne ist er ein Komparatist wider Willen, der sich von der kontrastiven Hermeneutik des Eigenen und des Anderen lösen möchte, indem er die »Zirkulation« zwischen Sprachen und Kulturen hervorhebt, aber gleichwohl große Schwierigkeiten hat, sich einer transkulturellen Dynamik zu öffnen, die das kritische Potenzial des Chinesischen wahrzunehmen vermag. Und in dieser Hinsicht weisen die Schriften von Jean François Billeter und Heiner Roetz in eine Richtung, der sich Jullien versperrt. Zu denken ist etwa an Billeters scharfe Kritik am klassischen *Zhuāngzǐ*-Kommentar von Guō Xiàng 郭象 (252–312), dem er Neutralisierung der im Buch *Zhuāngzǐ* vorgebrachten Kritik der Macht vorwirft (siehe Kap. 7) oder an Heiner Roetz' Rekonstruktion einer chinesischen »Tradition der Traditionskritik«, durch die er eine Seite chinesischer Philosophie ins Bewusstsein gerufen hat, die den von Jullien vielfach variierten Kontrast zwischen Kritik (Europa) und Konformismus (China) als vereinfachende Entstellung entlarvt (Roetz 1997).

»Fruchtbarkeit« (fécondité; Jullien 2012: 36) ist das Ziel kultureller Arbeit mit Abständen: »Während die durch den Abstand hervorgerufene Spannung Fruchtbarkeit erzeugt – produziert –, möchte ich daran erinnern, dass, im Gegensatz dazu, die Differenz nichts produziert [...].« (Jullien 2012: 37) Abstand ruft Spannung hervor, Spannung erzeugt Fruchtbarkeit und Fruchtbarkeit ist produktiv. Aber in welchem Sinne ist die Arbeit mit Abständen, die zwischen verschiedenen kulturellen und sprachlichen »Ressourcen« erzeugt werden, »produktiv«? Ist die Unterscheidung von Differenz und Abstand ausreichend, um jene »Fruchtbarkeit« wahrzunehmen, die mit der *Vermischung* von Kulturen und Sprachen unterschiedlicher Zeiten und Regionen verbunden ist? Vernachlässigt Jullien die »Fruchtbarkeit« der Vermischung, aus der die Möglichkeit kreativer Transformation erwächst?

Julliens Konzeption des Verhältnisses von »Abstand« und »Zwischen« blendet die transkulturelle Dynamik aus, die mit hybrider Modernisierung untrennbar verbunden ist. Durch sie werden Altes und Neues, Östliches und Westliches gleichzeitig voneinander getrennt *und* miteinander vermischt, miteinander verglichen *und* miteinander verschmolzen. Jullien betont die Fruchtbarkeit der philosophischen Arbeit mit spannungsgeladenen Abständen, durch die *zwischen* voneinander getrennten kulturellen Ressourcen Räume des Denkens eröffnet werden; gleichzeitig wendet er sich jedoch unmissverständlich gegen die Vermischung oder gar Verschmelzung dieser Ressourcen. Diese sollen in ein fruchtbares Verhältnis treten, *ohne* sich »wechselseitig zu befruchten« (se féconder l'une par l'autre; Jullien 2012: 60), das heißt, ohne sich zu vermischen, ohne ihr distanziertes Verhältnis zueinander aufzugeben – denn sobald dies geschieht, droht interkulturelle Philosophie den »großen Basar des Exotismus« (Jullien 2012: 60) zu bedienen. Lässt sich Julliens Streben nach *Fruchtbarkeit ohne Befruchtung* als Ausdruck jenes kulturellen Dilemmas lesen, das zeitgenössische Philosophie in Europa heute prägt? Ist diese nicht hin- und hergerissen zwischen Verschließung und Öffnung, zwischen Identität und Pluralität? Jullien wendet sich explizit gegen nationalistische und ethnozentrische Tendenzen sowohl in China als auch in Europa, aber implizit tritt in seinen Schriften immer wieder ein eurozentrisches Ressentiment hervor, das sich seiner Selbstreflexion auf denkwürdige Weise entzieht. Zugespitzt gefragt: Ist die Kehrseite seiner polemischen Reduktion von Sinisierung auf Exotismus eine sinophobe Arroganz mit rassistischen Untertönen? Er scheint nicht zu bemerken, wie leicht sein strategisches Spiel mit kontrastiven Effekten in die Sterilität komparativer Raster umkippt, und tut sich deshalb schwer damit zu verstehen, warum seinem Ansatz die transkulturelle Seite interkultureller Philosophie letztlich fremd ist.

In *Entrer dans une pensée* macht Jullien den Versuch, Zweifeln an seinem Ansatz zu begegnen, indem er eine Reihe von Fragen an sich selbst richtet: »Aber heute erwidert man mir: was bleibt heute von diesen Abständen? Ist es nicht offensichtlich, dass die Kulturen nicht länger getrennt voneinander leben? (Haben sie es jemals getan?) Sie vermischen, hybridisieren und kreuzen sich – welches woanders [ailleurs] bleibt da noch? Man sieht sogar wie sich dieses Phänomen beschleunigt: was Sie als *Möglichkeiten des Denkens* beschreiben, ist das überhaupt noch zutreffend? Oder sind das nicht bloß Spuren und Trümmer, in alten Texten, von etwas, was dabei ist, von der Uniformisierung zum Verschwinden gebracht zu werden? Denn ausgehend von der aus dem Westen kommenden theoretischen Globalisierung werden die Denkweisen, seit mehr als einem Jahrhundert, zugleich vereinheitlicht und standardisiert. China hat die europäischen Kategorien der Wissenschaft wie der Philosophie aufgenommen und in seine Sprache übersetzt, meistens auf dem Wege des Japanischen: sind sie nicht assimiliert worden? Treten wir nicht, wenn wir das Chinesische lernen, Schritt für Schritt in den Horizont *unseres* Denkens ein? Welcher *Abstand* bleibt da noch? Kurz, Sie machen nicht mehr als eine Arbeit der Erinnerung, denn der Schauplatz hat sich verändert. Unsere Welt der Kommunikation, in der sich alles überschneidet, sich verbreitet – sich antwortet – und zwar von einem Ende des Planeten zum anderen, kennt kein *Außen* [dehors]). Was gibt es da noch zum ›Eintreten‹?« (Jullien, 2012b: 163–164)

Mit der ökonomischen Globalisierung sind die Uniformisierung und Standardisierung, die Jullien beunruhigt, auch in viele kulturelle und intellektuelle Aktivitäten eingedrungen. Das ist ein global geteiltes Problem. Es gibt jedoch verschiedene Möglichkeiten, damit philosophisch umzugehen. Die Dynamik ökonomischer

Modernisierung tendiert unverkennbar dazu, regionale Kulturen und Sprachen in einen *geschlossenen Immanenzzusammenhang* zu integrieren, der kein Außen mehr kennt. Jullien begeht jedoch den Fehler, die Modernisierung Chinas mit Verwestlichung gleichzusetzen. Er sieht nur die Seite der *externen Modernisierung*, aber vernachlässigt die Seite *interner Modernisierung*. Er sieht deshalb vor allem die im 20. Jahrhundert zweifellos ausgeprägte Tendenz zu Uniformisierung und Standardisierung des Denkens und des Lebens. Julliens Rede von »Abständen« und von »Diversität der Kulturen« richtet sich gegen diese Uniformisierung. Abstand zu halten ist für ihn die beste und vielleicht sogar einzige Möglichkeit, dagegen Widerstand zu leisten. Diese Überzeugung ist jedoch problematisch, insofern der Betonung von Abständen und von Diversität der Kulturen ein eurozentrisches Denken eingeschrieben bleibt, das Modernisierung außerhalb der europäisch-amerikanischen Welt des »Westens« nach wie vor am Maßstab »unserer (europäischen) Moderne« beurteilt.

Jullien scheint sich der Gefahr bewusst zu sein, dass seine Zurückweisung westlicher Uniformisierung in China vor allem im Kontext des anti-westlichen Kulturnationalismus begrüßt werden könnte, und bemerkt deshalb: Kulturen »sind dazu aufgerufen – das ist die Eigenart des Kulturellen und das, bevor wir ins Regime der Globalisierung eingetreten sind – sich zu wandeln. Kultur-Wandel (wén-huà 文化) heißt es mit großem Recht im Chinesischen. Noch weniger handelt es sich darum, Kulturen zu ›essentialisieren‹ und in Welten einzuschließen – es langweilt mich, dies hier zu wiederholen.« (Jullien 2012b: 175) Julliens Schwierigkeit besteht darin, einerseits mit dem Begriff des Abstands der Uniformisierung widerstehen zu wollen, andererseits aber verhindern zu müssen, dass die Abstände sich essentialistisch verhärten und zu unfruchtbaren Differenzen werden. Der von ihm formulierte Ausweg aus dieser schwierigen Lage entbehrt nicht der Folgerichtigkeit: Er insistiert auf der Möglichkeit einer kreativen Arbeit mit Abständen. Zweifellos kann eine solche Arbeit mit Abständen in gewissen Grenzen fruchtbar sein – darin besteht die »Fruchtbarkeit« komparativer Forschung, von der ja auch Julliens Schriften zeugen. Weil eine solche Herangehensweise jedoch die Dynamik kultureller Hybridisierung systematisch verkennt, indem sie Hybridisierung und Uniformisierung blindlings zusammenwirft, bleibt sie blind gegenüber jener modernen Selbsttransformation »chinesischen Denkens«, die ohne Berücksichtigung der konstitutiven Bedeutung interner Modernisierung unverständlich bleiben muss. In diesem Sinne blockiert die Überbewertung von kulturellen Abständen und Kontrasten das interkulturelle Philosophieren zwischen China und Europa.

Chinesische Metaphysik?

Der Unterschied zwischen der komparativen und der transkulturellen Seite interkulturellen Philosophierens lässt sich anhand der Auseinandersetzung mit den Schriften von Wáng Fūzhī erläutern, die Julliens philosophisch-sinologische Entwicklung entscheidend geprägt haben. Jullien bezeichnet in *Procès ou Création* (Jullien 1989) und *Figures de l'immanence* (Jullien 1993) das Denken Wáng Fūzhīs und sodann verallgemeinernd *das* chinesische Denken als nicht-metaphysisch, nicht-ontologisch und nicht-theologisch. Das *Buch der Wandlungen* gilt ihm als Weg, um die »effiziente und effektive Dekonstruktion der Metaphysik« zu erreichen, denn in diesem Text gibt es weder Ontologie noch Theologie, »keine Beschäftigung mit dem Sein« und »keine Idee Gottes« (»nulle préoccupation de l'être, nulle idée de *Dieu*«) (Jullien 1993: Klappentext).

Diese Perspektive hat in Europa eine lange Tradition. Ihr steht in der chinesischen Philosophiegeschichte des 20. Jahrhunderts das Bemühen um die Konstruktion »metaphysischer« Gedankengebäude gegenüber. Haben all diese chinesischen Philosophen das »chinesische Denken« missverstanden? Jullien behauptet, dass »die Chinesen« den wahren Sinn des *Buches der Wandlungen* (*Yìjīng* 易經) und anderer klassischer chinesischer Texte »verraten«, sobald sie in einer metaphysischen, ontologischen oder gar theologischen Sprache über sie sprechen. (Jullien 1993: 266) Ist es nicht seltsam, »den Chinesen« Verrat am »chinesischen Denken« vorzuwerfen und von ihnen zu verlangen, sich in ihren Erörterungen chinesischer Texte *nicht* der Sprache europäischer Philosophie zu bedienen, weil »chinesisches Denken« dadurch verzerrt und entstellt werden könnte? Spricht daraus nicht recht deutlich ein besserwisserischer

Hochmut, der die Möglichkeit des Gesprächs im Keim zu ersticken droht? Aus transkultureller Perspektive erweist sich die Spannung zwischen Metaphysik und Nicht-Metaphysik, zwischen Transzendenz und Immanenz als ein Problem, das die Gegenwartsphilosophie in China und in Europa teilt. Daran ist Jullien jedoch nicht interessiert. Er bevorzugt es, nicht-metaphysisches (China) und metaphysisches Denken (Europa) einander gegenüberzustellen.

Folgerichtig weist Jullien die moderne chinesische Übersetzung von »Metaphysik« als xíngérshàngxué 形而上學 (abgekürzt xíngshàngxué 形上學) zurück. Diese Übersetzung bezieht sich auf einen Satz aus dem Textkorpus des *Buches der Wandlungen*. Im Sinne von Julliens Deutung in *Procès ou Création* ergibt sich als ein erster Übersetzungsvorschlag folgender Satz: »Was über dem Konkreten ist, heißt Weg, was unter dem Konkreten ist, heißt Gerät.«[2] Dazu schreibt Jullien: »Es lässt sich leicht ermessen, in welchem Maße in diesem Fall die gemeinhin akzeptierte ›Übersetzung‹ des westlichen Begriffs der Metaphysik durch den alten chinesischen Ausdruck ›über dem Konkreten‹ (im Verhältnis zu ›unter dem Konkreten‹: dào 道 und qì 器) irrig ist« (Jullien 1989: 171; siehe auch Jullien 1993: 257–261). Wie Jullien richtig bemerkt, handelt es sich bei dieser Übersetzung von »Metaphysik« ins Chinesische keineswegs um einen umstrittenen Vorschlag, sondern um die allgemein gebräuchliche Standardübersetzung. Es spricht nichts dagegen, diesen Sprachgebrauch in Frage zu stellen. Die Erörterung von Schwierigkeiten der Übersetzung ist eine philosophische Notwendigkeit. Interkulturelles Philosophieren lebt aus dem und durch das Übersetzen. Andererseits wird Übersetzen sinnlos, wenn es zur mehr oder weniger willkürlichen Erfindung von Privatsprachen führt, die voneinander abgeschnitten sind. Sobald eine solche und ähnliche Übersetzungen schlicht für »irrig« erklärt werden, wird das transkulturelle Potenzial chinesischsprachiger Gegenwartsphilosophie übersehen, das sich gerade in solchen Übersetzungen zeigt.

Weil dieses Beispiel paradigmatische Bedeutung hat, möchte ich noch etwas genauer auf Julliens Versuche der Übersetzung und Deutung eingehen. In *Figures de l'immanence* übersetzt er die entscheidende Passage aus dem *Buch der Wandlungen* wie folgt: »Zudem, das, was unter (abwärts) der Aktualisierung ist, ist das, was man Weg nennt, das, was über (aufwärts) der Aktualisierung ist, ist das, was man seinen Behälter nennt.« (Jullien 1993: 257) In *Procès ou Création* weist Jullien darauf hin, dass »der chinesische Ausdruck in seinem Parallelismus gänzlich um den Begriff des Konkreten, oder vielmehr der ›Konkretisierung‹ [xíng 形] zentriert ist« (Jullien 1989: 172), also um das, was er in dieser Übersetzung »Aktualisierung« nennt. Xíng 形 ist, so führt Jullien weiter aus, in dieser Wendung nicht als »Form« zu verstehen wie in der Übersetzung von Richard Wilhelm, sondern im Sinne von »Form annehmen«, »konkret werden«. Diese Deutung, die xíng 形 sowohl »verbal« als auch »nominal« versteht, sieht in dieser Passage folglich einen genauen sprachlichen Ausdruck »der Logik kontinuierlichen Werdens, die im *Buch der Wandlungen* entwickelt wird«. (Jullien 1993: 257) Die »Logik des Werdens« enthält hier die »Untrennbarkeit« einer absteigenden und einer aufsteigenden Bewegung, die beide zwei »Aspekte« ein und desselben Vorgangs sind: der Konkretisierung und der Dekonkretisierung, der Aktualisierung und der Deaktualisierung, des Sichtbarwerdens und des Unsichtbarwerdens. (Jullien 1989: 171) Julliens Erläuterung der »Komplementarität des Unsichtbaren und des Sichtbaren« (Jullien 1993: 259) kreist um die doppelte Bewegung des aufgehenden Sich-Offenbarens und des untergehenden Sich-Verbergens – Julliens Erörterung dieser Schlüsselstelle des *Buches der Wandlungen* erinnert an das, was Heidegger in seinen Heraklit-Vorlesungen zum »Aufgehen und Untergehen« und deren »Wesenszusammenhang« sagt (Heidegger 1979: 109–141); darauf werde ich im Folgenden noch genauer eingehen. Er spricht von einem »Weg der Immanenz« (Jullien 1993: 260), weil jene Be-weg-ung ein Weg der Wandlung ist, der zwischen diesen beiden Aspekten keinen metaphysischen Schnitt vollzieht. Der so verstandenen »Logik des Werdens« stellt Jullien nun das »ewige, unbewegliche, absolute Sein« gegenüber, die »statische« Realität, die im »Begriff der Metaphysik« gemeint ist. (Jullien 1989: 172) Damit stehen sich die »chinesische Perspektive« des *Werdens* und »unsere Tradition« des *Seins* hart und schroff gegenüber. (Jullien 1998: 170)

In seinen frühen Schriften hat Jullien dieser Diskussion eine philologisch präzise und philosophisch kreative Perspektive eröffnet. Ich denke jedoch, dass sie in entscheidender Hinsicht verändert und gegen sich selbst gewendet werden muss. Es ist einfach allzu gewaltsam, »Werden« (China) und »Sein« (Europa), prozessuales Denken der Immanenz und platonische Metaphysik einander so entgegenzusetzen, wie Jullien es tut. (Jullien 1993: 260–261) Es ließe sich leicht im Detail nachweisen, dass die Interpretation der Passage aus dem *Buch der Wandlungen*, die Jullien zu seinen gewagten Folgerungen gebracht hat, innerhalb der chinesischen Kommentartradition einen bedeutenden, aber doch auch unverkennbar heterodoxen Platz einnimmt. Wáng Fūzhī, auf den Jullien sich vor allem stützt, ist ein radikaler Denker, der es in der historischen Notsituation der späten Míng- und frühen Qīng-Zeit auf sich genommen hat, die konfuzianischen und daoistischen Klassiker neu zu deuten. Ihn jedoch zum Repräsentanten *des* chinesischen Denkens zu stilisieren, ist ein geschichtsphilosophischer Gewaltstreich. Für diesen mag es gute Gründe geben. Es sollte jedoch nicht vernachlässigt werden, dass es in kanonisch gewordenen Kommentaren zu jener Passage eine deutliche Tendenz gibt, dem »Weg« eine meta-physische Bedeutung zu geben, die dem physischen »Gerät« des Gebrauchs gegenübergestellt wird. Der »metaphysische Schnitt« ist dem *Buch der Wandlungen* keineswegs so fremd, wie Jullien behauptet.

Warum blendet der »Hellenist« Jullien aus, dass der Streit um das Verhältnis von »Sein« (Parmenides) und »Werden« (Heraklit) auch für die frühe griechische Philosophie von herausragender Bedeutung ist? Er möchte nicht mit Heidegger verglichen werden, gleichwohl stellt sich bei der Lektüre von Julliens »philosophischer Lektüre« des *Buches der Wandlungen* die Frage, warum er mit keinem Wort Heideggers Versuche erwähnt, »Sein« nicht länger metaphysisch zu denken. Lassen diese Versuche, »die Griechen griechischer zu denken« (Gadamer 1987: 296), nicht einen Weg erkennbar werden, auf dem »die Griechen« ganz anders wahrgenommen werden können, als Jullien es vorschlägt (siehe Heubel 2020: Einleitung und Kap. 2)? Und kommen diese dabei »den Chinesen« nicht erstaunlich nahe? Ahnt Jullien nicht, dass auf Heideggers »Denkweg« sich das griechische *Sein* und der chinesische *Weg* einander so nahekommen, dass beide auf denkwürdige Weise je unterschiedlich dasselbe zu sagen scheinen? Sind *Sein* und *Weg* nicht dasselbe: ἓν διαφέρον ἑαυτῷ – »das Eine in sich selber unterschiedene«, wie Hölderlin im *Hyperion* übersetzt?

Jullien wendet sich durchweg polemisch gegen die Vermischung klassischen europäischen und chinesischen Denkens in der Übersetzung von »Metaphysik« durch eine Wendung aus dem *Buch der Wandlungen*. Seine theoretische Strategie besteht darin, China und Europa auf »Abstand« zu halten und ihr »Zwischen« von diesem Abstand her zu denken. Dabei verkennt er jedoch die einfache Tatsache, dass gelungene Übersetzungspraxis auf einer Vermischung sprachlicher »Ressourcen« beruht, deren »Fruchtbarkeit« nicht zuletzt durch die unkontrollierbare Vermischung von vormals getrennten Sphären sprachlichen Ausdrucks erzeugt wird.

Dafür ist Julliens eigene Arbeit mit chinesischen Texten im Französischen ein gutes Beispiel. Jean François Billeter hat ihn bereits in seiner Besprechung von *Procès ou Création* dafür kritisiert, seiner Diskussion »chinesischen Denkens« das modische Vokabular französischen Denkens beizumischen und übermäßigen Gebrauch zu machen vom »Jargon des Strukturalismus, der Semiologie und anderer Wissenschaften des Textes, die in den letzten zwanzig Jahren in Mode gewesen sind« (Billeter 1990: 126). Demgegenüber sehe ich in Julliens Durchdringung der Interpretation chinesischer Texte mit diesem »Jargon« eine interkulturelle Neuerung, durch die eine sprachliche Brücke zwischen der französischen und der chinesischen Gegenwartsphilosophie geschlagen worden ist, die es beiden Seiten überhaupt erst ermöglicht, in eine problemorientierte Kommunikation einzutreten. Ist nicht Julliens eigene Sprache ein Mischmasch, in dem das Gebot des Abstandhaltens zwischen chinesischem Denken und europäischer Philosophie beständig missachtet wird? Hat er nicht *im Französischen* bereits einen Weg der Europäisierung »chinesischen Denkens« und der Sinisierung »europäischer Philosophie« eingeschlagen?

Warum sollte es also ausgeschlossen werden, dass das, was in der Wendung des *Buches der Wandlungen* zum Ausdruck kommt, nicht *auch* eine mögliche »Metaphysik« ist? Warum sollte unter »Metaphysik« nur das verstanden werden dürfen, was gemeinhin platonische oder traditionelle Metaphysik genannt wird, die auf einem Bruch zwischen Erfahrung und Idee beruht (Jullien 1993: 257–261; 2009: 262–263)? Warum sollte es nicht möglich sein – ausgehend vom Verhältnis zwischen Metaphysik und *xíngérshàngxué* 形而上學 –, Metaphysik/xíngérshàngxué 形而上學neu zu denken, zu dekonstruieren und zu rekonstruieren? Ist es nicht naheliegend, das europäische Spannungsverhältnis zwischen der Kritik traditioneller Metaphysik und Versuchen, Metaphysik zu retten, mit der Arbeit an dem Spannungsverhältnis zwischen Metaphysik und xíngérshàngxué 形而上學 zu verbinden? Und haben chinesische Philosophen im 20. Jahrhundert das nicht mehr oder weniger erfolgreich versucht, indem sie einerseits die traditionelle europäische Metaphysik kritisiert haben, um andererseits aber einen positiven Begriff der Metaphysik zu verteidigen, der sich auch aus chinesischen Quellen speist? Bedeutet die Entgegensetzung von metaphysischer Philosophie der Transzendenz (Europa) und nicht-metaphysischem Denken der Immanenz (China) nicht letztlich doch, in einem Modus komparativer Differenz zu verharren, auf dessen Unproduktivität Jullien an anderer Stelle überzeugend hinweist?

Die mögliche »Fruchtbarkeit« der Arbeit mit dem Spannungsverhältnis zwischen Metaphysik und xíngérshàngxué 形而上學 zeigt sich in Wáng Fūzhīs Interpretation des Verhältnisses von meta-physischem *Weg* und physischem *Gerät*. Den idealistischen Interpretationen des »Weges« schleudert er nicht nur eine materialistische Überzeugung entgegen: »Das Himmelunten ist nur Gerät und sonst nichts« (tiānxià wéi qì ér yǐ yǐ 天下惟器而已矣), sondern auch die Formulierung, dass »Weg und Gerät ohne verschiedenes Wesen sind« (dào qì wú yì tǐ 道器无異體). Die Insistenz auf der Bedeutung oder gar dem Primat materialer Kultur scheint an dieser Stelle allerdings nicht antimetaphysisch gemeint zu sein, das heißt, es geht nicht darum, die meta-physische Bedeutung des *Weges* zu leugnen, sondern vielmehr darum, sich auf dessen Bedingung der Möglichkeit zu besinnen.[3]

Das hat sehr weitreichende philosophische Konsequenzen, denn die historischen Veränderungen auf der Ebene der »absteigenden«, physisch-materialen (xíngérxià 形而下) Welt sind keineswegs irrelevant für das »Wesen des Weges« (dàotǐ 道體), sie sind vielmehr selbst *wesentlich*: Der meta-physische Weg bedarf nicht nur des physischen Geräts, um sich zu manifestieren – im Sinne der Dialektik von Wesen und Erscheinung –, vielmehr ist der »Gebrauch« (yòng 用) des physischen Geräts konstitutiv für den »aufsteigenden« meta-physischen Weg – im Sinne der Annahme, dass das Wesen selbst sich wandelt. (Wáng 1993/1: 1028–1029) Was hier auftaucht, ist eine Möglichkeit, die zeitliche Wandelbarkeit des Wesens von Kultur zu denken.

Wáng Fūzhī hat ein Verständnis des »Energiewandels« (qìhuà 氣化) vorbereitet, in dem eine aufsteigende, »vergeistigende« (shénhuà 神化) *und* eine absteigende, »verdinglichende« (wùhuà 物化) Bewegung vermittelt werden. »Energiewandel« ist somit meta-physisch *und* physisch, ist Be-weg-ung zwischen meta-physischem »Weg« (dào 道) und physischem »Gerät« (qì 器). So gesehen wendet sich Wáng gegen die Tendenz, die »Atem-Energie« qì 氣 ausschließlich materialistisch auf die Seite des »Geräts« qì 器 zu schlagen. In seiner Antwort auf meine kritischen Reflexionen schließt Jullien die Möglichkeit einer Verbindung von Atem-Energie und Metaphysik aus: »Deshalb gibt es aus meiner Sicht auch keine ›energetische Metaphysik‹ bei Wáng Fūzhī. Das gesamte Werk von Wáng Fūzhī, insbesondere seine Art und Weise, lǐ 理und qì 氣 zu erörtern, sei es in seiner ersten Philosophie oder in seinem Geschichtsdenken, ist genau darauf ausgerichtet, die Möglichkeit eines metaphysischen Bruchs zu entschärfen – und dies durch eine rigorose Kritik an Wáng Yángmíng, der sich unter dem Einfluss des Buddhismus dieser Möglichkeit verschrieben hat.« (Jullien 2013a)[4]

Diese Bemerkung zeugt zunächst einmal davon, dass die Behauptung, »das chinesische Denken« kenne keinen »metaphysischen Schnitt«, eine inakzeptable Vereinfachung ist, denn Wáng Fūzhīs großer konfuzianischer Vorgänger und Gegenspieler Wáng Yángmíng 王陽明 (1472–1529), dessen Lehre die Schule des »zeitgenössischen Neokonfuzianismus« im 20. Jahrhundert maßgeblich beeinflusst hat, kannte ihn ja offenbar. Dies allerdings nur, wie Jullien sofort ergänzt, unter »indischem« Einfluss. Erst mit der Sinisierung des Buddhismus ist demnach »metaphysisches« Denken nach China gekommen. Offenbar beruht die These, dass *das* »chinesische Denken« der Immanenz keine Metaphysik kennt, auf einem puristischen Verständnis »chinesischen Denkens«.

Das Philosophieren *zwischen* Kulturen und Sprachen bedarf des geteilten Bezugs auf traumatische Erfahrungen der Modernisierung. Gewalt, Krieg und Katastrophen sind wahrhaft das »Ungedachte« (impensé) der zeitgenössischen Philosophie. Sie sind (fast) undenkbar, weil sie an unerträgliche, verdrängte und verborgene Wahrheiten rühren. Interkulturelles Philosophieren, das sich nicht immer auch der Aufgabe stellt, dieses Undenkbare zu denken, verfehlt die kritische Selbstreflexion einer hybriden Modernisierung, deren Einfluss bis in die entlegensten Winkel sprachlichen Seins hineinreicht. Indem Jullien die moderne chinesische Übersetzung von »Metaphysik« durch eine Wendung aus dem *Buch der Wandlungen* als Irrtum und Verrat am klassischen Text zurückweist, verweigert er dem philosophischen Diskurs der Moderne in China das Recht, für die Erfahrung hybrider Modernisierung eine angemessene Sprache zu finden, nämliche eine, die transkulturell Altes und Neues, Östliches und Westliches kommunizieren lässt. Julliens Idee einer der Menschheit gemeinsamen »Intelligibilität« (Jullien 2012: 46–47) bleibt der Hermeneutik des Kontrasts und dem Verstehen interkultureller Alterität verhaftet. Sie ist blind und taub für die Erfahrungen von Destruktion und Kreation, von Diskontinuität und Kontinuität, die sich im Chinesischen niedergeschlagen haben.

Hier zeigt sich, dass in Europa die intellektuellen und institutionellen Bedingungen für eine interkulturelle Kommunikation noch schwach entwickelt sind, in der »gegenseitige Perspektivenübernahme« (Habermas 2011: 91) mit der Sensibilität für die politischen und kulturellen Katastrophen einhergeht, die durch unterschiedliche Wege der Modernisierung ausgelöst worden sind.

1.5 Das Zwischen

Chinese werden, um das Griechische zu lernen

Die Fruchtbarkeit von Abständen insbesondere für geistige Arbeit ist kaum zu leugnen. Hölderlin war nie in Griechenland, hat aber aus diesem Abstand heraus eine Dichtung erzeugt, aus der begeisterte Nähe spricht: »Wie unvermögend ist doch der gutwilligste Fleiß der Menschen gegen die Allmacht der ungetheilten Begeisterung. Sie weilt nicht auf der Oberfläche, faßt nicht da und dort uns an, braucht keiner Zeit und keines Mittels; Gebot und Zwang und Überredung braucht sie nicht; auf allen Seiten, in allen Tiefen und Höhen ergreift sie im Augenblik' uns, und wandelt, ehe sie da ist für uns, ehe wir fragen, wie uns geschiehet, durch und durch in ihre Schönheit, ihre Seeligkeit uns um.« (Hölderlin 1957: 14) Denken und Dichten brauchen den Abstand, um zu träumen, um im Geiste ferne Orte und Zeiten durchwandeln zu können: »O ein Gott ist der Mensch, wenn er träumt, ein Bettler, wenn er nachdenkt, und wenn die Begeisterung hin ist, steht er da, wie ein misrathener Sohn, den der Vater aus dem Hause stieß, und betrachtet die ärmlichen Pfennige, die ihm das Mitleid auf den Weg gab.« (Hölderlin 1957: 9) Hölderlin klagt über die Unfähigkeit seiner Zeitgenossen, sich durch seinen Traum von Griechenland berühren zu lassen, über die »unerbittlichen Belaidigungen« (Hölderlin 1957: 157), die er von den »Geistesarmen« zu erleiden hat. Seine Werke sind auch Zeugnisse der Klage darüber, dass die modernen Menschen verlernen, vom Altertum zu träumen, sich von ihm begeistern zu lassen. Der Abstand zu den ehemals ins Klassische überhöhten Texten und Kunstwerken ist für sie so groß geworden, dass sie ihren Ruf nicht mehr wahrzunehmen vermögen. Der Abstand ist unfruchtbar geworden. Er zeugt kein Dichten und Denken mehr.

Jullien, der sich als Philosoph, Hellenist und Sinologe bezeichnet, stemmt sich gegen die museale Unfruchtbarkeit des modernen Abstands zum klassischen Altertum, indem er eine geistige Bewegung zwischen »griechischer Philosophie« und »chinesischem Denken« in Gang bringt. Hofft er, das alte Griechenland auf dem Weg durch das alte China hindurch wieder zum Leben erwecken zu können, um den unproduktiv gewordenen Abstand zu den Klassikern wieder produktiv zu machen? Er bemerkt wiederholt, dass er angefangen habe, »das Chinesische zu lernen, um das Griechische besser lesen zu können« (Jullien 2012: 13; siehe auch Jullien 1998: 47; Jullien 2004: 199). Die Überschrift eines Interviews lautet gar: »Der Umweg eines Griechen durch China«. (Jullien 1998) Die Idee eines »Umwegs« über China, um die griechische Philosophie neu und besser verstehen zu können, hat er seither beharrlich verfolgt, ja mit einer durchaus begeistert zu nennenden Besessenheit, die einen ganzen Strom von Schriften hervorgebracht hat. Die geistige Begegnung von altem China und altem Griechenland ist für sie unverzichtbar. Aber es gibt verschiedene Weisen, zu beiden Zugang zu finden.

Das Chinesische zu lernen, um das Griechische besser lesen zu können, ist Julliens Zugang. Meine Situation ist eine andere: *Ich musste Chinese werden, um das Griechische lernen zu können.* Lässt sich der »Abstand« zwischen diesen beiden Erfahrungswelten »fruchtbar« machen? Die Antwort auf die Frage, was chinesische Philosophie ist, kann nicht – oder zumindest nicht gänzlich – von den Lebenserfahrungen gelöst werden, aus denen der Wunsch erwachsen ist, das Chinesische oder das Griechische zu lernen.

Woher kommt der Wunsch, das Griechische besser lesen zu können? Jullien spricht von einer »gewissen Vertrautheit mit dem griechischen Denken«, mit der er brechen wollte. (Jullien 2004: 199) Meine Frage ist eine andere: Können »wir« es überhaupt noch lesen? Ist es nicht in hohem Maße unlesbar und unzugänglich geworden? So fremd und fern, dass es keinen erheblichen Unterschied mehr macht, Platon oder Lǎozǐ (Laotse) zu lesen? Die Entfremdung von den griechischen Klassikern und überhaupt vom alten Griechenland als kulturellem Paradigma scheint in verschiedenen Ländern Europas unterschiedlich groß zu sein. In Deutschland ist der Bruch nach dem Zweiten Weltkrieg besonders schroff vollzogen worden, was auch mit den dunklen Schatten zu tun hat, die sich über das alte Griechenland in Gestalt des deutschen Hellenozentrismus gelegt haben, nachdem der Nationalsozialismus als geistige Bewegung sich diesen einverleiben konnte. »Griechentum« und »Deutschtum« sind dabei eine ideologische Symbiose eingegangen, die das hohe Ideal griechischen Denkens und griechischer Kunst stark beschädigt hat. In der Rektoratsrede von 1933 spricht Heidegger davon, die Größe des griechischen »Anfangs« durch die »Herrlichkeit und Größe« des nationalsozialistischen »Aufbruchs« zurückzugewinnen, und beendet seinen Aufruf zur Selbstbesinnung auf die »geistige Kraft des Abendlandes« mit einem Platon-Zitat: »Alles Große steht im Sturm …« (Heidegger 2000a: 117)

Der dunkle Schatten, der seitdem auf der deutschen Idealisierung »der Griechen« liegt, lässt die Unbekümmertheit, mit der Jullien sich als »Grieche« versteht, naiv erscheinen. Der Abstand *zwischen* China und Europa, den er als interkulturelle Strategie einführt, läuft darauf hinaus, die konstitutive Bedeutung von Platon und Aristoteles für »uns« (Franzosen und Europäer) zu bestätigen und zu erneuern. Dem *inter*-kulturellen *Zwischen* entspricht sein Verständnis von »Dia-log«, das mit der doppelten Bedeutung des griechischen διά spielt, das »auseinander, entzwei« und »hindurch«, »durch und durch« bedeutet. (Menge 1906: 135–136) Damit das Gespräch zwischen zwei Kulturen möglich werden kann, müssen diese demnach zunächst auseinandertreten und voneinander ab-stehen, um sodann durch sie hindurchgehen zu können.

Heidegger bezieht sich auf die Doppelbedeutung von »δια« als »zwischen« und »hindurch« in seiner Erörterung von Hegels Begriff des Bewusstseins in der *Phänomenologie des Geistes*, in der das Bewusstsein als eine Bewegung verstanden wird, als ein Sprechen, ein »Dialogisieren« (διαλέγειν) zwischen verschiedenen »Gestalten des Bewußtseins«, die je ihre Wahrheitsansprüche haben: »Zwischen (δια) dem einen und dem anderen ist das Sprechen dieser Ansprüche, ist ein λέγειν. In diesem Gespräch spricht das Bewußtsein sich seine Wahrheit zu. Das διαλέγειν ist ein διαλέγεσθαι. Aber das Gespräch bleibt nicht in einer Gestalt des Bewußtseins stehen. Es geht als das Gespräch, das es ist, durch den ganzen Bereich der Gestalten des Bewußtseins hindurch (δια). In diesem Hindurchgehen versammelt es sich in die Wahrheit seines Wesens. Das durchgängige Sammeln διαλέγειν ist ein Sichversammeln (διαλέγεσθαι).« (Heidegger 1977: 183–184)

Sein als Zwischen denken

Macht es Sinn, das Interkulturelle *zwischen* dem Komparativen und dem Transkulturellen zu verorten, es also aus der Perspektive des *Zwischen* (Inter-) zu erneuern und zu erweitern? Wie bereits gesagt, besteht ein erster Schritt in diese Richtung darin, interkulturelles Philosophieren als *Be-wegung* zwischen einer komparativen und einer transkulturellen Seite wahrzunehmen. In einem zweiten Schritt wird sodann *Kultur* weniger im Sinne regionaler oder gar nationaler Kulturen verstanden, sondern als *Kultur-Wandel* im Sinne eines transformativen Vorgangs der Kulturbildung: Kultur ist Kultivierung. Kultur, ist ein Bildungsprozess, der mehr oder weniger weite Kreise ziehen kann und in dem sich individuelle und kollektive Phänomene des Kultur-Wandels verschränken.

Im interkulturellen Diskurs ist das Verhältnis der komparativen und der transkulturellen Seite dynamisch und veränderlich. In einigen Schriften Julliens wird deutliche Kritik an komparativem

Vorgehen geäußert, andererseits neigt seine Strategie kontrastiven Gegenüberstellens stark zur komparativen Seite interkulturellen Philosophierens. (Jullien 1986: 99; 1989: 284–288). Die komparative und die transkulturelle Seite gehören zueinander wie verschiedene Zustände des Wassers, das sich mal zu Eis verfestigt und mal zu Dunst verflüchtigt. In diesem Sinne sind beide einander entgegengesetzt, aber bedürfen einander in ihrer Entgegensetzung. Aus dieser Perspektive möchte ich mich nun der Erörterung jenes »Zwischen« (jiān 間 oder 閒) zuwenden, von dem her Jullien versucht, den Begriff *inter*-kultureller Philosophie neu zu bestimmen. (Jullien 2012: 69)

Julliens Diskussion des »Zwischen« wird verständlicher, wenn das Verhältnis bedacht wird, in dem es zur »europäischen Philosophie« steht, insbesondere zum »Diskurs über das Sein«, zur »Ontologie«: »Denn man sieht, warum sich die ›europäische Philosophie‹ nicht mit dem ›Zwischen‹ beschäftigt hat: das *Zwischen* ist das, was notwendig – oder, wie wir ebenso sagen können, schicksalhaft – der Frage des Seins entkommt, von der ausgehend sich die Philosophie seit den Griechen artikuliert hat. Weil das ›Zwischen‹ der Bestimmung, die das ›Sein‹ ausmacht, sowie der Frage des Eigenen und des Eigentums entkommt, entzieht sich das *Zwischen* folglich dem Zugriff des ›Diskurses über das Sein‹, das heißt der Ontologie. Ich sage, ›das Zwischen ist das, was …‹, aber genaugenommen ist das ›Zwischen‹ nicht ›das, was …‹, substantiell, substantivisch und bereits ontologisch. Das Zwischen hat kein ›an sich‹, vermag nicht *aus sich* zu existieren; eigentlich ›ist‹ das ›Zwischen‹ nicht. Zumindest ist es ohne Qualitäten. Wie lässt sich also darüber sprechen?« (Jullien 2012: 51)

Das *Zwischen* »ist« das, was »notwendig«, ja geradezu »schicksalhaft« der Frage des Seins entkommt. Genaugenommen lässt sich noch nicht einmal sagen, dass es ist oder auch nicht ist: Das Zwischen »ist« weder Sein noch Nichts. Deshalb kann es für Jullien kein »ontologischer« Begriff sein. Folglich stehen sich nun eine *griechisch-europäische Philosophie des Seins* – die Jullien an dieser Stelle mit *der* Philosophie identifiziert – und ein *chinesisches Denken des Zwischen* gegenüber. Während in Griechenland das *Sein* gedacht worden ist, wurde in China ebenfalls notwendig und schicksalhaft das *Zwischen* gedacht. Der irritierende Gebrauch des

Worts *zwischen* als Substantiv bezeugt, wie fremdartig *das Zwischen* als Begriff zeitgenössischer Philosophie nach wie vor ist, obwohl er mindestens auf Heideggers *Sein und Zeit* zurückverfolgt werden kann. (Cioflec 2012) Jullien behauptet, dass sein Begriff des Zwischen mit dem Heideggers nicht viel zu tun hat. (Jullien 2013a) Umso vielversprechender ist es, den »Abstand« zwischen den beiden in den Blick zu nehmen und die »Spannung« zwischen ihnen fruchtbar zu machen.

Jullien ist der Meinung, dass das Denken des Zwischen in China von der Besinnung auf das »Atmen« her entwickelt worden ist (Jullien 2012: 52), um sodann in einer komplexen »Lehre der Atem-Energie« (qìlùn 氣論) Ausdruck zu finden: »Im chinesischen Denken ist das, was wir verdinglichend das ›Reale‹ nennen, in Worten wie Atem, Fluss [flux] und Atmung (qì: ›Energie‹ ist noch zu griechisch) in den Blick genommen worden und das ›Zwischen‹ ist – oder vielmehr ›dient‹ als – das, von dem aus/durch das alles Heraufkommen [avènement] stattfindet und sich entfaltet.« (Jullien 2012: 54) In diesem Zitat hält Jullien das Wort »Energie« für »zu griechisch«, übersetzt allerdings anderenorts qì 氣 regelmäßig mit »Atem-Energie« (souffle-énergie). (Jullien 2003a: 201) Das ist bemerkenswert, weil diese Übersetzung selbst ein Hybrid ist, der die chinesische Konzeption des »Atems« und das aus dem Griechischen entlehnte Wort »Energie« verbindet, beide jedoch gleichzeitig durch den dazwischen gesetzten Bindestrich auf Abstand hält. Das ist ein Übersetzungsvorschlag, dem ich in diesem Buch folgen werde.

Ist nicht derart *verbundener Abstand* bereits eine vielversprechende Annäherung an die eigentümliche Bedeutung des *Zwischen*? Klingt darin nicht eine Möglichkeit an, die Jullien in der oben zitierten Passage von vorneherein auszuschließen scheint, nämlich die Möglichkeit einer *Ontologie des Zwischen*? Statt in eine solche Richtung weiterzudenken, stellt er »Sein« (Griechenland) und »Zwischen« (China) einander schroff gegenüber: »Es stimmt, dass wir das ›Zwischen‹ nicht denken können. Denn das Zwischen hat kein ›Sein‹. Das ist der Grund, warum uns dieser Gedanke so lange entgangen ist. Weil die Griechen das ›Sein‹ im Sinne des Seins – das heißt im Sinne von Bestimmung und Eigenschaft – gedacht haben (weshalb es ihnen vor dem Un-Bestimmten graute), waren sie nicht in der Lage, das ›Zwischen‹ zu denken, das weder das eine noch das andere ist, wo jedes von seinem anderen überzogen, seines An-sich und seiner ›Eigenheit‹ enthoben ist. […] Denn das *Zwischen*, das weder das eine noch das andere ist, hat kein An-sich, kein Wesen, nichts Eigenes. Genauer gesagt: Das Zwischen ›ist‹ nicht.« (Jullien 2016: 39; Jullien 2017: 41)

Mit Blick auf Julliens Gegenüberstellung von europäischer Ontologie und chinesischem Prozessdenken muss die Möglichkeit einer Ontologie des Zwischen absurd erscheinen. Im Rahmen einer Ontologie, die an der traditionellen Unterscheidung von Sein und Werden festhält, ist dergleichen in der Tat undenkbar. Demgegenüber ist es naheliegend, daran zu erinnern, »dass das *Zwischen* das Verhältnis zum Sein in Heideggers Denken kennzeichnet« (Cioflec 2012: 229). Besteht von daher nicht eine wichtige Entwicklung in der europäischen Philosophie des 20. Jahrhunderts darin, Sein und Zwischen zusammenzudenken? Mit dem Auftauchen einer *Ontologie des Zwischen* kündigt sich die Möglichkeit an, das von Jullien erörterte chinesische »Zwischen« *transkulturell* zu denken und nicht mehr bloß *komparativ*. Aber was bedeutet die Möglichkeit einer *Ontologie der Atem-Energie* (auf Chinesisch: qì de cúnzàilùn 氣的存在論 oder qìběnlùn 氣本論)?

In welchem Maße die europäische Philosophie des 20. Jahrhunderts den Abstand zwischen (europäischer) Philosophie des Seins und (chinesischem) Denken des Zwischen unterwandert hat, zeigt die Seinslehre Martin Heideggers, in der das »Zwischen« als philosophischer Begriff hervortritt. Der weitreichende Einfluss, den Heideggers Denken in Ostasien hat, ist nicht zuletzt darauf zurückzuführen, dass er »Sein« und »Zwischen« zusammendenkt, also beide gerade nicht auf Abstand hält, sondern die Perspektive eröffnet hat, das Zwischen ontologisch zu denken. Damit wird jene »klassische Ontologie« aufgebrochen, aus deren Perspektive das Zwischen unwiderruflich im Bereich des »Nicht-Ontologischen« zu verharren hat. (Jullien 2012: 52; siehe auch Jullien 2003a: 135–136, 146) Heidegger und Jullien entfalten beide das Zwischen als Motiv eines philosophischen Diskurses, der sich zwischen Antike und Moderne bewegt. Während Jullien die griechische Antike vom Denken des Zwischen freizuhalten sucht und sich der Frage zuwendet, warum sich *die* griechische Philosophie damit *nicht* beschäftigt hat, schlägt Heidegger einen in entscheidender Hinsicht anderen Weg ein: Er sucht das Zwischen *im* Sein und versucht teilweise sogar, *Sein als Zwischen* zu denken. Das dabei hervortretende Verhältnis von »Sein« und »Weg« wirft indes die Frage auf, ob es nicht besser ist, statt von *Ontologie* von *Odologie* zu sprechen (von Griechisch οδός: Weg, Straße).

Wie denkt Heidegger Sein als Zwischen? Das ist ein schwieriges und verzweigtes Thema, das ich an dieser Stelle nur skizzenhaft umreißen kann. Heideggers Annäherung an ein vorsokratisches und vormetaphysisches Verständnis von *Sein* kreist unentwegt um das Verhältnis zwischen Aufgehen und Untergehen, Erscheinen und Verschwinden, Entbergen und Verbergen, Lichtwerden und Dunkelwerden. Unverkennbar geht es ihm um fließende Übergänge und nicht um feste Zustände. Anstatt den scharfen Kontrast von Licht und Dunkel, Tag und Nacht zu betonen, sucht er nach einer Sprache, die es erlaubt, Zwischenstufen zu beschreiben, also eine Sprache, die ihre Aufmerksamkeit kaum merklichen Übergangsphasen zuwendet. Er versucht gleichsam *Sein* von den Zwischenzeiten des Sonnenaufgangs und des Sonnenuntergangs, der Morgen- und der Abenddämmerung her zu denken. In ihren Übergängen lebt, atmet und wandelt sich »Natur« als etwas, was »aufgeht« und »untergeht«. »Sein« von einer so verstandenen »Natur« her zu denken, ist eine Aufgabe, der Heidegger in seinen Deutungen einiger ausgewählter vorsokratischer Fragmente nachgeht. In einem Vortrag mit dem Titel »Europa und die deutsche Philosophie« von 1936 skizziert er bereits einige Motive, die dann in den großen Vorlesungen zu Heraklit, Parmenides und Anaximander aus den 1940er Jahren detailliert ausgearbeitet und weiterentwickelt werden: »Das griechische Grundwort für das Sein lautet φύσις. Wir übersetzen es gewöhnlich mit ›Natur‹ […] und man nennt daher die ersten griechischen Denker heute noch ›Naturphilosophen‹. Das alles ist eine Irreführung.« (Heidegger 1993: 35) Er betont, wie »innig für die Griechen Sein und Wahrheit (φύσις und ἀ-λήθεια) eines sind«, insofern beide das Verhältnis des Aufsteigens in das »Zum-Vorschein-Kommen« und des Absteigens als »Zurücktreten in die Verborgenheit« in sich tragen. (Heidegger 1993: 36) In den Vorlesungen zu Hölderlins Hymne »Der Ister« von 1942 hat Heidegger dies die »Gegenwendigkeit des Seins selbst« genannt. (Heidegger 1984: 95) Das Wort, das im Chinesischen diesem Verständnis von φύσις (physis) am nächsten kommt, ist qì 氣, die als *lebendiges Atmen* zu verstehende »natürliche« Atem-Energie. Aus dieser Perspektive lässt sich auch ein rätselhafter Satz verstehen, der sich in einem der *Schwarzen Hefte* findet: »Das Seyn ist der Aether, in dem der Mensch atmet.« (Heidegger 2014: 231) Han Choong-Su stellt ausgehend von diesem Satz die Frage: »Als was lässt sich die Wahrheitserfahrung bei Heidegger definieren? Unsere Antwort auf diese Frage: als Atmung. Dies mag zunächst erstaunen, ja vielleicht befremden […].« (Han 2016: 18) Ich sehe in dieser These zumindest einen Hinweis, der es verdient, genauer bedacht zu werden.

Unabhängig davon, ob Heideggers Deutung der Vorsokratiker ostasiatisch inspiriert oder gar beeinflusst worden ist, zeigt sich an dieser Stelle ein transkulturelles Potenzial seiner Schriften, dem gegenüber Julliens kontrastive Fixierung von Sein (Griechenland) und Zwischen (China) in ihrer Starrheit erkennbar wird. Mir scheint Heideggers Perspektive philosophisch deutlich »fruchtbarer« zu sein als Julliens. Insbesondere Heideggers Studien zum vorsokratischen Denken aus den 1940er Jahren zeigen, dass der *Umweg* über den chinesischen Diskurs des Zwischen nicht nötig ist, um den griechischen Diskurs des Seins *von außen* her zu »deontologisieren«. Heidegger entfaltet das Zwischen *innerhalb* des griechischen »Diskurses über das Sein«, indem er einen Schnitt zwischen vorsokratischem und nachsokratischem Denken vornimmt. Damit wird eine Unterscheidung zwischen der vorsokratischen »Gegenwendigkeit des Seins selbst« und der »Metaphysik von Platon bis Nietzsche« (Heidegger 1979: 98) eingeführt.

Für Jullien hingegen ist »griechische Philosophie« genau jenes metaphysische Lehrgebäude, das Heideggers Nachdenken über den »Anfang des abendländischen Denkens« zum Einsturz zu bringen versucht hat. Trotz der Betonung des Schnitts im griechischen Denken leugnet er jedoch keineswegs die innere Zusammengehörigkeit von vorsokratischem, in sich gegenwendigem, »wesentlichem Denken« einerseits und andererseits der metaphysischen Philosophie, die sich im Anschluss an Platon und Aristoteles entwickelt hat. Damit öffnet er die klassische griechische Philosophie für eine transkulturelle und transpositionale Dynamik, die wahrhaft »verstörend« ist und eine »Unordnung« (dérangement) stiftet, von der Julliens doch recht konventionelle »Anordnung« (rangement) von Zwischen und Sein – hier China, dort Europa – nur träumen kann. Verstörend an Julliens kontrastivem Diskurs ist weniger dieser Diskurs selbst, als die Vermutung, dass er damit die Möglichkeit stört, Heideggers »Griechentum« transkulturell weiterzudenken. Das Verstörende an Heideggers Nachdenken über Europa und Asien ist, dass es in eine zutiefst paradoxe Situation führt: Da, wo er bewusst in das Gespräch mit Ostasien eintritt, bleibt seine Auseinandersetzung in hohem Maße klischeebeladen und ziemlich unfruchtbar; je mehr er jedoch versucht, »die Griechen griechisch zu denken«, desto »chinesischer« denkt er. Ich wiederhole: Je mehr Heidegger versucht, »die Griechen griechisch zu denken«, desto »chinesischer« denkt er. Da, wo er versucht, griechischer zu denken als die Griechen, kommt er »chinesischem Denken« besonders nahe. Gadamer bemerkt zu Heideggers Deutung eines griechischen Textes ironisch, diese klinge »einigermaßen chinesisch« (Gadamer 1987: 291; siehe Heubel 2020: 22–24). Paradoxerweise hört diese Deutung weitgehend auf, unverständlich und fremd zu klingen, sobald sie wirklich »chinesisch« wahrgenommen und gelesen wird, also aus der Perspektive jenes »chinesischen Denkens«, das Jullien dem »griechischen« gegenüberstellt.

So gesehen kratzen alle Bemühungen, den Einfluss ostasiatischer, insbesondere daoistischer Quellen auf Heideggers Denken nachzuzeichnen und nachzuweisen, nur an der Oberfläche, weil sie versuchen, verborgene Bezüge eindeutig zu identifizieren, als sei klar, was »chinesisches« oder »daoistisches« Denken *ist*. Viel weitreichender und tiefgründiger ist die Frage, warum sein Denken gerade da besonders »chinesisch« wird, wo es besonders »griechisch« zu sein behauptet. Warum verkehrt sich Heideggers »griechisches Denken« in sich und aus sich selbst heraus in »chinesisches«? Mit dieser Frage eröffnet sich ein Weg transkultureller Kommunikation, dessen »Gegenwendigkeit« die gewöhnliche Wahrnehmung von Chinesischem und Griechischem radikal stört und verstört. Heidegger hat immer wieder meisterlich gegen sich selbst gedacht. Auf diese gegenwendige Weise mit Heidegger gegen Heidegger zu denken, ist deshalb durchaus naheliegend, denn er hat wie kaum ein anderer Philosoph des 20. Jahrhunderts geahnt, dass das notwendige Gespräch mit »Asien« aus europäischer Sicht eine lange Reise auf gewundenen und schwer zugänglichen Wegen sein wird.

Heideggers Vortrag mit dem Titel »Europa und die deutsche Philosophie« kleidet seine Gedanken zur »Rettung Europas« noch in eine teilweise sehr aggressive Rhetorik, in der Europa und Asien einander schroff gegenübergestellt werden. In diesem Zusammenhang spricht er von der »Bewahrung der europäischen Völker vor dem Asiatischen« (Heidegger 1993: 32). In dem Vortrag »Hölderlins Himmel und Erde« von 1959 hingegen nimmt er Paul Valérys Überlegungen zur europäischen »Krise des Geistes« auf. Auf Valérys Frage, ob Europa werden wird, »was es in Wirklichkeit ist, d. h. ein kleines Kap des asiatischen Kontinents«, antwortet Heidegger: »Vielleicht ist Europa schon geworden, was es ist: ein bloßes Kap [...].« Und er fragt weiter: »Muß Europa als dieses Kap und Gehirn erst zum Land eines Abends werden, aus dem ein anderer Morgen des Weltgeschicks seinen Aufgang vorbereitet?« (Heidegger 1981: 176–177)

Hier ist sie wieder, die Sprache des Untergehens und des Aufgehens, nun im Horizont großer weltphilosophischer Spekulationen: Muss Europa als »abendländische Vereinzelung« erst untergehen wie die am Abend verschwindende Sonne, um erneut aufgehen zu können? Ist es not-wendig, einen »anderen Morgen« und einen »anderen Anfang« so vorzubereiten, dass die Besinnung auf den »Anfang des abendländischen Denkens« sich zugleich »den wenigen anderen großen Anfängen« öffnet? Muss Europa erst anerkennen, dass es ein »kleines Kap des asiatischen Kontinents« ist, um zu einer Identität zu kommen, die eine *europäische Nicht-Identität* wäre? Muss Europa sich gegen sich selbst kehren und »asiatisch« werden, um wieder »europäisch« werden zu können? Heidegger hat jedenfalls wie kaum ein anderer europäischer Philosoph des 20. Jahrhunderts geahnt, dass Europa »nicht länger nur ›europäisch‹ sein« kann.

Auch Jullien scheut in seinen Schriften nicht vor geschichtsphilosophischen Spekulationen über das Verhältnis von China und Europa zurück. Diese nehmen allerdings in ihrer offenen Verteidigung platonischer Metaphysik eine deutlich anti-heideggerianische Wendung. Vielen Sinologen missfällt Julliens Neigung zu großen Perspektiven und Verallgemeinerungen, die leicht ins

Oberflächliche und Klischeehafte abgleiten. Vorbehalte gegenüber großen Erzählungen sind verständlich und berechtigt. Allerdings gibt es in der chinesischen Gegenwartsphilosophie und im Kontext interkultureller Klassikerstudien eine starke Tendenz, China und Europa als »Zivilisationen« miteinander ins Gespräch zu bringen, indem beide von ihren Anfängen her verstanden werden. Deshalb gibt es in China ein weit verbreitetes Interesse an der alten griechischen Philosophie, das mit Blick auf den Verfall klassischer Philologie in Europa sehr unzeitgemäß wirkt. Julliens großer chinesisch-griechischer Dia-log eröffnet eine Weite der Perspektive, die nötig ist, um an diesem Gespräch teilnehmen zu können. Seine Überlegungen zum Verhältnis von »Sein« und »Zwischen« zeigen allerdings, dass er die Möglichkeit von ihrer Vermischung systematisch ausschließen möchte. Er behauptet: »Der Abstand öffnet das Zwischen« (l'écart ouvre l'entre). (Jullien 2012: 49) Demgegenüber wird nun deutlich, inwiefern sein Verständnis des »Abstands« von Sein und Zwischen die philosophische Fruchtbarkeit dieses Verhältnisses geradezu verschließt und ausschließt. Der Abstand, den Heidegger zwischen vorsokratischem und platonischem Denken erzeugt, eröffnet eine Spannung zwischen beiden, die er für die revolutionäre Verwandlung des europäischen »Diskurses über das Sein« fruchtbar gemacht hat. Strukturell ist dieser *innergriechische Abstand* demjenigen ähnlich, den Jullien zwischen griechischem und chinesischem Denken erzeugt hat.

Heideggers Versuche, Sein und Zwischen zusammenzudenken, entwickeln sich vor allem in seinen umfangreichen und detailverliebten Kommentaren zu einigen vorsokratischen Fragmenten. Hermeneutisch bewegt er sich dabei in winzigen Schritten, deren jeweiliges Gewicht schwer einzuschätzen ist. Julliens Gegenüberstellung von *Sein* (Griechenland) und *Zwischen* (China) macht nun allerdings auf ironische Weise den großen Schritt deutlich, den Heidegger im Versuch vollzogen hat, das *Sein als Zwischen* zu denken: Heidegger hat das »chinesische« Zwischen inmitten des »griechischen« Seins entdeckt. So gesehen ist das anfängliche, vorsokratische Denken Griechenlands dem klassischen chinesischen Denken näher als die nachsokratische, platonische Metaphysik. Die paradigmatische Wende vom vorsokratischen Denken – das »noch-nicht-metaphysisch« ist – zum nachsokratischen Denken korrespondiert somit dem Verhältnis, das Jullien zwischen nicht-metaphysischem chinesischem und metaphysischem griechischem Denken beschreibt. Heideggers Studien zu den »Anfängen des abendländischen Denkens« wecken jedenfalls die Ahnung, dass »chinesisches« Zwischen und »griechisches« Sein einander nicht fern und fremd sein müssen, sondern einander nah sein können, sehr nah sogar. So nah, dass beide geradezu »das Selbe« zu sein scheinen. Jedenfalls so nah, dass es absurd ist, *das chinesische Denken des Zwischen* und *die griechische Philosophie des Seins* einander schroff gegenüberzustellen, um darauf auch noch ein ganzes Modell interkulturellen Philosophierens zu gründen. Julliens »l'entre« denkt Heideggers »Zwischen« interkulturell weiter. Indem Jullien jedoch *Zwischen* und *Sein* jeweils zu Paradigmen chinesischen und griechischen Denkens stilisiert, bewirkt er, dass beide in diesem Gegenüber erstarren: *Das* griechische Denken erstarrt zu traditioneller Metaphysik und *das* chinesische Denken erstarrt zu nicht-metaphysischem Denken der Immanenz.

Vor diesem Hintergrund wird ein transkulturelles Potenzial von Heideggers Neudeutung vorsokratischen Denkens wahrnehmbar, das noch weitgehend unerforscht ist. Es sieht so aus, als ob Heideggers Beschwörung des »Griechentums« hoffnungslos eurozentrisch ist. Das ist sie sicherlich *auch*. Einige Äußerungen von Heidegger selbst stützen zweifellos eine solche Lesart. Andererseits jedoch ist Heideggers »Griechenland« viel weniger eurozentrisch als Julliens. Heideggers »griechisches Denken« ist in entscheidender Hinsicht chinesischer als Julliens »chinesisches Denken«, denn es ist *paradox*: Es ist »noch-nicht-metaphysisch« und »metaphysisch« zugleich.

Ist eine Ontologie des Zwischen möglich?

Wenn die Fruchtbarkeit des Philosophierens zwischen China und Europa mit der Vermischung von »Sein« und »Zwischen« verbunden ist, erweist sich Julliens Identifikation von Philosophie mit einer metaphysischen Philosophie des Seins als wenig fruchtbar. Mehr noch, die Rückbindung europäischer Philosophie an eine solche Position ist zudem erstaunlich konservativ, weil sie auf diese Weise auf etwas fixiert wird, was sie im 20. Jahrhundert doch bereits erfolgreich in Frage gestellt hat. Julliens Version interkultureller Philosophie scheitert am Verhältnis von »Abstand« und »Zwischen«: Einerseits betont er den »Abstand« zwischen europäischer Philosophie des Seins und chinesischem Denken des Zwischen, andererseits ist ihm durchaus klar, dass es gerade die Tendenz zur »Deontologisierung« von Philosophie in Europa und ihre Loslösung von traditioneller Metaphysik ist, durch die das von ihm hervorgehobene chinesische Denken des Zwischen sich aufdrängt. Jullien versucht gleichzeitig zwei Positionen zu beziehen, deren Zusammenhang er nicht erklären kann: Er scheint zuweilen als Verteidiger einer (europäischen) *Philosophie des Seins* aufzutreten und dann wieder als Fürsprecher eines (chinesischen) *Denkens des Zwischen*. Beide werden in seinen Schriften tatsächlich immer wieder vermischt. Methodisch und begrifflich weigert er sich jedoch, diese Vermischung anzuerkennen.

Jullien schreibt: »[...] die Griechen mussten deshalb das Zwischen des Flusses [l'entre-deux du flux] und die Undeutlichkeit des Übergangs vernachlässigen [...]« (Jullien 2012: 57). Wenn es allerdings stimmt, dass europäische Philosophie sich im 20. Jahrhundert diesen Aspekten bereits mit großer Intensität gewidmet hat – und zwar vor allem aus eigenem Antrieb, motiviert durch die Eigendynamik europäischer Selbstreflexion und ohne bestimmenden Einfluss aus Ostasien , liegt es dann nicht nahe, sich der damit hervortretenden historischen Konstellation von zeitgenössischem Philosophieren in China und Europa zu widmen, statt sich als Europäer auf die philosophische Position des »Griechen« zu fixieren? (Jullien 1998) Werden interkultureller Philosophie auf diese Weise nicht Grenzen gesetzt, die mit der theoretischen Beschränkung korrespondieren, die Jullien sich auferlegt, indem er das Zwischen vom Abstand her denkt und es aus dem Abstand hervorgehen lässt? Zeigt sich nicht spätestens mit dem Auftauchen der Konstellation von »Sein«, »Zwischen« und »Atem-Energie« die Sterilität der Bemühung, (griechische) *Philosophie* und (chinesisches) *Denken* grundsätzlich auf Abstand zu halten?[5] Das Zwischen vermag sich bei Jullien nicht so weit von der Arbeit mit Abständen zu lösen, dass es als spannungsgeladener Schwebezustand zwischen den Momenten von Trennung und Verschmelzung, Differenzierung und

Integration, Entzweiung und Vereinheitlichung erkennbar werden kann.

Hybride Modernisierung hat China auf historisch beispiellose Weise in einen kulturellen Zwischenzustand versetzt, für den die Vermischung kultureller Quellen charakteristisch ist – die Herausforderung der westlichen Moderne ist weit umfassender als die Herausforderung des Buddhismus, dessen sich über Jahrhunderte hinziehende Assimilation und Transformation in China zu tiefgehenden Veränderungen geführt hat. Der Strudel hybrider Modernisierung scheint eine historische Bewegung zu sein, die es nicht erlaubt, zur Ruhe zu kommen. Ist es möglich, in Bewegung Ruhe zu finden, sich in wirbelnder Unrast wohnlich einzurichten? Oder erzeugt die Unruhe ständigen Kultur-Wandels notwendig einen starken Impuls zur Flucht, den Wunsch, Zuflucht zu suchen in Klischees kultureller Identität und Differenz, in der Beschwörung des Geistes chinesischer oder europäischer Kultur?

1.6 Zwischen und Kritik

Die Erstarrung des Anderen

Bevor ich mit der Diskussion des Zwischen fortfahre, zunächst ein ausführliches Zitat, in dem Jullien erklärt, was es für ihn bedeutet, »*zwischen* China und Europa« zu denken: »Ich denke also seit mehr als dreißig Jahren *zwischen* China und Europa. Ich vergleiche nicht oder tue dies allenfalls vorübergehend und für begrenzte Bereiche. Aber indem ich Abstände zwischen chinesischem und europäischem Denken aufspüre und sie zum Arbeiten bringe, das heißt indem ich zwischen ihnen Gegenüberstellungen [vis-à-vis] organisiere, öffne-fördere-erzeuge ich *Zwischen* zwischen diesen Denkweisen. Anstatt sie als Welten zu isolieren, wie mir Einige vorgeworfen haben, ohne mich zu lesen, tue ich genau das Gegenteil. Allerdings ist es sicherlich notwendig, durch oben beschriebene Deontologisierung gegangen zu sein [siehe Jullien 2012: 52–56] […], um schließlich für jenes *Zwischen* Platz zu machen und es zugänglich werden zu lassen: um zu klären, wie – weit davon entfernt, diese Kulturen und diese Denkweisen zu essentialisieren – ich

›zwischen‹ Denkweisen in China und Europa zirkuliere, das heißt zwischen ihnen das Zwischen aktiviere, um sie dazu zu bringen, sich zu entdecken, sich wechselseitig auszuloten und zu entfalten, indem ihre Ressourcen zum Dia-logisieren gebracht werden. Und dies nicht, damit sie sich wechselseitig befruchten, wie man häufig gesagt hat (meist sind die Anleihen falsch und dienen nur dazu, den großen Basar des Exotismus zu füllen), sondern um durch die auf diese Weise erzeugte Spannung, durch diesen Umweg [biais] die Philosophie wieder anzukurbeln. Das wenigstens ist meine Strategie« (Jullien 2012: 59–60).

Das »Zirkulieren« *zwischen* den Denkweisen Chinas und Europas ist ein Aspekt, der sich bei der Lektüre von Julliens Schriften keineswegs besonders aufdrängt. Denn die Bewegung *zwischen* den Positionen steht meist im Schatten der Bemühung, diese einander gegenüberzustellen und dadurch auf Abstand zu halten. Anne Chengs Beschreibung des Hin und Her, des Kommens und Gehens (va-et-vient) zwischen Frankreich und China, zwischen altem und modernem China klingt anders: »Ich bin also im Zeichen des Zwischen [l'entre deux] geboren, das meinem Leben einen Wechsel von Schuss und Gegenschuss, eine Zirkulation zwischen getrennten Welten, zwischen Nächstem und Fernstem, eine beständige Bewegung des Hin und Her aufgeprägt hat, ähnlich der eines Fährmanns, der unablässig zwei Ufer miteinander verbindet, die weit genug voneinander entfernt sind, um eine Vermittlung erforderlich zu machen, aber doch nicht so weit, dass der Übergang vom einen zum anderen unmöglich gemacht wird« (Cheng 2009: 17–18).

Indem sich sowohl Jullien als auch Anne Cheng, die innerhalb der französischen Sinologie geradezu für einander ausschließende Perspektiven stehen, beide auf die Erfahrung eines Denkens *zwischen* China und Europa berufen, wird die Frage dringlicher, *was* denn unter Zwischen verstanden wird und *wie* das Hin und Her zwischen China und Europa dabei gedacht und gelebt wird. Jullien begegnet Kritikern regelmäßig mit dem Vorwurf, sie hätten seine Schriften nicht genug gelesen, und ist davon überzeugt, dass sie nach genauerer Lektüre würden feststellen müssen, dass er nicht das meint und macht, was ihm vorgeworfen wird. Wenn aber von verschiedenen Seiten wiederholt ähnliche Kritik geäußert wird, sollte das doch nachdenklich machen. Cheng kritisiert eine »Alterität, die das Gegenüber erstarren lässt« (altérité qui fige le vis-à-vis). (Cheng 2009: 43) In einem anderen Text verlang sie, mit dem »Mythos der Alterität« Schluss zu machen, und bezichtigt – ohne den Namen Julliens zu nennen – die Rede von *dem* »chinesischen Denken« und die Arbeit mit dichotomischen Gegensätzen wie West/Ost, China/Griechenland des Orientalismus und der »ideologischen Fiktion«. (Cheng 2007: 8–11) Ähnliche Einwände finden sich bei Billeter (Billeter 2006), Roetz (Roetz 2011: 61–71) und kamen auch in Julliens Debatte mit Zhāng Lóngxī 張隆溪 zum Ausdruck (Zhāng 1999 und Jullien 1999). Aber warum und wie lässt Julliens *Gebrauch des Zwischen* »das Gegenüber erstarren«?

Das ist nicht leicht zu verstehen, weil Jullien sich einer verführerischen Rhetorik bedient, die das genaue Gegenteil zu beabsichtigen scheint: »Ich situiere mich also vielmehr in diesem ›Keinerseits‹ [nulle part] des *Zwischen*, das heißt in diesem ›Zwischen‹ der ›Atopie‹, das keinen eigenen Platz hat. In diesem ›Zwischen‹, das niemals isolierbar ist und nichts Eigenes besitzt, das ohne Substanz und ohne Qualität ist, gleichwohl aber ›funktionell‹ und ›kommunikativ‹ (*yòng* 用, *tōng*通), wie es im Chinesischen heißt, und es erlaubt zu operieren. […] Eine wackelige Position, das gebe ich gerne zu, verdammt dazu, ständig von einem Bein auf das andere zu springen, denn ich folge abwechselnd mal der Kohärenz des einen, mal der des anderen Denkens, um sie zu einem Gegenüber der Reflexion zu veranlassen, das keine Stabilisierung auf einer der beiden Seiten erlaubt. Aber ist nicht ein solcher schräger Krebsgang die Bedingung der Möglichkeit, um etwas auf oblique Weise zu fassen und zu betrachten, was sich in unserem Ungedachten [notre impensé] nicht frontal (direkt) in den Blick nehmen lässt – wie jenes Zwischen von chinesischem und europäischem Denken?« (Jullien 2012: 61–62)

Hier kommt eine Perspektive zum Ausdruck, die interkulturelles Philosophieren auf eine durchaus ansprechende und denkwürdige Weise mit der »Atopie« verbindet. Diese Perspektive ist allerdings eindeutig griechisch. Mit selbstbewusster Unbescheidenheit stellt Jullien sich in die Tradition des Sokrates, mit dem diese Haltung bereits im Altertum verknüpft worden ist.[6] Er versucht sich *zwischen* China und Europa zu situieren, indem er sich Sokrates zum

Vorbild nimmt. Er scheint im Zwischen heimisch werden zu wollen, also dort, wo »kein Ort« (aucun lieu) ist, im *Un-ort* (A-topos) des »Keinerseits« (nulle part), um sich ein Maximum an Disponibilität und transformativer Flexibilität zu bewahren. Wer auf keiner Seite steht und keine Partei ergreift, ist »verstörend, weil unmöglich zu lokalisieren«? (Jullien 2012: 62) Darin äußert sich eine philosophische Haltung, die nicht nur an Sokrates denken lässt, sondern auch an Zhuāngzǐs Diskurs über die »Gleichstellung der Dinge« (qí wù 齊物). Verstörend ist aber weniger diese Haltung selbst, sondern die Kluft zwischen Ideal und Wirklichkeit, die sich in Julliens Fall auftut: Es ist die Kluft zwischen dem Lob einer von der Haltung der Atopie getragenen *Transpositionalität* und einer Angst vor der *Ortsvergessenheit* (Jullien 2010: 63), eine *Depositionalisierung*, die er mit der Uniformisierung, Standardisierung und Sterilisierung *lokaler* kultureller Ressourcen verbunden sieht. (Jullien 2010: 57) Ich kann mich des Verdachts nicht erwehren, dass diese Kluft nicht bloß in Julliens Denken ungedacht bleibt, sondern das große Ungedachte im zeitgenössischen europäischen Denken ist, das sich für offen und frei hält, aber kaum auch nur ahnt, wie sehr es sich dabei selbst betrügt. Bringen Julliens Schriften dieses Problem auf besonders bemerkenswerte Weise zum Ausdruck? Er erhebt den Anspruch, auf dem Umweg über China das »Ungedachte« Europas denkbar zu machen. (Jullien 2009: 18) Aber hat nicht sein Werk vielleicht genau den gegenteiligen Effekt: Es verdeckt dieses Ungedachte und verstärkt seine Undenkbarkeit.

Wenn dies stimmt und in Julliens Fall eine solche paradoxe Verkehrung vorliegt, lässt sich immerhin erklären, warum es Jullien so schwerfällt, mit seinen Kritikern ins Gespräch zu kommen. Seine Arbeit mit dem Abstand zwischen China und Europa bestätigt, wie schwierig es ist, inter-kulturell zu leben: das Wandeln im Zwischen von Sprachen und Kulturen zu kultivieren. Seinen Kritikern zufolge fällt Jullien immer wieder der identitären Versuchung komparativer Forschung anheim, nämlich die Beweglichkeit kultureller Abstände zur Starrheit kultureller Differenzen zu verhärten. Während Anne Cheng ihre Einwände meist ausspricht, ohne Julliens Namen zu nennen, hat Jean François Billeter mit seiner Streitschrift *Gegen François Jullien* (Billeter 2006) den Weg der öffentlichen Auseinandersetzung eingeschlagen. Ein von beißender Ironie geprägtes fiktives Interview von Jean Levi vermittelt darüber hinaus einen Eindruck von der ablehnenden Haltung, mit der das Phänomen Jullien in der französischen Sinologie teilweise betrachtet wird: »François Jullien ist inzwischen in Frankreich fast eine Institution. Es gibt Zentren für das Studium des Denkens von François Jullien, wie es dereinst in China Gruppen gab, die sich dem Denken von Máo Zédōng 毛澤東 (1893–1976) gewidmet haben. Er hat es verstanden, ein universitäres, journalistisches und publizistisches Netzwerk aufzubauen, das sich der Verbreitung seiner Schriften, seiner Arbeiten und seines intellektuellen Ansatzes widmet.« (Levi 2011: 198) Im Unterschied zu mir ist Levi allerdings der Auffassung, dass Julliens Verdienste hinsichtlich des Verhältnisses von Sinologie und Philosophie minimal sind und eine eingehende Auseinandersetzung nicht verdienen.

Abgesehen von polemischen Attacken durch Sinologen wie Jean François Billeter und Jean Levi hat bisher in der französischsprachigen Sinologie und in der Philosophie kaum eine kritische Diskussion von Julliens Werk stattgefunden. Während einerseits Monographien und Sammelbände mit Texten von namhaften Autoren publiziert worden sind, in denen die Fürsprecher Julliens zu Wort kommen, dominiert auf Seiten der Kritiker pauschale Ablehnung, persönliche Animosität oder unwilliges Schweigen. Ein kritischer Dia-log beider Seiten findet nicht statt.

Trennung und Verschmelzung

Im letzten Kapitel des Buches über das »Schicksal Europas« reagiert Jullien auf die »Krise Europas« mit der nicht nur *philosophisch*, sondern auch *politisch* gemeinten Entgegensetzung von platonischem »Dispositiv der Idealität« und »chinesischer Nicht-Idealität«, von »metaphysischem Bruch« (Europa) und »stillem Wandel« (China). (Jullien 2009: 283–288) Nun wird deutlicher, inwiefern er aus ästhetischen Gründen mit chinesischem Denken und der chinesischen Literatenkultur zu sympathisieren scheint, aber sich letztlich aus *politischen* Gründen gegen die Kritik an der »traditionellen Metaphysik« wendet, gegen jene europäischen Versuche zur Überwindung des »metaphysischen Schnitts« zwischen Diesseits und Jenseits, zwischen Immanenz und Transzendenz, die das europäische Denken des 20. Jahrhunderts so stark geprägt haben. Ist nicht die »Krise europäischer Kultur« aufs Engste verbunden mit der Schwierigkeit, europäische Philosophie nachmetaphysisch zu denken? Ist nicht Heideggers Vision eines »nicht-mehr« metaphysischen »anderen Anfangs« untrennbar verbunden mit seiner radikalen Neudeutung der »noch-nicht« metaphysischen Anfänge griechischen Denkens vor Platon und mit seiner Jakob Burkhardt entlehnten Überzeugung, »daß mit der Demokratie in Griechenland der Tag des Untergangs heraufgestiegen sei« (Heidegger 2000: 251)? Aber steht nicht andererseits der *philosophische* Bruch mit »traditioneller Metaphysik« auch in engem Zusammenhang mit der demokratischen Erneuerung Europas nach 1945? Julliens Umweg über China führt weder in die Richtung von Heideggers nachmetaphysischer Interpretation griechischer Philosophie noch in die Richtung eines nachmetaphysischen Universalismus (Habermas, Apel). Vielmehr zeigt er sich erschreckt von den Folgen nicht- oder vor-metaphysischen Denkens in China und schwingt sich folglich zum Verteidiger von Philosophie als Metaphysik auf. Seine Reflexionen auf die kulturelle Krise Europas fasst er in einer rhetorischen Frage zusammen: »Gibt es, für uns Europäer, noch eine Konzeption der Zukunft, sobald jede auf das Heil oder die Revolution gerichtete Perspektive aufgegeben wird?« (Jullien 2009: 289)

Die Kritik »traditioneller Metaphysik« ist ein Motiv, in dem sich die Antipoden Adorno und Heidegger begegnen. Die schneidende Hierarchisierung von Immanenz und Transzendenz ist diesen Philosophen fremd geworden. Gibt es eine politische Zukunft für »uns«, für »uns« nicht nur als Europäer oder Chinesen, sondern als Menschen des Zeitalters hybrider Modernisierungen, wenn es »uns« nicht gelingt, *Revolution* und *stillen Wandel*, *Kreativität* und *Prozess* zusammen zu denken? Sollten »wir« nicht versuchen, aus der Dichotomie von revolutionärem Bruch und stillem Wandel, von Transgression und Fadheit herauszutreten, um ein Ethos des Zwischen zu kultivieren, das es »uns« ermöglicht, *zwischen* diesen beiden Lebensmodellen zu atmen und zu: (über-)leben? Wie können »wir« die paradoxe Unbeständigkeit des Zwischen anerkennen, statt diese einseitig in Richtung *Trennung* (Differenz-

Identität) oder in Richtung *Verschmelzung* der Momente auflösen zu wollen? In Anbetracht dieser Unbeständigkeit des Zwischen neigt Jullien zur Seite der *Trennung* und weist die Möglichkeit der *Verschmelzung* zurück. Diese Neigung findet klaren Ausdruck in dem Grundsatz, dem zufolge der Abstand das Zwischen öffnet oder produziert. Damit ist ein Eintritt in das interkulturelle Zwischen *nur* von der Seite des Abstands und nicht von der Seite der Vermischung her möglich. Aber interkulturelles Philosophieren bedarf der Bewegung zwischen den Polen der komparativen Arbeit mit Differenzen und Identitäten einerseits sowie der transkulturellen Arbeit mit der Dynamik von Vermischungen und Verschmelzungen andererseits. Die Offenheit des Zwischen, die doch davon lebt, nicht ständig Partei ergreifen zu müssen, wird bei Jullien von vorneherein der einseitigen Bevorzugung des Abstands geopfert. Deshalb bleibt sein Ideal einer atopischen Haltung des Zwischen merkwürdig hohl.

1.7 Transkulturelle Dynamik

Über das Ungenügen komparativer Philosophie

Vorangehende Überlegungen zusammenfassend lässt sich sagen, dass Jullien einerseits versucht, interkulturelles Philosophieren von der Bindung an die Dialektik von Differenz und Identität zu lösen, die komparative Forschung häufig schematisch und steril macht; andererseits versucht er es jedoch auch davor zu schützen, in eine Dynamik transkultureller Korrespondenzen hineingesogen zu werden, die schwer mit seinem Festhalten an »Alterität« und »Abstand« (écart) zu vereinbaren sind. Die Art und Weise, in der er altes Griechenland und altes China immer wieder dem Schematismus *komparativer Kontraste* unterordnet, lässt wenig Raum dafür, sich auf *transkulturelle Dynamik* einzulassen. Die Beschäftigung mit klassischen Texten – seien es chinesische oder griechische – ist jedoch notwendig durch moderne Perspektiven und das Bewusstsein von Nöten in der Gegenwart gebrochen. Mit der Wahrnehmung transkultureller Dynamik geht deshalb die Vermischung von klassischer Philosophie und Gegenwartsphilosophie einher.

Während bei Jullien die französische Gegenwartsphilosophie immer wieder in seine Interpretationen klassischer chinesischer Texte einfließt, spricht er wiederholt mit Verachtung über Interpretationen, in denen chinesische Philosophen des 20. Jahrhunderts Begriffe gebrauchen, die sie aus dem Westen aufgenommen haben. Aus ihren Schriften wird deutlich, dass der Zugang zu den klassischen Texten des Altertums durch die kulturellen Umwälzungen des 20. Jahrhunderts *hindurch* gehen muss, um sie über-schreiten zu können – die Vorsilbe *trans* im Wort *trans-kulturell* hat diese beiden Bedeutungen: die Bewegung *durch etwas hindurch* und über etwas hinaus. Anstatt in der hybriden Modernisierung von Philosophie in China vor allem die Tendenz zu Uniformisierung, Standardisierung und Sterilisierung »chinesischen Denkens« zu sehen, bin ich davon überzeugt, dass diese Modernisierung (1.) in hohem Maße von vormodernen Bedingungen des Denkens und Wissens geprägt worden ist – etwa in der Art der Rezeption westlicher Philosophie, in der selektive Kriterien zum Ausdruck kommen, die aus westlicher Perspektive häufig nur schwer nachzuvollziehen sind; und dass (2.) in diesem schmerzlichen Lernprozess einzigartige Möglichkeiten interkulturellen Philosophierens angesammelt werden konnten, die es zu entdecken und zu entfalten gilt – dabei darf nicht vergessen werden, dass dieser experimentelle Lernprozess begleitet war von der unbarmherzigen Zerstörung traditioneller Wissensstrukturen und Kulturpraktiken.

Das Verhältnis von *komparativem Kontrast* und *transkultureller Dynamik* ist asymmetrisch, insofern transkulturelle Studien weit eher von komparativen Studien lernen können als umgekehrt. Aus transkultureller Perspektive ist die Arbeit mit komparativen Kontrasten eine notwendige Ergänzung. Dabei wird allerdings erkennbar, dass sowohl die komparative Arbeit mit kulturellen Identitäten und Differenzen als auch diejenige mit Abständen interkulturelles Philosophieren unfruchtbar machen und in seiner Kreativität stark beschränken können. Während die Arbeit mit Kontrasten zur Ausdifferenzierung des Moments der Mannigfaltigkeit im Zwischen führt, eröffnet transkulturelle Dynamik den Zugang zu einer kreativen Transformation, in der miteinander koexistierende Momente zu neuen Lebenseinheiten verschmolzen werden. Wenn komparative Arbeit mit Abständen gelingt, führt sie zu einer selbstreflexiven Stärkung der philosophischen Arbeit innerhalb regionaler Diskurse (siehe Jullien 2010: 59), die nicht mit kulturchauvinistischem Identitätszwang zu verwechseln ist; wenn transkulturelle Arbeit gelingt, eröffnet sich die Möglichkeit, dass verschiedene regionale Philosophien in ein Verhältnis der wechselseitigen »Befruchtung« eintreten, das die jeweilige regionale Sphäre übersteigt und ein universalistisches Potenzial von weltphilosophischer Bedeutung freisetzen kann (nicht zu verwechseln mit philosophischer Uniformisierung).

Jullien schreibt: »Man wird verstanden haben, dass ich, im Gegensatz zum großen zeitgenössischen Mythos der Nähe, […] an den Gewinn von Abstand und Distanz glaube.« (Jullien 2012: 71–72) Aber lässt sich nicht auf der Bedeutung von Abstand und Distanz bestehen, ohne Nähe und Ferne gegeneinander auszuspielen? Ist nicht lebendiges Philosophieren eine unablässige Bewegung zwischen Annäherung und Entfernung? Jullien beschreibt eine solche Zwischenhaltung philosophischen Lebens an anderer Stelle sehr treffend. Sie bewegt sich »zwischen […] dem einsamen, freiwilligen, die Unmittelbarkeit der Welt opfernden Rückzug einerseits und dem leidenschaftlichen Streben nach Begegnung, nach wechselseitiger Belebung andererseits. Oder auch zwischen der Entscheidung, einerseits sein Begehren ohne Aufschub aufs Spiel zu setzen, um die Gegenwart hervortreten zu lassen, und andererseits die strategische Geduld aufzubringen, um eine Situation allmählich reifen zu lassen und auf einen späteren Zeitpunkt zu setzen«. (Jullien 2012: 75–76) Spricht aus dieser Passage nicht ein gutes Gespür für jene Zusammengehörigkeit von Nähe und Ferne, von Engagement und Rückzug, die das moderne Ethos der Kritik seit dem 18. Jahrhundert geprägt hat, das auch die Schriften vieler chinesischer Philosophen im 20. Jahrhundert durchzieht?

Jullien lässt sich auf diese Bewegung kaum ein oder bringt sie schnell ins Stocken. Sein Begriff der »Alterität« scheint von der Annahme auszugehen, dass »wir Europäer« noch über die Möglichkeit verfügen, die chinesische Modernisierung auf Distanz zu halten und in einem Zustand historischer Indifferenz zu verharren, aus dem die Kolonialmächte (einschließlich Japan) China im 19. Jahrhundert gewaltsam vertrieben haben. Je mehr sich durch die Veränderung Chinas auch die Welt verändert, desto weniger kann diese zweifelhafte Freiheit zu *ignoranter Indifferenz* von Dauer sein. Zunächst noch unmerklich und indirekt, dann aber immer sichtbarer und direkter wird sich der Einfluss chinesischer Modernisierung auch in der weitgehend verschlossenen Sphäre zeitgenössischer Philosophie in Europa bemerkbar machen. Ist hier nicht bereits ein »stiller Wandel« im Gange? Vollzieht sich hier nicht die schleichende Unterwanderung eines »großen Zivilisationsgebäudes«, gegen die Europa sich schützen muss, um seine Ideale zu verteidigen? (Jullien 2009: 288) Diese konservative Position kommt als Möglichkeit nur in Betracht, wenn die von Jullien behauptete »Exteriorität« Chinas gegenüber Europa aufrechterhalten werden kann. Das ist jedoch eine Illusion, weil diese historische Exteriorität paradoxerweise bereits durch die von Europa angestoßene Dynamik der hybriden Modernisierung Chinas zum Verschwinden gebracht worden ist.

Die historische Dominanz westlicher Modernisierung im 19. und 20. Jahrhundert macht es unmöglich, das Verhältnis regionaler Wege der Modernisierung im Sinne egalitärer Symmetrie zu verstehen. Gleichwohl blitzt eine solche Möglichkeit im Interesse der europäischen Aufklärer des 17. und 18. Jahrhunderts an China auf. Chinesische Philosophie war seinerzeit als Philosophie der Gegenwart präsent und kann deshalb als konstitutiver Bestandteil des hybriden Kraftfeldes moderner Philosophie angesehen werden – bekanntlich hatten Philosophen wie Leibniz und Wolff kein Problem damit, Konfuzius als Philosophen anzuerkennen und aus konfuzianischen Quellen Anregungen für ihr eigenes Denken zu beziehen, durch die die in Europa bereits vorhandene Tendenz zur Kritik traditioneller Metaphysik und christlicher Religion verstärkt wurde: Die Säkularisierung Europas beschleunigt zu haben, ist eine der paradoxen Konsequenzen christlicher Mission in China. Die Zeitgenossen Leibniz und Wáng Fūzhī sind einander nicht begegnet, aber die indirekte Korrespondenz ihres Denkens gehört zur Geschichte moderner Philosophie. Leibniz' Aufgeschlossenheit für den Konfuzianismus, seine große Bereitschaft, von chinesischer Philosophie zu lernen, war kein Exotismus, der China naiv zum rettenden Gegenmodell Europas verklärt. Wie lässt sich eine geistige und kulturelle Offenheit wiederfinden, der Leibniz bereits näher war als die meisten seiner philosophischen und sinologischen

Nachfolger – und dies, obwohl er kein Chinesisch konnte und auf unzuverlässige Übersetzungen und Berichte aus zweiter Hand angewiesen war?

Der Schock des Offenen

Transkulturelle Dynamik ist nicht zu verwechseln mit der Illusion der »großen Synthese der Kulturen« und einem verklärenden Verständnis der »Hochzeit zwischen Ost und West« (Jullien 2012: 80). Diese ist nur die Kehrseite der Rede vom Kampf der Kulturen und Weltanschauungen. Transkulturelle Dynamik bezeichnet vielmehr einen Ansatz, der von gewundenen Wegen der Modernisierung her in die Korrespondenzen zwischen regionalen Kulturformationen eintritt. Sprachliche und kulturelle Hybridisierungen in großem Maßstab wurden vielfach von Erfahrungen der Gewalt und der Überwältigung begleitet und angestoßen. (Heubel 2009a) Leben und Denken bedeutender chinesischer Philosophen des 20. Jahrhunderts sind bis in ihre verborgensten Regungen von der immerfort beunruhigenden und traumatisierenden, aber gleichzeitig auch motivierenden und befreienden Bewegung zwischen aufgezwungener Rezeption und freiwilligem Lernen geprägt worden. Trotz der großen Nähe zu verschiedenen westlichen Wegen der Modernisierung haben sie immer auch versucht, den ungeheuren Vorgang hybrider Modernisierung (selbst-)kritisch aufzuarbeiten.

Solche Aufarbeitung bildet den Ausgangspunkt für eine Besinnung auf transkulturelle Dynamiken, die zunächst einmal in der Übung besteht, sich durch Risse und Schründe innerhalb und zwischen regional unterschiedlichen philosophischen Welten zu bewegen. Kritik zu *üben*, bedeutet von daher zu lernen, das Messer analytischer Schärfe in den Zwischenräumen von hybriden Konfigurationen der Modernisierung mit einer mimetischen Sensibilität für regionale und historische Veränderungen zu führen, die, um im Gleichnis zu sprechen, das grobe Schneiden und Hacken schlechter Köche vermeidet, zugleich aber der Tatsache gewahr bleibt, dass kritisches Denken immer auch »schneidend« ist (siehe Kap. 6). Die Idee eines freien, »atopischen« Zirkulierens durch die »Ritzen« (l'interstice) des Zwischen (Jullien 2012: 54–55), das darauf vertraut, alle Hindernisse und Widerstände vermeiden zu können, tendiert indes zum Selbstbetrug. Die Besinnung auf die transkulturelle Dynamik kritischen Denkens schärft hingegen die Wahrnehmung für die Notwendigkeit innehaltender und gegenläufiger Verlangsamung, die durch Widerstände und Blockaden nötig wird, die interkulturelle Kommunikation und Nicht-Kommunikation zwangsläufig begleiten.

Die *Kultivierung des Zwischen* bedarf einer Wirklichkeit, von der sie sich »abstoßen« (Jullien 2012: 79) kann, ohne zu vergessen, dass diese Wirklichkeit historisch geworden ist. Deshalb vermag sie den Kultur-Wandel »flüssig« (Jullien 2012: 79) zu halten und Raum für Selbsttransformation zu schaffen. Sich vom Bestehenden abzustoßen, bedeutet immer auch, sich von sich selbst abzustoßen (se repousser de soi), um von einer Wirklichkeit Abstand zu gewinnen, die zur Subjektivität gehört, weil sie die eigene Subjektbildung geprägt hat. Mit der Bewegung des Sichabstoßens von sich selbst wird ein »Abstand« des Selbst zu sich selbst eröffnet: Subjektivität. Wenn dieser Abstand aber zum Abgrund wird, kann die Erfahrung des Abstands in ein Gefühl der Bodenlosigkeit und des Schwindelerregenden umschlagen. Adorno spricht vom »Schock des Offenen«, durch den »der ungedeckte Gedanke« (Adorno 1975: 43) möglich wird, und von der »ungeschmälerten Entäußerung« an Unbekanntes und Ungedachtes. In der Kultivierung des Zwischen lernen »wir« mit der Erfahrung des Offenen und Unbestimmten zu leben.

1.8 Wiederholung und Zuspitzung

(1.) Das Bild *chinesischen Denkens*, das Jullien in seinen Schriften zeichnet, ist geprägt von den Begriffen der Immanenz und des Konformismus. Meine Annäherung an die chinesische oder genauer *chinesischsprachige* Gegenwartsphilosophie (dāngdài hànyǔ zhéxué 當代漢語哲學) steht hingegen im Zeichen von immanenter Transzendenz und kritischer Selbstkultivierung. Es ist nötig, den Abstand (écart) zwischen diesen beiden Ansätzen interkultureller Philosophie deutlich zum Ausdruck zu bringen, um ihn fruchtbar machen zu können. Vor allem im französischen Kontext sind Julliens Schriften auf fruchtbaren Boden gefallen und haben namhafte Unterstützer gefunden. Ihre Fruchtbarkeit im Kontext der chinesischen Gegenwartsphilosophie scheint mir indes vor Hindernissen und Schwierigkeiten zu stehen, die keineswegs nur auf von Jullien wiederholt beklagten Missverständnissen beruhen, sondern mit Grundentscheidungen seiner Theoriebildung zu tun haben. Im chinesischen Kontext spielt unvermeidlich seine Interpretation »der Chinesen« und »des chinesischen Denkens« eine herausragende Rolle, während seine Stellung im und Bedeutung für das zeitgenössische Denken in Europa in den Hintergrund tritt. Sein Verständnis von China als »Strategie des Denkens« erzeugt dabei leicht Unbehagen und Ablehnung, denn die damit verbundene Tendenz zur Instrumentalisierung Chinas, das vor allem zum Zwecke der Erreichung theoretischer Effekte *in Europa* von Interesse ist, weckt den Eindruck respektloser Kälte und interpretatorischer Willkür. Dazu passt Julliens systematisches Desinteresse an einem chinesischsprachigen Denken, das von den Spuren hybrider Modernisierung gezeichnet ist.

(2.) Wie also die »Ressourcen« chinesischer Kultur anders fruchtbar machen? Ich bin misstrauisch gegenüber Versuchen, vom Anfang oder Ursprung kultureller und geistiger Traditionen her in diese einzutreten. Deshalb bin ich auch skeptisch gegenüber dem massiven Einsatz etymologischer Beweisführung (was hat dies oder jenes Wort ursprünglich bedeutet: Metaphysik, Subjekt, Politik etc.?). Stattdessen scheint es mir unumgänglich, *Modernisierung* als historisches Apriori interkulturellen Philosophierens anzuerkennen. Das bedeutet, von dem Kulturbruch auszugehen, den die *externe Modernisierung* Chinas vor allem seit dem 19. Jahrhundert ausgelöst hat. Diese historische Diskontinuität kann als unumgängliche Bedingung der Möglichkeit für das Verständnis nicht nur der modernen, sondern auch der klassischen Kultur Chinas angesehen werden. Demnach ist jeder Versuch, »Ressourcen« aus dem kultur-historischen Archiv Chinas fruchtbar zu machen, immer auch eine *Rekonstruktion*, der eine *Destruktion* von katastrophalem Ausmaß vorausgegangen ist. Dieser Bruch und das damit verbundene Bewusstsein einer fundamentalen Krise hat zu Beginn des 20. Jahrhunderts in China tiefgreifende, ja geradezu selbstquälerische Zweifel hervorgebracht, die die interkulturelle

Philosophie zutiefst geprägt haben, die sich in dieser Zeit zu entwickeln begann. Diese war von Anfang an sehr stark komparativ angelegt. Herausragendes Beispiel ist die Studie von Liáng Shùmíng 梁漱溟 (1893–1988) über *Östliche und westliche Kulturen und ihre Philosophien*, deren Vergleich westlicher, indischer und chinesischer Kultur und Philosophie unverkennbar kulturessentialistisch gefärbt ist. Gleichwohl sollte jedoch nicht aus den Augen verloren werden, in welchem Maße Liángs Konstruktion komparativer Differenzen von einer dringlichen Frage ausgeht: Ist chinesische (östliche) Kultur nach dem gewaltsamen Eindringen des Westens in China überhaupt noch möglich? Aus dem Munde eines Gelehrten, der es sich zur Aufgabe gemacht hat, die kulturelle Überlieferung zu retten, und dessen Vater aus Verzweiflung über den kulturellen Niedergang Chinas Selbstmord begangen hat, zeugt diese Frage von großer intellektueller Redlichkeit. Alles, was im China des 20. Jahrhunderts über »*die* traditionelle chinesische Kultur« gesagt worden ist, vermag allein vor dem Hintergrund dieser bohrenden Frage eine Bedeutung zu gewinnen, die über den historischen Moment hinausreicht. (Heubel 2015a)

In diesem Sinne ist das Problem der Modernisierung Chinas als historisches Apriori nicht nur für die Auseinandersetzung mit chinesischer Gegenwartsphilosophie von Bedeutung, sondern auch für die Rekonstruktion jener »traditionellen chinesischen Kultur«, der Julliens sinologische Arbeit gewidmet ist: Es ist unmöglich, über das »traditionelle« China zu sprechen, ohne sich zugleich im Verhältnis zum »modernen« zu situieren. Dieser Ansatz geht davon aus, dass die Erfahrung historischer Brüche und Diskontinuitäten die Wahrnehmung von Vergangenem tief prägt. Dabei knüpfe ich methodisch an die philosophischen Geschichtstheorien von Walter Benjamin und Michel Foucault an (siehe Abschnitt 2 dieses Kapitels). Ich verstehe dabei Foucaults Begriff des »historischen Apriori« nicht bloß epistemologisch als Bruch zwischen Wissensformationen, sondern aus der Perspektive einer von Benjamin beeinflussten Geschichtstheorie, für die historischer Bruch und politische Katastrophe zusammenhängen: »Wir« haben keinen Zugang zu den Anfängen, zu den antiken Ausgangspunkten »unserer« Kultur außer von der Problematisierung der Gegenwart her: Jeder Zugang ist direkt oder indirekt von Krisen und Kämpfen in der Gegenwart geprägt. Damit kommt die Notwendigkeit zum Vorschein, Julliens Idee der Konstruktion von Alterität zu radikalisieren: Weil »chinesisches Denken« und »traditionelle chinesische Kultur« notwendigerweise (Re-) Konstruktionen sind, ist es philosophisch problematisch, von den *Ursprüngen* einer Kultur auszugehen und nicht von zeitgenössischen Problemen, deren *Herkunft* sodann genealogisch-kritisch analysiert werden kann. (Heubel 2008) Statt von einem kulturellen Ursprungsszenario in der Antike her in die Auseinandersetzung mit kulturellen »Ressourcen« einzutreten, gehe ich von einem gewaltsamen Kulturbruch aus, der eine Bedingung der Möglichkeit darstellt, um überhaupt über »chinesisches Denken« und »traditionelle chinesische Kultur« zu sprechen. Die Entgegensetzung von Tradition/China einerseits und Moderne/Westen andererseits, die im China des 20. Jahrhunderts zu einer in der Geschichte Chinas einmaligen Traditionsfeindschaft und Traditionszerstörung im Namen von Modernisierung geführt hat, kann kritisiert und möglicherweise aufgearbeitet werden, aber sie kann nicht ungeschehen gemacht werden.

Ich gestehe gerne zu, dass die von mir vorgeschlagene Perspektive eine idiosynkratische Seite hat: In nicht unbeträchtlichem Maße gehe ich von historischen Korrespondenzen zwischen den Modernisierungsprozessen in China und in Deutschland aus. Präziser gesagt: auf deutscher Seite Adornos apodiktisch vorgetragenes Verständnis von *Auschwitz* als Kulturbruch – »Auschwitz hat das Misslingen von Kultur unwiderleglich bewiesen« (Adorno 1975: 359) –, nach dem die Geschichte abendländischen Denkens und abendländischer Kultur neu geschrieben werden muss (was Horkheimer und Adorno etwa in der Interpretation von Homers *Odyssee* in der *Dialektik der Aufklärung* versucht haben); auf chinesischer Seite die traumatisierenden Erfahrungen des westlichen Imperialismus, der das Kaiserreich zum Einsturz gebracht hat, und die daraus erwachsende Geschichte chinesischer Revolutionen, die dazu zwingen, die Kulturgeschichte Chinas neu zu schreiben. In Anbetracht dieser historischen Katastrophen, die in Deutschland und in China mit den je eingeschlagenen Wegen der Modernisierung untrennbar verbunden sind, erscheint Julliens Ansatz erstaunlich naiv, insofern er von China aus die Kontinuität Europas und von Europa aus die Kontinuität Chinas hervorhebt. Sein strategischer

Gebrauch der historischen »Exteriorität« Chinas erscheint aus dieser Perspektive als intellektuell anspruchsvolle, aber letztlich läppische Gedankenspielerei; eine intelligente Spielerei mit »Möglichkeiten des Denkens« (des possibles de la pensée), die nicht zufällig an die Rolle erinnert, die ein fiktives China im Vorwort von Foucaults *Die Ordnung der Dinge* spielt. Damit möchte ich allerdings keineswegs die Bedeutung der von Foucault vorgenommenen Verbindung zwischen dem Begriff des historischen Apriori und der Betonung epistemischer Brüche leugnen, denn in ähnlicher Weise macht ja für Adorno der Kulturbruch, den er mit dem Namen »Auschwitz« belegt, zugleich auch einen radikalen Bruch mit jener Wissensformation nötig, die er »traditionelle Metaphysik« nennt. (Adorno 1975: 354) In einer philosophisch ausweglosen Situation, in der weder ein Zurück zum traditionellen Primat des Geistes möglich ist noch ein konsequenter Materialismus, der bloß die Gefangenschaft in der (innerweltlichen) Immanenz des Bestehenden – in Kapitalismus und verwalteter Welt – befestigen würde, wird die Unmöglichkeit von Metaphysik zum metaphysischen Problem. Dieses Problem motiviert Adorno dazu, das Verhältnis von Transzendenz und Immanenz neu zu durchdenken. So gesehen ist es auffällig, dass auch viele chinesische Philosophen des 20. Jahrhunderts sich mit dem Verhältnis von Transzendenz und Immanenz beschäftigt haben. Von daher betrachte ich *immanente Transzendenz* als geteiltes philosophisches Problem, das sich aus den Perspektiven verschiedener, aber korrespondierender Prozesse traumatisierender Modernisierung stellt. Auch in Julliens Schriften findet sich immer wieder die Auseinandersetzung mit dem Problem der Transzendenz in der Immanenz, nur dass er dort, wo er China und Europa kontrastiert, systematisch zu einem vereinfachenden Gegensatz von China (Immanenz) und Europa (Transzendenz) tendiert, der die Auseinandersetzung mit der im 20. Jahrhundert entstandenen historischen Konstellation zwischen China und Europa, die ich vor Augen habe, nicht nur ignoriert, sondern geradezu blockiert.[7]

In Julliens Antwort auf meine Kritik formuliert er den »entscheidenden Punkt der Uneinigkeit« wie folgt: »Ich flüchte nicht vor dem europäischen Denken, weil dieses nichts anderes gemacht hat, als nach Auschwitz zu führen. Ich finde keinen Gefallen am schlechten Gewissen der europäischen Vernunft, sondern bringe diese erneut zum Arbeiten, indem ich sie für die Fruchtbarkeit des chinesischen Denkens öffne [...]« (Jullien 2013a).[8] Damit ist in der Tat ein entscheidender Punkt berührt. Zweifellos ist das Bewusstsein von Auschwitz als Kulturbruch und das insistente Nachdenken über die Möglichkeit von »Erziehung nach Auschwitz« ein entscheidender Motivationsgrund für meine Arbeit an einer interkulturellen Philosophie der Selbstkultivierung. Allerdings kann ich darin keine Flucht vor europäischem Denken erkennen. Ganz im Gegenteil scheint mir in der Selbstentäußerung und Selbsttransformation, die für mich mit *Sinisierung* verbunden ist, gerade die Fähigkeit, »Deutscher (und Europäer) zu werden«, gestärkt und nicht geschwächt zu werden: »Chinese zu werden« ist keine Flucht – seit Januar 2019 bin ich Bürger der Republik China (Taiwan) und damit zumindest auf dem Papier »Chinese geworden«.

Mehr noch: Die Fähigkeit, mit kulturellen Brüchen im modernen Deutschland und im modernen China gleichermaßen zu arbeiten, weckt eine Ahnung davon, was es bedeuten könnte, Weltbürger in einer *transmodernen* Welt zu sein. Was bedeutet es, in einer Welt zu leben, in der regional verschiedene Wege der Modernisierung ständig aufeinanderstoßen und sich verschränken? Im Mittelpunkt meines Interesses für chinesische Philosophien der Kultivierung steht also gerade *nicht* die Flucht, sondern die Besinnung auf die Unmöglichkeit der Flucht und der Widerstand *gegen* den Impuls, Europa und vor allem »die Griechen« ein für alle Mal hinter mir zu lassen. Darin besteht für mich eine immer auch historisch und sprachlich situierte Selbstreflexion des Denkens: Selbstbesinnung als Fähigkeit, Kritik zu üben. Die transkulturelle Dynamik kritischen Denkens besteht – im Unterschied zur Arbeit mit kontrastiven Abständen zwischen chinesischem und europäischem Denken – dann gerade darin, die Augen nicht von Traumatisierungen abzuwenden, darin, gerade nicht vor den modernen Entstellungen und Verwerfungen »chinesischen Denkens« zu fliehen, diese vielmehr als unhintergehbare Bedingungen der Möglichkeit kritischer *und* kreativer Selbsttransformation anzuerkennen. Zweifellos werden damit philosophische Intuitionen berührt, die mit rationalen Argumenten nur schwer einzuholen sind: verschiedene Horizonte der Lebenserfahrung münden in verschiedene Modelle der Begriffsbildung.

(3.) Die Rede von einem historischen Apriori der Modernisierung bedeutet nicht, dass es keine historische Kontinuität gibt, die sich *re-konstruieren* lässt. Rekonstruktion beginnt aber dann mit einem konstruktiven Sprung von einer spezifischen Gegenwart (»Jetztzeit« sagt Benjamin) in eine spezifische Vergangenheit und nicht mit dem Versuch, lineare Entwicklungen nachzuzeichnen. Bei Liáng Shùmíng wird dieser Vorgang stark durch kulturessentialistische Überzeugungen verdeckt. An einem neueren Beispiel tritt diese Problematik deutlicher hervor. Es ist das monumentale Werk von Wāng Huī 汪暉 mit dem Titel *Der Aufstieg des modernen chinesischen Denkens*. (Wāng 2008; Zhāng 2010; Murthy 2006) Es beginnt mit einer Diskussion des Begriffs der Moderne, die von Max Weber, Jürgen Habermas und Michel Foucault geprägt ist. Der erste Teil des Buches ist dann allerdings dem Denken der Sòng-Zeit und dessen Interpretation im 20. Jahrhundert gewidmet. Der Diskurs der chinesischen Moderne löst sich somit von der *externen Modernisierung* Chinas, die vom gewaltsamen Einfluss des Westens bestimmt ist, und wendet sich der Logik einer *internen Modernisierung* zu, die in diesem Fall bis in die Sòng-Zeit zurückverfolgt wird. Demnach ist der Einfluss des Westens auf den chinesischen Weg der Modernisierung im Sinne eines katalysatorischen Anstoßes aufgenommen worden. Das war allerdings nur möglich, weil bereits eine interne Modernisierung und modernisierende Selbsttransformation im Gange war. Diese alternative Geschichte chinesischer Modernisierung ist historisch-transzendental, weil sie bei den kultur-historischen Bedingungen der Möglichkeit chinesischer Modernisierung ansetzt. Um das Verhältnis dieser beiden unterscheidbaren Aspekte von Modernisierung begrifflich besser zu fassen, spreche ich von *hybrider Modernisierung*. Das Verhältnis von interner und externer Modernisierung ist insofern historisch-transzendental, als die interne Modernisierung als Bedingung der Möglichkeit der externen Modernisierung verstanden werden kann, während umgekehrt erst mit dem durch externe Modernisierung bewirkten Bruch die Bedingung der Möglichkeit geschaffen worden ist, die Geschichte der internen Modernisierung in ihrer Kontinuität zu rekonstruieren. Die Kontinuität chinesischer Kulturgeschichte, die damit in den Blick kommt, unterscheidet sich auf eklatante Weise von derjenigen, die Jullien beschreibt, wenn er aus der externen Perspektive Europas eine Geschichte chinesischen Denkens schreibt, in der Diskontinuitäten weitgehend unter den Tisch gekehrt werden.

(4.) Die Konzeption hybrider Modernisierung scheint mir geeignet zu sein, jene transkulturelle Dynamik der Vermischung und Verschmelzung interner und externer »Ressourcen« zu verstehen, die die experimentelle Entwicklung Chinas im 20. Jahrhundert geprägt hat. Philosophisch hat der Streit um die richtige Antwort auf die Nötigung zur Modernisierung einen Richtungskampf zwischen materialistisch und idealistisch ausgerichteten Vorschlägen mit sich gebracht, in dem sich bald chinesischer Marxismus und moderner Konfuzianismus als theoretisch ausgearbeitete Positionen gegenüberstanden. Jullien hat zwei richtungsweisende Bücher (Jullien 1989 und 1993) dem míng-zeitlichen Gelehrten Wáng Fūzhī und dessen Verhältnis zu seinem Sòng-zeitlichen Vorgänger Zhāng Zǎi 張載 (1020–1077) gewidmet. Auf diese Weise hat er eine der komplexesten Positionen in diesem Richtungskampf ausgewählt. Obwohl eine dialektisch-materialistisch orientierte Rekonstruktion konfuzianischen Lernens Wáng Fūzhī lange für sich reklamiert hat – mit der Konsequenz, dass dessen Philosophie des Energiewandels materialistisch verengt wurde –, verspricht die von Zhāng Zǎi bis Wáng Fūzhī reichende Entwicklungslinie einen Ausweg aus der ideologischen Frontstellung von Materialismus und Idealismus, die der kreativen Transformation klassischer chinesischer Philosophie hinderlich ist. Jullien distanziert sich in seiner Diskussion von der materialistischen Interpretation der Schriften Wáng Fūzhīs, bleibt dieser aber insofern nahe, als er dessen Denken – und damit *das* »chinesische Denken« im Allgemeinen – von einer »Logik der Immanenz« geprägt sieht, die keine Transzendenz im metaphysischen Sinne kennt. Damit schließt Jullien die Möglichkeit aus, Wáng aus der Perspektive *immanenter Transzendenz* fruchtbar zu machen und aus seinen Schriften eine zukunftsträchtige Interpretation des Spannungsverhältnisses von Immanenz und Transzendenz herauszulesen. Das Motiv einer Transzendenz in der Immanenz prägt jedoch durchaus auch Julliens eigene Philosophie. Deshalb gehe ich davon aus, dass sich *immanente Transzendenz* als ein Problem verstehen lässt, das Jullien mit vielen chinesischen Denkern der Gegenwart teilt. Um diese Korrespondenz fruchtbar zu machen, müsste er sich allerdings von der kontrastiven Strategie der Gegenüberstellung von China (Immanenz, Konformismus) und Europa (Transzendenz, Ideal) lösen, von der viele seiner Bücher leben. Für eine solche Entwicklung hat er in seinen Schriften durchaus wichtige Vorarbeiten geleistet. Und inzwischen lässt er etwa einen Begriff wie den der »stillen Wandlung« (transformation silencieuse), der seiner Deutung »chinesischen Denkens« entsprungen ist, ohne besondere Hinweise auf die »chinesische« Herkunft in seine Philosophie des Lebens einfließen. (Jullien 2017) Damit vollzieht sich eine kaum merkliche Verschiebung des Denkens, in der durchaus jene *Sinisierung europäischer Philosophie* am Werk ist, von der oben die Rede ist.

(5.) Mit der These, »das chinesische Denken« sei »zutiefst konformistisch«, zieht Jullien die politischen Konsequenzen aus seiner Interpretation der konfuzianischen Denker Zhāng Zǎi und Wáng Fūzhī. Sofern dabei überhaupt von Transzendenz die Rede sein kann, wird sie ausschließlich immanent gedacht, nämlich als Totalisierung oder Verabsolutierung von Immanenz. Die atem-energetische Schulrichtung des Neokonfuzianismus (der Sòng- und Míng-Zeit) wird damit auf einen naturalistischen Immanentismus reduziert. Das ist eine offensichtlich vereinfachende – um nicht zu sagen brachial verzerrende – Deutung, die in deutlichem Gegensatz zu derjenigen steht, die etwa Móu Zōngsān 牟宗三 (1909–1995) in seiner Auseinandersetzung mit den Schriften Zhāng Zǎis entwickelt hat.[9] Zu Julliens Deutung passt ein Verständnis der chinesischen Literatenästhetik, in dem politischer Konformismus und die ästhetischen Qualitäten des Allusiven und des Faden einander ergänzen. Ästhetik der Fadheit und politische Kritik gelten folglich als unvereinbar. Das ist eine Auffassung, die auch Julliens Interpretation von Jī Kāng (oder Xī Kāng) 嵇康 (223–262), einer paradigmatischen Figur chinesischer Literatenkultur aus dem 3. Jahrhundert, prägt (siehe Kap. 4).

Innerhalb der französischen Sinologie der Gegenwart ist die Verbindung von Atem-Energie und politisch-ästhetischem Konformismus keineswegs auf Jullien beschränkt. Auch sein Kritiker Jean François Billeter teilt diese Auffassung, zieht daraus freilich eine andere Konsequenz, indem er eine politische und künstlerische Kritik der Atem-Energie vorbringt (siehe Kap. 7). Die Überzeugungskraft dieser Kritik ist in der chinesischen Forschung bezweifelt worden, die darauf hinweist, dass sich Atem-Energetik und kritischer Geist durchaus vereinbaren lassen. (Yáng 2012 und Lài 2013) Diese Perspektive läuft darauf hinaus, die gemeinsame Grundlage von Julliens und Billeters Interpretation »chinesischen Denkens« umzustoßen: die Zusammengehörigkeit von Atem-Energetik und Konformismus (siehe vor allem Kap. 2 und 6).

Damit wird eine Möglichkeit eröffnet, Kultur und Denken in China kritisch zu rekonstruieren, die nicht nur Jullien und Billeter fremd ist. Auch Heiner Roetz' Beschäftigung mit der chinesischen Tradition der Kritik verortet die Atem-Energie auf der Seite einer Konzeption der »Einheit von Himmel (Natur) und Mensch«, aus der sich kritischer Abstand zum Bestehenden nicht gewinnen lässt. Die Entfaltung der metaphysischen Seite des Energiewandels eröffnet demgegenüber eine energetische Perspektive, die zu den materialistischen und idealistischen Perspektiven hinzutritt, die sich im Umkreis von chinesischem Marxismus und zeitgenössischem Neokonfuzianismus herausgebildet haben. Für die Weiterentwicklung dieser dritten Rekonstruktionslinie chinesischen Denkens sind die Schriften von Zhāng Zǎi und Wáng Fūzhī von großer Bedeutung, insbesondere die Neudeutungen des *Buches der Wandlungen* und des Buches *Zhuāngzǐ*, die dadurch angeregt werden. Sie gewinnt präzise Konturen in der bestimmten Negation materialistischer und idealistischer Rekonstruktionsversuche.

Wenn Energiewandel und »Subjektivität« zusammenkommen, eröffnen sich Möglichkeiten, das Verhältnis von hybrider Modernisierung und Demokratisierung in China neu zu durchdenken. Mit Bezug auf »chinesische Kultur« und »chinesisches Denken« rückt dabei die Frage in den Mittelpunkt, wie sich eine Reaktualisierung der klassischen chinesischen Philosophie entwickeln kann, die sich gegen die zweifellos machtvolle Tendenz zu Autoritarismus und Konformismus wendet.

2. Immanente Transzendenz. Ist chinesisches Denken konformistisch?

Konformismus und Verabsolutierung der Immanenz

»Kann es von daher erstaunen, dass das chinesische Denken derart tief konformistisch ist? Ich möchte sagen: dass es keine Distanz zur ›Welt‹ zu nehmen sucht, das Reale nicht in Frage stellt, kein Erstaunen in seiner Hinsicht kennt.« (Jullien 1992: 238) Für François Jullien gründet der Konformismus »chinesischen Denkens« und seine Unfähigkeit, auf Distanz zur Welt zu gehen und Kritik am Bestehenden zu üben, in einem Denken der Immanenz. Im »chinesischen Denken« gibt es seiner Auffassung nach keine Transzendenz. Insofern der »Himmel«, im Verhältnis zum Horizont des Menschlichen, als transzendente Dimension aufgerichtet wird, bedeutet er nichts anderes als die Totalisierung oder Verabsolutierung der Immanenz. (Jullien 1992: 238) Verabsolutierung der Immanenz bedeutet zugleich Verabsolutierung von Widerstandslosigkeit und Kritiklosigkeit: Immanenz und Kritik schließen sich aus. Das Verhältnis von Transzendenz und Immanenz ist ein Thema, das die europäische Auseinandersetzung mit China seit dem 17. Jahrhundert begleitet hat. Dieses Kapitel wird der Frage nachgehen, inwiefern es auch noch Julliens Interpretation »chinesischen Denkens« entscheidend bestimmt.

Julliens Auffassung ist nicht unwidersprochen geblieben. In seinem Buch *Gegen François Jullien* widmet Jean François Billeter dem Begriff der Immanenz ein eigenes Kapitel, das wie folgt beginnt: »Unter den Schlüsseln, derer sich Jullien bedient, um das ›chinesische Denken‹ in seiner Gesamtheit zu interpretieren, ist die ›Immanenz‹ der wichtigste: Er betrachtet das ›chinesische Denken‹ als ein Denken der ›Immanenz‹, weil es kein Bedürfnis nach einer Realität kenne, die außerhalb von Entwicklung und Handeln des Menschen wäre.« (Billeter 2006: 61/59) Für Jullien ist Immanenz im »chinesischen Denken« mit einer Haltung der Anpassung an die

Transformationen einer atem-energetisch verstandenen Realität verbunden. Politisch betrachtet ist solche »Anpassung« ein reaktives, mitläufiges Sich-Einlassen auf die Entwicklungstendenzen einer sich wandelnden Situation, die es aufmerksam zu beobachten gilt, um sie möglichst effektiv manipulieren zu können. Spontaner Konformismus und strategische Manipulation sind demnach zwei einander ergänzende Aspekte eines unter dem Bann absoluter Immanenz stehenden Weltverhältnisses. Im Rahmen von Julliens interkultureller Analyse chinesischen und europäischen Denkens ist der Unterschied von Immanenz und Transzendenz ein Orientierungsfaden, der seine Studien zu sehr verschiedenen Bereichen durchzieht, von Literatur und Philosophie über militärisches und politisches Denken bis hin zu Ethik und Ästhetik.

Bemerkenswert ist, dass Billeter nicht prinzipiell die Berechtigung einer vom Begriff der Immanenz angeleiteten Interpretation »chinesischen Denkens« in Frage stellt. Allerdings hält er Jullien vor, das chinesische »Denken der Immanenz« nicht hinreichend zu kritisieren. Er wirft ihm vor, nicht genug herauszuarbeiten, inwiefern dieses Denken mit der »imperialen Ordnung« Chinas und dem »chinesischen Despotismus« aufs Engste verbunden ist. »Immanenz« bedeutet in diesem Zusammenhang eine »geschlossene Welt« (monde clos), in der die Frage der Zwecke auf autoritäre Weise gelöst wird: »In einer solchen Welt kann die Frage nach den Endzwecken nicht gestellt werden, weil sie vollständig einer Zweckhaftigkeit gehorcht, die nicht in Frage gestellt werden kann: der Macht.« (Billeter 2006: 63/61) Die Verabsolutierung der Immanenz läuft von daher auf die Verabsolutierung von Macht hinaus, auf die Allgegenwärtigkeit von »Kräfteverhältnissen« (rapports de forces). Dem entspricht Julliens Auffassung, wonach »die Chinesen« zwar einerseits »das Reale im Wandel [en transformation] gedacht« (Jullien 1992: 13), andererseits aber auch »alles Reale als Dispositiv« aufgefasst haben. (Jullien 1992: 236) Billeter wirft Jullien vor, diese »Eingeschlossenheit« (enfermement) im »Denken der Immanenz« unkritisch zu bejahen. (Billeter 2006: 66–67) Im Folgenden wird sich zeigen, dass dieser Punkt nicht zutreffend ist. China aus der Perspektive von Dispositiven der Macht zu sehen, bedeutet nämlich durchaus die Betonung der Tendenz zum »autoritären Totalitarismus« im chinesischen Denken. Darin sind Billeter und Jullien sich einig.

Beide vernachlässigen die Bedeutung des Verhältnisses von Immanenz und Transzendenz als philosophisches Problem der Gegenwart. Sobald dieser Aspekt stärker berücksichtigt wird, was in diesem Kapitel nur experimentell und fragmentarisch geschehen kann, zeigt sich eine innereuropäische Dimension dieses Problems, die als philosophischer Horizont sinologischer Deutungen des chinesischen Denkens als einem Denken der Immanenz erkennbar wird. Diese Dimension möchte ich im Folgenden diskutieren, indem ich zunächst an Adornos Problematisierung von Immanenz erinnere, um sodann zu skizzieren, inwiefern der Begriff des Dispositivs bei Foucault und Deleuze mit dem Motiv der Immanenz von Macht eng verwoben ist. Aus dieser Perspektive erscheint Julliens Gebrauch dieses Begriffs für interkulturelle Zwecke allzu einfach und schematisch.

Sowohl in *La propension des choses* (Jullien 1992) als auch in *Figures de l'immanence* (Jullien 1993) bezieht sich Jullien vielfach auf konfuzianische Texte, insbesondere die Werke des Philosophen Wáng Fūzhī, um »das chinesische Denken« zu interpretieren. Dabei spielt der Michel Foucault entnommene Begriff »Dispositiv« eine Schlüsselrolle. In *Figures de l'immanence* erläutert Jullien die »Logik der Immanenz«, die er im klassischen *Buch der Wandlungen* am Werk sieht, mit Hilfe dieses Begriffs. Darin ist eine durchaus originelle Weiterentwicklung des »Dispositivs« zu sehen, durch die das *Buch der Wandlungen* und die Kommentare von Wáng Fūzhī in den Horizont französischer Gegenwartsphilosophie rücken. Allerdings erläutert Jullien diesen Bezug nicht systematisch, sondern setzt ihn zumeist stillschweigend voraus oder verschleiert seine Quellen gar aus strategischen Gründen. (Jullien 1993: 17, 21–51, 187–205) Deshalb sind die folgenden Überlegungen ganz bewusst zunächst einmal nicht den chinesischen Texten gewidmet, die Jullien heranzieht oder die ihn beeinflusst haben. Im Mittelpunkt steht vielmehr die folgende Frage: Was sind die historischen Bedingungen der Möglichkeit einer interkulturellen Theoriebildung, deren Ergebnis sich als zeitenthobenes Bild *des* chinesischen Denkens präsentiert?

Interkulturelles Philosophieren erliegt leicht der Gefahr, Klischees und Halbwahrheiten zu verbreiten, und zwar nicht nur über *das* chinesische Denken, sondern auch über *das* europäische Denken. Warum ist das so? Liegt nicht vielleicht das Hauptproblem von Julliens Schriften weniger auf der philologisch-sinologischen Seite als auf der philosophischen? Wenn dies stimmt, dann ist es unverzichtbar, seine Auseinandersetzung mit chinesischem Denken immer auch im Horizont verschiedener und widerstreitender europäischer Perspektiven zu verstehen und zu prüfen. Deshalb nehme ich im folgenden Abschnitt einen Perspektivwechsel vor und werfe zunächst einen Blick auf das Verhältnis von Immanenz und Transzendenz im Denken von Theodor W. Adorno. Dadurch sollen die Probleme von Julliens Strategie, China und Europa einander kontrastiv gegenüberzustellen, besser erkennbar werden.

Geschlossener Immanenzzusammenhang

»Nur wenn das, was ist, sich ändern läßt, ist das, was ist, nicht alles«, heißt es in Adornos *Negativer Dialektik*. (Adorno 1997/6: 391) »Das, was ist«, bedeutet die geschlossene Immanenz des Bestehenden. »Nicht alles« verweist auf die Möglichkeit, diese Immanenz verändernd zu transzendieren. Aber woraus speist sich bei Adorno die Kraft zur Veränderung, wenn sie denn mehr sein soll als ohnmächtig-wütendes Aufbegehren gegen eine »Gefangenschaft in der Immanenz«, zu der die kritische Theorie Kants den Geist »so redlich wie grausam« verdammt hat? (Adorno 1997/6: 381) Während Kant noch von der Möglichkeit überzeugt war, Kritik und Metaphysik im Rahmen einer neuartigen Transzendentalphilosophie versöhnen zu können, sieht Adorno die Philosophie in einer Aporie befangen: Einerseits ist Transzendenz im Sinne traditioneller Metaphysik nicht zu verteidigen, andererseits gilt es zu verhindern, dass Immanenz sich zu einem »geschlossenen Immanenzzusammenhang« verhärtet. Deshalb sagt er: »Kein Absolutes ist anders auszudrücken als in Stoffen und Kategorien der Immanenz, während doch weder diese in ihrer Bedingtheit noch ihr totaler Inbegriff zu vergotten ist.« (Adorno 1997/6: 399) Die Verabsolutierung der Immanenz gilt es also zu vermeiden. Adorno sieht »affirmativ gesetzte Transzendenz«, die auf »die Konstruktion eines Sinnes der Immanenz« zielt, »zum Hohn verurteilt«: »Solche Konstruktion bejahte die absolute Negativität und verhülfe ihr ideologisch zu einem Fortleben, das real ohnehin im Prinzip der bestehenden Gesellschaft bis zu ihrer Selbstzerstörung liegt.« (Adorno 1997/6: 354)

Traditionelle Metaphysik und religiös aufgeladene Transzendenz haben für Adorno ihre kritische Funktion verloren. Sie sind selbst zu einem ideologischen Faktor geworden. Der Gegensatz von Transzendenz und Immanenz, von Ideellem und Materiellem, von Geist und Körper blockiert nämlich die Änderung dessen, was ist: »Die ideologische Unwahrheit in der Konzeption von Transzendenz ist die Trennung von Leib und Seele, Reflex von Arbeitsteilung. Sie führt zur Vergötzung der res cogitans als des naturbeherrschenden Prinzips […].« (Adorno 1997/6: 392–393) Demgegenüber spricht Adorno »von der Relevanz des Innerweltlichen, Geschichtlichen für das, was die traditionelle Metaphysik als Transzendenz abhob« (Adorno 1997/6: 354), sowie davon, dass »der Prozeß, durch den Metaphysik unaufhaltsam dorthin sich verzog, wogegen sie einmal konzipiert war«, seinen Fluchtpunkt erreicht hat (Adorno 1997/6: 258): »Kein Eingedenken an Transzendenz ist mehr möglich als kraft der Vergängnis. Ewigkeit erscheint nicht als solche, sondern gebrochen durchs Vergänglichste hindurch.« (Adorno 1997/6: 353) Das sind Formulierungen, die Adorno als scharfen Kritiker »traditioneller Metaphysik« zeigen, aber keineswegs als Anti-Metaphysiker. Vielmehr scheint er auf der Suche zu sein nach einer materialistischen, konkreten, die Relevanz innerweltlicher, geschichtlicher und leiblicher Erfahrungen anerkennenden *Metaphysik*. Auf der Suche nach einer Transzendenz, die nicht länger auf dem Gegensatz zur Welt der Immanenz gründet, sondern vielmehr aus Immanenz selber hervorgeht.

Aber vermag eine derart immanent gewordene Transzendenz noch jene Distanz zu gewährleisten, die für die kritische Infragestellung des Bestehenden nötig ist? Droht sie nicht ebenfalls der Gefahr der »Weltanpassung« anheimzufallen? Ist unter Berufung auf eine in die materielle Erfahrung eingewanderte Metaphysik noch ein kritisches Denken möglich, das bis zum Grund der bestehenden Gesellschaft und der in ihr angelegten Tendenz zur »Selbstzerstörung« reicht? Die Schwierigkeit, auf diese Frage eine eindeutige Antwort zu geben, prägt jene »Selbstreflexion des Denkens«, von der her Adorno *negative Dialektik* versteht. (Adorno 1997/6: 358) Dabei geht es um kritisches Denken, das in der Lage ist, gegen sich selbst zu denken. Für ein solches Denken geht die Negation der Negation nicht in Position über. Aber ist es möglich, Kritik zu üben, ohne »Position« zu beziehen, ohne sich auf die Positivität einer Position zu stellen? Ist Kritik denkbar, die selbst beständig im Wandel und in Bewegung bleibt? Worauf kann sich Kritik stützen, die sich nicht länger auf ewige Transzendenz, geschichtslose Wahrheit und unveränderliche Werte stützt? Auf »fast nichts«, so lautet Adornos zunächst nicht sehr vielversprechend klingende Antwort: »Aufklärung läßt vom metaphysischen Wahrheitsgehalt so gut wie nichts übrig, nach einer neuen musikalischen Vortragsbezeichnung presque rien. Das Zurückweichende wird immer kleiner […]; immer unscheinbarer; das ist der erkenntniskritische wie der geschichtsphilosophische Grund dafür, daß Metaphysik in die Mikrologie einwandert. Diese ist der Ort der Metaphysik als Zuflucht vor der Totale.« (Adorno 1997/6: 399)

Die *mikrologische Metaphysik*, die Adorno am Schluss der *Negativen Dialektik* skizziert, konzipiert Transzendenz als »Nichtidentisches« und wendet sich gegen die Tradition makrologischer und megalomanischer Metaphysik, die sich noch bei Hegel auf die Seite des Unwandelbaren, der Immergleichheit, der Identität und der Totalität geschlagen hat (siehe Adorno 1997/6: 351). Allerdings sind es recht rätselhafte Sätze, in denen Adorno sein Nachdenken über eine Metaphysik, die nicht länger traditionell wäre, zusammenfasst: »Das Absolute jedoch, wie es der Metaphysik vorschwebt, wäre das Nichtidentische, das erst hervorträte, nachdem der Identitätszwang zerging.« (Adorno 1997/6: 398) Auf diese Weise versucht er eine Versöhnung von Kritik und Metaphysik zu denken. Dabei taucht das Problem immanenter Transzendenz auf. Denn nun wendet er seine Aufmerksamkeit dem »metaphysischen« Ausgangspunkt einer kritischen Theorie zu, in der die kleinsten innerweltlichen Züge Relevanz fürs Absolute haben und der »mikrologische Blick« mit den Schalen der Identität auch die Geschlossenheit des Immanenzzusammenhangs »von innen her« zu sprengen vermag. (Adorno 1997/6: 398) In der *Negativen Dialektik* spricht Adorno von einem »mystischen Impuls«, der sich in Dialektik säkularisiert hat, und deutet die religiöse Dimension seines Verständnisses von *immanenter Transzendenz* nur rätselhaft und dunkel an: »Wer an Gott glaubt, kann deshalb an ihn nicht glauben. Die Möglichkeit, für welche der göttliche Name steht, wird festgehalten von dem, der nicht glaubt.« (Adorno 1997/6: 394)

Die »Möglichkeit, für welche der göttliche Name steht«, benennt Adorno am Schluss der viele Jahre vorher geschriebenen *Minima Moralia* noch in einer Offenheit, die er dann später in der *Negativen Dialektik* scheut: »Erkenntnis hat kein Licht, als das von der Erlösung her auf die Welt scheint [...]. Perspektiven müßten hergestellt werden, in denen die Welt ähnlich sich versetzt, verfremdet, ihre Risse und Schründe offenbart, wie sie einmal als bedürftig und entstellt im Messianischen Lichte daliegen wird. Ohne Willkür und Gewalt, ganz aus der Fühlung mit den Gegenständen heraus solche Perspektiven zu gewinnen, darauf allein kommt es dem Denken an.« (Adorno 1997/4: 283) Deutlich abgeschwächt und mit Bezug auf das Moment des Scheins in der Kunst heißt es in der *Negativen Dialektik*: »Kein Licht ist auf den Menschen und Dingen, in dem nicht Transzendenz widerschiene. Untilgbar am Widerstand gegen die fungible Welt des Tauschs ist der des Auges, das nicht will, daß die Farben der Welt zunichte werden.« (Adorno 1997/6: 396–397) Ist nicht jenes »fast nichts« – *presque rien* – der Metaphysik, auf das Adorno zufolge kritisches Denken nicht verzichten kann, bloß das Verglimmen des Lichts und der Farbe traditioneller Metaphysik? Oder das Verglimmen eines Messianismus, der von Marx über Benjamin bis hin zu Adorno der transzendente Impuls für die Kritik eines Bestehenden gewesen ist, das auf dem Wege immanenter Kritik »von innen her« untergraben werden sollte? Wenn Adorno von einem Denken spricht, das mit Metaphysik im Augenblick ihres Sturzes solidarisch ist, beschwört er dann nicht doch noch eine traditionelle Metaphysik, die an das messianische Licht glaubt? Oder kündigt sich darin eine mikrologische Metaphysik an, die auf absolute Transzendenz verzichten kann, weil sie sich in der erhöhten Aufmerksamkeit für unscheinbare Risse und Schründe bildet, die das alltägliche Leben in seiner Immanenz durchziehen? Verbindet er dabei nicht bereits Kritik mit einer »Mikrologie« von Macht- und Kräfteverhältnissen, die später in Foucaults Schriften entfaltet wird? Ist nicht Machtverhältnissen die Möglichkeit immanent, eben diese zu transzendieren?

Die knappe Skizze von Adornos Erörterung des Verhältnisses von Immanenz und Transzendenz zeigt, dass er sich weigert, die

Möglichkeit, zur bestehenden Welt auf Distanz zu gehen, religiös zu begründen. Allerdings wird erkennbar, dass auch er letztlich den Ausbruch aus der Gefangenschaft in der Immanenz nicht ohne metaphysische oder gar theologische Bezüge denken kann. Eine Beschreibung seines Verfahrens immanenter Kritik, in der die Möglichkeit, das Bestehende zu transzendieren, auf besonders konsequente Weise *immanent* gedacht wird, lautet wie folgt: »Dialektik ist das Selbstbewußtsein des objektiven Verblendungszusammenhangs, nicht bereits diesem entronnen. Aus ihm von innen heraus auszubrechen, ist objektiv ihr Ziel. Die Kraft zum Ausbruch wächst ihr aus dem Immanenzzusammenhang zu; auf sie wäre, noch einmal, Hegels Diktum anzuwenden, Dialektik absorbiere die Kraft des Gegners, wende sie gegen ihn; nicht nur im dialektisch Einzelnen, sondern am Ende im Ganzen. Sie faßt mit den Mitteln von Logik deren Zwangscharakter, hoffend, daß er weiche.« (Adorno 1997/6: 398)

Klingt nicht die Idee, die Kraft des Gegners zu absorbieren, um sie gegen ihn zu wenden, sehr nach »chinesischer« Kampfkunst und Strategie? Ist Hegels Dialektik wirklich eine Vorläuferin des Denkens von Maó Zédōng, wie Móu Zōngsān behauptet hat? (Heubel 2016: 191) Im folgenden Abschnitt werde ich der Frage nachgehen, inwiefern Adornos Problematisierung der Immanenz mit Foucaults »Philosophie der Dispositive« korrespondiert, die den Begriff des Dispositivs im Kraftfeld des Verhältnisses von Immanenz und Kritik situiert. Damit soll zugleich eine kritische Perspektive auf Julliens Verständnis jenes chinesischen »Denkens der Immanenz« eröffnet werden, das »die Welt als Dispositiv« versteht. (Jullien 1989: 260)

Das Dispositiv als Modell und totalitäre Macht

Wie lässt sich Julliens Neigung zu einer »strategischen« Interpretation »chinesischen Denkens« erklären? Warum die ständige Betonung von Manipulation und Konformismus? Sein Gebrauch des Begriffs »Dispositiv« ist für die Beantwortung dieser Frage aufschlussreich, weil er an das Verhältnis von Immanenz und Politik rührt. Aus metaphysischer Perspektive ist die immanente Welt des

Werdens immer auch die *physische* Welt der Strategie, der Manipulation sowie des praktischen und politischen Eingriffs. Das *Sein* erscheint als *meta-physisch* entrückt, das *Werden* hingegen in der historisch-physischen Welt und damit in den Netzen von Strategien der Machtausübung befangen. Die Analyse des Gebrauchs, den Jullien von »Dispositiv« oder »Heterotopie« (siehe Kap. 3) macht, lässt die Eigentümlichkeit seiner Interpretation »chinesischen Denkens« erkennbar werden, die im Kontext französischer Gegenwartsphilosophie steht. Aber ist es nicht allzu mühsam, sich erst einmal mit dem Verhältnis von Jullien und Foucault beschäftigen zu müssen, um besser verstehen zu können, was Jullien zum »chinesischen Denken« sagt? Ist es nicht möglich, »chinesisches Denken« ohne den lästigen Bezug zu »französischem Denken« kennen zu lernen? Nein, das ist in diesem Fall leider nicht möglich. Mehr noch, mit der Einsicht in diesen lästigen Zusammenhang eröffnet sich der Zugang zu einer transkulturellen Dynamik, von der im ersten Kapitel bereits die Rede war. Denn aus europäischer Sicht ist es mindestens ebenso lästig, dass es nötig ist, »deutsches Denken« zu kennen – vor allem Kant, Schiller, Hegel, Marx, Nietzsche und Heidegger –, um jene »chinesische Philosophie« zu verstehen, die sich im China des 20. Jahrhunderts herausgebildet hat.

Lässt sich nicht Foucaults Analyse von »Dispositiven der Macht« als Anwendung des Denkens in »Figuren der Immanenz« auf die Erörterung von sozialen und politischen Problemen der Moderne verstehen? In *La propension des choses* bezieht sich Jullien explizit auf Foucaults Überwachen und Strafen, in dem die »Panoptikon« genannte Gefängnisarchitektur als »Figur politischer Technologie« bezeichnet wird. (Foucault 1975: 207) Für Foucault ist das »panoptische Dispositiv« (Foucault 1975: 208) eine moderne Figur der Immanenz, in der Immanenz und politische Macht verschmelzen. Julliens Versuch, Foucaults Analyse des Panoptikons und chinesische Theoretiker der Macht einander anzunähern, weist zumindest in diese Richtung: »In dieser Erfindung sieht Michel Foucault das Symbol eines für die moderne Zeit wesentlichen geschichtlichen Wandels, insofern jene mit dem Aufkommen der Disziplinargesellschaft zusammenfällt. In China nun ist eine solche Erfindung bereits gegen Ende der Antike von den Theoretikern des *shì* [勢] auf sehr rigorose Weise vorgebracht worden; und zwar nicht bloß im zunächst tastenden und bescheidenen Maßstab eines Gefängnisses, sondern – unumschränkt – in demjenigen der gesamten Menschheit.« (Jullien 1992: 54) Das sind irritierende und denkwürdige Sätze. War China schon seit der Antike eine »Disziplinargesellschaft«? Unverkennbar gebraucht Jullien an dieser Stelle das »Dispositiv«, um seine Geschichte der »Effektivität« oder »Wirksamkeit« (efficacité) in China auf den Weg bringen zu können. Darin verbirgt sich zugleich die Annahme einer Korrespondenz zwischen Veränderungen im modernen Europa und in der chinesischen Antike. Deren theoretische Sprengkraft entschärft Jullien jedoch sogleich auf dem Wege kontrastiver Wertung.

Dispositive der Macht sind geprägt von einer »Logik der Manipulation« (Jullien 1992: 56). Die ökonomische Effektivität von Macht wird darin durch automatisiertes und entindividualisiertes Funktionieren gewährleistet. (Foucault 1975: 207) Durch die Gestaltung der architektonischen Apparatur im Panoptikon entsteht eine bestimmte Konstellation von Sichtbarkeit und Unsichtbarkeit: Die Gefangenen leben im Bewusstsein ständiger Sichtbarkeit, während die Wärter im zentral gelegenen Wachturm für sie unsichtbar sind. Damit wird eine bis ins Kleinste durchdachte Regulation menschlicher Machtverhältnisse möglich, aus der gewünschte Ergebnisse wie von selbst, *sponte sua*, ganz natürlich und als »reiner Effekt« hervorgehen. (Jullien 1992: 54) Jullien zufolge lässt die panoptische Logik der Manipulation den von ihr betroffenen Menschen keine Chance zum Widerstand. Diesen »Effekt« oder diese »Wirkung« erreicht sie nicht, weil sie die Menschen zum absoluten Konformismus *zwingt*, sondern weil sie diese wie durch den zwanglosen Zwang einer unsichtbaren Hand anleitet, ohne ihnen einen Ausweg zu lassen. Jullien behauptet nun weiter, dass eine solche »Logik der Manipulation« sich im modernen Europa zwar herausgebildet hat, aber nur in sehr bescheidenem Umfang zur Anwendung gekommen ist. In China konnte sie hingegen in großem Maßstab verwirklicht werden, weil das »Denken der Immanenz« den idealen Nährboden für die Perfektionierung einer solchen Logik bereitet hat. In diesem Sinne argumentiert Jullien, dass das »Modell des Dispositivs« in China »absolut allgemein« ist. (Jullien 1992: 216) Es gilt nicht nur für militärische Strategie und das Verständnis von Politik, sondern auch für Kultur und Kunst im weitesten Sinne.

Vom Begriff des Dispositivs her nimmt Jullien den Zusammenhang von Immanenz und imperialer Macht in China kritisch in den Blick: »Die Konzeption des großen Dispositivs der Welt und diejenige der universellen Regulation hat in China sehr früh auf politische Konzeptionen abgefärbt, und dies bis zu einem Punkt, an dem sie Theorien totalitärer und absoluter Macht Vorschub geleistet haben.« (Jullien 1992: 216)

Anstatt in eine sinologische Fachdiskussion der Texte einzutreten, die Jullien zur Rechtfertigung dieser weitreichenden Behauptung hinzuzieht, möchte ich mich an dieser Stelle auf die Frage konzentrieren, inwiefern das, was Jullien über *China* sagt, von einem bestimmten Verständnis *Europas* zeugt. Sein Verständnis Chinas ist nicht von seinem Verständnis Europas zu trennen, das die gesamte interkulturelle Perspektive entscheidend prägt – das gilt auch für Jean François Billeter: Wer verstehen möchte, was er über China und chinesische Philosophie sagt, muss zugleich verstehen, was er über Europa und europäische Philosophie sagt (siehe Billeter 2019; Billeter 2020).

Spricht nicht Foucault in *Überwachen und Strafen* davon, dass sich das Modell des Dispositivs bereits verallgemeinert hat? Zielen nicht moderne Techniken der Macht darauf, Menschen gleichzeitig ökonomisch nützlich und politisch fügsam zu machen, indem menschliche Kräfte gleichzeitig maximiert und reguliert werden? Zielt nicht der Doppelcharakter der »Disziplinen« gleichzeitig auf »Nützlichkeit« (utilité) *und* auf »Fügsamkeit« (docilité)? Ist das nicht auch die Formel, die Jullien für die Ökonomie chinesischer »Effektivität« gefunden hat? Aber warum geht er dieser beunruhigenden Korrespondenz dann nicht weiter nach? Warum führt ihn der Umweg über China zu einer Idealisierung Europas, in der diejenigen Aspekte der Analysen Foucaults missachtet werden, die sich kritisch und selbstkritisch gegen Aspekte französischer und europäischer Philosophie wenden? Warum wird das transkulturelle Potenzial unterschlagen, das in Julliens Reflexionen zu Dispositiven der Macht in China und Europa auftaucht?

»Wo es Macht gibt, gibt es Widerstand.« (Foucault 1976: 125/116) Dieser Punkt ist entscheidend in Foucaults Diskussion des »Dispositivs der Sexualität«. Er bleibt aber in Julliens Interpretation von Strategie und Politik in China gänzlich unbeachtet. Für ihn ist dort das Ineinander von Manipulation und Konformismus derart absolut, dass Macht keinen Platz für Widerstand und Disziplin keinen Platz für Freiheit lässt. Foucaults Theorie der Macht und später des »Regierens« hat eine windungsreiche Entwicklung durchlaufen: von der Kritik an einer juridisch-politischen Auffassung von Macht als Souveränität über die Kritik an Macht als Disziplinierung, die Kräfte gleichzeitig steigert und gefügig macht, bis hin zur liberalen Kunst des Regierens und dem Zusammenhang von Machtkritik und Selbstkultivierung. Schon die Berücksichtigung der verschiedenen Perspektiven von Foucaults Macht-Theorie würde zu einer der Komplexität der Problematik angemesseneren Analyse des Verhältnisses von Immanenz, Politik und Macht in China führen.

Die massive Einseitigkeit von Julliens Interpretation wirft die Frage auf, warum seine Lektüre Foucaults ihn nicht veranlasst hat, sich auch auf die Suche nach Formen von Kritik und Widerstand in China zu begeben. Ein Thema wie »Chinas Tradition der Traditionskritik« scheint ihm noch nicht einmal von ferne in den Sinn zu kommen. (Roetz 1997) Vielmehr zeichnet er das Bild einer Absolutheit von Macht und einer Unhintergehbarkeit von Kräfteverhältnissen in China, dem er eine Idealisierung des Verhältnisses von Politik und Freiheit in Europa gegenüberstellt. Darin zeigt sich zunächst einmal, wie selektiv sein Bezug auf Foucault ist und wie wenig er sich für die transformative Dynamik von Foucaults Theoriebildung interessiert. Denn nach der Publikation des ersten Bandes von *Sexualität und Wahrheit*, in dem die Diskussion des »Dispositivs der Sexualität« breiten Raum einnimmt, verschwindet der Begriff des »Dispositivs« weitgehend aus dem Denken Foucaults und mit ihm auch derjenige der »Macht«. An deren Stelle rücken die »Gouvernementalität« und das »Regieren« (vor allem das »Regieren seiner selbst und der anderen«). Foucaults Verständnis von Dispositiven der Macht in *Überwachen und Strafen* hat ihm den Vorwurf eines geschlossenen Monismus der Macht eingetragen. In begleitenden und erläuternden Interviews hat er jedoch unmissverständlich darauf hingewiesen, dass es keine Macht gibt, die jede Möglichkeit von Widerstand und Kritik ausschließen kann. An diesem Aspekt ist Jullien in seiner Diskussion von Dispositiven der Macht in China jedoch nicht interessiert. Er verkürzt das »Modell des Dispositivs« so weit, dass sich in China etwas entwickeln konnte, was es für Foucault gar nicht geben kann: Macht ohne Widerstand. Dass dies ein theoretisches Konstrukt ist, wird auch an einer Stelle von Julliens biographischer Erzählung seines Aufenthalts im maoistischen China des Jahres 1976 deutlich, in der er seine eigene »fortschreitende Sinisierung« testet, indem er beginnt nicht offenbar, sondern auf der Ebene des Mikrologischen Widerstand zu leisten. (Jullien/Marchaisse 2002: 94–97)

Das Verhältnis von Macht und Widerstand ist ein Problem, das Foucault über die Analyse von Dispositiven der Macht und die Idee einer auf strategische Machtverhältnisse reduzierten Gesellschaftsanalyse hinausgetrieben hat. (Habermas 1988: 333; Honneth 1989: 194–195) Gleichwohl situiert er die Möglichkeit, aus dem geschlossenen Immanenzzusammenhang von Machtverhältnissen auszubrechen, nicht in einer höheren Transzendenz, sondern in diesen Machtverhältnissen selber, in der Immanenz der Macht: »[…] wo es Macht gibt, gibt es Widerstand, und doch oder vielmehr gerade deswegen hat dieser niemals eine Position der Exteriorität im Verhältnis zur Macht. Soll man nun sagen, dass man notwendig ›innerhalb‹ der Macht ist, daß man ihr nicht ›entrinnt‹, daß es kein absolutes Außen zu ihr gibt, weil man dem Gesetz unvermeidlich unterworfen ist? […] Das hieße den strikt relationalen Charakter von Verhältnissen der Macht zu verkennen. Diese können nur kraft einer Vielfalt von Widerstandpunkten existieren […].« (Foucault 1976: 125–126/116–117)

In diesen Formulierungen kommt Foucault der Beschreibung eines Zustands der Verabsolutierung von Immanenz sehr nahe, denn er leugnet die Existenz einer »Position der Exteriorität im Verhältnis zur Macht« (position d'extériorité par rapport au pouvoir). Aber selbst in einer solchen Situation ohne »absolutes Außen« erkennt er noch die Möglichkeit von Widerstand an, ja behauptet sogar, dass Macht und Widerstand sich wechselseitig hervorbringen. Die Möglichkeit von Widerstand ist für Foucault in der dynamischen Struktur von Dispositiven der Macht enthalten. Sie ist mit dem relationalen Charakter von Macht als Machtverhältnissen untrennbar verbunden. Ohne Widerstand gibt es keine Machtverhältnisse. In Julliens China jedoch ist das anders. Dort soll die politische Technologie bereits im Altertum so weit vorangetrieben worden sein, dass sie dem Traum totalitären Regierens sehr nahekommen konnte, nämlich der Ausübung von absoluter Macht, ohne Widerstand zu erregen. Damit wird in Umrissen erkennbar, warum es wichtig ist, auf Julliens Bezüge zur französischen Gegenwartsphilosophie zurückzugehen, nämlich um verständlich zu machen, inwiefern sein Verständnis von Immanenz einen zweifelhaften »Mythos der Alterität Chinas« begründet. (Billeter 2006: 9/12) Die absolute Macht, die er in China am Werk sieht, ist »mythisch«.

Die Problematik wird noch unübersichtlicher, wenn der Text »Was ist ein Dispositiv?« von Gilles Deleuze hinzugezogen wird. Dieser tut nämlich einen Schritt, den Foucault selber vermieden hat, indem er von »Dispositiv« auch mit Bezug auf Foucaults spätere Überlegungen zu Ästhetik der Existenz und Selbstkultivierung spricht. Er stellt die Frage, ob nicht die »Ästhetik«, die verschiedenen Existenzweisen innewohnt, als letzte »Dimension der Dispositive« gelten kann. (Deleuze 2003: 321) Es scheint in der Tat sinnvoll, Foucaults Studien zur antiken »Ästhetik der Existenz« im Namen eines *Dispositivs der Kreativität* zu problematisieren. (Heubel 2002) Aber lässt sich ästhetische Askese in das »Modell des Dispositivs« integrieren? Was bedeutet es, Selbstkultivierung als »Dimension der Dispositive« zu verstehen?

Weil Foucaults »Archäologie des Wissens« bereits die Verflechtung von Wissen und Macht erörtert, liegt es auf der Hand, seine früheren Schriften im Nachhinein aus der Perspektive des »Modells der Dispositive« zu rekonstruieren. Aber ist dies auf ähnliche Weise für Leitmotive des Spätwerks wie Ästhetik der Existenz, Subjektivierung und Selbstkultivierung möglich? Markieren diese nicht vielmehr einen bewussten Bruch mit dem Begriff des Dispositivs, weil dieser geprägt ist von der »Unfähigkeit, die Linie zu überschreiten« (incapacité à franchir la ligne)? (Deleuze 1986: 101) Deleuze bezeichnet damit eine Schwachstelle der Analyse von »Dispositiven der Macht«, die Foucault schließlich selbstkritisch dazu veranlasst hat, den Begriff des Dispositivs aufzugeben: Setzt die Rede von »Dispositiven der Macht« eine absolute Immanenz von Macht- und Kräfteverhältnissen voraus, deren Grenzen sich nicht mehr überschreiten lassen? Gibt es denn keine Kräfteverhältnisse, die *nicht* Machtverhältnisse sind? Steht denn Foucaults Distanzierung vom Begriff des Dispositivs nicht für eine Wendung gegen sein eigenes Denken, die erst den Übergang von der »Archäologie des Wissens« und der »Genealogie der Macht« hin zur »Ästhetik der Existenz« erlaubt? Foucaults eigene Schwierigkeiten mit den Dispositiven der Macht erlauben es, kritisches Licht auf Julliens Annahme zu werfen, das Modell des Dispositivs sei in China »absolut allgemein«: Ist es wirklich sinnvoll, davon auszugehen, dass dort die Möglichkeit des Transzendierens der Immanenz von Macht- und Kräfteverhältnissen nicht einmal gedacht werden konnte? Verstrickt sich eine solche Annahme nicht in eben jene Schwierigkeiten, die Foucault dazu gebracht haben, eine theoretische Wende von Dispositiven der Macht hin zu Techniken des Selbst zu vollziehen? Dass Foucault in seinen späten Schriften auf das Verhältnis von Selbstbemeisterung und Freiheit zurückkommt, um Ästhetik der Existenz als Ethik denken zu können, offenbart in der Tat einen merkwürdigen Rückfall in ein naives Verständnis von Subjektivität als Machtausübung des Selbst über sich selbst, als Selbstbeherrschung. (Böhme 2008: 183–187)

Jullien überträgt eine von Foucault als widersprüchlich erkannte Analytik moderner Macht in Europa auf die Analyse von Macht im alten China. Auf der einen Seite des Widerspruchs steht dabei die Unfähigkeit, die immanente Kritik einer innerweltlichen Ordnung zu formulieren, die auf die Optimierung von Prozessen, auf Profitmaximierung und Effizienzsteigerung zielt und damit die Affirmation des Bestehenden betreibt – also die Unfähigkeit zur immanenten Kritik kapitalistischer Ökonomie. Jullien schiebt die dem technologischen Kapitalismus inhärente Tendenz zur Verabsolutierung der Immanenz dem chinesischen Denken zu, jenem Anderen, das sich nun als Kern des Eigenen offenbart: Denn hat nicht die Verabsolutierung der Immanenz als philosophisches Problem vor allem im modernen Europa mit der aufklärerischen Kritik an Metaphysik und Religion eine Dynamik gewonnen, über die »wir« längst die Kontrolle verloren haben? Auf der anderen Seite des Widerspruchs steht in Europa die Angst vor einer außer Kontrolle geratenen Dynamik des technologischen Fortschritts, die dazu verleitet, die Flucht zurück zur Transzendenz anzutreten, zu europäischen »Idealen«, deren Verteidigung in einem von Julliens Büchern in erstaunlich schrillem Ton beschworen wird. (Jullien 2009) Foucault hat versucht, diesen Widerspruch aufzulösen, indem er *heteronome Techniken der Macht* und *autonome Techniken des Selbst* nicht einfach einander gegenübergestellt, sondern als in sich miteinander verschränkt gedacht hat.

Jullien betont die Bedeutung von »Dispositiven der Macht« im chinesischen Kontext, ignoriert aber Foucaults spätere Diskussion von ästhetischer Kultivierung, durch die dieser versucht hat, sich aus dem geschlossenen Immanenzzusammenhang von Dispositiven der Macht zu befreien. Das ist nicht verwunderlich, denn Jullien muss die Möglichkeit der Subjektbildung, die in Foucaults Verbindung von Selbstregierung und Ästhetik der Existenz enthalten ist, für China prinzipiell ausschließen: Die Möglichkeit autonomer Subjektivierung liegt außerhalb des Verständnisses von Welt als einem großen Dispositiv der Macht, das Jullien »chinesischem Denken« zuweist.

Vor diesem Hintergrund lässt sich die Interpretation des »Modells der Dispositive« bei Deleuze als eleganter Versuch lesen, den Bruch zwischen Dispositiven der Macht und Ästhetik der Existenz bei Foucault zu überwinden. Deleuze erhebt das Dispositiv vereinfachend zum Grundbegriff einer Philosophie der Dispositive, die nun jedoch nicht mehr auf eine absolute Immanenz der Kräfteverhältnisse beschränkt ist, sondern sowohl Immanenz als auch ihre Überschreitung umfasst. Transzendenz erhält dabei den Sinn *kreativer Transgression*. Deleuze tut dabei so, als ob der Begriff des Dispositivs nicht gemeinsam mit dem der Macht von Foucault in Frage gestellt worden wäre. Die in seinem Buch *Foucault* (Deleuze 1986) entwickelte Deutung löst die Dispositive von der Macht. Das »Modell der Dispositive« durchbricht damit den geschlossenen Immanenzzusammenhang einer automatischen Apparatur, die ihre Insassen zu passivem Konformismus verdammt, und nimmt das Moment immanenter Kritik in das Modell auf. Dieses Modell öffnet sich somit für eine *kritische Kreativität*, die von unscheinbaren, subtilen Entwicklungstendenzen im Bestehenden her dessen

Veränderung betreibt. Das »Modell der Dispositive« erweist sich als Spielart einer modernen Philosophie der Immanenz, die eine Möglichkeit des Transzendierens kennt, die nun nicht mehr auf einer religiös verstandenen »Transzendenz« beruht, sondern auf ästhetisch verstandener »Transgression«.

Jullien fasst den Begriff des Dispositivs in seiner Anwendung auf China hingegen sehr eng, enger noch als Foucault selbst, und schneidet die Interpretation chinesischen Denkens als einem Denken der Immanenz damit von ihrem transkulturellen Potenzial ab. Denn das Motiv eines »Modells der Dispositive« erlaubt es durchaus, einen präzisen und für zeitgenössische Probleme sensiblen Zugang zum Thema der immanenten Transzendenz zu eröffnen. Dispositive der Macht und immanente Transzendenz beginnen in eine philosophische Konstellation einzutreten, die bereits deutliche Anzeichen transkultureller Dynamik trägt. Um mit diesen weiterzuarbeiten, scheint es allerdings notwendig, das Verhältnis von Immanenz, Transzendenz und Kritik über Foucault und Deleuze hinaus weiterzudenken. Vor allem Adornos Begriff der Natur scheint mir entscheidende Hinweise zu enthalten, wie dies geschehen kann.

Die Welt als Gefängnis

Julliens Interpretation chinesischen Denkens in Begriffen wie Heterotopie, Intelligibilität, Ungedachtheit und Alterität/Andersheit zeugt von den Anregungen, die er vor allem Foucaults *Die Ordnung der Dinge* entnommen hat. Mit dem Begriff des Dispositivs und dem Verständnis von Macht als Verhältnis von Kräften bezieht Jullien sich auf Foucaults »Genealogie der Macht«. Nur der späte Foucault bleibt unberücksichtigt – abgesehen von der gelegentlichen Verwendung von »Selbstregierung« (gouvernement de soi). Jullien warnt sogar davor, die Rekonstruktion griechischer Philosophie im Namen von »spirituellen Übungen« (Pierre Hadot) und »Selbstsorge« (Foucault) mit Übungspraktiken in chinesischen Texten zusammenzubringen – denn im griechischen Kontext geht es seiner Auffassung nach vor allem um »geistige« und »intellektuelle« Übungen, im chinesischen hingegen um Übungen der »Atem-

Energie« (souffle-énergie). (Jullien 2009: 95) Dabei vernachlässigt er, dass Foucaults theoretische Entwicklung durchaus eine Dynamik erkennen lässt, die Brückenschlägen nach China und Japan entgegenkommt. (Heubel 2008) Gleichzeitig zeigen sich dabei aber auch Kommunikationshindernisse, die mit Foucaults Deutung von Selbstkultivierung im Sinne von Ästhetik der Existenz und kreativer Askese zu tun haben.

Die Idee einer »asketischen Ausarbeitung des Selbst« (élaboration ascétique de soi), die Foucault mit Bezug auf Baudelaire entwickelt, enthält ein erstaunliches Verständnis immanenter Kritik als »Transfiguration des Realen«: »Eine Transfiguration, die nicht Streichung des Realen ist, sondern das schwierige Spiel zwischen der Wahrheit des Realen und der Übung von Freiheit; die ›natürlichen‹ Dinge werden dabei ›mehr als natürlich‹, die ›schönen‹ Dinge werden dabei ›mehr als schön‹ […]. Die Baudelairesche Modernität ist eine Übung, in der die äußerste Aufmerksamkeit für das Reale mit der Praxis einer Freiheit konfrontiert wird, die dieses Reale zugleich achtet und ihm Gewalt antut.« (Foucault 1984a: 570) *Kritik* verlangt demnach äußerste Aufmerksamkeit für den Immanenzzusammenhang des Bestehenden, durch den hindurch allein eine »mögliche Überschreitung« (franchissement possible) des Bestehenden in Form von kritischer Praxis und Übung von Freiheit hervortreten kann. Foucault vermeidet an dieser Stelle die Rede von Transzendenz, ja spricht nicht einmal von Transgression, sondern von »Überschreitung«. Auch wenn er mit dem Vokabular experimentiert, das er für den Vorgang des immanenten Transzendierens verwendet, betont er doch durchweg die Verbindung kritischer Arbeit an sich selbst mit der Überschreitung von Grenzen. Damit setzt er sich explizit von Kants Begriff der Kritik ab, der sich mit der Frage nach denjenigen Grenzen beschäftigt, »auf deren Überschreitung die Erkenntnis verzichten muss« (Foucault 1984a: 574).

Die Verbindung von *transgressiver Ästhetik* und *kreativer Askese* ist bereits aus einer Krise des Denkens hervorgegangen, in die Foucault durch seine Machtanalysen geraten ist: die Eingeschlossenheit in der Immanenz von Machtverhältnissen. Von daher stellt sich ihm die Frage der Möglichkeit, die durch Dispositive der Macht gesetzten Grenzlinien zu überschreiten, sehr spezifisch als

Frage nach der Möglichkeit, die Grenzen der eigenen Theorie der Macht zu überschreiten. Er beantwortet diese Frage, indem er den Begriff des »Kräfteverhältnisses« um den des »Selbstverhältnisses« (rapport à soi) ergänzt. Die entscheidende Pointe besteht dabei darin, den Ausbruch aus dem geschlossenen Immanenzzusammenhang der Macht nicht durch die Suche nach etwas zu betreiben, das der Macht schlechthin entgegengesetzt wäre. Er beruft sich nicht auf einen Universalismus der Menschenrechte, auf existentialistische Subjektivität oder auf sexuelle Befreiung. Vielmehr denkt er die Überschreitung der Grenzlinien der Macht als eine Verdoppelung des Machtverhältnisses *im* Subjekt, durch »eine Faltung, eine Reflexion« (un plissement, une réflexion), die im »Selbstverhältnis als Bemeisterung« (le rapport de soi comme maîtrise) vollzogen wird. (Deleuze 1986: 107) Es ist die reflexive Faltung der Macht in sich selbst, die aus der ausweglosen Gefangenschaft in ihr hinausführen soll: Die Immanenz von Macht als Kräfteverhältnis wird im »Verhältnis der Kraft mit sich« (rapport de la force avec soi) überschritten. (Deleuze 1986: 108) In der Selbstbemeisterung ragt Macht über sich hinaus und allein dadurch eröffnet sich die Sphäre einer Ästhetik der Existenz, in der »Freiheit« möglich ist: »Die fundamentale Idee Foucaults ist die einer Dimension der Subjektivität, die von Macht und Wissen abgeleitet ist [dérive de pouvoir et du savoir], aber nicht davon abhängt.« (Deleuze 1986: 108–109) In der Deutung von Deleuze taucht hier ein *Paradigma der Subjektivität* auf, in dem diese zwar abgeleitet oder abgezweigt ist von Macht und Wissen, gleichwohl aber auch von diesen unabhängig – auf dieses Motiv der gleichzeitigen Abgeleitetheit und Unabhängigkeit werde ich mit Bezug auf Adorno gleich zurückkommen.

Hier schließt sich der Kreis von Julliens Interpretation chinesischen Denkens und dem Denken des »großen Tandems« Foucault und Deleuze. (Jullien 2007: 133) Denn ist nicht Subjektivität eine Erfindung der Griechen? (Deleuze 1986: 113–114) Darin, dass diese »den Chinesen« fremd geblieben ist, sind sich Foucault und Deleuze mit Jullien einig. Die »Chinesen« bleiben vielmehr verdammt zur ausweglosen und erstickenden Gefangenschaft im geschlossenen Immanenzzusammenhang, verdammt zur »ewigen Stille« von Prozessen der natürlichen Regulation, die nicht einmal die Möglichkeit eines Bruchs mit dem Bestehenden gestattet und deshalb auch keine Dissidenz, keine Autonomie, keine Utopie, keine Ideale, keine Freiheit. In diesem Sinne behaupten Deleuze und Guattari unter Berufung auf Jullien, dass chinesisches Denken »Natur-Denken« (pensée-Nature) geblieben ist. (Deleuze/Guattari 1991: 88) Die chinesische Literatenkultur hat sich »die Möglichkeit der Dissidenz verschlossen«. (Jullien 2005: 157/206) Ähnliche Formulierungen finden sich auch in anderen Büchern Julliens. (Siehe Jullien 1995: 135–162) Während er »den chinesischen Literaten« die *Möglichkeit* von Dissidenz abspricht, versteht er sich selbst als »philosophischen Dissidenten« oder wird als ein solcher stilisiert. (Martin/Spire 2011: 300–301)

Foucault hat versucht, *Kritik ohne Transzendenz* zu denken. Ist Kritik möglich ohne jene radikale Transzendenz religiös-christlicher oder säkular-utopischer Erlösung, die das kritische Denken nicht nur von Marx, sondern bekanntlich auch noch von Benjamin und Adorno geprägt hat? Foucault grenzt sich vom sozial-politischen Engagement Sartres ab, indem er die marxistische Idee der Revolution archäologisch untergräbt und der Figur des »universellen« Intellektuellen diejenige des »spezifischen« entgegensetzt, der in konkrete gesellschaftliche Kämpfe eingreift – bei Jullien bleibt der Unterschied zwischen Sartre und Foucault unerwähnt. (Foucault 1976b: 109/146)[10] Sicherlich tragen auch Foucaults »Eingriffe« noch starke Züge des theatralischen Effekts spektakulärer Revolten und schockierender Transgressionen, aber insbesondere sein Spätwerk kennt die Annäherung an das, was Jullien »diskreten Militantismus« (militantisme discret) und »stille Revolution« nennt. (Jullien 2000: 495) Nun geht es darum, »stillen Wandel« wahrzunehmen, jene an der Grenze des Unmerklichen stattfindenden Transformationen, durch die Revolutionen überhaupt erst möglich werden. Foucaults Überlegungen zum Verhältnis von ästhetischer Kultivierung und revolutionärem Ethos setzen historisch bei der Bedeutung des antiken Kynismus an. Damit eröffnet er eine Perspektive auf das Verhältnis von Kultivierung und Kritik, das im Kontext der chinesischen Literatenkultur offenbar Korrespondenzen kennt, die aber durch das grobe Raster von Julliens Kontrasten hindurchfallen.

Jullien geht davon aus, dass die Verabsolutierung der Immanenz und des Konformismus möglich geworden ist, weil der metaphysische Schnitt zwischen Mensch und Natur in China nie konsequent vollzogen worden ist. Stattdessen soll eine allumfassende, »mythische« Verschwisterung von Natur und Macht zur Grundlage für die manipulative Logik totalitärer Herrschaft geworden sein. Foucault hat im »panoptischen Dispositiv« eine »Figur politischer Technologie« (Foucault 1975: 207) vermutet, die sich in Europa im Zeitalter der Aufklärung als Kehrseite der »Freiheiten« zu verallgemeinern beginnt und die Welt zu einem riesigen Gefängnis zu machen droht. Wie bereits erwähnt, sind für Jullien die damit einhergehenden Techniken von ins Mikrologische verfeinerter Machtausübung bereits im alten China gedacht worden: »In China nun ist eine solche Erfindung bereits gegen Ende der Antike […] vorgebracht worden; und zwar nicht bloß im zunächst tastenden und bescheidenen Maßstab eines Gefängnisses, sondern – unumschränkt – in demjenigen der gesamten Menschheit.« (Jullien 1992: 54) Kann es da noch verwundern, dass das moderne China die Verallgemeinerung von politischen Technologien vorantreibt, die Foucault mit dem Namen des »panoptischen Dispositivs« belegt hat?

An dieser Stelle sollte nicht vergessen werden, dass Foucault keineswegs der Auffassung war, dass das »Modell des Dispositivs« in Europa bloß im »bescheidenen Maßstab eines Gefängnisses« verwirklicht worden ist. Vielmehr hat er darin das Modell einer Machtausübung gesehen, die moderner Vernunft und Freiheit nicht einfach entgegengesetzt werden kann, weil beide Momente gleichzeitig vom Zeitalter der Aufklärung hervorgebracht worden sind. Die totalitäre Verallgemeinerung des »panoptischen Dispositivs« ist für ihn die Kehrseite des Universalismus der modernen europäischen Vernunft. Er neigt damit zu einer radikalen Vernunftkritik, die in der *Dialektik der Aufklärung* zu einem berüchtigten Satz zusammengefasst worden ist: »Aufklärung ist totalitär.« (Horkeimer/Adorno 1997/3: 22)

Julliens Überlegungen zum »autoritären Totalitarismus« (Jullien 1992: 49) in China aus dem Jahre 1992 führen zu so unbequemen wie berechtigten Fragen: Wird die Dystopie des totalen Überwachungsstaates, die Orwells *1984* noch in den Schatten stellt, im modernen China Wirklichkeit? Bedeutet Modernisierung im China des 20. und 21. Jahrhunderts, jene Seite der Aufklärung aufzunehmen und weiterzuentwickeln, die als politische Technologie dienlich ist, hingegen die Seite der »Freiheiten« wegzulassen? Und ist diese Tendenz zur halbierten Aufklärung nicht schicksalhaft notwendig, weil dieses moderne »Modell des Dispositivs« seine Wurzeln in einem alten, nicht-metaphysischen »Denken der Immanenz« hat, das vom Altertum her in die Gegenwart hineinwirkt wie in Europa das Modell der platonischen Metaphysik? Sind im Verhältnis von China und Europa langfristig und untergründig wirkende Paradigmen der Zivilisation im Spiel, die den Möglichkeiten wechselseitigen Lernens von vornherein kaum zu überwindende Grenzen setzen und zugleich den Rahmen für interkulturelle Konflikte und Kämpfe vorbestimmen?

Unbequem und berechtigt ist auch eine andere Art des Fragens: Warum sollte nicht auch für China gültig sein, dass da, wo Macht ist, auch Widerstand ist? Zeigt nicht die lange Geschichte von lokalen Rebellionen und revolutionären Umwälzungen, die von einer Dynastie zur nächsten führen, dass es zu keiner Zeit gelungen ist, umfassende politische Kontrolle auf Dauer zu stellen? Oder umgekehrt gefragt: Gehört nicht die Tendenz zum »Totalitarismus«, die Jullien für China beschreibt, auch zu Europa? Ist es nicht das bohrende Nachdenken über die interne Verstrickung von Liberalismus und Totalitarismus, durch das Foucaults – wie auch schon Horkheimers und Adornos – Kritik der europäischen Modernisierung nachhaltig verstört? Diese Art des Fragens hat in Julliens Erörterung des politischen Denkens in China keinen Platz. Stattdessen dient ihm die kritische Situierung Chinas im »panoptischen Dispositiv« als Sprungbrett für eine schmeichelnde Idealisierung Europas, die unvereinbar ist mit dem paradoxen Bild, das Foucault von europäischer Aufklärung und Vernunft zeichnet.

Wie überzeugend ist also die totalisierende Kritik am politischen Denken Chinas, die Jullien in groben Strichen zeichnet? Wie lassen sich die sehr weitreichenden Urteile, die er in seinen Schriften fällt, einer kritischen Überprüfung unterziehen? Ist nicht Jullien selber ein Meister darin, Kritik an seinen Schriften zu erschweren, wenn nicht gar unmöglich zu machen? Neigt er nicht dazu, sich hinter der strategischen Ausbeutung seiner Doppelrolle als Philosoph und Sinologe zu verstecken? Flieht er nicht auf diese Weise vor sinologischen Einwänden in die Philosophie und vor philosophischen Einwänden in die Sinologie? (Levi 2011: 213) Die Kritik seiner

Schriften ist so schwierig, weil sie letztlich nur als eine möglich ist, die gleichzeitig philosophisch *und* sinologisch vorgeht. Nun können aber im Kontext europäischer Philosophie Grundkenntnisse des Chinesischen sowie chinesischer Geschichte und Philosophie nicht vorausgesetzt werden, während umgekehrt in der Sinologie kein Interesse an europäischer Philosophie oder nur klischeehafte Kenntnis ihrer Grundgedanken besteht. Es ist schwierig, kritische Perspektiven zu entwickeln, die nicht nur Julliens Vereinfachung »chinesischen Denkens«, sondern auch seine Vereinfachung »europäischer Philosophie« treffen. Gleichwohl kann nur doppelte Kritik jene doppelte Vereinfachung erkennbar werden lassen, die Jullien dazu führt, sich in philosophisch wenig fruchtbare Entgegensetzungen zu verbeißen. Die folgenden Überlegungen zum Verhältnis von Subjektivität und Vernunft, von Freiheit und Natur bei Adorno sollen in diesem Sinne eine Perspektive eröffnen, die es erlaubt, das sogenannte chinesische »Natur-Denken« und seine »Logik der Immanenz« in einen anderen Zusammenhang zu rücken.

Transzendenz als das der Natur ephemer Entragende

Die Zurückweisung von »Natur« gehört zur Ästhetik der (französischen) Moderne, der Foucault sich verschrieben hat. Adorno hatte starke Sympathien für die ästhetische Moderne, Baudelaires Verdikt über »Natur« hat er jedoch nicht geteilt. So gesehen haben die folgenden Ausführungen zu Adornos Naturbegriff das Ziel, aus dem unfruchtbaren Kontrast zwischen verabsolutierter Immanenz und verabsolutierter Transzendenz herauszuführen. Durch den strategisch konstruierten »Abstand« (écart) zwischen Immanenz (China) und Transzendenz (Europa) zwingt Jullien beide Seiten in eine Gegenüberstellung, die dazu neigt, schematisch zu erstarren. Der Entzweiung, die er *zwischen* den beiden Positionen herbeiführt, entspricht keine *transpositionale* Bewegung, die durch die Positionen so hindurchgeht, dass sie als gegenwendig einander zugehörig wahrnehmbar werden. Durch die Erstarrung des »Abstands« wird interkulturelle Kommunikation blockiert. Wie lassen sich aber die Positionen aufeinander beziehen und füreinander durchlässig machen? Ein Schritt in diese Richtung besteht in der Besinnung auf *immanente Transzendenz* als interkulturell geteiltes Problem.

Zunächst fällt auf, dass Überlegungen Adornos, die das Thema immanenter Transzendenz berühren, vielfach im Zusammenhang seiner Kant-Kritik stehen. Das gilt für das »Meditationen zur Metaphysik« überschriebene Kapitel der *Negativen Dialektik* wie für das Kant-Kapitel, das den Titel »Freiheit. Zur Metakritik der praktischen Vernunft« trägt, und auch für seine Vorlesungen zur Moralphilosophie. In diesen findet sich ein Satz, der als Leitmotiv für die folgenden Überlegungen dienen soll: »Das, was Natur transzendiert [...], ist die ihrer selbst innegewordene Natur.« (Adorno 1996: 155) Diese Wendung bringt eine Grundfigur immanenter Transzendenz zum Ausdruck: Transzendenz tritt nicht als eine der Immanenz äußerliche, jenseitige Substanz hinzu: sie ist vielmehr von Immanenz »abgezweigt«, um ihr gleichwohl zu »entragen«. Dieses Moment des »Entragens«, wie es Adorno mehrfach nennt, wird durch die der Natur entgegenlaufende, gegenwendige Bewegung von Reflexion, Innewerden und Selbstbesinnung ermöglicht.

In der Formulierung, dass das, was Natur transzendiert, die ihrer selbst innegewordene Natur ist, entspringt Transzendenz aus der Verdoppelung immanenter Natur: diese ist einerseits »bloße Natur«, andererseits »die ihrer selbst innegewordene Natur«. Die ihrer selbst innegewordene Natur geht wiederum aus der Dialektik von zwei Momenten hervor, aus denen »bloße Natur« besteht: Naturverfallenheit und Naturbeherrschung. *Naturverfallenheit* bezeichnet ein vorsubjektives Naturverhältnis, eine Befangenheit des Menschen im Naturzusammenhang, in der absoluten Immanenz des Mythos; *Naturbeherrschung* meint demgegenüber das Hervortreten von Subjektivität, die mittels Vernunft eine menschliche Doppelherrschaft über die eigene leibliche Natur und über äußere Natur einrichtet. Weil Naturbeherrschung aber unfähig ist, sich selbst als ein Stück Natur anzuerkennen – nämlich als abgezweigt von Natur –, neigt sie dazu, immer wieder in mythische Naturverfallenheit zurückzufallen. Diese Dialektik von Naturverfallenheit und Naturbeherrschung ist bereits ein Leitmotiv der *Dialektik der Aufklärung*. Dort wird ihr die Formel vom »Eingedenken der Natur im Subjekt« entgegengestellt. Im Kontext der *Dialektik der Aufklärung* bleibt jedoch weitgehend unklar, was damit gemeint ist. Immerhin wird die Möglichkeit eröffnet, durch die Analyse des menschlichen Naturverhältnisses hindurch neu zu bestimmen, was *Subjektivität* ist und sein kann. Schon die *Dialektik der Aufklärung* macht allerdings deutlich, dass Selbstbeherrschung und Selbstbemeisterung aus dem geschlossenen Immanenzzusammenhang der Natur nicht herausführen. Ganz im Gegenteil: Vernünftige Naturbeherrschung ist Teil des Problems, Teil des »Verblendungszusammenhangs«.

In *Probleme der Moralphilosophie* heißt es dazu: »Nun ist aber dieses Entragende, dieses kleine bißchen an unserer Natur, was nicht Natur ist – im Gegensatz zu der Verblendung, die die Kategorie der Naturbefangenheit schlechthin ist –, eigentlich eins mit der Selbstbesinnung. *Wir sind eigentlich in dem Augenblick nicht mehr selber ein Stück der Natur, in dem wir merken, in dem wir erkennen, daß wir ein Stück Natur sind.* Ich glaube, zugespitzter kann man es überhaupt nicht sagen, denn Verblendung ist eigentlich nichts anderes als jenes sture Vor-sich-hin, das des Prinzips der Selbstbesinnung überhaupt nicht mächtig ist [...]. Nicht umsonst ist Verblendung denn auch eine mythische Kategorie, als die Kategorie schlechterdings, durch die die Menschen, wie es in den Mythen geschieht, dargestellt werden als solche, die im Naturzusammenhang aufgehen. Und das, was sich dem entzieht, was man in einem sehr emphatischen Sinn Subjekt überhaupt nennen könnte, das ist nichts anderes als jene Selbstbesinnung, jene Besinnung auf das Ich, in der das Ich merkt: *ich selber bin ja ein Stück Natur* – und gerade dadurch wird es der blinden Verfolgung der Naturzwecke ledig und zu etwas anderem.« (Adorno 1996: 154–155; Hervorhebungen F. H.)

Transzendenz zeigt sich hier als Transzendenz ohne Religion, als Transzendenz, die aus der Immanenz von Natur hervorgeht, aber Natur nicht verfällt. Ist Transzendenz nicht dieses »kleine bißchen« an unserer Natur, das nicht Natur ist, dieses »fast nichts« – *presque rien* – das nun als positive Seite einer *mikrologischen Metaphysik* erkennbar wird, die Adornos »Meditationen zur Metaphysik« nur negativ umkreisen? Zugleich ist damit bereits die Ahnung verbunden, dass für eine Transzendenz, die dem geschlossenen Immanenzzusammenhang kaum merklich entragt, ein neues *Paradigma der Subjektivität* nötig ist. »Subjekt« wird dann »in einem sehr emphatischen Sinn« verstanden, allerdings *nicht* im Sinne eines Subjekts der Naturbeherrschung. Und weil dieses damit nicht länger dazu verdammt ist, das zwanghafte Subjekt von Naturbeherrschung sein zu müssen, ist es zugleich gefeit vor der besinnungslosen Regression in naturverfallene, mythische Subjektlosigkeit. Solche Subjektivität wird der eigenen Verstrickung in das aufklärerische Programm der Naturbeherrschung, dem auch Kant angehangen hat, selbstkritisch inne.

Subjektivität bezeichnet nun das Vermögen zur Selbstbesinnung des Menschen auf seine Naturhaftigkeit, durch die er doch *mehr* ist als bloße Natur, weil er Natur dadurch ein kleines bisschen entragt. Subjektivität ist damit zugleich der Ausgangspunkt für eine Ethik, die sich von der zwanghaften Bindung an das »Prinzip der Naturbeherrschung« löst, von der Adorno Kants praktische Philosophie nach wie vor gezeichnet sieht. Denn für Adorno hat Kant letztlich doch im Begriff der Freiheit den naturbeherrschenden Geist verabsolutiert und den entscheidenden Schritt der Selbstreflexion nicht vollziehen können, der in »der Freiheit als des Innewerdens von Natur« besteht.

Dazu noch ein längeres Zitat aus Adornos Vorlesungen zur Moralphilosophie: »Das ist gleichsam der Punkt, auf den die Kantische Philosophie, wie es im Märchen heißen würde, verzaubert ist. Wenn sie dieses Punktes inne würde, wenn sie dieses selber wüßte, *dann würde das Ganze sich transfigurieren*, würde in ein vollkommen anderes sich verwandeln. Und deshalb hat bei ihm der Begriff der Selbstbesinnung keinen Ort. […] Also das ist der Grund, warum nun Kant doch den Geist als das Prinzip der Naturbeherrschung nicht dialektisch vermitteln kann als die Selbstreflexion der Natur im Menschen, sondern diesen Geist – als wäre eben jenes herrschende Prinzip ein selbständiges – quasi besinnungslos, blind verabsolutieren muß, und warum er bei diesem Dualismus von Geist und Natur stehenbleibt – man könnte sagen: weil es bei ihm eben die Vermittlung nicht gibt. *Vermittlung nicht als ein Mittleres verstanden, sondern in dem Sinn, daß durch die Vermittlung von den beiden einander entgegengesetzten Momenten das eine dessen inne wird, daß es das andere in sich notwendig impliziert.* Und man kann insofern also sagen, daß durch diese *blinde Naturbeherrschung bei Kant* nun gerade die nichtaufgehellte Natur sich reproduziert, oder anders gewandt, daß die Kantische Moral ihrerseits eigentlich nichts anderes ist als Herrschaft.« (Adorno 1996: 157; Hervorhebungen F. H.)

Adorno sagt: »Wenn sie dieses Punktes inne würde [...], dann würde das Ganze sich transfigurieren, würde in ein vollkommen anderes sich verwandeln.« Das scheint mir auch für Julliens Interpretation »chinesischen Denkens« zu gelten. Adornos scharfe und weitreichende Kritik der Moralphilosophie Kants ist von daher ein wichtiger Ausgangspunkt für die Erörterung des Paradigmas *energiewandelnder Subjektivität* im zweiten Teil des vorliegenden Buches.

Immanente Transzendenz als transkulturelles Problem

Das so im Rahmen einer Vorlesung grob Skizzierte fasst Adorno in einigen dichten Sätzen des Kant-Kapitels der *Negativen Dialektik* wie folgt zusammen: »Daß Vernunft ein anderes als Natur und doch ein Moment von Natur sei, ist ihre zu ihrer immanenten Bestimmung gewordene Vorgeschichte. Naturhaft ist sie als die zu Zwecken der Selbsterhaltung abgezweigte psychische Kraft; einmal abgespalten und der Natur kontrastiert, wird sie auch zu deren Anderem. *Dieser ephemer entragend, ist Vernunft mit Natur identisch und nichtidentisch, dialektisch ihrem eigenen Begriff nach.* Je hemmungsloser jedoch die Vernunft in jener Dialektik sich zum absoluten Gegensatz der Natur macht und an diese in sich selbst vergißt, desto mehr regrediert sie, verwilderte Selbsterhaltung, auf Natur; einzig als deren Reflexion wäre sie Übernatur.« (Adorno 1997/6: 285; Hervorhebung F. H.)

Adornos Erörterung von Immanenz und Transzendenz, Natur und Übernatur eröffnet eine mögliche Perspektive, um den Unterschied zwischen *Transzendenz als verabsolutierter Immanenz* und *immanenter Transzendenz* zu erläutern. Für Adorno ist es unmöglich geworden, einen Sinn der »Immanenz« von »affirmativ gesetzter Transzendenz« her zu gewinnen. Das Verhältnis von Immanenz und dem, was die »traditionelle Metaphysik als Transzendenz abhob« (Adorno 1997/6: 354), wird von ihm umgewandelt in das Verhältnis von »Natur« und »Übernatur«. Das bedeutet,

»Metaphysik« nicht länger im Gegensatz zum »Materialismus« zu denken, sondern von »Fragen des materiellen Daseins« her, durch die Anerkennung der »Relevanz des Innerweltlichen, Geschichtlichen« hindurch. (Adorno 1997/6: 358)

In Adornos »Meditationen zur Metaphysik« werden diese Gedanken im Zusammenhang einer geschichtlichen Situation entwickelt, die er mit den Stichworten »Auschwitz« und »Hitler« bezeichnet. Das bedeutet nun aber nicht, dass ein solches Verständnis immanenter Transzendenz nur unter diesen ganz bestimmten Bedingungen gedacht werden kann. Es gehört zu den Leitmotiven meiner Annäherung an chinesische Philosophie, in der konfuzianischen und daoistischen »Theorie des Energiewandels« (qìhuàlùn 氣化論) ein Denken wahrzunehmen, das es erlaubt, Adornos aus Verzweiflung geborene Idee eines metaphysischen Materialismus weiterzuentwickeln. Julliens Deutung dieser Linie »chinesischen Denkens« hat mir entscheidend dabei geholfen, dieses Motiv als vielversprechende Denkmöglichkeit wahrzunehmen. Seine Interpretation des »Denkens der chinesischen Literaten« (pensée des lettrés chinois) in *Procès ou Création* und *Figures de l'immanence* kreist um die Schriften zweier Gelehrter, die gemeinhin als Hauptvertreter des atem-energetischen Konfuzianismus gelten: Zhāng Zǎi und Wáng Fūzhī, von denen bereits im ersten Kapitel die Rede war. Alsbald stellte sich allerdings der Verdacht ein, dass Julliens kontrastive Gegenüberstellung von Immanenz-Prozess (China) und Transzendenz-Kreation (Europa) die Möglichkeit einer transkulturellen Verschränkung von Adornos und Wáng Fūzhīs »Materialismus« nicht fördert, sondern verstellt.

Idealistisch orientierte Konfuzianer wie Móu Zōngsān sehen in der Theorie des Energiewandels eine Tendenz zu Naturalismus und Materialismus, die ihnen aus moralphilosophischen und politischen Gründen zutiefst verdächtig ist. Der Sieg der Kommunistischen Partei Chinas im Jahre 1949 hat Móus anfängliche Kritik an Marxismus und Materialismus zu einer erbitterten Feindschaft werden lassen, die bis in die Details seiner kritischen Rekonstruktion des Neokonfuzianismus der Sòng- und Míng-Zeit hineinreicht. (Heubel 2007) Für ihn kann *immanente Transzendenz* nicht aus der Perspektive »atem-energetischen Lernens« (qìxué 氣學) entwickelt werden und die Idee einer materialistischen Metaphysik hat in diesem Kontext keinen Platz.

Immanente Transzendenz hat im zeitgenössischen Neokonfuzianismus herausragende Bedeutung gewonnen, um in zweierlei Hinsicht einen komparativen Abstand herzustellen: Einerseits galt es sich von der westlichen Etikettierung chinesischen Denkens als mythischem Denken *absoluter Immanenz* abzusetzen; andererseits galt es aber auch, die Differenz zu einer Vorstellung *absoluter Transzendenz* zu betonen, die als hervorstechendes Merkmal christlicher Religion gesehen wurde. Vor diesem Hintergrund konnte immanente Transzendenz zum Leitmotiv einer Rekonstruktion von Aspekten des konfuzianischen Kanons werden, in der die Aneignung Kants und des nachkantischen Idealismus grundlegende Bedeutung gewinnen sollte. Diese transkulturelle Perspektive scheint vom Denken Adornos durch einen tiefen ideologischen Graben getrennt zu sein. Andererseits tritt das Thema immanenter Transzendenz als ein geteiltes Problem hervor, das in der Lage ist, durch »materialistische« und »idealistische« Positionen hindurch zu denken. Denn sowohl in der Kritischen Theorie als auch im zeitgenössischen Neokonfuzianismus wird schon lange mit dem Problem gerungen, die Kritik der Gegenwart aus einem Denken immanenter Transzendenz hervorgehen zu lassen.

3. China: Utopie, Dystopie, Heterotopie, Atopie?

Griechenland und China

»Ich habe das Chinesische gelernt, um das Griechische besser lesen zu können.« (Jullien 2012: 13)

Vom Griechischen aus hat sich Jullien auf einen »Umweg« durch das Chinesische aufgemacht, um wieder zum Griechischen zurückzukehren (siehe Kap. 1). Das ist ein interkulturelles »Hin-und-Zurück« (aller-retour), das zunächst einen »Abstand« zwischen dem Vertrauten, allzu Vertrauten (dem Griechischen) und dem Unvertrauten, zutiefst Andersartigen (dem Chinesischen) herstellt, um durch das Andere hindurch das Eigene neu wahrnehmen zu lernen. Mehr noch: Die Aneignung des Eigenen kann demnach nur durch *Auseinandersetzung* und *Zwiegespräch* mit dem Fremden gelingen.

Das ist eine wohlvertraute Dialektik nicht nur des Lernens von anderen Kulturen und Sprachen, sondern des Lernens und der Selbstbildung überhaupt. Vermutlich sehen das inzwischen auch die meisten chinesischen Forscher so, wenn sie sich mit europäischer Philosophie beschäftigen und sich dafür in das Lernen alter und neuer europäischer Sprachen vertiefen: Sie lernen das Griechische, das Lateinische oder das Französische, um wieder zum Chinesischen zurückzukehren, um im Chinesischen mit diesen »Ressourcen« zu arbeiten. Dafür bedarf es jedoch eines starken kulturellen Selbstvertrauens in das Eigene, das Jullien offenbar ins Französische hat. In China ist ein solches Selbstvertrauen jedoch vor allem in Folge einer Reihe von Kriegsniederlagen, imperialistischen Demütigungen und internen Kämpfen seit dem 19. Jahrhundert zusammengebrochen, um zerstörerischer Traditionskritik und einem blinden Glauben an die Überlegenheit des Westens Platz zu machen: Viele Chinesen wollten nicht mehr Chinesen sein, sondern in Denken und Lebensweise lieber Griechen, Franzosen, Deutsche oder Amerikaner werden.

Es fällt Jullien schwer, diese Erfahrung kultureller Demütigung als philosophische Kraft wahrzunehmen, sich also hineinzuversetzen in die mentale und emotionale Identifikation mit den Angreifern und Siegern, die zur Grundstruktur normativ unterfütterter Machtausübung gehört. Für ihn ist es unerträglich, dass Chinesen nicht Chinesen bleiben, sondern Griechen werden wollen, indem sie sich etwa die »Metaphysik« zu eigen machen, die sich seiner Meinung nach mit »chinesischem Denken« gar nicht verträgt (siehe Kap. 1). Diese Art von kultureller Aneignung ist ihm ein Gräuel, weil nun der zivilisierte »Abstand« zwischen dem Griechischen und dem Chinesischen nicht mehr eingehalten wird und beide sich zu vermischen beginnen. Seiner Überzeugung nach sollen »die Chinesen« gefälligst beim Chinesischem bleiben und sich nicht in das Griechische einmischen.

Aus der Perspektive seiner strategischen Nutzung chinesischer »Ressourcen« gilt es solche Vermischung und Einmischung zu vermeiden. Denn seine Erfahrung mit der Exteriorität Chinas geht in eine andere Richtung: Je größer der Abstand zwischen dem Eigenen und dem Fremden ist, je weiter beide voneinander *abstehen*, desto stärker ist der strategische Effekt und desto strahlender erscheint schließlich das veränderte Eigene in neuem Licht. Jullien ist fündig geworden auf der Suche nach einem »Ort des Außen gegenüber dem europäischen Denken« (Jullien 2004: 198), das in Griechenland entstanden ist. Seine Wahl fiel auf China nicht aus »Interesse« oder gar »Liebe« zu Land und Leuten, sondern aus dem »strategischen« Grund, dass es keinen »Ort« gibt, der von Europa aus betrachtet so »anders« (autre) und so sehr »anderswo« (ailleurs) ist: Der »chinesische Abstand« (écart chinois), der für ihn der Abstand zwischen dem Griechischen und dem Chinesischen ist, ermöglicht es ihm, »europäisches Denken« von außen her zu durchdenken und zu erneuern.

Jullien möchte loskommen von China als »Utopie«. Vor Augen hat er dabei nicht nur die aufklärerische Verklärung des konfuzianischen China durch Leibniz, Voltaire und andere, sondern auch die jüngere Version eines affirmativen Chinabildes in Gestalt des Maoismus, dem ja auch Michel Foucault für eine Weile angehangen hat, von dem Jullien den Begriff der »Heterotopie« entlehnt. (Jullien 2004: 199) Viele Sinologen seiner Generation haben über den Maoismus zum Studium des Chinesischen gefunden. Enttäuscht vom realen Sozialismus und dem Regime der Kommunistischen Partei Chinas sind einige von ihnen schließlich zu erbitterten Kritikern geworden und haben die maoistische Utopie durch eine Orwell'sche Dystopie ersetzt. Aber ist die chinesische Utopie »realer« als die chinesische Dystopie? Oder handelt es sich in beiden Fällen um »Räume, die grundsätzlich im Wesentlichen irreal« (Foucault 1967: 755) sind?

Demgegenüber lassen sich Heterotopie und Atopie als »reale Räume« verstehen, wobei ein heterotopischer Raum *virtuell*, ein atopischer hingegen *aktuell* ist. Ein *heterotopischer Raum* ist ein »realer« Ort, an dem ich gerade nicht bin, an dem ich aber bereits war oder den ich wieder aufsuchen kann. Er wird zu einem »anderen Ort«, sobald ich ihn mit dem aktuellen Ort, an dem ich stehe, in Beziehung setze, sobald ich also das *Hier* aus der Perspektive des *Dort* betrachte. Ein *atopischer Raum* ist demgegenüber der »reale« Ort, an dem ich gerade stehe und bin, sobald ich ihn nicht im Modus beständiger Unbeweglichkeit wahrnehme, sondern im Modus beständiger Bewegung: Eine A-topie ist ein seltsamer Ort, ein Un-Ort (α-τόπος), der im Wandel beständig ist. In diesem Sinne sind Fortbewegungsmittel wie Boot, Wagen, Flugzeug oder Raumschiff, die sich zwischen verschiedenen Orten bewegen, atopische Räume par excellence: Sie können sich bewegen und zugleich als Ort gebraucht werden, an dem ich hier und jetzt stehe und lebe – im Unterschied zu Foucault verstehe ich das Boot nicht als Heterotopie, sondern als Atopie (Foucault 1967: 762). Ich kann jedoch an diesem aktuellen Ort hier nur stehen, weil es virtuell unendlich viele andere Räume gibt, in denen ich stehen könnte: Die Bedingung der Möglichkeit, diesen Ort hier zum Stehen zu gebrauchen, ist, dass ich aktuell nicht zugleich an einem beliebigen anderen Ort stehe, aber virtuell an anderen Orten stehen können muss, um stehen zu können, wo ich stehe. (Heubel 2020: 124) Genau genommen ist jeder Ort ein solcher *Un-Ort*.

Die Unterscheidung von Utopie, Dystopie, Heterotopie und Atopie ist *idealtypisch*. Die vier Momente können in der lebendigen Erfahrung nicht deutlich auseinandergehalten werden. War das Griechische für Hölderlin Utopie, Dystopie, Heterotopie oder Atopie? Und für Nietzsche? Für Heidegger? Für Foucault? Julliens

Verständnis von China als Heterotopie führt dazu, dass er China zuweilen als ästhetische Utopie zu verklären scheint, zuweilen aber auch als politische Dystopie verdammt, zuweilen versucht er sich auch atopisch *zwischen* China und Griechenland zu verorten. Foucaults Version des Griechischen verliert bezeichnenderweise genau dort den Charakter einer beunruhigenden Heterotopie, wo er Griechenland und China einander entgegensetzt. In seiner beiläufigen Diskussion von Robert van Guliks *Sexual Life in Ancient China* (van Gulik 1974) taucht plötzlich ein Kontrast auf: Subjektivität und Freiheit (Griechenland) auf der einen Seite sowie Subjektlosigkeit und Unfreiheit (China) auf der anderen Seite. Dadurch gewinnt das Griechische den Charakter eines idealen Ortes zurück, von dem aus China zum kritisierten Gegenort wird, von dem sich Foucault abstößt.

Das beruhigende Klischee des alten Griechenlands als Geburtsort von Subjektivität und Freiheit, das Foucault im zweiten Band von *Sexualität und Wahrheit* vor allem da beschwört, wo es um den Unterschied zwischen Griechenland und China geht, wird von Deleuze in seinem Buch *Foucault* noch weiter verstärkt. Dem idealisierten Bild Griechenlands steht das unheimliche Chinas gegenüber. Mit der Verhärtung des Denkens im konventionellen Kontrast von *griechischer Demokratie* und *chinesischer Despotie* kommt jene Dynamik philosophischer Problematisierung zum Stillstand, die Foucault und Deleuze ja gerade dazu gebracht hat, ein Paradigma des Bewusstseinssubjekts zu kritisieren, das mit der »platonischen Metaphysik« untrennbar verbunden ist. Julliens Auffassung von China als Heterotopie eröffnet keinen Ausweg aus der starren Gegenüberstellung von griechischem Subjekt und chinesischer Subjektlosigkeit. Ganz im Gegenteil, er zementiert diesen Kontrast noch durch seinen sinologischen Diskurs. Foucaults transkulturelle Blindheit dient Jullien zum Vorwand, um gegen und trotz Foucault zu »unserer philosophischen Tradition« (Jullien 2000: 33/40) zurückzukehren. Im Gespräch »Michel Foucault und das Zen: ein Aufenthalt in einem Zen-Tempel« (Foucault 1978) etwa kommt der Gegensatz von christlicher Mystik und Zen, von Individualisierung (Westen) und Deindividualisierung (Osten) zur Sprache, den Jullien bestätigend aufnimmt und in den Kontrast von Individualität (Europa) und Disponibilität (China) umformt. (Jullien 2000: 21–22/22–23)

Julliens Foucault-Rezeption ist von einer weitgehenden Ignoranz gegenüber dem späten Foucault gekennzeichnet. Für den Hellenisten Jullien ist offenbar Foucaults Weise, das Griechische neu zu lesen, nicht »fruchtbar«. Wie weitgehend Julliens Desinteresse am späten Foucault ist, zeigt sich in einer Bemerkung aus dem Gespräch über »Michel Foucault und das Zen«: »Denn 1978 war Foucaults Werk bereits fertig, auch wenn es nicht vollendet war, drängt es sich doch in seiner Kohärenz auf.« (Jullien 2000: 17/16) Das ist nicht überzeugend. Seit der Publikation von Foucaults Vorlesungen am Collège de France ist besser nachvollziehbar geworden, welch bedeutende Veränderung sich gerade in den Anfang 1978 gehaltenen Vorlesungen zum Thema »Sicherheit, Territorium, Bevölkerung« vollzieht, in denen er Begriffe wie Gouvernementalität und Regierungskunst eingeführt hat. (Foucault 2004). Vor allem mit dem Begriff des Regierens hat er dann bis zu den 1984 gehaltenen letzten Vorlesungen über *Der Mut zur Wahrheit: Die Regierung des Selbst und der Anderen* (Foucault 2009) durchgehend gearbeitet. In den Vorlesungen von 1978 wendet er sich einem Thema zu, das auch in »Michel Foucault und das Zen« genannt wird: »christliche Spiritualität und ihre Technik« oder auch »spirituelle Techniken«. (Foucault 1978: 621/779) Im Namen von Selbsttechniken, Askese und Selbstkultivierung hat er dieses Thema später ausführlich weitergeführt. Von daher ist auch sein Interesse für die »Zen-Praxis« zu erklären. Für die interkulturelle Bedeutung von Foucaults Studien zur Selbstkultivierung ist entscheidend, dass er sich ihr von den »Techniken des Selbst« her nähert, der asketischen – das heißt übenden – Arbeit des Selbst an sich selbst. Diese Perspektive hat er später die lange Geschichte der »Ästhetiken der Existenz« und der »Technologien des Selbst« genannt. (Foucault 1984: 17/18) Das bedeutet, dass er es vermeidet, die »ethische Substanz« oder die »teleologische« Ausrichtung des Kultivierungsweges in den Vordergrund zu rücken. (Foucault 1984: 3–39/36–45)

Jullien weist zu Recht darauf hin, dass Foucault zumindest spürt, »wie problematisch jeder *direkte Vergleich* zwischen dem ›westlichen Denken‹ und dem ›östlichen Denken‹ ist«. (Jullien 2000: 22/24) Sobald etwa Zen und christliche Mystik »direkt« verglichen werden, stellen sich Fragen wie: Gibt es im Zen etwas, was dem Glauben an Gott vergleichbar ist, oder etwas, was dem Erreichen der Stufe eines Heiligen ähnelt? Interkulturelle Kommunikation, die es sich zur Aufgabe macht, zuerst solche Grundfragen zu klären, läuft Gefahr, sich in ideologischen Frontstellungen zu vergraben, und endet häufig mit der Bestätigung der eigenen Überlegenheit. Diese Gefahr vor Augen bemerkt Jullien: »Sobald man aber aufhört zu vergleichen, was unvergleichbar ist, bleiben nur zwei Wege offen: der von Foucault eingeschlagene, nämlich nur das zu vergleichen, was zu vergleichen *ist* – in diesem Fall die *Techniken* des Zen und die der christlichen Spiritualität; aber dann verliert man das Gesamtproblem aus den Augen. Oder der von mir verfochtene Weg: das Re-Kategorisieren.« (Jullien 2000: 22/24) Schließen diese beiden Wege sich wechselseitig aus oder sind sie nicht vielmehr zwei Aspekte eines Weges? Hat nicht Foucault nach 1978 einen Weg eingeschlagen, der diese beiden Möglichkeiten verbindet? Einerseits vergleicht er »Techniken des Selbst« in der griechisch-römischen Antike und im Christentum, andererseits bildet er neue Begriffe, durch die »Übungen und Regeln« überhaupt erst einer theoretischen Analyse zugänglich werden. Zeugen nicht Begriffe wie Gouvernementalität, Selbstregierung, Technologien des Selbst, Selbstpraktiken, Selbstkultivierung, Ästhetik der Existenz, Hermeneutik des Subjekts, Wahrsprechen (dire-vrai, Parrhesia) und philosophisches Leben von Foucaults Kreativität auf dem Gebiet der »Re-Kategorisierung«?

Jullien steht mit seinem Desinteresse für diese Entwicklungsphase im Denken Foucaults nicht alleine da. Im Unterschied zu Büchern, in denen er scharfe Kritik an modernen Begriffen wie Vernunft, Subjekt und Macht übt, irritiert die allzu versöhnlich anmutende Weise, mit der er später in den heimatlichen Hafen alt-europäischer Philosophie zurückzukehren scheint: Zurück zur beruhigenden Utopie der alten Griechen? Insbesondere in Foucaults Vorlesungen ist immer wieder große Begeisterung für das Griechische zu spüren. Diese Tendenz verstärkt sich im Verlauf der Vorlesungen am Collège de France sogar noch: Während in den Vorlesungen zur *Hermeneutik des Subjekts* (Foucault 2001) noch eine versöhnliche oder zumindest ambivalente Haltung gegenüber der »Spiritualität« philosophischer Askese zum Ausdruck kommt, verblüfft seine Diskussion kynischer Askese in *Der Mut zur Wahrheit* durch die Radikalisierung des ihm von Pierre Hadot her bekannten Gegensatzes von philosophischem Leben und philosophischem Diskurs. Seine starke Sympathie für den »philosophischen Heroismus« der Kyniker ist unverkennbar. Im Zusammenhang von philosophischem und revolutionärem Leben erkennt er sich wieder. (Foucault 2009: 195–196) In dem revolutionären Bild, das er zeichnet, gewinnt das alte Griechenland den Charakter einer Heterotopie. *Philosophisches Leben* im Altertum wird dem *philosophischen Diskurs* schroff gegenübergestellt, der sich nicht erst seit dem 19. Jahrhundert entwickelt hat, sondern bereits in dem »großen Paradox des Platonismus« angelegt war, das er in seinen Überlegungen zur »Hermeneutik des Subjekts« diskutiert: Platon praktiziert Philosophie als »Selbstsorge«, neigt jedoch zugleich dazu, diese Praxis zu untergraben, indem er Philosophieren auf »Selbsterkenntnis« verengt. (Foucault 2001: 75–76/108–109)

Jullien weist die Ausweitung von im Kontext eines erneuerten Verständnisses von griechischer Philosophie entwickelten Begriffen wie »spirituelle Übung« (Hadot) und »Selbstsorge« (Foucault) auf China als »übereilt« zurück. In der bei ihm üblichen kontrastiven Manier stellt er die Übung der »Atem-Energie« (souffle-énergie), von der im vierten Kapitel des Buches *Zhuāngzǐ* die Rede ist (siehe Kap. 6), der »intellektuellen Übung« (exercise intellectuel) gegenüber, die in Platons *Parmenides* entwickelt wird. In China zielt Übung demnach konformistisch auf »connivence« (Einverständnis), in Griechenland hingegen auf »connaissance« (Erkenntnis). (Jullien 2009: 95–96) Unabhängig davon, ob diese Deutung der chinesischen Seite überzeugend ist, zeigt sich einmal mehr, wie konventionell Julliens Interpretation der griechischen Seite bleibt. Heidegger versucht die Vorherrschaft der »platonischen Metaphysik« im Namen eines an den Vorsokratikern orientierten »griechischen Denkens« umzustürzen und Foucault wendet sich gegen die Verengung »philosophischer Askese« auf Erkenntnis. Jullien hingegen bezieht in beiden Fällen die Position des Verteidigers der überkommenen europäischen »Ideale«.

Foucault versucht in seiner Erörterung altgriechischer »philosophischer Asketik« die »Arbeit des Selbst an sich selbst« am Motiv »philosophischen Lebens« auszurichten. Auffällig ist dabei, dass er »philosophisches Leben« dort, wo es sich der Sprache verweigert und sich in einer die normative Ordnung der konventionellen Sittlichkeit herausfordernden Lebenshaltung äußert, keineswegs *außerhalb*, sondern unzweifelhaft *innerhalb* der Sphäre von Philosophie verortet. Damit sprengt Foucault den kategorialen Rahmen, dem Jullien verhaftet ist: Griechenland = Philosophie und China = Weisheit; Griechenland = philosophischer Diskurs und China = weise Lebensführung. Innerhalb eines solchen Rahmens lässt sich ein interkulturelles Spiel mit »europäischer Philosophie« und »chinesischem Denken« betreiben, das Jullien perfektioniert hat. Allerdings wird er in dem Moment zum Spielverderber, in dem es für seine *Identität* – oder Position, Rolle, Maske? – als »Grieche« beunruhigend zu werden droht. Während die griechische Philosophie bei Foucault wahrhaft den Charakter einer beunruhigenden Heterotopie annimmt, die es ihm ermöglicht, kritischen Abstand zur eigenen Gegenwart zu gewinnen und diese »von außen« zu denken, bleibt das Griechische bei Jullien letztlich vor allem ein hohes Ideal und eine beruhigende Utopie, die es ihm ermöglicht, Position zu beziehen und seine kulturelle Zugehörigkeit als Grieche, als Franzose und als Europäer zu bestätigen. Gegenteiliger Versicherungen zum Trotz bleibt die griechische Philosophie auf »natürliche« Weise seine Heimat, sein »Mutterland«. (Jullien 2010: 57/73)

Diskurs und Übung

Julliens Interpretation von Foucaults Gespräch mit Mönchen in einem japanischen Zen-Tempel zeigt, dass er Kategorisierungen verhaftet bleibt, die Foucault in seiner Neudeutung des Griechischen hinter sich gelassen hat. Bei Jullien heißt es: »Denn wenn es etwas gibt, worauf der philosophische Diskurs keinen Einfluss hat, so ist es die *Erfahrung* des Zen.« (Jullien 2000: 30/35) Damit wird eine Spaltung von philosophischer Sprache (philosophischem Diskurs) und philosophischer Erfahrung (philosophischer Übung) nahegelegt, die Foucault nicht erst seit seinen Überlegungen zur »Parrhesia« überwunden hat, die ein »Wahrsprechen« (dire-vrai) bedeutet, das selber zugleich auch ethische Erfahrung und Übungspraxis ist. Denn das Interesse für normative Praktiken, Übungen und Regeln einerseits und für die Grenzen (westlicher) Rationalität andererseits durchzieht die verschiedenen Phasen der Entfaltung seiner »Philosophie der Wahrheit« (Gros 2004). Zu Beginn des Gesprächs im Zen-Tempel bemerkt Foucault: »Was mich am meisten interessiert, ist das Leben in einem Zen-Tempel, nämlich die Zen-Praxis, die Übungen und Regeln.« (Foucault 1978: 618/776) Später antwortet er auf die Frage eines Bonzen, ob sein Interesse an Japan tief oder oberflächlich sei: »Ehrlich gesagt, habe ich kein ständiges Interesse an Japan. Mich interessiert die abendländische Geschichte der Rationalität und ihrer Grenzen.« (Foucault 1978: 620/778) Foucault war nicht dauerhaft an Japan interessiert, zweifellos hatte er jedoch einerseits ein dauerhaftes Interesse am Verhältnis von Praktiken, Übungen und Regeln der Normierung von Denk- und Verhaltensweisen und andererseits an den Grenzen (westlicher) Rationalität: Der Vergleich von asketischen Praktiken im Zen und in der »christlichen Spiritualität« ist nur ein Aspekt des Foucaults Forschungen durchziehenden Interesses am Verhältnis von Diskursen und Praktiken. Die Grenzen »westlicher« Rationalität kommen jedoch nicht zuletzt dort in den Blick, wo ein Außen in Gestalt eines nicht-europäischen Landes auftaucht: »China« im Vorwort zu *Die Ordnung der Dinge*, »Japan« in »Michel Foucault und das Zen«. Um allerdings eine »Geschichte abendländischer Rationalität und ihrer Grenzen« zu schreiben, benötigt Foucault das außereuropäische Außen nicht. Um mit dem distanzierten Blick eines Ethnologen, der eine »fremde Kultur« untersucht, die »eigene Kultur« zu erforschen, ist es für ihn ausreichend, diese aus der Perspektive von ihr immanenten, »real« existierenden »Gegenorten« wahrzunehmen, nämlich aus der Perspektive von »anderen Orten«, die jede Kultur aus sich heraus hervorbringt, um sich nach innen und nach außen abzugrenzen.

Jullien spricht von der »genialen Intuition« Foucaults, den Begriff der Heterotopie auf China anzuwenden. (Jullien 2000: 16/15) Und in der Tat scheint er Foucaults Idee heterotopischen Denkens, eines Denkens vom Außen her, in seinem strategischen Verfahren der »Dekonstruktion von außen« (déconstruction du dehors) fortzuführen (Jullien 2004: 137) – zuweilen spricht Jullien auch von »Dekonstruktion durch das Außen« (déconstruction par le dehors). (Jullien 2007: 40) Aber legen nicht die bisherigen Überlegungen nahe, dass im Zuge von Julliens Anwendung der »Heterotopie« auf China aus einem kritischen Projekt ein affirmatives wird? Tritt an die Stelle der kritischen *Dekonstruktion* europäischer Philosophie nicht deren affirmative *Rekonstruktion*? Was geschieht mit Foucaults Begriff der Heterotopie, sobald die Idee der Exteriorität Chinas systematisch und strategisch mit ihm verbunden wird? In Julliens von außen auf China gerichteter Perspektive ist bereits der Umschlag in jene Affirmation europäischer Werte und Ideale angelegt, die nicht nur in seinen Überlegungen zum »Schicksal Europas« zum Ausdruck kommt, sondern schon in dem zu Beginn dieses Kapitels zitierten Leitmotiv: »Ich habe das Chinesische gelernt, um besser das Griechische lesen zu können.«

Ist eine interkulturelle Philosophie überhaupt möglich, die sich gleichermaßen kritisch gegen das »Andere« *und* gegen das »Eigene« wendet? Ist sie dazu verdammt, das »Andere« oder das »Eigene« entweder bejahend zu rechtfertigen oder verneinend zu verwerfen? Oder ist es nur die komparative Seite interkulturellen Philosophierens, die dazu führt, mehr oder weniger fixe Positionen des Für oder Wider, der Bejahung oder der Verneinung einzunehmen? Wenn dies so ist, dann liegt es nahe, weiterhin anzunehmen, dass die Arbeit mit Heterotopien in den Kontext jener kontrastiven Hermeneutik gehört, die für komparative Forschung charakteristisch ist. Die Heterotopien, von denen Foucault in »Von anderen Räumen« spricht, versteht er als »reale, wirkliche, zum institutionellen Bereich der Gesellschaft gehörige Orte«. (Foucault 1967: 755/935) Als Beispiel nennt er Sanatorien, psychiatrische Anstalten, Gefängnisse, Krankenhäuser oder Flüchtlingsheime, aber auch Theater und Gärten. Diese »anderen Orte« sind sozusagen Grenzorte, von denen aus sich kritische Distanz zum für normal gehaltenen oder normativ überhöhten Selbstverständnis einer bestehenden Gesellschaft gewinnen lässt. Aus der Perspektive herrschender Normen sind diese »anderen Orte« unheimlich und abschreckend oder faszinierend und anziehend, sie erlauben es, sich in einer konkreten Lebenssituation vergleichend zu verorten.

»China« als Heterotopie eröffnet verneinende und bejahende Perspektiven auf China wie auf Europa. Wenn von Europa aus China oder von China aus Europa als Heterotopie verstanden wird, bewegt sich interkulturelle Kommunikation im komparativen Schema von Eigenem und Anderem. Entwaffnet Jullien nicht durch die für ihn grundlegende Denkfigur von China als Heterotopie seine eigene Kritik an einem komparativen Denken, das in der Dialektik von Identität und Differenz stecken bleibt? Ist nicht die interkulturelle Konstellation von Griechenland und China, mit der Jullien arbeitet, durch die bloße Grundbewegung des »Hin-und-Zurück«, von der sie ausgeht, im Wesentlichen affirmativ, auch dort, wo sie sich einen kritischen Anschein gibt? Indem er China fortwährend auf »Abstand« (écart) zu Europa hält, blockiert er den Zugang zu Erfahrungen einer transkulturellen Dynamik, die wie ein gewaltiger Wirbelwind den sicheren Heimweg ins »Griechische« gefährden könnten.

Dieser Mechanismus der *Selbstblockade* ist nicht nur für das Verständnis von Julliens Deutung »chinesischen Denkens« von Bedeutung. Selbstblockade scheint darüber hinaus ein angemessenes Wort zu sein, um die durch das »Ende des Imperialismus« ausgelöste »Krise europäischen Denkens« zu beschreiben, zu der Foucault während des Gesprächs im Zen-Tempel befragt wird. In diesem Kontext macht Foucault eine vielzitierte Bemerkung: »Wenn es also eine Philosophie der Zukunft gibt, dann muss sie außerhalb Europas entstehen, oder sie muss als Folge von Begegnungen und Erschütterungen zwischen Europa und Nicht-Europa entstehen.« (Foucault 1978: 622–623/781)

Ist die Philosophie Julliens »eine Philosophie der Zukunft«? Oder ist sie mehr Teil jener »Krise europäischen Denkens« als ein in die Zukunft weisender Denkweg? Im ersten Kapitel habe ich versucht zu erklären, warum Julliens Leitmotiv eines »Umwegs über China«, das auf der Annahme der »Exteriorität« Chinas gründet, eine interkulturelle »Strategie« ist, die in eine theoretische Selbstblockade führt. Diese Kommunikationsblockade wird nun verständlich als Ausdruck einer Krise von Philosophie in Europa, die durch das »Ende des Imperialismus« ausgelöst worden ist, ohne dass Philosophie aber in der Lage wäre, daraus theoretische und institutionelle Konsequenzen zu ziehen. Angesichts der *Provinzialisierung Europas* und dem Zusammenbruch der lange für selbstverständlich gehaltenen Universalität europäischen Denkens glaubt der »philosophische Diskurs« vielfach noch ein Fels in der Brandung bleiben zu können, der die moralische Überlegenheit europäischer Ideale unverrückbar verkörpert: Die chinesische Modernisierung kommt als *normativ* gehaltvoller *Weg* überhaupt nicht in Betracht. Diese Realitätsverweigerung äußert sich in der Regel nicht als sorgenvolle Beschwörung Europas, wie bei Jullien und Billeter, sondern vor allem in Gestalt von passivem Desinteresse und institutionalisierter Ausgrenzung.

Um aus dieser Kommunikationsblockade herauszufinden, scheint es notwendig, das Verhältnis von Philosophie und Nicht-Philosophie zu überdenken. Jullien macht einen Versuch in diese Richtung: »Denn nach der Dekonstruktion und der Postmoderne ist dies meiner Meinung nach die heutige Agenda: die spezifischen Fragen der Philosophie zu überprüfen, aber von Gebieten aus, die außerhalb von ihr liegen, und indem man sich auf Kompetenzen stützt, die sich ihr entziehen.« (Jullien 2000: 31/37) Jullien tut dies, indem er seine sinologische Kompetenz in die Erörterung spezifischer philosophischer Fragen einbringt. In dieser Hinsicht hat er in den 1980er und 90er Jahren wahrhaft Pionierarbeit geleistet. Diese bestand aber nicht nur darin, die Gegenwartsphilosophie für die Sinologie zu öffnen, sondern auch umgekehrt in Julliens Fähigkeit, die philosophische Kreativität von poststrukturalistischen Denkern wie Foucault, Deleuze und Derrida in die Auseinandersetzung mit Wáng Fūzhī einfließen zu lassen. Obwohl Jullien dazu neigt, diese Bezüge im Verborgenen zu halten, um seiner Darstellung »chinesischen Denkens« den Anstrich von Objektivität zu verleihen, hat er doch immer wieder wichtige Schritte in Richtung einer selbstreflexiven Offenlegung der eigenen Herangehensweise getan. Weil er sich explizit auf Foucault bezieht, ist es möglich, seine Deutung »chinesischen Denkens« nicht nur im Hinblick auf die chinesischen Quellen zu hinterfragen, die er verwendet, sondern auch indem seine Deutung von Begriffen wie »Heterotopie« problematisiert wird. Das führt zu der Überlegung, dass Foucault »Heterotopien« als ein Außerhalb im Innerhalb verstanden hat, als institutionell verfestigte Gegenorte innerhalb bestehender Gesellschaften, durch die es möglich wird, Wissens- und Machtstrukturen im »Bestehenden« zu erkennen und zu kritisieren. Heterotopien lassen sich somit als Ausgangspunkte für ein *immanentes Transzendieren* des Bestehenden verstehen, das von »realen Orten« in diesem Bestehenden ausgeht.

Ist für Foucault das Griechische – die in griechischer Sprache überlieferten Texte und die mit ihnen verknüpften Praktiken – in diesem Sinne Heterotopie gewesen, ein »anderer Ort«, von dem aus die Gegenwart immanent transzendiert werden kann? Kann ein Ort in der Vergangenheit überhaupt ein »realer Ort« sein? Wird nicht ein »anderer Ort«, der in der Vergangenheit liegt, unvermeidlich ein »irrealer Ort«, also eine »Utopie« oder eine »Dystopie«? Das sind Fragen, durch die die Aufmerksamkeit auf Foucaults besondere Fähigkeit gelenkt wird, das Alte neu zu sehen und die Gegenwärtigkeit der Vergangenheit hervortreten zu lassen. Für ihn waren Philosophie als Diskurs und Philosophie als Lebensweise im griechisch-römischen Altertum aufs Innigste verflochten und erst die moderne Verwissenschaftlichung von Philosophie – er spricht von einem »cartesianischen Moment« (Foucault 2001: 14/31) – hat es nötig gemacht, für die Erörterung des Verhältnisses von theoretischem Diskurs und praktischen Übungen Wissensfelder hinzuzuziehen, die sich außerhalb der (akademischen) Philosophie entwickelt haben – Foucault erwähnt »die Psychoanalyse, die Anthropologie und die Analyse der Geschichte«. (Foucault 1978: 622/781) Indem er einen Weg eröffnet, der es ermöglicht, praktische Übungen im Namen philosophischer Askese und philosophischen Lebens wieder *in* die Philosophie zu integrieren, hören philosophischer Diskurs und asketische Praktiken auf, einander beziehungslos gegenüberzustehen. Beide konstituieren einander, indem sie wechselseitig füreinander Bedingungen ihrer Möglichkeit sind.

Damit kommt das vielfältige Verhältnis von Foucault und Kant ins Spiel. Jullien versteht es auf eine Weise, die mit seiner Auffassung von China als Heterotopie korrespondiert: »Und ich bin sogar davon überzeugt, dass Foucault hier nur von der ›westlichen Geschichte der Rationalität‹ sprechen *kann*, weil er in Fernost ist. Denn die Idee, sich für diese regionale Angelegenheit der ›westlichen‹ Rationalität zu interessieren, für ihre Geschichte und für ihre Grenze, steht im Gegensatz zu der gesamten klassischen Philosophie; sie ist antikantisch par excellence – allein dadurch, dass sie eine historisch-geographische Perspektive voraussetzt; und sie scheint mir den Begriff des ›Westens‹ auf die einzig legitime Weise einzusetzen, nämlich von *außen*.« (Jullien 2000: 23/25) Dagegen lässt sich einwenden, dass Foucault bereits im Vorwort zu *Die Ordnung der Dinge* von »Diskontinuitäten in der *episteme* der abendländischen Kultur« spricht, die seine archäologische Untersuchung freilegen möchte. (Foucault 1966: 13/25) China kommt hier als Heterotopie ins Spiel, ganz ohne dass Foucault dafür im fernen Osten hätte sein müssen, sondern allein aufgrund »einer gewissen chinesischen Enzyklopädie«, die in einem Text von Jorge Luis Borges erwähnt wird. Für den »alle Vertrautheit unseres Denkens« aufrüttelnden Effekt der von Borges zitierten Taxonomie ist es unerheblich, ob er sich auf eine chinesische Quelle stützt oder ob der Text von ihm erfunden worden ist: »Bei dem Erstaunen über diese Taxonomie erreicht man mit einem Sprung, was in dieser Aufzählung uns als der exotische Zauber eines anderen Denkens bezeichnet wird – die Grenzen unseres Denkens: die nackte Unmöglichkeit, *das* zu denken.« (Foucault 1966: 7/17) Schon der erste Abschnitt des Vorworts hebt an bei der »Vertrautheit unseres Denkens« und dem »exotischen Zauber eines anderen Denkens«, das »uns« – Menschen des Westens, Europäer, Franzosen, Pariser Intellektuelle? – auf die »Unmöglichkeit, *das* zu denken« stoßen lässt. Worin besteht diese »Unmöglichkeit, *das* zu denken«? Sie ist ein »historisches Apriori« (Foucault 1966: 13/24) im Sinne der historischen Bedingungen der Möglichkeit »unseres Denkens«, die immer auf die damit einhergehende Begrenztheit der Möglichkeit verweisen, »anders zu denken«, also anders als *so* zu denken, wie ich hier und jetzt denke. Foucault spricht mit Bezug auf China von »exotischem Zauber«, von »unserem Traum« eines riesigen, durch Mauern begrenzten Landes, »dessen Name allein für das Abendland eine große Reserve an Utopien bildet«. Im Verhältnis zu diesem »China« ist »uns« aber »das ›Gemeinsame‹ des Ortes und des Namens verlorengegangen […]: Atopie, Aphasie«. (Foucault 1966: 10/21) China ist für »uns« ohne Ort und ohne Sprache?

Mit dieser Frage kommt ein Verdacht auf: Rückt hier »China« an die Stelle, die der Wahnsinn in Foucaults *Wahnsinn und Ge-*

sellschaft einnimmt? Ist aus der Perspektive europäischer Vernunft China *der* Ort der »Nicht-Vernunft« (non-raison) und des Verrücktseins? Im Vorwort der ersten Ausgabe von *Wahnsinn und Gesellschaft* von 1961 steht der traurige Satz: »[…] der moderne Mensch kommuniziert nicht mehr mit dem Wahnsinnigen […].« (Foucault 1961: 160) Damit taucht eine Möglichkeit auf, die Kommunikationsblockade zu verstehen, die sich in Julliens Verhältnis zum Chinesischen zeigt: *Der moderne Mensch kommuniziert nicht mehr mit China*. Eine seltsame Vermutung, die aber bei der genaueren Lektüre des Kontextes an Überzeugungskraft gewinnt. Denn Foucault bemerkt weiter, dass der moderne »Mensch der Vernunft« zwar nicht mehr direkt mit dem »Menschen des Wahnsinns« kommuniziert, dafür aber indirekt, nämlich über einen Vermittler in der Gestalt des Arztes, der dafür autorisiert wird. Es ist der spezialisierte Arzt, der Psychiater, der nun aber nicht mehr *mit* dem Wahnsinnigen spricht, sondern über ihn – entsprechend ist es der Sinologe, der nun in der Regel nicht *mit* Chinesen spricht, sondern über sie. Der Wahnsinnige wird dabei zur Sprachlosigkeit, zum Schweigen und zur Stille verdammt: »Die Sprache der Psychiatrie, die ein Monolog der Vernunft über den Wahnsinn ist, konnte sich nur auf einer solchen Stille etablieren« (Foucault 1961: 160). Die Sprache der Sinologie neigt dazu, ein Monolog Europas über China zu sein, in dem die chinesische Seite zu Sprachlosigkeit und Stille verdammt bleibt: Der »kranke Mann Asiens« mit seinen Leiden und Schmerzensschreien bleibt unbemerkt und ungehört, still und stumm. Das Verstummen des Verrückten fällt im Rahmen von Foucaults Analyse in das späte 18. Jahrhundert, also genau die Zeit, in der der chinesische Einfluss auf die europäische Aufklärung zum Stillstand kommt und »China« zum Repräsentanten unaufgeklärter und unvernünftiger Despotie wird. Die Konstitution des Wahnsinns als Geisteskrankheit am Ende des 18. Jahrhunderts ist bereits Ausdruck eines »unterbrochenen Dialogs«: Ins Vergessen gedrängt werden nun »all die unvollkommenen und etwas stammelnden Worte, ohne feste Syntax, in denen der Austausch von Wahnsinn und Vernunft stattgefunden hat« – vergessen werden all die unvollkommenen und etwas stammelnden Worte, in denen der Austausch von China und Europa stattgefunden hat.

Meine Erfahrung mit der Übersetzung klassischer und zeitgenössischer philosophischer Texte ins Deutsche geht jedenfalls immer wieder in diese Richtung: Die Sprache, in der das Chinesische im Deutschen zu Wort kommt, wirkt vielfach unvollkommen, stammelnd und ohne feste Syntax. Sie verlangt auf Seiten der Leserinnen und Leser viel Geduld. Aber wer ist schon bereit, sich auf die wie verrücktes Gestammel erscheinende Sprache solcher Texte einzulassen? Foucaults Perspektive erinnert auch an die Bedeutung von Heideggers Schriften für die Erneuerung des Gesprächs zwischen China und Europa: Warum ist Heidegger in China zu einem der meistrezipierten westlichen Philosophen des 20. Jahrhunderts geworden, obwohl seine Sprache schwer zu lesen und zu übersetzen ist, ja obwohl er ein Meister darin war, europäische Philosophie in eine Sprache zu verwandeln, die wie verrücktes Gestammel klingt? Ist nicht sein Umgang mit dem Deutschen, gerade weil es sich der einfachen Entgegensetzung von Vernunft und Unvernunft entzieht, ein guter Begleiter auf dem Weg, das Chinesische zu lernen und zu übersetzen?

Jullien spricht über Chinas »Stille« und Billeter über Chinas »Stummheit«: »China ist mehr und mehr gegenwärtig in der Welt, aber gleichzeitig wie abwesend. Wir hören seine Stimme nicht. Es lässt an eine Person denken, die sich in der Stille verschließt [...].« (Billeter 2006a: 9) Lässt sich eine »Archäologie dieser Stille« (Foucault 1961: 160) durchführen? Wie lange wird es dauern, bis »wir« verstanden haben, dass China weniger stumm ist, als vielmehr durch den Monolog der europäischen Vernunft über das »verrückte« China zur »Stille« verdammt? Wie wäre es, für einen Moment mit dem Reden innezuhalten und zu versuchen, zur Abwechslung einmal zuzuhören? Warum sich nicht auf den Versuch einlassen, mehr *mit* Chinesen zu sprechen als über sie? Vielleicht musste ich selber ein »verrückter« Chinese werden, um diese Kommunikationsblockade zwischen Europa und China überhaupt als Problem wahrnehmen zu können: Ist es nicht so, dass »wir« vor allem über »die Chinesen« sprechen? Wachen »wir« Europäer nicht gerne darüber, dass »die Chinesen« nicht die Grenzen »unserer« modernen Vernunft überschreiten? Gerne verdrängen »wir«, dass »unsere« moderne europäische Vernunft dabei Gefahr läuft, auf die »Vernunft des kolonisierenden Okzidents« (Foucault 1961: 161) zusammenzuschrumpfen, auf jene europäische Aufklärung also, die immer auch in sich »totalitär« ist.

Für ein nach Selbstvergewisserung suchendes Europa ist »China« meist bloß tröstende Utopie oder erschreckende Dystopie. In beiden Fällen bleibt es ein »irrealer Ort«. China als Heterotopie wahrzunehmen, ist demgegenüber ein wichtiger Schritt, um es für Europa zu einem »realen Ort« werden zu lassen. Als irres und irrendes Gegenüber von Europa wird es zwar zu einem »anderen Ort«, der in »unserer Moderne« gegenwärtig ist, bleibt dabei jedoch zum Schweigen verdammt. China als zu Stille und Stummheit verdammter Ort bleibt eine *atopische Heterotopie*, ein anderer Ort, dessen Menschen wie ohne Ort und ohne Sprache wirken.

»Heterotopien« in Gestalt von konkreten Gefängnissen und Irrenhäusern sind bei Foucault allerdings Orte, in denen Menschen leben, denen »wir« helfen können, indem »wir« auf diese Orte aufmerksam machen und den Menschen, die dort leben, zur Sprache verhelfen: *Nicht* indem »wir« über *sie* oder *für sie* sprechen, sondern indem »wir« sie selbst zu Wort kommen lassen. Das zumindest war es, was die Gefängnisbewegung, an der Foucault beteiligt war, versucht hat: die Gefangenen selber zur Sprache kommen zu lassen. Voraussetzung dafür ist aber, dass die Heterotopie des Gefängnisses kein »reines Außen« ist, sondern innerhalb eines »uns« gemeinsamen Immenenzzusammenhangs liegt. Die Sprache von Menschen, die in Gefängnissen oder Psychiatrien leben, wird erst hörbar, wenn »Wahnsinn und Vernunft« als Teil derselben Moderne wahrgenommen werden. Es muss erst anerkannt werden, dass es die moderne Vernunft ist, die den Wahnsinn als ihr eigenes Anderes hervorgebracht hat. Indem Vernunft den Wahnsinn zur Krankheit gemacht hat, ist sie selber erkrankt. Und ist das nicht ein Leitgedanke von Foucaults kritischen Reflexionen zum Verhältnis von Vernunft und Nicht-Vernunft: Ist nicht die moderne europäische Vernunft krank? So betrachtet kann China, auch das alte China, erst Heterotopie werden, wenn es etwas gibt, was es mit Europa »gemeinsam« hat, wenn »wir« einen gemeinsamen Ort und eine gemeinsame Sprache gefunden haben, wenn »unsere Moderne« China und Europa umfasst, wenn »wir« anerkennen, dass die europäische Moderne in der chinesischen Moderne ihr eigenes Anderes hervorgebracht hat. Auf dem Weg der Modernisierung ist

China als Ort für Europa zugänglich geworden. Zugleich hat sich das Chinesische als Sprache für den Westen geöffnet.

Foucaults beiläufige Diskussion zeugt von einer erheblichen Unsicherheit in der Verortung Chinas im Verhältnis zu »unserem Denken« und »unserer Moderne«. Genaugenommen tritt China hier nicht aus dem Status eines utopischen »Nicht-Ortes« oder eines atopischen »Un-Ortes« heraus. Um Heterotopie werden zu können, ein Gegenort, der real ist, aber an dem ich nicht bin, müsste China als ein Ort verstanden werden, der *außerhalb* ist, zugleich aber auch *innerhalb* der gemeinsamen Gegend »unserer Moderne«. Um »Heterotopie« nicht im Sinne Julliens, sondern im Sinne Foucaults zu sein, muss China zu einer Moderne innerhalb *der* Moderne werden. Diese ist dann allerdings nicht länger »unsere« (europäische, abendländische) Moderne, sondern eine Moderne, in der sich verschiedene Modernisierungswege verschränken: *Transmoderne.* Dafür ist es nötig, »China« viel konsequenter des exotischen Zaubers zu entkleiden, den es in Julliens Erörterungen aller Polemik gegen den Exotismus zum Trotz hartnäckig bewahrt. Das China, das Foucault an die Wand malt, verharrt im Zustand eines irrealen Anderen, das für das Nachdenken über das historische Apriori »unserer« (europäischen, okzidentalen) Moderne letztlich bedeutungslos bleibt. Chinesischsprachige Ordnungen der Worte und der Dinge erlangen erst dann heterotopische Relevanz, wenn sie als zugehörig zu den historisch-transzendentalen Bedingungen der Möglichkeit und Unmöglichkeit »unserer« Moderne anerkannt werden.

Dafür ist es weiterhin nötig, zweierlei zuzugestehen: Foucaults Reflexion auf die Geschichte der Grenzen westlicher Rationalität ist (1.) keineswegs »antikantisch par excellence«, sondern seine Idee des »historischen Apriori« (Foucault 1966: 13/24) setzt die kritische Philosophie Kants kritisch fort; spezifische Aspekte chinesischer Kultur können (2.) nur dann heterotopisch relevant werden, wenn sie so betrachtet werden wie jene Ordnungen »anderen Denkens«, die Foucault innerhalb einer Geschichte europäischer Rationalität ausmacht, die von Verschiebungen und Brüchen durchzogen ist. Bei Jullien ist China jedoch weniger Heterotopie in diesem Sinne, als vielmehr eine gigantische »Heterotopie der Abweichung« (hétérotopie de déviation), die umschlägt in die Dystopie eines riesigen

Panoptikons, einer Welt als Gefängnis. Die dafür notwendigen politischen Technologien widerstandsloser und in diesem Sinne totalitärer Machtausübung sollen schon im alten China gedacht und verwirklicht worden sein (siehe Kap. 2). Der chinesische Traum von »Reichtum und Stärke« erweist sich als europäischer Alptraum.

In Julliens Theoriebildung wird China somit zu einem Ort der Beunruhigung in dem Sinne, dass es ein mit der eigenen Provinzialisierung ringendes Europa zur Reaktualisierung seiner klassischen Ideale nötigt. Mit seinem an Platon orientierten Verständnis von Idealen, die es erlauben, sich auf die Transzendenz einer »anderen Welt« zu stützen, um die »diesseitige zu kritisieren und neu zu gestalten«, verortet sich Jullien in einem problematisch gewordenen Kontext traditioneller Metaphysik. Foucaults konsequente Historisierung der Transzendentalphilosophie, mit der auch der Begriff der Heterotopie ins Spiel kommt, steht demgegenüber in der Linie moderner Metaphysikkritik. Julliens Interpretation von China als Heterotopie befördert also nicht nur ein einseitiges Verständnis Chinas als asiatische Despotie, sondern auch ein einseitiges Verständnis Europas, das einen Ausweg aus der »Krise europäischen Denkens« nur dann finden können soll, wenn es sich auf das klassische »Denken in Idealen« zurückbesinnt. (Jullien 2011: X)

Europa als tröstende Utopie?

Julliens Bemühung, das Chinesische zu lernen, um das Griechische besser lesen zu können, führt zu einem Ergebnis, in dem China als beunruhigende Heterotopie einem Europa gegenübergestellt wird, das unverkennbare Züge einer »tröstenden Utopie« (Foucault 1966: 9/20) trägt. Die »Krise europäischen Denkens« zeigt sich darin als Kommunikationsverweigerung. Europa hat China verändert, indem es dessen Weg der Modernisierung tiefgreifend geprägt hat. Europa weigert sich aber, sich umgekehrt vom chinesischen Weg der Modernisierung verändern zu lassen: Die Europäisierung Chinas gilt als Fortschritt, die Sinisierung Europas gilt hingegen als Rückschritt. Es mag gute Gründe dafür geben, China als Gefahr wahrzunehmen und einen »Kampf der Weltanschauungen« zwischen China und Europa heraufzubeschwören. Philosophisch betrachtet läuft das jedoch auf eine Selbstblockade des Denkens hinaus.

Das alte Griechenland gewinnt bei Foucault den Charakter einer beunruhigenden Heterotopie, weil er dem Glauben an die normative Überlegenheit klassischer Kultur im Verhältnis zur Kultur der Gegenwart eine eindeutige Absage erteilt. Zum Charakter des alten Griechenlands als beunruhigender Heterotopie gehört, dass es erlaubt, kritischen Abstand zur Gegenwart herzustellen, ohne es jedoch als normatives Modell gegen »unsere Moderne« auszuspielen – Foucault wendet sich ausdrücklich gegen die deutsche Tradition der Griechenverehrung. Wenn Griechenland *nicht* zur ewigen Geburtsstätte des Idealen verklärt und damit wieder einmal zur tröstenden Utopie erhoben wird, taucht demnach die Möglichkeit auf, klassische Quellen so fruchtbar zu machen, dass sie in die Konzeption einer kritischen, nicht-regressiven Transformation der Gegenwart einfließen können. Julliens Auffassung von China als Heterotopie und Griechenland als Utopie gelingt es somit gerade *nicht*, aus der Selbstgefälligkeit »europäischen Denkens« herauszutreten. Sein »Gebrauch« Chinas ist mehr ideologisch als kritisch, mehr politisch-strategisch als philosophisch. Seine Interpretation »chinesischen Denkens« kann deshalb zum legitimatorischen Vehikel für das konservative Projekt werden, Europa vor China zu schützen. Das Vokabular ist anders, aber der Sache nach ist das dem ähnlich, was Heidegger 1936 die »Bewahrung der europäischen Völker vor dem Asiatischen« genannt hat. (Heidegger 1993: 31)

Ohne jede kollegiale Rücksicht schreibt Jean Levi in einer gegen Jullien gerichteten Polemik: »Einige von Foucault und Deleuze entlehnte Wendungen, die hier und da in Julliens Diskurs anzutreffen sind, zielen nur darauf ab, die Illusion einer innovativen Analyse zu erzeugen; in Wirklichkeit ist die Vorstellung, die uns sowohl von China als auch vom Okzident geboten wird, eine äußerst konventionelle und traditionalistische.« (Levi 2011: 200) Wie bei einer Polemik kaum anders zu erwarten, wird dieses Urteil dem Reichtum von Julliens Bewegung zwischen China und Europa nicht gerecht. Allerdings wird damit die berechtigte Frage aufgeworfen, wie Foucaults »geniale Intuition«, den Begriff der Heterotopie auf China anzuwenden, auf eine Weise aufgenommen werden könnte, die *nicht* die eurozentrische Borniertheit Foucaults zementiert, sondern an dieser Stelle mit Foucault gegen Foucault denkt? Wie lässt sich verhindern, dass die theoretische Bedeutung Foucaults für die Entwicklung interkulturellen Philosophierens im Kontext des Spannungsfeldes von China und Europa abgeschnitten wird? Zeugt nicht Julliens Foucault-Interpretation von dem allgemeineren und tiefergehenden Problem einer theoretischen und kulturellen Selbstblockade Europas in einer Zeit, in der Eurozentrismus nicht mehr Stärke, sondern Schwäche bedeutet: nämlich die Weigerung, die Provinzialisierung Europas wahrzunehmen und zu denken?

Damit ist eine »Grenze unseres [europäischen] Denkens« berührt, eine »Unmöglichkeit, *das* zu denken«. Die Unmöglichkeit, die Taxonomie jener ominösen »chinesischen Enzyklopädie« zu denken, erscheint demgegenüber geradezu läppisch. Wenn die »Krise europäischen Denkens«, von der Foucault spricht, mit dem Ende des (europäischen) Imperialismus – und das heißt mit dem Ende einer geopolitisch und normativ von Europa dominierten Moderne – zusammenfällt, dann lässt sich diese Krise nur denken, wenn das Nachdenken über »unsere (europäische) Moderne« die Pluralität nicht-europäischer Wege der Modernisierung einbezieht. Dass dies so schwer fällt, ist durch die selbstreflexive Fixierung Europas auf sich selbst erklärbar, das langsam lernen musste, mit den katastrophalen Folgen zweier Weltkriege umzugehen. Inzwischen wird allerdings zunehmend deutlich, dass die Suche nach einer europäischen Lösung für die »Krise europäischen Denkens« illusorisch ist, weil die europäische Modernisierung längst Teil einer globalen Verschränkung von Modernisierungswegen geworden ist. Viele dieser Wege haben in Europa angefangen, entziehen sich aber inzwischen zunehmend europäischer Kontrolle.

Ein Ausweg kann, so Foucault, nur »als Folge von Begegnungen und Erschütterungen zwischen Europa und Nicht-Europa entstehen«. Um aus der »nackten Unmöglichkeit, *das* zu denken«, herauszutreten, bedürfte es in Europa einer Kenntnis Asiens, die annähernd derjenigen entspräche, die in Asien von Europa über Jahrhunderte entwickelt worden ist: auf dem gewundenen Weg der Auseinandersetzung mit der Kolonisierung und der imperialistischen Beherrschung durch westliche Mächte. Die Asymmetrie dieses Verhältnisses ist alleine auf der Ebene des Wissensaustauschs eklatant. Gleichwohl lässt auf europäischer Seite die breite Auseinandersetzung mit Asien auf sich warten. Julliens Diskurs über das Verhältnis zwischen China und Europa zeigt, dass es auch philosophische Blockaden gibt, die eine solche Entwicklung verhindern. In seinen Bezügen auf Foucault und Deleuze erweist sich Jullien als konventionell und traditionalistisch. Sein unhinterfragter Glaube an das Griechische als philosophische Heimat verstellt die Möglichkeit von *Griechenland als Heterotopie*. Damit kann aber auch China nicht zu einer das Denken kritisch herausfordernden »beunruhigenden Heterotopie« (Foucault 1966: 9/20) werden. Es bleibt vielmehr dazu verdammt, unvermittelt zwischen ästhetischer Utopie in Gestalt einer Kultur der Fadheit (siehe Kap. 4) und politischer Dystopie in Gestalt der Welt als Gefängnis (siehe Kap. 2) zu schwanken.

Atopos oder »Chinese werden«

Für Jullien führt der Umweg durch das Chinesische ins Griechische zurück. Jullien rät dazu, eine solche Reise niemals anzutreten, ohne zugleich immer schon zurückzukehren, wie nach dem Motto: Reise niemals zur chinesischen Heterotopie ohne Rückflugticket. Denn ohne Rückflugticket »kommt man niemals von dort zurück«, weil man beginnt, »sich zu sinisieren«. (Jullien 2012: 20, 60) Und wenn man erst einmal anfängt, *Chinese zu werden*, geht die strategische Position von China als Exteriorität verloren. Die Möglichkeit einer »Dekonstruktion von außen her« verschwindet mit dem Verlust des »chinesischen Außen«. Damit verschwindet auch der umfassende Blick auf die Ganzheit »einer europäischen Tradition«. (Jullien 2012: 21)

In seiner Antwort auf meine Kritik hat Jullien einmal mehr betont, dass er ganz bewusst und strategisch die Wahl getroffen hat, sich *nicht* zu sinisieren wie seiner Meinung nach viele andere »Sinologen« und »Orientalisten«. Dadurch ist mir klarer geworden, dass ich, als ich anfing, das Chinesische zu lernen, nicht daran gedacht habe, eine solche Wahl zu treffen. Ich bin gleichsam ins Chinesische gereist, ohne ein Rückflugticket gebucht zu haben. Es kam mir nicht in den Sinn, jenen strategischen »Abstand« einzuhalten, der am Beginn von Julliens »Umweg« durch das Chinesische steht. Schon in einem 1986 veröffentlichten programmatischen Text erläutert Jullien seine Idee eines »Umwegs« über China, indem er Utopie und Heterotopie einander entgegensetzt. Davon ausgehend fordert er sodann eine »okzidentale Sinologie«, das heißt eine Chinaforschung, die nicht voraussetzt, »Chinese zu *werden*« (*devenir* chinois) und »seine eigene Subjektivität zu ›sinisieren‹«. Und Jullien fragt weiter: Kann, ja sollte der »okzidentale Sinologe« überhaupt »Chinese werden«? Sollte er nicht dieser Versuchung widerstehen, in Anbetracht der Tatsache, dass »die chinesische Tradition die Kunst der Sinisierung bereits so lange ausübt«? Besteht die »Logik der okzidentalen Sinologie« notwendigerweise darin, eine solche »Entfremdung« zu vollziehen und »anders« zu werden? (Jullien 1986: 97)

Das sind berechtigte Fragen. Die Auseinandersetzung mit Jullien hat mich dazu genötigt, sie für mich zu beantworten. Sobald Julliens Interpretation »chinesischen Denkens« in den Kontext »okzidentaler Sinologie« gerückt wird, zeigt sie ihre Stärken mit großer Deutlichkeit. Zugleich werden aber auch die Grenzen ihrer Wirksamkeit erkennbar: Jullien entwickelt eine »okzidentale« Perspektive, die »China« ganz bewusst von außen her denkt. Er denkt jedoch nicht über die Frage nach, was geschieht, wenn umgekehrt »chinesische Europologen« in solcher Weise auf Europa blicken. Wohin führt die Perspektive einer *sinisierten Europologie* oder *Okzidentologie*? Was geschieht, wenn der *Okzidentalisierung* – oder Verwestlichung – von Konfuzianismus, Daoismus und Buddhismus durch »okzidentale Sinologen« mit gleicher Selbstverständlichkeit die *Sinisierung* – oder Veröstlichung – von Platon und Aristoteles, von Kant, Hegel, Marx, Heidegger und Foucault durch »chinesische Europologen« gegenübersteht? Das ist keine bizarre Fantasie, sondern eine Entwicklung, die im gegenwärtigen China längst im Gange ist und sich mit wachsendem kulturellen Selbstvertrauen weiter verstärken wird. Interkulturelles Philosophieren rührt damit an die ungeheure Dynamik geopolitischer Machtverhältnisse und der mit ihnen verbundenen geistigen Kämpfe – die »Sinisierung des Marxismus« und die »Konfuzianisierung Kants« sind Forschungsgebiete, in denen in China darum gerungen wird, was China war, ist und sein soll. Welcher Chinese kann von sich behaupten, China zu verstehen?

Durch Julliens Perspektive habe ich verstanden, dass ich der »Versuchung«, »Chinese zu werden«, von Anfang an weder widerstehen wollte noch konnte. Nicht das moderne und schon gar nicht das maoistische, sondern das klassische China hat mich angezogen. Es hat mich dem unterzogen, was Jullien »stillen Wandel« (transformation silencieuse) nennt. (Jullien 2009a) Aber hätte er so feinfühlig über diese Kultur untergründigen und unergründlichen Wandels (qiányí mòhuà 潛移默化) schreiben können, wenn ihm deren unheimliche Wirksamkeit unbekannt geblieben wäre? Mein Zugang zu »China« war jedenfalls von Anfang an geprägt durch die Erfahrung einer intuitiven Nähe zu klassischer chinesischer Malerei, Teekultur, Dichtung und Philosophie. Ich war schon Chinese geworden, bevor ich es werden wollte. Erst durch das Lernen des Chinesischen und das Chinesewerden hindurch haben sich ungeplante und überraschende Gelegenheiten eröffnet, mich dem Deutschen und dem Griechischen erneut zuzuwenden. Das ging mit der Besinnung darauf einher, dass ich das Deutsche und das Griechische noch nie wirklich gelernt habe, dass ich nach wie vor auf dem Weg des Lernens bin und dass dieser Weg vermutlich kein Ende und kein Ziel hat. Jullien ist ein brillanter Stratege und Taktiker. Dem habe ich nichts entgegenzusetzen außer mir selbst weitgehend undurchsichtige Intuitionen und die hartnäckige Bereitschaft zum Lernen und zum Üben.

Vermutlich hätte ich mich nie auf die Schriften Julliens eingelassen, wenn sie bloß dem heterotopischen Modell des »Hin-und-Zurück« folgen würden, das letztlich doch wieder nur dazu führt, dass »China« ein »irrealer Ort« bleibt, Utopie oder Dystopie. Was mich bei der Lektüre wahrhaft angezogen hat, war vermutlich die Möglichkeit, die Ortlosigkeit der Atopie in ein atopisches Modell des »Zwischen« zu verwandeln. Denn der Ort des Zwischen ist weder im »Hin« noch im »Zurück«, weder auf dieser Seite noch auf der anderen Seite, vielmehr ist er im unmerklichen »-und-« *zwischen* »Hin und Her«, im unmerklichen Bindestrich »-« *zwischen* »aller-retour«. Indem Jullien versucht, sich weder auf der einen noch auf der anderen Seite zu verorten, sondern in »diesem Zwischen der Denkweisen in China und in Europa« (dans cet entre des pensées de la Chine et de l'Europe), öffnet er das Denken für die Verborgenheit des Ungedachten. (Jullien 2012: 62) Aber in seiner Identifikation mit einem Sokrates, der im doppelten Sinne *a-topisch* ist, nämlich absonderlich und ortlos, schlägt Julliens »Zwischen« ins Griechisch-allzu-Griechische zurück: ins Platonische. A-topos ist für ihn radikale Ortlosigkeit und verweist auf die Unmöglichkeit, verortet zu werden. Dem »anderen Ort« der *Heterotopie* stellt Jullien somit die radikale Ortlosigkeit der *Atopie* gegenüber, und das heißt: das Atopische seines eigenen Denkens. Damit ist das Zwischen allerdings *nicht* A-topos im Sinne eines sonderbaren Un-Ortes, eines »Ortes ohne Ort«, an dem sich gleichwohl wohnen lässt – wie es in Zhuāngzǐs paradoxer Wendung vom Wohnen im Ortlosen, vom »Wohnen am Un-Ort« heißt. (Heubel 2020: 119)

China als Heterotopie ist für Jullien eine theoretische Strategie. Ist die Betonung des a-topischen Charakters seines eigenen Denkens mehr als eine Strategie, um sich als »Grieche« zu bejahen und sich theoretisch unangreifbar zu machen? Das ist ein Verdacht, der sich nur schwer ausräumen lässt. Da, wo Julliens Schriften mehr sind als Strategie, wo sie wirklich auf unbekannten und ungedachten Wegen zwischen China und Europa wandeln, eröffnen sie Perspektiven einer transkulturellen Erfahrung, die aus dem Zwischen heraus denkt und lebt.

4. Aistethik oder Fadheit und Widerstand

Ästhetik als »Lehre des Schönen«?

»Sie fügt sich aus Kontrasten wie eine Landschaft oder wie das ungebundene Lied eines Vogels. Die Aufgabe, die sie dem Ohr stellt, ist nicht, Entwicklungen zu verfolgen oder die Wiederkehr des Gleichen zu erkennen, sondern über den Abgrund des Schweigens hinweg die Laute zur Einheit zu binden, in welcher sie erst, als Laute, ihren wahren Ausdruck gewinnen. Nur nach dem Maßstab einer dynamischen Musik erscheint sie zerrissen, dem sie nicht untersteht. Sie steigert nicht: im Wechsel von Atmen und eingehaltenem Atem entwirft sie das Bild des Lebendigen.« (Adorno 1997/17: 208)

Was ist das für eine Musik, die nicht steigert? Was ist atmende Musik? Am Rande von Adornos Ästhetik koexistieren die Verteidigung des Naturschönen und das Lob des Schocks. In diesem Zusammenhang taucht eine Ästhetik auf, die sich zu lösen scheint vom Zwang zur Steigerung und Spannung, zur Intensivierung und Transgression. Im zitierten Text über Anton von Webern scheint diese Möglichkeit blass auf und bringt eine seltsame Intuition hervor: Die Suche nach einer Musik, die nicht steigert, und die Musik der Zither Qín 琴 haben miteinander zu tun. Die Geschichte der Qín reicht bis in die legendären Anfänge chinesischer Kunst zurück und war spätestens seit dem dritten Jahrhundert ein wesentlicher Bestandteil chinesischer Literatenkultur. Einer ihrer berühmtesten Figuren, Jī Kāng (auch Xī Kāng), werde ich mich im dritten und vierten Teil dieses Kapitels widmen. Dabei komme ich wiederholt auf das Motiv der *Fadheit* zu sprechen und setze mich mit der Deutung auseinander, die François Jullien ihm gegeben hat. (Jullien 1991)

Fadheit sei zunächst als eine Selbsttechnik verstanden, ein Verfahren, die eigene Wahrnehmung zu üben. Dabei werden die Vermögen des Sehens, Hörens, Schmeckens, Riechens und Tastens darin geübt, die Wahrnehmung jener verschwommenen Grenze zu verfeinern, an der Wahrnehmbares aus der Verborgenheit des Unmerklichen aufdämmert oder in der Verborgenheit des Unmerklichen verdämmert. In und durch diese Verfeinerung bewegt sich Fadheit über *sinnliche Wahrnehmung* hinaus und geht über in etwas, was *geistige Wahrnehmung* genannt werden kann. Diese beiden Momente sind nicht schroff voneinander getrennt, sondern wie das Atmen und das Innehalten des Atmens, das dazu führt, die Erfahrung des Atmens zu vertiefen und zu erweitern.

Ist solche Erfahrung ästhetisch? Die langjährige Beschäftigung mit chinesischer Kunst und Ästhetik hat mich an einen Punkt geführt, an dem mir der Begriff der Ästhetik zunehmend unzureichend erschien. In europäischen Sprachen besteht die Möglichkeit, sich von Ästhetik als Theorie schöner Formen, des Kunstwerks und der Kunstkritik zu distanzieren, nämlich mithilfe der Unterscheidung von Ästhetik und Aisthetik. *Aisthetik* als Lehre sinnlicher Erkenntnis oder gar als allgemeine Wahrnehmungslehre erlaubt eine Ausdehnung des Ästhetischen auf die Wahrnehmung von Atmosphären und das leibliche Spüren. (Böhme 1995, 2001) Im Unterschied zu dieser begrifflichen Flexibilität ist dem modernen chinesischen Begriff der »Ästhetik« (*měixué*美學) »die Lehre/das Lernen« (xué) des »Schönen« (měi) unumgänglich eingeschrieben. Mit dem im 19. Jahrhundert in Japan geprägten Neologismus ist somit die ostasiatische Rezeptionsgeschichte europäischer Philosophie verbunden. Es ist schwer, an dieser längst zur Konvention gewordenen Übersetzung zu rütteln. Zugleich erweist sie sich jedoch als zu sperrig, um westlichen Entwicklungen der Ästhetik im 20. Jahrhundert gerecht zu werden. Sie ist auch ein schwerwiegendes Hindernis für die Rekonstruktion der klassischen chinesischen »Ästhetik«, in der dem »Schönen« keine herausragende Bedeutung zukam.

Damit drängt sich eine Ausdehnung des Begriffs der »Ästhetik« auf, die auch noch den Bereich von »Aisthetik« sprengt. Es ist nötig, über Bemühungen zur Integration von Leiblichkeit, Atmosphären, Kraft und Energie hinauszugehen, die ich vor allem durch die ästhetischen Schriften von Gernot Böhme und Christoph Menke kennengelernt habe. (Menke 2008) Im Chinesischen markiert die Verwendung von Begriffen wie *energetische Ästhetik* (néngliàng měixué 能量美學oder qìhuà měixué 氣化美學) oder *transformative Ästhetik* (zhuǎnhuà měixué 轉化美學) den Versuch, einerseits der Bedeutung des »Atmens« (Obert 2007: 147), der »Atem-Energie« (qì 氣) und des »Energiewandels« (qìhuà 氣化) in der Geschichte chinesischer Kunst gerecht zu werden, andererseits aber auch das enge Verhältnis von Ästhetik und asketischer (übender) Kultivierung zu berücksichtigen. Im Unterschied zu den kulturnationalistischen Bestrebungen, das Chinesische von den tiefgreifenden Veränderungen zu reinigen, die durch die massive Rezeption westlichen Wissens seit dem 19. Jahrhundert bewirkt worden sind, geht es in diesem Kapitel darum, einen Weg zu erkunden, auf dem das Nachdenken über die sprachlichen und theoretischen Verengungen, zu denen jene Rezeptionsgeschichte geführt hat, der interkulturellen Kommunikation zwischen China und Europa neue Impulse geben kann.

Der erste Schritt auf diesem Weg ist die Einführung des Begriffs *Aistethik*, in dem Aisthetik und Ethik verschmolzen werden. Die unmerkliche, leicht zu übersehende Unterscheidung zwischen *Aisthetik* und *Aistethik* ist dabei von programmatischer Bedeutung: verschoben wird nur ein unausgesprochenes, lautloses »h«. Um die Gefahr der Verwechslung zu vermindern, schreibe ich *Aistethik* im Folgenden immer kursiv. Die Schreibung Aisth-Ethik wäre dieser Gefahr weniger ausgesetzt, allerdings würde damit die Möglichkeit vertan, das Thema eines »stillen Wandels«, der gleichwohl tiefgreifend ist, auch orthographisch darzustellen.

Durch den Neologismus der *Aistethik* wird das Problem der chinesischen Übersetzung von »Ästhetik« als »Lehre des Schönen« (měixué美學) verkehrt. Die Rede von *Aistethik* ist vom stotternden und stolpernden Bemühen gezeichnet, nun für einen alternativen Begriff im Chinesischen, auf den ich gleich zu sprechen kommen werde, eine Entsprechung im Deutschen zu finden. Während im modernen Chinesischen das Problem der Übersetzung aus europäischen Sprachen allgegenwärtig ist, taucht nun die umgekehrte Schwierigkeit der philosophischen Übersetzung aus dem Chinesischen ins Deutsche auf. Ist in die Rede von *Aistethik* nicht bereits ein durch die transkulturelle Dynamik des Chinesischen hindurchgegangenes Verständnis sowohl von Ästhetik als auch von *Ethik* eingeflossen? Ist es überhaupt möglich zu erklären, inwiefern mein Gebrauch von Begriffen wie Ästhetik oder Ethik im Deutschen bereits *chinesisch geworden* ist und dabei eine Bedeutungsverschiebung erfahren hat?

Das Nachdenken über die Schwierigkeit der Übersetzung von »Ästhetik« ins Chinesische führt an einen Punkt, an dem es ungenügend erscheint, beim Problem der Übersetzung stehen zu bleiben. Die Suche nach Alternativen zu měixué (Lehre des Schönen), die im Chinesischen in Wendungen wie »Lehre des Sinnlichen« (gǎnxìnglùn 感性論) oder »Lehre des Wahrnehmens« (zhījuéxué 知覺學) durchaus vorhanden sind, läuft Gefahr, weiterhin im gewohnten Bedeutungsfeld von »Ästhetik« zu kreisen. In akademischen Spezialuntersuchungen etwa zum kantischen Gebrauch des Begriffs »Ästhetik« in der *Kritik der reinen Vernunft* wird selbstverständlich erwähnt, dass měixué (Lehre des Schönen) in diesem Kontext keine angemessene Übersetzung ist. In der Alltagssprache ist měixué 美學 jedoch fest verankert. Alternative Übersetzungsmöglichkeiten von »Ästhetik« zu erkunden und zu stärken, ist deshalb genaugenommen nur dann wirklich einen Versuch wert, wenn dabei nicht nur eine angemessenere Übersetzung von »Ästhetik« herauskommt, sondern darüber hinaus die Möglichkeit eröffnet wird, der »ästhetischen« Dimension der chinesischen Literatenkultur in einer Weise gerecht zu werden, die durch den Begriff měixué (Lehre des Schönen) ausgeschlossen wird. Das ist jedoch bei den genannten Alternativen nicht der Fall. Der europäische Begriff der »Ästhetik« ist in einem Maße sinnlicher Form und Wahrnehmung verhaftet, durch das jenes *Zwischen*, dem in »chinesischer Ästhetik« besondere Aufmerksamkeit geschenkt wird, nicht die ihm gebührende Bedeutung zu erlangen vermag. Eine »chinesische Ästhetik« müsste demnach begrifflich eine »sinnliche« (gǎnxìngde感性的) und eine »übersinnliche« (chāogǎnxìngde 超感性的), eine »physische« (xíngérshàngde 形而下的) und eine »metaphysische« (xíngérxiàde 形而上的) Seite von »Ästhetik« unterscheiden. Zugleich müsste sie bestimmen, wie beide Seiten miteinander »kommunizieren« können. In diesem Sinne lässt sich etwa der Vorschlag verstehen, die Übersetzung von »Ästhetik« als »Lehre des Schönen« (měixué) durch den mit klassischen Assoziationen getränkten Neologismus einer »Lehre der affektiven Kommunikation« (gǎntōngxué 感通學) oder einer »Lehre des Kommunizierens« (tōngxué 通學) zu ersetzen. (Xià 2009: 39) Dieser Vorschlag berührt sich mit meinen Überlegungen, scheint mir jedoch zu sehr vom angestrebten Idealzustand gelingender Kommunikation gedacht zu sein.

Im Verlauf zahlreicher Gespräche mit chinesischen Freunden und Kollegen hat sich allmählich jener alternative Begriff ergeben, den ich nun im Deutschen mit *Aistethik* weniger übersetze als philosophisch charakterisiere: juéxué (覺學). Wie bereits angedeutet, ist ein wichtiger Hintergrund von *Aistethik* im Deutschen das Verständnis von »Aisthetik« als »Lehre der Wahrnehmung«, die ebenfalls zwei Seiten hat: eine sinnlich-körperliche und eine leibliche. Dadurch ist es möglich, die »Ästhetik der Atmosphären« und »ästhetische Arbeit« in den Mittelpunkt einer »neuen Ästhetik« zu rücken. (Böhme 1995: 7–12) Der ersten Seite entspricht im Begriff juéxué die Bedeutung von jué als »sinnliches Erkennen« (zhījué 知覺). Der zweiten Seite korrespondiert das Verständnis von jué als »Spüren, Empfinden, Fühlen« (gănjué 感覺): »leibliches Spüren« geht einher mit erhöhter Aufmerksamkeit für das eigene Atmen und die Luft, die ich hier und jetzt atme. Damit tut sich der Bereich *energetischen Spürens* (qìgăn 氣感) und der »Atem-Energie« (qì 氣) auf, deren Bedeutung im chinesischen Kontext deutlich über das hinausgeht, was im Rahmen einer Ästhetik der Leiblichkeit und der Atmosphären denkbar ist.

Die ethische Seite von *Aistethik* taucht mit der Bedeutung von *jué* als »Intuition« (zhíjué 直覺) oder »Erleuchtung« (juéwù 覺悟) auf. Ethisch bedeutend wird »Ästhetik« durch den Übergang zu einer an Übungspraktiken orientierten *asketischen Ästhetik* – dem entspricht bei Foucault die auf ästhetischer Arbeit des Selbst an sich selbst beruhende »Ästhetik der Existenz« – zu dem, was in Anlehnung an Kant »ethische Asketik« (Kant 1968/8: 625) genannt werden kann. In einem asketischen Verständnis geht Ethik aus von der übenden Arbeit des Selbst an sich selbst, von einer Selbsttransformation, die nicht einfach der sinnlichen Körperlichkeit oder dem energetischen Gespür folgt (shùnjué 順覺), sondern dieses in »gegenläufiger Wahrnehmung« gegen sich selbst wendet (nìjué 逆覺). Damit öffnet sich *Aistethik* für die »meta-physische« Seite von jué 覺 als intuitivem Erwachen oder geistiger Besinnung.

Von diesen drei Seiten her gesehen bedeutet *Aistethik* keineswegs eine Verschmelzung von Ästhetik und Ethik in einem ästhetischen Ethos, also kein bruchloses Kontinuum von Ästhetik und Ethik. Sie geht vielmehr davon aus, dass ästhetische Askese sich ins Ethische wendet, wenn sinnliche Wahrnehmung und Atem-Energie in Richtung *Fadheit* kultiviert werden. Die Besinnung auf das Geschmacklose und Fade wird in konfuzianisch wie in daoistisch geprägten klassischen Texten wiederholt mit dem wahren »Weg« (dào 道) in Verbindung gebracht. Aus dieser Perspektive eines transkulturell gedachten Begriffs der *Aistethik* möchte ich mich nun François Julliens Erörterung »chinesischer Ästhetik« zuwenden. Die Überlegungen zur *Aistethik* setzen dabei fort, was in den ersten beiden Kapiteln zum Thema der immanenten Transzendenz bereits gesagt worden ist. Es geht darum, weder Immanenz noch Transzendenz zu verabsolutieren, sondern den Versuch zu machen, Transzendenz in die Immanenz des Wandels einzulassen.

Die Auseinandersetzung mit dem Chinesischen erfordert immer auch die Auseinandersetzung mit dem Europäischen im Nicht-Europäischen. Aus europäischer Perspektive stellt das vor enorme Schwierigkeiten, weil »wir« unentwegt mit dem Eigenen im Fremden konfrontiert werden, also mit philosophischen Hybridisierungen, die Julliens Strategie kontrastiver Hermeneutik ins Leere laufen lassen. *Aistethik* ist ein hybrider Begriff. Mit ihm versuche ich nicht zu sagen, was »das chinesische Denken« oder »die chinesische Ästhetik« ist, als seien dies klar und deutlich bestimmbare Gegenstände der Forschung, die unabhängig von der Deutung existieren, die »wir« ihnen geben. 覺學 (juéxué) alias *Aistethik* ist ein Begriff, der sich aus der Vermischung chinesischer und europäischer Quellen speist.

Nacktheit in Europa und in China

Warum diese schwer verständlichen Überlegungen zum Verhältnis von Ästhetik, Aisthetik, *Aistethik* und juéxué 覺學? Im vorherigen Kapitel habe ich bereits Zweifel an Julliens großer Perspektive geäußert, die China als Heterotopie versteht. In dem »L'idéal n'est pas épuisé« (Das Ideal ist nicht erschöpft) betitelten Kapitel seines Buches *L'invention de l'idéal et le destin de l'Europe* (Die Erfindung des Ideals und das Schicksal Europas) schürt er kräftig die europäische Angst vor China. Wie Billeter ist ihm die Vorstellung zutiefst unheimlich, dass nicht nur die europäische Moderne China, sondern auch die chinesische Moderne Europa verändert. Für Jullien ist eine solche Veränderung bereits im Gange. Die »Krise Europas« verbindet er mit einem »stillen Wandel«, durch den Europa sich auf dem Wege einer unbemerkten, schleichenden Sinisierung selbst schwächt. Diese ist unheimlich, weil sie sich weniger auf einen direkten oder auch nur indirekten Einfluss Chinas auf Europa zurückführen lässt, vielmehr besteht sie in einer untergründig wirkenden »Entwicklungstendenz« (shì 勢): Im Zuge der Kritik platonischer Metaphysik vollzieht sich eine Anverwandlung Europas an die »chinesische Nicht-Idealität«. (Jullien 2009: 287) Jullien scheint sich somit gegen die Entwicklung eines nachmetaphysischen Denkens zu wenden, durch die Philosophie »transformativ« wird: Indem die Bedeutung des metaphysischen Schnitts zurückgedrängt wird, entwickelt sich die Fähigkeit, »Transformation« oder »Wandel« (huà 化) zu denken; andererseits werden damit in Europa jedoch auch die Bedingungen der Möglichkeit einer Selbstbesinnung untergraben, die für eine wirksame Antwort auf die Herausforderung chinesischer Modernisierung nötig wäre.

Julliens Verteidigung platonischer Metaphysik erinnert an die Überzeugung mancher chinesischer Philosophen, aus deren Perspektive nachmetaphysisches Denken und Untergang des Abendlandes zusammenfallen. Für sie hat die Stärke des modernen Europa »metaphysische« (Ab-)Gründe. In einer denkwürdigen Verkehrung der europäischen Suche nach einem Denken, das nicht mehr metaphysisch und vergegenständlichend wäre, haben Generationen von chinesischen Philosophen im 20. Jahrhundert darauf bestanden, dass chinesische Philosophie ihre eigene Metaphysik hervorgebracht hat und haben zudem eine Vielzahl »metaphysischer« Systeme entwickelt, die mit den europäischen zu konkurrieren versuchen.

Jullien beklagt, dass im Zuge der schleichenden Sinisierung Europas das Vertrauen in Großbegriffe wie Ideal und Heil, Utopie und Revolution sich gefährlich abschwächt. Gegen diesen Vertrauensverlust beschwört er ungerührt das »Streben nach dem Ideal«. Seines Erachtens liegt die Fruchtbarkeit europäischer Kultur und ihre Kraft zur Selbsterneuerung darin begründet. Damit löst sich das Nachdenken über das Verhältnis von China und Europa von den betriebsamen Sorgen um Geld und Macht und tritt ein in die verborgene Welt des Wandels und Nicht-Wandels durch lange geschichtliche Zeiträume hindurch. Unter den vielen Versuchen, die Jullien in dieser Hinsicht unternommen hat, führen einige in den Bereich der Ästhetik. Seine sich zwischen China und Griechenland bewegende Erörterung des Nackten ist ein herausragendes Beispiel dafür.

In *Vom Wesen des Nackten* (Jullien 2000a) geht er den Bedingungen der Möglichkeit des Nackten in der Kunst Europas nach – und seiner Unmöglichkeit in China. Der damit eröffnete Vergleich zweier *Sinneskulturen* führt zu der weitreichenden Fragestellung, inwiefern mit Bezug auf die Geschichte der chinesischen Literatenkultur überhaupt von einer *Kultur der Sinne* gesprochen werden kann. Was bedeutet es, Sinnlichkeit und Körperlichkeit konsequent *atem-energetisch* zu denken, also weniger von der *Form* als vom Wandel oder der *Trans-formation* her? Was bedeutet »Form« in Transformation? Jullien schreibt: »Die Chinesen malen nicht die festgehaltene Form, sondern die Welt, die zur Form gelangt oder zur Ununterscheidbarkeit des Formlosen zurückkehrt. Sie führen uns an die Wurzel des Sichtbaren, damit wir dem Unsichtbaren begegnen, statt dieses auf einer anderen Ebene oder als eine andere Form zu fassen. *Zwischen* den Stadien dessen, was Form hat und was keine Form hat, wird ein Auftauchen und Abtauchen dargestellt [...].« (Jullien 2000a: 85–86/100–101)

Die klassische »Sinneskultur« chinesischer Literaten wirkt auf den ersten Blick ausgesprochen unsinnlich. Nicht nur verzichten bedeutende Künste wie Pinselschrift und Tuschemalerei weitgehend auf »Farbe« (sè 色), was im Chinesischen auch Sinnlichkeit, Sexualität und die Welt der Phänomene bedeutet. Der menschliche Körper, vor allem der nackte, wird in ihnen fast vollständig ausgeblendet. Zugleich wird der Körper aber auch nicht idealisiert und dient somit nicht als Medium des Strebens nach einer idealen Form, in der ein metaphysisches Wesen zum Ausdruck kommt. Die Reizlosigkeit der Farben sowie die Vorliebe für Schattierungen des Grauen und des Schwarzen zeugen deshalb auch weniger von Sinnenfeindschaft, als von einer Kultivierung des Atmens und des Energiewandels, die fasziniert ist von der reziproken Kommunikation zwischen Sinnlichem und Geistigem. Vom Atmen her führt der Weg in einen Kultur-Wandel, der die doppelte Bewegung von Versinnlichung des Geistigen und von Vergeistigung des Sinnlichen bedeutet. Die Übergänge *zwischen* beiden werden dabei zum Raum, in dem diverse Kultivierungsübungen sich entfalten. Vermochte die ästhetische Kultivierung chinesischer Literaten einen »›höheren‹, weil subtileren Materialismus« (Schmidt 1984: 95) zu entfalten, weil sie unsinnlicher *und* sinnlicher war als der Hauptstrom europäischer Kultur? Sind nicht Kunst und Kunsthandwerk Chinas, von der unerschöpflichen Wandelbarkeit der Pinselschrift bis zu den blassen Glasuren und verfeinerten Formen Sòng-zeitlicher Keramik, Zeugnisse einer materiellen Kultur, die auf dem Gebiet der Vergeistigung höchste Maßstäbe gesetzt hat? Ist diese Art zu fragen nicht doch noch einer Unterscheidung von Materialismus und Idealismus verhaftet, von dem sich der Begriff der *Aistethik* zu lösen versucht?

Jullien nähert sich der chinesischen Literatenmalerei, indem er eine sehr zugespitzte Frage stellt: »Warum hat die Literatenmalerei in China letztlich die Darstellung eines Bambushalms oder eines Felsens der des menschlichen Körpers vorgezogen? Ein Mensch – ein Felsen: eine befremdliche Gegenüberstellung … Kann man sie denn vergleichen? Die chinesische Kritik macht uns das glauben, indem sie von dem Prinzip ausgeht, dass es ebenso anspruchsvoll ist, einen Felsen wie einen Menschen zu malen. Nicht weil sie den Körper für erstarrt hält, sondern weil sie den Felsen für lebendig hält.« (Jullien 2000a: 85–86/101) Demnach ist Tuschemalerei darum bemüht, den Transformationen natürlicher Atem-Energie so eine ästhetische Form zu geben, dass der Übergang von einem Zustand in einen anderen einbezogen wird: »Die chinesische Malerei stellt die *Trans*-formation vom einen zum anderen dar. Sie malt den Effekt des Vagen und Unbestimmten […], der mit der Verwandlung [mutation] einhergeht. Alles ist jedoch immer in Verwandlung. Während das griechische Denken das Geformte und das Unterschiedene aufwertet, woraus sich der Kult der Form erklären lässt, für den das Nackte beispielhaft steht, denken – gestalten – die Chinesen vornehmlich den Übergang und das (im Modus des ›Subtilen‹, des ›Feinen‹, des ›Undeutlichen‹) Gekennzeichnete. Und aus diesem Grunde ist ihr Denken so wertvoll. Denn das griechische Denken, das auf das Prinzip der Gegensätze baut und allen Wert der Klarheit zumisst [...], hat uns in einer Hinsicht auf eigentümliche Weise unserer Mittel beraubt: nämlich das *Undeutliche* des Übergangs zu denken (oder darzustellen). Daher hat man es in China vorgezogen, Bambushalme und Felsen, Wellen und Nebel darzustellen, und nicht das Nackte.« (Jullien 2000a: 91/110–111) Die »Entgegensetzung China/Griechenland« führt einmal mehr ins Denken des Übergangs und des *Zwischen*. (Jullien 2000a: 91/101)

Julliens Erklärung der Bedeutung des Nackten in der europäischen Kunst gibt sich nicht zufrieden mit dem Motiv der »Sublimierung« von Triebenergien oder der »Idealisierung« des entblößten Körpers zur harmonischen Schönheit der Form. Vielmehr sieht er in der »Offenbarung« idealer Form eine »Gewalt« und ein »Entsetzen« am Werk, das erst die Rede von einem *Sichtbarwerden des Wahren im Sichtbaren* erlaubt: »Das Entsetzen [effroi] entsteht aus dem Taumel im Angesicht einer Sache, die aus dem Unendlichen hervorkommt und zugleich genau umrissen und endlich ist und die mitnichten die Form selbst verschleiert – diejenige eines nackten Körpers. Aufgrund des plötzlichen Einbrechens [irruption] aus dem Jenseitigen in die Unmittelbarkeit des Sinnlichen, des Sinnlichsten überhaupt, in den Umriss und die Fleischlichkeit der nackten Form, sind wir von Furcht ergriffen. Es ist eine metaphysische Erfahrung.« (Jullien 2000a: 106/129) An anderer Stelle heißt es: »Das Nackte tritt aus einer großen, heroischen Begegnung mit dem Sein hervor [...]«. (Jullien 2000a: 49/58) Das Nackte macht demnach innerhalb der Form eine ideale Form sichtbar, innerhalb der Sichtbarkeit eine höhere, »metaphysische« Sichtbarkeit.

Die herausgehobene Bedeutung des Nackten in der griechischen Kunst und dessen Abwesenheit in der chinesischen führen Julliens kontrastives Vorgehen einerseits zur Verbindung zwischen Ästhetik des Nackten und Metaphysik in Griechenland, andererseits aber auch zur Verbindung zwischen der Nichtexistenz des Nackten in chinesischer Ästhetik und der Abwesenheit von Metaphysik im chinesischen Denken. Diese Abwesenheit von Metaphysik und die Verabsolutierung der Immanenz gehören zusammen (siehe Kap. 2). Jullien versucht auf diese Weise zu zeigen, dass der Blick des okzidentalen Sinologen, der den Umweg über die chinesische Heterotopie wählt, an einen Ort führt, an dem das Nackte in der Kunst keine bedeutende Rolle spielt. Seine Strategie vermag somit das verborgene Wesen nicht nur griechischer, sondern europäischer Kultur zu offenbaren: »Wenn es ein Merkmal des intellektuellen, ästhetischen, aber auch des theoretischen Abenteuers im Okzident gibt, das heißt eines, welches diesen im Innersten charakterisiert (und somit erlaubt, überhaupt von Europa oder dem ›Okzident‹ zu sprechen), dann ist es das Nackte.« (Jullien 2000a: 20/22)

Philosophisch auffällig wird das Nackte also vor allem dann, wenn sich die Frage nach seinen Bedingungen der Möglichkeit oder Unmöglichkeit stellt. Die Abwesenheit des Nackten in China verweist auf eine ästhetische Unmöglichkeit, die Jullien ins chinesische Denken zurückzuverfolgen versucht, um der eigentümlichen Prägung chinesischer Kultur und chinesischen Denkens auf die Spur zu kommen. (Jullien 2000a: 42/49–50) Von hier aus schreitet Jullien fort zur Charakterisierung von Ästhetik und Denken in Europa und in China. Dabei arbeitet er wieder mit dem Abstand *zwischen* »Sein« und »Prozess«, den er nun auf das Verhältnis von *idealer Form* und *atem-energetischer Trans-formation* ausweitet. Folgerichtig kommt Jullien auf die Frage zu sprechen, ob Künstler und Kunstkenner in China überhaupt je nach dem »Schönen« im Sinne einer idealen Form gesucht haben. Hat es in China »Ästhetik« im Sinne einer »Lehre des Schönen« denn überhaupt gegeben? Ist »chinesische Ästhetik« überhaupt denkbar und möglich?

Jullien betont, dass nicht die »schöne Form« die Kunst in China beschäftigt hat, sondern ein um das Motiv der »Atem-Energie« (souffle-énergie) kreisendes Verhältnis von Materiellem und Spirituellem, von Offenbarem und Verborgenem. Während europäische Kunst im Medium des Nackten nach der Offenbarung einer Substanz gesucht hat, ging es der chinesischen um die Übermittlung einer unmerklich subtilen, sich der sinnlichen Wahrnehmung entziehenden Lebendigkeit *innerhalb* der sichtbaren Form: »Die chinesischen Künstler wollen weder das Sichtbarste im Bereich des Sichtbaren hervortreten lassen noch das Ideal zum Sichtbaren herabsteigen lassen. Sie streben vielmehr danach, das Unsichtbare durch das Sichtbare hindurch einzufangen: diese Dimension der unsichtbaren Effizienz [efficience invisible] oder des Geistes (shén 神), die unendlich ist und als solche unaufhörlich das Sichtbare durchdringt und belebt.« (Jullien 2000a: 50/60) Deshalb »kennen die Chinesen eher die Erfahrung eines Faden, deren Entfaltungsmöglichkeiten unerschöpflich sind. Es ist die Fadheit des Diskreten. Dagegen ist das Nackte niemals diskret; es besitzt Einbruchskraft [effraction]. Das Nackte ist immer spektakulär, ob man will oder nicht.« (Jullien 2000a: 48/57) Julliens Entgegensetzung von China und Griechenland führt auf negative Weise in den Zusammenhang von Fadheit und Wandel oder Transformation. Aus transkultureller Perspektive taucht allerdings die Frage auf, ob es sinnvoll ist, den Gegensatz zwischen Form und Trans-formation, Ideal und Effektivität, Einbruch und Fadheit, Spektakulärem und Diskretem mit einer geradezu existentiellen Entscheidung für die eine oder für die andere Seite zu verbinden: China oder Griechenland, das Atmen oder das Nackte?

Mit seinem überschwänglichen Lob der »einbrechenden Gewalt des Nackten« (puissance d'effraction du nu) geht Jullien nicht nur auf Distanz zu seinem »Lob der Fadheit«, das sich hier als ziemlich vergiftet erweist. Er distanziert sich zugleich von einer klassizistischen Idealisierung der Kunst des Altertums im Sinne von »edler Einfalt und stiller Größe«. Darin sieht er eine Verharmlosung der metaphysischen Bedeutung des Nackten, für die er dann allerdings doch entschieden Partei ergreift. (Jullien 2000a: 7/7) Das Nackte bleibt »das Kennzeichen der okzidentalen Gesellschaft« und »ihrer tausendjährigen Metaphysik«. (Ferrari/Nancy 2002: 17) Selbstkritische Fragen, wie die, ob mit der modernen »Krise der Metaphysik« auch das Nackte in seiner Idealität bedroht sein könnte oder gar schon »verschwunden« ist, werden der kontrastiven Gegenüberstellung des Chinesischen und des Griechischen geopfert. (Ferrari/Nancy 2002: 18, 22)

Er scheint sich selbst und »uns« zu einer Entscheidung zwingen zu wollen, zu einem harten Entweder-Oder. Aber warum? Verbirgt sich in der Entgegensetzung von Griechenland und China etwa ein aggressives Freund-Feind-Schema? Geht es ihm nicht letztlich darum, China besser zu verstehen, um es besser bekämpfen zu können? Um es rauszuhalten – aus Europa? In diese Richtung weist zumindest die merkwürdige Frage, welcher »stille Wandel« denn dabei sei, Europa aufzulösen und zu besiegen: »Quelle *transformation silencieuse* défait ›l'Europe‹?« (Jullien 2009: 288) Die Vorstellung, dass aus der Krise platonischer Metaphysik und der internen Aufgeschlossenheit Europas für ein Denken des Wandels und der Transformation eine schleichende Sinisierung Europas werden könnte, erscheint ihm als Gefahr. Für ihn steht das Schicksal Europas auf dem Spiel. Es scheint ihm dem Untergang geweiht, sollte es sich nicht auf seine »Erfindung des Ideals« zurückbesinnen können. Julliens heterotopische Strategie kommt an dieser Stelle einer zwiespältigen Haltung in Europa entgegen, die einerseits die diffuse Angst vor dem wachsenden Einfluss Chinas nährt, andererseits aber auch nicht fremdenfeindlich erscheinen möchte. Er vertritt eine Haltung, die sich dem verstörenden Außen auszusetzen bereit ist, solange sie es mit harter Hand draußen halten kann.

Ist Julliens Zurückweisung der schleichenden Unterwanderung Europas durch transformatives Denken gänzlich unbegründet? Es ist kaum zu leugnen, dass er feinfühlig den Finger auf den *politischen Preis* von Fadheit und stillem Wandel legt. Subtile Fadheit (China) und spektakuläre Intensität (Griechenland) verweisen somit nicht nur auf verschiedene Kulturen sinnlicher Erfahrung, sondern auch auf alternative Regime des Wahr-nehmens, in denen Ästhetik und Politik auf unterschiedliche Weise zusammenhängen.

Transformation und Kritik

Dem chinesischen Prozess- und Transformationsdenken entspricht auf individueller Ebene das Motiv des »Sich-wandlungsfähig-Haltens« (se maintenir évolutif). In Julliens Studien zu Denken und Ästhetik chinesischer Literaten taucht es regelmäßig auf. Das Motiv findet einen zuweilen utopisch anmutenden Ausdruck in seiner Erörterung des Faden in klassischer chinesischer Kunst. Es schlägt ins Dystopische um, sobald er sich an seine politische Ausdeutung macht und sie konsequent mit Konformismus und Kritiklosigkeit verbindet. Diese Tendenz kommt auf sehr direkte Weise in seinen Überlegungen zu dem Denker, Dichter und Musiker Jī Kāng zum Ausdruck, einer der legendären »sieben Weisen vom Bambushain«, deren Bedeutung für die Entwicklung der chinesischen Literatenkultur seit dem dritten Jahrhundert kaum zu überschätzen ist. (van Gulik 1941; Holzman 1957; Levi 2004)

Das Verständnis des Lebens als transformativer Prozess gilt Jullien als entscheidendes Hindernis für die Ausbildung von Kritik und Dissidenz in China. Kritik verlangt das Beziehen einer *Position* im Angesicht und wenn nötig auch im Gegensatz zur Macht. Mit Blick auf Jī Kāngs politisch motivierte Hinrichtung wundert er sich, dass jener der brutalen und willkürlichen Gewalt der Macht nur mit der Musik seiner Zither Qín begegnet ist. Er sieht darin keine Ästhetik des Widerstands, sondern einen Beweis dafür, dass das »Ideal der Disponibilität« mit der »Weigerung, den Konflikt zu denken«, einhergeht. (Jullien 2005: 156/206) Der »chinesische Literat«, so Jullien verallgemeinernd, ist über mehr als zwei Jahrtausende hinweg in der Alternative »zwischen Engagement im Dienste des Fürsten und Rückzug auf die persönliche Entwicklung« steckengeblieben. Um zu einem kritischen Intellektuellen zu werden, hätte er mit der harmonisch gedachten »Funktionalität des Prozesses« brechen und zu jener »Ebene der Idealität« (plan de l'idealité) vorstoßen müssen, mit der Jullien die Entwicklung europäischer Kultur schicksalhaft verbunden sieht. Im Angesicht des übermächtigen Staatsapparats hat sich der »chinesische Literat« aber kein Recht auf Verteidigung, Widerspruch oder gar Kritik konstruiert, denn dies hätte »die Konstitution einer *anderen Seite* (als derjenigen der Macht)« verlangt. (Jullien 2005: 157/206)

War nicht, so Jullien weiter, die von der Literatentradition als harmonischer Wechsel ausgegebene Alternative zwischen Kaiserhof und Bambushain nichts als eine »Illusion«, eine »bloße Flucht« ohne jeglichen »utopischen Wert«? (Jullien 2005: 158/207) Verweist nicht demgegenüber der Tod des Sokrates exemplarisch auf eine »andere Ordnung der Werte«? Jī Kāng soll demgegenüber einen »sinnlosen Tod« gestorben sein, bar aller Revolte und aller Hoffnung. In diesem Sinne sieht Jullien die chinesischen Literaten »verdammt zur ewigen Stille von Prozessen«. (Jullien 2005: 153–162/201–213) »Unmögliche Dissidenz« ist ihr Schicksal. (Jullien 1995: 110–113/115–137) Mit der utopielosen Immanenz transformativer Prozesse oder stillen Wandels geht eine fließende, Verhärtungen meidende Lebensweise einher. Demgegenüber evoziert Jullien immer wieder die utopische Kraft der metaphysischen Tradition Europas. Entsprechend stellt er das europäische »*Einbrechen* des

Idealen« (l'*effraction* de l'idéal) der chinesischen »Integration in die Harmonie« entgegen. (Jullien 2009: 17)

Aber ist nicht das von Jullien angesprochene Problem der Begründung von Kritik nicht nur ein chinesisches, sondern auch ein europäisches? Wie kann die Möglichkeit von Kritik *nachmetaphysisch* gedacht werden? Im Angesicht des Zerfalls traditioneller Metaphysik und christlicher Theologie besteht eine Antwort darin, Kritik *immanent* zu denken. Folglich ist eine Vielfalt von philosophischen Modellen *immanenter Kritik* entwickelt worden. In Julliens Diskussion des »chinesischen Literaten« spielt jedoch das komplizierte Verhältnis von Immanenz und Kritik keine Rolle. Stattdessen fragt er nach dem politischen Preis eines Denkens der Immanenz und einer Ästhetik der Fadheit, die für ihn auch in der Subtilität literatischer *Indirektheit* zum Ausdruck kommen kann: »Was ist der Preis – der politische Preis – dieser Subtilität?« (Jullien 1995: 110/115) Er beurteilt den »politischen Preis« von Fadheit und Indirektheit aus der Perspektive der Gegenwart: Deren politischer Preis zeigt sich demnach nicht nur in der historischen Unfähigkeit, aus dem System des kaiserzeitlichen Autoritarismus auszubrechen, sondern auch in der Schwierigkeit, die chinesische Literaten damit haben, sich zu Intellektuellen zu modernisieren und als solche die Demokratisierung Chinas voranzutreiben.

Für Jullien gibt es keinen Weg, der von der ästhetischen Vorliebe für das Fade zu politischer Kritik führt. Demgegenüber möchte ich grob skizzieren, inwiefern sich bei Jī Kāng eine Wendung des Motivs der Fadheit vom Ästhetischen ins Ethische zeigt, die durchaus jene Freimütigkeit kritischen Sprechens und Handelns stützt, für die Jī Kāng vor allem hingerichtet worden ist – das Verhältnis zwischen Kultivierung und Freimütigkeit, das dabei hervortritt, ist vergleichbar mit dem Verhältnis zwischen ästhetischer Übung und richtigem Leben in Foucaults letzten Vorlesungen, in dem Selbstsorge am »Leben« und nicht an der »Seele« (und damit an der »platonischen Metaphysik«) orientiert ist. (Foucault 2009: 147–149/226–227) Julliens Interpretation der Schlusspassage von Jī Kāngs »Traktat über das Nähren des Lebens« schließt eine derart gegenwendige Bedeutung von Fadheit allerdings aus. Stattdessen betont er, dass Überhöhung von Harmonie und Ausschluss von Dissidenz einander bedingen. In diesem Sinne macht Jullien sein Unbehagen gegenüber der von Jī Kāng vertretenen Idee, »sein Leben zu nähren«, deutlich. Das Nähren des Lebens scheint ihm »jede Störung, jeden Zweifel, jede Unruhe« auszuschließen und »keinem Einbrechen [effraction] eine Chance zu lassen – und das bis zum Ersticken (des Schreis, des Lachens, des Pathetischen, des Jubels …)«. (Jullien 2005: 155/204)

Jī Kāng schreibt von demjenigen, der gut »sein Leben zu nähren« vermag: Er »vergisst das Vergnügen und hat danach Freude zur Genüge« (wàng huān ér hoù lè zú 忘歡而後樂足). Jullien sieht darin nicht nur »jedes Streben nach Glück« beseitigt, sondern auch jeglichen Bezug zur »Utopie« abgeschnitten. Erst die Transzendenz der Utopie macht demnach Autonomie, Freiheit und die Konzeption des Politischen möglich. Das »Nähren des Lebens« hingegen weigert sich, in Dissonanz mit dem »Natürlichen« zu treten. Bar jeder »Idee von Finalität« ist dabei zwar das individuelle Leben im Spiel, aber entleert von »aller Persönlichkeit und allem Charakter«. (Jullien 2005: 159/209) Jī Kāngs Tod bleibt ohne Sinn, weil dieser sich geweigert hat, »sich eine *Position* zu konstituieren«. (Jullien 2005: 158/208) Deshalb verkörpert er »nur aus Versehen den Nonkonformismus und die zu bedenkenden Gefahren, die er zur Folge hat« – eine Anspielung auf die historische Spekulation, der zufolge ein privater Streit der Anlass für Jī Kāngs Hinrichtung gewesen sein soll. (Jullien 2005: 158/208)

Unfähig, aus dem ideologischen Gefängnis der für natürlich gehaltenen großen Funktionalität des Prozesses auszubrechen, »der sich über ihm schließt und ihn verschlingt«, behält die Macht das letzte Wort: »Kurz vor seiner Hinrichtung, so wird berichtet, habe Jī Kāng ein letztes Mal auf seiner Zither die ›Ode an den großen Frieden‹ (Taìpíngyǐn 太平引) gespielt. Welchen anderen Ausweg hätte er auch gehabt, als *weiterhin* die Harmonie zu beschwören? Denn im Augenblick seines Todes habe er sich umgedreht, um seinen Schatten zu betrachten. Sieh an, dieser Schatten ist sehr wohl da und folgt ihm immer noch … Nach der daoistischen Hoffnung wird derjenige, der seine Natur soweit verfeinert und geläutert hat, dass er nicht mehr seinen Schatten hinter sich sieht, darin die Gewissheit finden, dass seine endgültig verfeinerte Materialität schließlich unvergänglich geworden ist.« (Jullien 2005: 159/209)

Zunächst einmal ist diese Schilderung philologisch zweifelhaft. In der wichtigsten Quelle, die über Jī Kāngs Tod berichtet, der Anekdotensammlung *Shìshuō xīnyǔ* 世說新語 (Neue Gespräche und Erzählungen aus der Zeit), wird berichtet, dass Jī Kāng vor seiner Hinrichtung das Stück »Guǎnglíngsǎn« 廣陵散 gespielt hat, das einer verbreiteten Interpretation gemäß auf den Fürstenmord durch einen Qín-Spieler anspielt und somit offenbar *nicht* unpolitisch ist. Die Erwähnung der »Ode an den großen Frieden« erfolgt hingegen in einer anderen Quelle, die im Kommentar zum *Shìshuō xīnyǔ* zitiert wird. (Liú 2006: 194–195) Der apodiktische Gestus des Satzes »Welchen anderen Ausweg hätte er auch gehabt, als *weiterhin* die Harmonie zu beschwören?« ist in Anbetracht dieser Textlage schwer verständlich. Zudem scheint Julliens Auffassung, Jī Kāng habe seinen eigenen Schatten betrachtet, um sich seiner Unsterblichkeit zu versichern, auf einem Missverständnis zu beruhen, denn dieser soll sich vielmehr umgesehen haben, bevor er mit dem Qín-Spiel begann, um sich am Schattenstand über das Heranrücken seiner Todesstunde zu vergewissern. Die entsprechende Stelle in Jī Kāngs Biografie im Geschichtswerk *Jìnshū* 晉書 lautet: »Kāng blickte sich nach dem Sonnenschatten um, nahm seine Qín, spielte sie und sprach: ›Einst wollte Yuán Xiàoní von mir das Stück Guǎnglíngsǎn lernen, was ich jedes Mal abgelehnt habe; Guǎnglíngsǎn hört heute auf zu existieren.‹«[11]

Wichtiger jedoch als diese philologischen Fragen ist Julliens herablassender Gestus. Letztlich fällt er in seiner Erörterung Jī Kāngs und *der* chinesischen Literatenkultur ein philosophisches Todesurteil über die Ästhetik der Fadheit, deren musikalische Seite er anderenorts auf durchaus einfühlsame Weise beschrieben hat. (Jullien 1991: 47–66/65–93) Seine Diskussion des »chinesischen Literaten« zeigt, wie sehr ihn seine kontrastive Hermeneutik auch in diesem Fall an die starre Gegenüberstellung zweier Haltungen fesselt: einerseits das im Kontext »stillen Wandels« praktizierte »Nähren des Lebens«, das nur um den Preis von Konformismus und Autonomieverlust zu haben ist; andererseits eine »Verschwendung des Lebens«, das sich in der Erschütterung und in jenem »Einbruch« von Leidenschaft heroisch übersteigt, der im Mittelpunkt von Julliens Erörterung des Nackten steht. (Jullien 2005: 23/29)

Im Folgenden möchte ich den Versuch machen, eine *Aistethik* des Widerstands zu skizzieren, die durch Jī Kāng und seine Schriften angeregt ist. Explizit gegen Jullien spricht Jean Levi von Jī Kāngs »hochmütiger und schneidender Haltung«, von seinem »Antikonformismus« und seiner »Unabhängigkeit des Geistes«. Er geht so weit, in seinen Schriften eine »Alternative zum monarchischen oder imperialen Regime« zu sehen. Dass diese Alternative Züge des »Irrealen« trägt, tut ihr nach Levis Auffassung keinen Abbruch: »[…] ist es nicht die Eigenart eines revolutionären Anspruchs, utopisch zu sein?« (Levi 2004: 8–9) Mir scheint Jī Kāng dem Motiv der »Fadheit« eine revolutionäre Wende zu geben, die in den daoistischen Klassikern *Lǎozǐ* und *Zhuāngzǐ* bereits angelegt ist, wo unmerkliche »Fadheit« und die »Weichheit« des Wassers eine politische Bedeutung haben, die keineswegs bloß konformistisch ist (siehe Kap. 10). Auch Bertolt Brecht hat das geahnt, als er in der Emigration davon sprach, dass »das weiche Wasser in Bewegung / Mit der Zeit den mächtigen Stein besiegt«. (Heubel 2020: 157–167) Wenn allerdings die Weichheit und Fadheit des Wassers der Härte und Gewalt revolutionären Handelns bloß unvermittelt gegenübergestellt wird, muss die revolutionäre Energie des »Wassers« rätselhaft erscheinen und unverstanden bleiben.

Alleinsein und Wahrsprechen

Das Bild zeigt einen Mann in weitem Gewand, der eine Zither Qín spielt, die quer auf seinen angewinkelten Beinen liegt. Umflossen von strömendem Wasser sitzt er alleine auf einem Felsen und blickt auf das abschüssige Bachgestein.

Das »Alleinsitzen« (dúzùo 獨坐) ist ein mit diesem Musikinstrument eng verbundenes Motiv, das in vielen Bildern und Gedichten dargestellt wird. Es kann als ein Leitmotiv des Kultur-Wandels »chinesischer Literaten« verstanden werden. Jener Bachstein ist ein Ort, der dazu einlädt, »zu verweilen, aber nicht zu verharren« (liú ér bù zhì 留而不滯), wie es in Jī Kāngs »Prosadichtung auf die Qín« (*Qínfù* 琴賦) zur Technik des Qín-Spiels heißt. Zugleich ist es ein Ort, der überall ist, überall dort, wo es Steine gibt, überall dort, wo es möglich ist, alleine zu sitzen: Un-ort, A-topos.

Ästhetische Kultivierung ist vom Verhältnis zur Natur, zu »Berg und Wasser« (shānshuǐ 山水), geprägt worden. Das Spiel der Zither

Fig. 1: Lù Hóng (盧鴻, ca. 8. Jahrhundert, zugeschrieben), »Zehn Bilder von der Grashütte, Bild 7« (cǎotáng shízhìtú草堂十志圖), National Palace Museum, Taipei

Qín direkt in der Natur oder in einem in natürlicher Umgebung gelegenen Pavillon, das Wandern mit dem in eine Stofftasche gehüllten Instrument unter dem Arm gehören zu den beständig wiederholten Motiven der Tuschemalerei. Literarische Quellen, die erheblich weiter zurückreichen, zeugen zudem auf vielfältige Weise nicht nur von der hervorgehobenen Bedeutung des Verhältnisses von Musik und Natur, sondern von der großen Achtsamkeit, mit der örtliche Umgebung und Atmosphäre in dieser musikalischen Kultivierungsübung bedacht werden. Das Instrument ist für Aufführungen vor größerem Publikum ungeeignet. Im 20. Jahrhundert waren auch erhebliche Anstrengungen, das Instrument konzertfähiger zu machen, nur begrenzt erfolgreich. Ausgestattet mit traditionellen Seidensaiten ist die Qín selbst bei kraftvollem Spiel vergleichsweise leise, diskret und unspektakulär. Sie ist gedacht und gemacht für die Übung im *Alleinsein* und für die wortlose Kommunikation unter Freunden. Zugleich weist sie über zwischenmenschliche Verhältnisse hinaus in die Erfahrung des *All-eins-seins.*

Die Aufmerksamkeit für Umgebung und Atmosphäre legt nahe, dass der Wert des Instruments sich nicht allein auf die Qualität des Spiels oder auf die Differenzierung der Klangfarben stützt, sondern ebenso auf seinen Charakter als »Gerät zur Kultivierung des Weges« (xiūdào zhī qì 修道之器). Der Übungsweg, der damit verbunden ist, hat offenbar nicht nur ästhetische, sondern auch ethische Bedeutung, denn *Fadheit* ist nicht nur ein Modus ästhetischer, sondern auch ein Ideal ethischer Kultivierung, das sowohl in daoistischen wie auch in konfuzianischen Texten hochgehalten wird.

Jī Kāngs musikphilosophischer Text »Prosadichtung auf die Qín« (*qínfù* 琴賦) ist literarisch ein äußerst anspruchsvoller Text, der sich gegen Übersetzung geradezu hermetisch sperrt (siehe van Gulik 1941). Der Haupttext beginnt mit der Schilderung einer entlegenen Berglandschaft, in der jene Bäume wachsen, aus deren Material idealerweise eine Zither Qín gemacht wird. Eine solche Umgebung aus steilen Bergklüften, reißenden Strömen, dichten Wolken und mächtigen Bäumen hat dereinst im Herzen zurückgezogen lebender Einsiedler den Gedanken an eine Musik geweckt, die darauf einzugehen vermag. Sie haben sodann aus dem großen Ast eines Baumes ein »tugendhaftes« Gerät gemacht, dessen Herstellung und Ausstattung beschrieben wird: In der Auswahl der Materialien, Form und Farbe konzentriert sich die hohe Gesinnung dieser Gelehrten der Berge und Wälder. Sodann werden einige Qín-Stücke charakterisiert, die geeignete Umgebung für das Spiel und die Variationsmöglichkeiten der Fingertechnik werden beschrieben, um schließlich die »Tugenden« jener »äußersten Menschen« (zhìrén 至人) zu erwähnen, die »auszuschöpfen vermögen die elegante Qín« (néngjìn yǎqín 能盡雅琴). Der Aufbau des Textes schreitet nicht nur von materiellen zu spirituellen Qualitäten fort, sondern vermittelt beide Momente ständig durcheinander.

Wie kann aber eine auf das »leitende Nähren von Geist und Atem-Energie« (dǎoyǎng shénqì 導養神氣) ausgerichtete ästhetische Praxis Quelle von Kritik und Widerstand werden? Jī Kāng beschränkt sich nicht darauf, den disziplinierenden Charakter zivilisatorischer Formen mit der Ungebundenheit natürlichen Lebens zu konfrontieren. Der Gewalt politischer Macht wird mit einer Kultivierung begegnet, die beim Verhältnis zur Natur beginnt, sei es zur eigenen oder zur äußeren. Die »Prosadichtung auf die Zither Qín« beschreibt die Möglichkeit des »äußersten Menschen«, vermittels dieses Geräts am natürlichen Energiewandel teilzunehmen und das eigene Leben zu nähren. Dieser Weg führt allerdings dazu, Abstand zu nehmen von den »privaten Wünschen« – sich einen Namen zu machen oder eine Stellung zu gewinnen –, und das ganz ohne Zwang und Verbot. Denn es winkt der Eintritt in eine Welt, die Jī Kāng am Schluss seines »Traktats über das Nähren des Lebens« andeutet: eine Welt der »Klarheit, Leere, Stille und Gelassenheit«. (Jullien 2005: 153–154/201–202) *Fadheit* ist der Verbindungspunkt zwischen physischer und meta-physischer Welt und die Bedingung der Möglichkeit der Kommunikation zwischen ihnen. Sie entzieht sich der von »privaten Wünschen« verzerrten sinnlichen Wahrnehmung, das heißt dem »hektisch konkurrierenden Herzen« (zào jìng zhī xīn 躁競之心). Sie ist hingegen einer Wahrnehmung zugänglich, die gelernt hat, sich *zwischen* dem Physischen und dem Meta-physischen zu bewegen, in jener Sphäre zwischen dem Offenbaren und dem Verborgenen, in der das Sichtbare aus dem Unsichtbaren auftaucht, das Hörbare aus dem Unhörbaren, oder das Sichtbare im Unsichtbaren verschwindet, das Hörbare im Unhörbaren. Somit taucht bei Jī Kāng die Möglichkeit *aistethischer* Askese auf. Es ist eine Askese, die wegführt von der verführerischen Macht starker Reize: »Für wen die große Harmonie äußerste Freude ist, für den sind Reichtum und Luxus keines Blickes wert; für wen unaufdringliche Fadheit äußerster Geschmack ist, für den sind Wein und Farbe [sè: Sinnlichkeit, Sexualität] nicht erstrebenswert.« (Dài 162: 190)[12]

Die Natur von Berg und Wasser ist für Jī Kāng nicht bloß Ort des Rückzugs, sondern Ort des Kräftesammelns im Alleinsein, der die Konzentration auf das Wesentliche ermöglicht. Das Naturverhältnis ist Teil eines gewählten Weges, der auf das absichtslose Ankommen bei sich selbst zielt (wúwéi zìdé無爲自得), auf einen »Frieden« mit sich selbst (tǐqì hépíng 體氣和平), der den instrumentellen und strategischen Blick auf die Dinge hinter sich lässt. Im »Nähren des Lebens« nähern sich körperliche und geistige Erfahrungen im »Atmen« einander an (xíng shén xiāng qīn 形神相親). Solche Kultivierung ermöglicht die Bewegung zwischen Eintritt in und Rückzug aus der Welt. Dadurch kommt jene Schicht des Lebens zum Vorschein, die bei Jī Kāng das »Öffentliche« heißt:

die öffentlich bedeutsame Wahrheit über den Zustand der bestehenden Gesellschaft.

Die Figur Jī Kāngs ermangelt nicht der transgressiven und schockierenden Momente. In diese Richtung weist etwa der Stil schroffer Provokation, mit der er Shàn Tāo, der ebenfalls zur Gruppe der sieben Weisen vom Bambushain gehört, die Freundschaft kündigt, nachdem dieser ihn zur Annahme eines Beamtenpostens zu drängen versucht. (Bauer 1990: 151–154) Nicht nur Freundschaft ist für ihn von großer Bedeutung – was sich nicht zuletzt an dem Ernst zeigt, mit dem Freundschaften aufgekündigt wurden –, sondern auch die offene, unverblümte Rede, die freimütig gesellschaftliche und politische Zustände zur Sprache bringt. Der »Traktat über die Absage ans Private« (shìsīlùn 釋私論) diskutiert die Idealfigur des Edlen hinsichtlich des Verhältnisses von »Öffentlichem« (gōng 公) und »Privatem« (sī 私). Er betont, dass der Edle seine »Worte ausschöpft« (jìnyán 盡言), »direkt ausspricht, was er auf dem Herzen hat« (zhíxīnéryán 値心而言) und damit »Öffentlichkeit« verkörpert, während der gemeine, »kleine Mensch« (xiǎorén 小人) seine Meinung im »Privaten« verbirgt: Das Herz des Edlen ist »ohne Fixierung hinsichtlich Ja und Nein« (xīn wú cuò hū shìfēi 心無措乎是非) und vermeidet vorgefertigte Positionen, um sich im Handeln nicht dem »Weg« entgegenzustellen. Einen Zustand »leeren Herzens ohne Fixierung« (xū xīn wú cuò 虛心無措) auszubilden, wird als Voraussetzung »aufrichtigen Handelns« (dǔxíng 篤行) verstanden, das die äußerlichen Regeln von Ritualität und Gesetzlichkeit »überschreitet«, um »dem Natürlichen« zu folgen (yuè míngjiào ér rèn zìrán 越名教而任自然), wie einer der programmatischen Sätze dieses Textes lautet. Natürliches Von-selbst-so-Sein wird zur Quelle kritischer Freimütigkeit.

Aus Selbstkultivierung erwächst eine normative Perspektive für Jī Kāngs Offenherzigkeit, die weder vorschnell Partei ergreift noch davor zurückschreckt, Partei zu ergreifen, wenn es nötig ist. Anders als im dritten Kapitel des *Zhuāngzǐ*, das dem Verhältnis von Nähren des Lebens und Regierungskunst gewidmet ist (siehe Kap. 6), finden im Fall von Jī Kāng Leben und Politik nicht zueinander. Die Fähigkeit, »sein Leben zu nähren«, findet nicht die bewundernde Zustimmung der Regierenden, stößt vielmehr auf Gefahren und Hindernisse, die ihn in den Tod führen. Ist darin nun bloß ein Scheitern des Vorhabens, »sein Leben zu nähren«, zu sehen? Hat Jī Kāng sein selbstgesetztes Ziel verfehlt? Widerspricht ein »Nähren des Lebens«, das in den Tod führt, sich selbst? Wird der »Traktat zum Nähren des Lebens« in den Kontext anderer Schriften Jī Kāngs gestellt, wird deutlich, dass das Nähren des Lebens auch das Nähren der Bedingungen der Möglichkeit ist, dem wahren Weg im Angesicht von Macht und Unrecht diskursiven und nicht-diskursiven Ausdruck zu geben. *Aistethische* Kultivierung führt somit an einen Punkt, wo es paradoxerweise gerade das gelingende Nähren des Lebens ist, das zur Bereitschaft führt, das eigene Leben für den wahren »Weg« zu gefährden.

Jī Kāngs »Prosadichtung auf die Zither Qín« steht in engem Verhältnis zu seiner Konzeption der Selbstkultivierung. Darin entfaltet er die »Ästhetik der Existenz« nicht *des*, sondern *eines* »chinesischen Literaten«. Das Ästhetische sprengt dabei den erweiterten Rahmen einer allgemeinen Wahrnehmungslehre. In der Kultivierung von Fadheit zeigt sich ein paradoxes Ideal des Menschseins: im Unmerklichen und Unauffälligen wird eine Fähigkeit zum Widerstand genährt, der sich gegen die Macht des Bestehenden zu wenden vermag, wenn die Umstände dazu nötigen.

5. Konfuzianischer (Non-)Konformismus

Französisch-deutsche Kommunikationsschwierigkeiten

Die Beantwortung der Frage »Was ist chinesische Philosophie?« kommt um die vielfältigen Perspektiven nicht herum, die in der sinologischen Forschung einander widerstreiten. Die Geschichte europäischer Deutungen chinesischer Philosophie oder chinesischen Denkens ist lang und verschlungen. Auch in der Gegenwart gibt es eine Fülle von konkurrierenden Ansätzen. (Spiegel 2020) Die kritische Auseinandersetzung mit und zwischen verschiedenen Perspektiven ist wünschenswert und notwendig. Andererseits besteht ständig die Gefahr, im Gewirr verschiedener Wege und Wegweiser die Orientierung zu verlieren. Deshalb habe ich mich entschieden, die Auseinandersetzung mit drei Sinologen in den Mittelpunkt des vorliegenden Buches zu stellen, die für meinen eigenen Bildungsweg von herausragender Bedeutung waren und mit denen ich in der Vergangenheit Gelegenheiten zum vertieften persönlichen Austausch hatte: François Jullien, Jean François Billeter und Heiner Roetz.

Billeter hat sich mit seinem Buch *Gegen François Jullien* (Billeter 2006) klar positioniert. Jullien bemerkt in seiner Antwort spitz, er hätte auf einen »wahren Widersacher« gehofft, auf einen, der »ein bisschen denkt«. (Jullien 2007: 141) Roetz ist wiederum der Auffassung, dass beide ein China-Bild teilen, das er für fragwürdig hält. Für ihn klingt Billeters Kritik »mehr nach einer Bestätigung des Bildes, das Jullien vom ›chinesischen Denken‹ zeichnet, als nach einer Gegenposition«. Billeter hat, so Roetz weiter, »in eigenen Beiträgen inhaltlich durchaus verwandte und ähnlich pauschale Einschätzungen Chinas vorgetragen wie Jullien – auch er sieht in China eine kulturelle Logik am Werk, die, von wenigen Ausnahmen abgesehen, die Möglichkeit der Dissidenz ausschließt.« (Roetz 2011: 65–66)

Diese drei Positionen scheinen einander auszuschließen und sind doch aufeinander bezogen. Der Sinologe Wolfgang Kubin hat sich einmal Heiner Roetz und nicht Jean François Billeter als sinologischen Gegner von François Jullien gewünscht: »Die Streitschrift von Jean François Billeter ist eigentlich nicht der Rede wert. Sie ist das, was man im Deutschen einen Rundumschlag nennt. [...] Ich hätte François Jullien gern einen größeren Gegner gewünscht. Etwa Heiner Roetz, der ein äußerst gewissenhafter Leser abweichender Meinungen ist [...].« (Kubin 2008: 71) Zu Beginn seiner Jullien-Verteidigung fragt sich Kubin, »ob wir mit diesen Frontstellungen China und der Sinologie überhaupt einen guten Dienst tun«. (Kubin 2008: 66) Im Folgenden möchte ich darüber nachdenken, was die »Frontstellung« zwischen Jullien und Roetz für die Beantwortung der Frage »Was ist chinesische Philosophie?« bedeutet.

Roetz verortet Julliens Schriften in der Linie dessen, was er »weberianischer« und »kontextualistischer« Diskurs nennt. Marcel Granets Verständnis »chinesischen Denkens« (Granet 1999), auf das sich Jullien stützt, gehört für ihn in den theoretischen Umkreis einer von Hegel begründeten »Heuristik der Substanz«. Wiederholt hat Roetz die Behauptung zurückgewiesen, der Konfuzianismus vertrete »eine bloße heteronome Ethik der Anpassung«. Er lehnt den »Kontextualismus« ab, der meint, dass China nicht »am Maßstab von Wahrheit, Freiheit und Autonomie« gemessen werden darf. (Roetz 1992: 11–12) Er stellt sich damit gegen Julliens Neigung, »chinesisches Denken« auf Konformismus und Heteronomie zu verengen. Für Roetz gießt Jullien bloß alten Wein in neue Schläuche. Dem Aufwand einer detaillierten Kritik von Julliens Schriften ist er ausgewichen und verweist darauf, »dass es ermüdend ist, sich immer wieder mit den gleichen, seit zwei Jahrhunderten in Umlauf befindlichen Klischees beschäftigen zu müssen«. (Roetz 2011: 67) Jullien bietet nicht mehr als die Variation alter Klischees, denn er »folgt entgegen seiner Entdeckerpose einem vertrauten philosophischen West-Ost-Klischee, nach dem hier die Subjektivität Triumphe feiert und dort die Substantialität regiert – eine neue Variante des sinologischen Hegelianismus, bereichert um Motive des Poststrukturalismus und der ihn vorbereitenden modernen Poetik [...].« Folglich kann Roetz noch einen Schritt weitergehen und behaupten, dass der Schlüssel zu Julliens Werk »eher in Paris als in Peking« liegt: »So darf man vermuten, dass etwa Julliens zentrale Annahme eines subjekt- und ziellosen Prozesses in China

[…] sich weniger der Lektüre der chinesischen Texte als der seines Landsmannes Louis Althusser verdankt: der ›procès sans sujet ni fin(s)‹ […] ist ein prominenter Topos in dessen Marx-Interpretation. Alfred Schmidt hat Althusser hierfür der ›Apologetik des Bestehenden‹ und der Unterschlagung des ›kritischen Impulses‹ bei Marx bezichtigt […]. Der gleiche Vorwurf lässt sich gegen Julliens Darstellung des ›chinesischen Denkens‹ erheben.« (Roetz 2011: 64)

Vor dem Hintergrund dieser weitgehend vergessenen Kontroverse zwischen deutschem und französischem *Marxismus* oder zwischen Kritischer Theorie und (Post-)Strukturalismus holt Roetz sodann zu einem kraftvollen Schlag gegen Julliens Behauptung der chinesischen Subjektlosigkeit aus. Für ihn ist klar, dass Jullien sich selbst in die Aporien eben jener traditionellen westlichen Subjektphilosophie verstrickt, die er mit Hilfe Chinas zu dekonstruieren behauptet. Julliens strategischer Zugang zu China ist für ihn »in Reinform der Habitus des Sozialtechnikers als Personifizierung der instrumentellen Vernunft und der Objektivierung des Anderen, und damit gerade jener Seite der modernen Subjektivität, die das Unbehagen an ihr allererst ausgelöst hat«. Das hat zur Folge, dass die Bedingung der Möglichkeit inter-kultureller Kommunikation, nämlich *Inter-subjektivität*, in diesem Modell fehlt: »Die tatsächlichen interkulturellen Auseinandersetzungen, die Debatten und der Austausch zwischen China und dem Westen, die seit mehr als vier Jahrhunderten im Gange sind, scheinen für Jullien nicht stattgefunden zu haben. Sie sind in seinem theoretischen Raster auch kaum vorgesehen, da mit den Subjekten auf chinesischer Seite auch die Co-Subjekte einer Verständigung fehlen müssen.« (Roetz 2011: 65)

Das sind starke Einwände. Ähnliche Überlegungen sind bereits in den vorangehenden Kapiteln ausgesprochen worden. Aber stellt sich nicht im Anschluss daran die Frage, ob der Schlüssel für Roetz' Perspektive auf chinesische Philosophie eher in Frankfurt als in Peking liegt?[13] Wie kann die Beantwortung der Frage »Was ist chinesische Philosophie?« die Herausforderung eines solchen *Perspektivismus* aufnehmen, ohne in *Relativismus* zu verfallen? Denn die interkulturelle Kommunikation zwischen französischen und deutschen Sinologen ist keineswegs prinzipiell leichter als die zwischen europäischen und chinesischen Forschern. Darüber, was

»China« und was »chinesische Philosophie« oder »chinesisches Denken« ist, wird auch hier unablässig und erregt gestritten. Was bedeutet diese »interne Alterität« (Jullien 2007: 97) europäischer China-Deutungen?

In meiner Auseinandersetzung mit Jullien hat sich mir wiederholt die Frage aufgedrängt, ob nicht die Schwierigkeiten eines innereuropäischen Dia-logs über »China« auch auf französisch-deutsche Kommunikationshindernisse zurückzuführen sind. Ist nicht etwa der philosophische Austausch zwischen Michel Foucault und Jürgen Habermas immer wieder auf die Schwierigkeit gestoßen, durch verschiedene geistige Traditionen und historische Erfahrungen in Frankreich und Deutschland hindurch miteinander ins Gespräch zu kommen? Habermas' Kritik an der französischsprachigen Gegenwartsphilosophie war geprägt von der schroffen Konfrontation zwischen Postmoderne und Moderne, Antiaufklärung und Aufklärung, Vernunftkritik und Vernunft, Subjektkritik und Subjektivität, Antiuniversalismus und Universalismus. Denkwürdiges Zeugnis der damit einhergehenden Kommunikationsverweigerung ist sein Buch *Der philosophische Diskurs der Moderne.* (Habermas 1988) Nietzsche wird darin als Drehscheibe zur Postmoderne verstanden und der Poststrukturalismus polemisch des Nietzscheanismus bezichtigt. Dem steht auf Seiten Foucaults ein Bericht über einen Besuch von Habermas am Collège de France gegenüber, dem er mit Unwillen und kaum verhohlener Verachtung begegnet sein soll. (Eribon 1994)

Dieses gemahnt an Paradoxien der Kommunikation, die sich auch im Verhältnis von China und Europa immer wieder aufdrängen. Es ist nicht leicht zu erklären, warum die französische Nachkriegsphilosophie entscheidend von zwei Philosophen geprägt worden ist, die besonders eng mit dem Nationalsozialismus in Verbindung stehen: Friedrich Nietzsche und Martin Heidegger. Mit ihrer Hilfe wurde in Frankreich eine Kritik an Vernunft und Subjekt entfaltet, die in den 1960er und 70er Jahren deutsche Intellektuelle schockieren musste, die in diesen beiden Philosophen die Repräsentanten jenes deutschen Irrationalismus sahen, den es durch die verstärkte Anbindung an die »okzidentale Ratio« auszumerzen galt. Für Habermas etwa war es vordringlich, positiv an die Aufklärung anzuknüpfen, anstatt – wie Horkheimer und Adorno in der *Dialektik der Aufklärung* – »den Selbstzerstörungsprozeß der Aufklärung auf den Begriff zu bringen« und dabei der »paradoxen Struktur eines Denkens der totalisierten Kritik« anheimzufallen. (Habermas 1988: 130, 145) Ironischerweise sah er sich nun aber in den machtanalytischen Schriften Foucaults mit einer ähnlichen Radikalität der Kritik konfrontiert, die Vernunft und Macht miteinander identifiziert. Im Verhältnis des französischen und des deutschen Kontextes hat offenbar eine grenz- und sprachüberschreitende Wanderung von Texten und Autoren stattgefunden, die auf beiden Seiten sehr unterschiedlich wahrgenommen und gedeutet wird. Eine denkwürdige Ungleichzeitigkeit und Gegenwendigkeit von Erfahrungen und Wahrnehmungen hat es dabei möglich gemacht, dass ausgerechnet Nietzsche und Heidegger im Umfeld der französischen Gegenwartsphilosophie enorm einflussreich werden konnten.

Als Habermas 1985 seine polemische Abrechnung mit der Postmoderne veröffentlicht, ist Foucault bereits tot. Damit fand der sich anbahnende Dialog zwischen beiden – der bezeichnenderweise durch amerikanische Vermittlung in den USA stattfinden sollte – ein Ende, bevor er auch nur richtig angefangen hatte. Das ist insofern bedauerlich, als Foucault zum 200. Jahrestag der Veröffentlichung von Kants »Beantwortung der Frage ›Was ist Aufklärung?‹« (1784) einen Text vorbereitet hatte, in dem eine reflektierte und ambivalente Haltung zu Kant und zur Aufklärung zum Ausdruck kommt. Er wendet sich darin entschieden gegen den Zwang, sich entweder für oder gegen die »Aufklärung«, für oder gegen die »Moderne« positionieren zu müssen. (Foucault 1984a) Andererseits bejaht er Begriffe wie Moderne, Aufklärung und Autonomie darin so weit, dass der Text viele Anknüpfungspunkte für eine differenzierte Auseinandersetzung bietet, die auch später im Umkreis von Habermas' Schülern aufgegriffen worden sind. (Erdmann et al. 1990) Honneth hatte bereits in seinem Buch *Kritik der Macht* eine neue Perspektive der Beschäftigung mit Foucault eröffnet. Deren Ziel war es, die »gesellschaftstheoretischen Errungenschaften der historischen Schriften Foucaults in einen kommunikationstheoretischen Rahmen zu integrieren«. (Honneth 1994: 7) Die Diskussion hat sich in der Folgezeit auf eine Weise differenziert, die zur Zeit von Habermas' Kritik am französischen Nietzscheanismus noch undenkbar war. (Siehe Honneth/Saar 2003; Saar 2007) Wohl nicht zufällig erfolgte der Perspektivenwechsel vor allem auf der Linie Nietzsche–Foucault und weniger auf der Linie Heidegger–Derrida, da jede Anknüpfung an Heidegger mit der Last von Adornos polemischer Kritik zu kämpfen hat.

Das Verhältnis von Poststrukturalismus und Kritischer Theorie bildet den Hintergrund der folgenden Überlegungen zur (Un-) Möglichkeit eines Dialogs zwischen François Jullien und Heiner Roetz. Jullien hat seinen philosophischen »Umweg über China« wiederholt mit Verweisen auf Foucaults Begriff der Heterotopie untermauert. Seine Strategie, Europa durch China hindurch »von außen zu denken« (penser d'un dehors), ist von Foucaults Idee eines »Denkens des Außen« (penser du dehors) inspiriert worden. Auf der anderen Seite bekennt sich Roetz, der in Frankfurt Sinologie und Philosophie studiert hat, offen zu dem Einfluss von Habermas und Karl-Otto Apel auf seinen sinologischen Ansatz. Seine philosophische Bemühung um einen ethischen Universalismus, seine Methode der »Rekonstruktion«, sein Leitmotiv postkonventionellen Denkens und seine Betonung der Tradition der Traditionskritik in China sind ohne diesen Hintergrund kaum verständlich. Im Folgenden werde ich versuchen, Julliens und Roetz' jeweilige Positionen in ein dynamisches Wechselverhältnis zu versetzen, um die Möglichkeit einer *transpositionalen* Kommunikation zwischen beiden zu erkunden.

Gibt es »chinesische Philosophie«?

Die akademische und publizistische Entwicklung von Heiner Roetz und François Jullien beginnt nahezu zeitgleich. 1984 publiziert Roetz seine erste große Monographie *Mensch und Natur im alten China* (Roetz 1984), 1992 folgt seine Studie *Die chinesische Ethik der Achsenzeit* (Roetz 1992) und 1995 ein Buch über Konfuzius (Roetz 1995). Jullien publiziert im Jahre 1979 eine kleine Studie zu Lǔ Xùn 魯迅 (1881–1936), in der er sich von der »Ideologie« des »maoistischen China« abgrenzt. (Jullien 1979: 11) 1985 folgt *La valeur allusive*, sodann erscheint, in dichter Folge, eine ganze Reihe von grundlegenden Büchern, die ihn als enorm produktiven Schriftsteller und Essayisten zeigen: *Procès ou Création* (1989), *Eloge de la fadeur* (1991), *La propension des choses* (1992), *Figures de l'immanence* (1993), *Fonder la morale* (1995) und *Le détour et l'accès* (1995).

Von Anfang an verbinden beide Sinologie und Philosophie auf systematische Weise, nämlich indem sie sich mehr oder weniger bewusst in einem bestimmten Umfeld der Gegenwartsphilosophie verorten. Das ist hermeneutisch ein wichtiger Schritt in Richtung selbstreflexiver Offenlegung des eigenen theoretischen Hintergrunds und der Etablierung von »chinesischer Philosophie« als akademisches Fachgebiet. Dem entspricht in der chinesischsprachigen Forschung eine Professionalisierung, die seit der Etablierung von philosophischen Instituten seit dem frühen 20. Jahrhundert im Gange ist. In diesen Instituten wird zumeist gleichermaßen »westliche« oder »ausländische« und »chinesische Philosophie« (zhōngguó zhéxué中國哲學) unterrichtet. Aber: Vertritt Jullien nicht die Auffassung, dass es »chinesische Philosophie« nicht gibt, sondern nur »chinesisches Denken«? Aus dieser Perspektive gesehen, lehren all die philosophischen Institute an chinesischen Universitäten etwas, was es nicht gibt. Zudem entzieht Jullien der Forderung, »chinesische Philosophie« an europäischen Universitäten zu lehren, die theoretische Grundlage. Warum sollten philosophische Institute in Europa »chinesische Philosophie« anbieten, wenn sich die Fachgelehrten noch nicht einmal darüber einig sind, ob es diese überhaupt gibt? (Thoraval 1994; Defoort 2001; Roetz 2002, 2005; Lǐ 2020: 257–326) »Chinesisches Denken« gegen »chinesische Philosophie« auszuspielen, erweist sich als bisher erstaunlich erfolgreiche Strategie, um letzterer einen legitimen akademischen Ort zu verweigern und die philosophische »Exteriorität« Chinas zu sichern.

Andererseits bedeutet die Professionalisierung der Auseinandersetzung mit »chinesischer Philosophie«, dass *die* chinesische Philosophie oder *das* chinesische Denken sich in spezialisierte Forschungsperspektiven und -projekte auflöst, in denen spezifische Schriften oder Schulrichtungen erörtert werden. Genau genommen ist es absurd, von »chinesischer Philosophie« als Spezialgebiet zu sprechen. An philosophischen Instituten in Deutschland gibt es ja auch keine Spezialisten für »westliche« oder »europäische

Philosophie«, weil das als Forschungsfeld viel zu breit und unbestimmt wäre. Entsprechend sind die Bezüge, die Roetz und Jullien zur »europäischen Philosophie« haben, sehr spezifisch: Roetz macht aus dem Einfluss, den Karl Otto Apel und Jürgen Habermas auf ihn ausgeübt haben, kein Geheimnis, und Jullien erwähnt wiederholt Michel Foucault und Gilles Deleuze als entscheidende Quellen der Inspiration. Von der inneren Bewegung philosophischer Kreativität her betrachtet gibt es nur bestimmte Denker und Texte, mit denen konkret gearbeitet wird, aber keine Abstraktionen wie »chinesische Philosophie« oder »europäische Philosophie«. Es ist deshalb wichtig zu verstehen, inwiefern Roetz und Jullien philosophisch von miteinander konkurrierenden und teilweise einander entgegengesetzten Theorien aus Frankfurt und Paris geprägt worden sind.

Roetz' Studie zur chinesischen Ethik der Achsenzeit (Roetz 1992) ist in ihren Grundzügen vor allem von Apel und Habermas inspiriert worden. Sein Buch über *Mensch und Natur im alten China* zeugt vom Einfluss Alfred Schmidts, dem Schüler Adornos und Nachfolger auf Horkheimers Lehrstuhl am Frankfurter philosophischen Institut. Schmidt hat 1962 *Der Begriff der Natur in der Lehre von Marx* veröffentlicht und sich später vor allem mit der Geschichte von Aufklärung, Materialismus und Marxismus beschäftigt. Gleichzeitig war Schmidt einer der ersten Philosophen aus dem Umkreis der Frankfurter Schule, der die Geschichtstheorie von Louis Althusser, Michel Foucault und anderen kritisiert hat. (Schmidt 1971) In einer theoretischen Geste, in der noch die Logik des dialektischen Materialismus mitschwingt, wendet sich Roetz in der Einführung von *Mensch und Natur im alten China* entschieden gegen den Kontrast von westlicher Philosophie und chinesischem Denken. Seine Kritik am »chinesischen Universismus« will das »Klischee« untergraben, demzufolge die Auffassung der »Einheit von Mensch und Natur« in China die Herausbildung des Gegensatzes von Subjekt und Objekt verhindert hat. Er lehnt die Auffassung ab, dass eine vom Prinzip der Subjektivität geleitete Philosophie dort noch nicht einmal im Ansatz entstehen konnte. Demgegenüber versucht Roetz nachzuweisen, dass der »Subjekt-Objekt-Gegensatz« sich auch in der »klassischen chinesischen Philosophie« herausgebildet hat. Julliens Interpretation »chinesischen

Denkens« fügt sich in den von Roetz kritisierten Rahmen des »Universismus«, in dem die subjektlose Anpassung an die Immanenz des transformativen Naturprozesses ein Leitmotiv ist.

In seiner Verteidigung der Rede von »chinesischer Philosophie« erwähnt Roetz zwei Gründe, die einen Zugang zu seinem Verständnis von »Moderne« eröffnen. Im Anschluss an den von Karl Japsers vorgeschlagenen Begriff der »Achsenzeit« geht Roetz (1.) davon aus, dass die klassischen Texte des chinesischen Altertums als philosophische Antwort auf die tiefgreifende politische, ökonomische, soziale und kulturelle Krise gelesen werden müssen, die China im Zuge des allmählichen Niedergangs der Zhōu-Dynastie (1046–256) erfasst hat. Er bezieht sich vor allem auf Denkströmungen aus dem im Chinesischen »vor-Qín-zeitliche Philosophie« (xiān Qín zhéxué 先秦哲學) genannten Kontext: Konfuzianismus, Daoismus, Legismus und Mohismus. Die krisenhafte Erfahrung des Ungenügens »konventioneller Sittlichkeit« (lǐ 禮) hat demnach zu einem Durchbruch in Richtung »postkonventionellem Denken« geführt, der zugleich als »Traditionsbruch« verstanden werden kann. Nur weil es diesen historischen Bruch gab und die Welt bereits im alten China problematisch geworden ist, hält Roetz es für gerechtfertigt, von chinesischer *Philosophie* zu sprechen: »Am *Problematischwerden* der Welt entzündet sich Philosophie.« (Roetz 2020: 68) Gleichzeitig ermöglicht dieser Bruch die *Reaktualisierung* klassischer chinesischer Philosophie unter modernen Bedingungen, denn der antike Traditionsbruch korrespondiert mit dem neuzeitlichen Bruch zwischen Tradition und Moderne. Die klassische chinesische Philosophie ist demnach aus einer antiken Aufklärungsbewegung hervorgegangen, die der modernen Aufklärung strukturell ähnelt. Roetz verweist (2.) darauf, dass Philosophie als diskursives und theoretisches System das Ideal einer akademischen Philosophie ist, die sich vor allem seit dem 18. Jahrhundert in Europa entwickelt hat. So gesehen, ist der »hermeutische Kontrast« zwischen spekulativem Diskurs auf westlicher Seite und praktischer Weisheit auf chinesischer Seite eine unzulässige Verkürzung. (Roetz 2005: 53; Roetz 2002: 31) Gleichwohl folgt Roetz den europäischen Aufklärern des 18. Jahrhunderts in der Annahme, dass die Stärke chinesischer Philosophie auf Seiten der Ethik und der praktischen Philosophie liegt.

Aus Julliens Sicht kann dem kritischen Universalismus von Roetz vorgeworfen werden, die Reduktion des »Universalistischen« auf das »Uniforme« zu betreiben. Umso bemerkenswerter ist die Tatsache, dass die von Roetz entwickelte universalistische Perspektive erheblich größeres Gewicht auf historische Brüche legt als Jullien. Das ist überraschend, da doch diskursive Diskontinuitäten im Mittelpunkt der in Foucaults Schriften durchgeführten Analysen von Formationen des Wissens und der Macht stehen. Auch der Begriff der »Heterotopie« ist von ihm gebraucht worden, um historische Brüche zwischen dem 17. und dem 19. Jahrhundert in Frankreich zu untersuchen. Im Unterschied dazu hat Julliens strategische Konstruktion von China als Heterotopie die Nivellierung innerfranzösischer und innereuropäischer Diskontinuitäten zur Folge: China und Europa werden dadurch zu je in sich mehr oder weniger kohärenten Blöcken. Regional verschiedene Entwicklungen in China und Europa fallen dabei unter den Tisch, wie auch der Bruch zwischen Tradition und Moderne, der eine Vielfalt von aufeinander bezogenen und zugleich miteinander konkurrierenden Wegen der Modernisierung hervorgebracht hat.

Für Roetz' Versuch, die Aktualität von ausgewählten Aspekten klassischer chinesischer Philosophie herauszuarbeiten, ist es von großer Bedeutung, inwiefern in China »Tradition« zum Problem geworden ist und sich »Subjektivität« herausgebildet hat. Seine Diskussion der chinesischen »Tradition der Traditionskritik« korrespondiert von daher mit einer wichtigen Strömung innerhalb der chinesischen Gegenwartsphilosophie, die es sich zur Aufgabe gemacht hat, klassische Texte durch den Schock der Moderne hindurch zu »rekonstruieren«. Seine »rekonstruktive Hermeneutik« (Roetz 1992: 18) ist entsprechenden Bemühungen im »zeitgenössischen Neokonfuzianismus« – vereinfacht, aber weniger präzise: Neukonfuzianismus – des 20. Jahrhunderts viel näher als Julliens kontrastive Strategie, die dazu führt, das ungeheure Problem chinesischer Modernisierung weitgehend auszublenden. Seiner »nachmetaphysischen« Prägung entsprechend ist Roetz allerdings skeptisch gegenüber Entwicklungen im zeitgenössischen Neokonfuzianismus, die versuchen, »moralische Metaphysik« und »Religiosität« des Konfuzianismus hervorzuheben. Roetz wendet das aus der Kritischen Theorie bekannte Verfahren an, zukunftsträchtige

Potenziale in der Tradition freizulegen. Dieses Vorgehen ähnelt neukonfuzianischen Bemühungen um die kritische Vermittlung von Tradition und Moderne, zu der auch gehört, gegebenenfalls die Überlieferung gegen den Strich der Orthodoxie zu lesen, um stattdessen auf Möglichkeiten zu setzen, die historisch zunächst verdrängt oder gar unterdrückt worden sind – man denke an Móu Zōngsāns Kritik an der durch Zhū Xī 朱熹 (1130–1200) repräsentierten neokonfuzianischen Orthodoxie, deren »heteronome« Morallehre er in der Abkehr von traditioneller Kanonisierung zurückgewiesen hat. In dieser Hinsicht ist Roetz' Interpretation chinesischer Philosophie »heterotopischer« als Julliens Version »chinesischen Denkens«, in der kaum je auf diskursive Kämpfe und Bruchlinien *innerhalb* Chinas aufmerksam gemacht wird – stattdessen die unentwegte Bemühung, »das chinesische Denken« rein zu halten von der vermeintlichen Verzerrung durch äußere Einflüsse wie die Rezeption des Buddhismus oder die moderne Verwestlichung.

Jullien erwähnt mehrfach sein Studium bei Repräsentanten des zeitgenössischen Neokonfuzianismus am New Asia College in Hong Kong. Von diesen hat er allerdings vor allem die bei ihnen kulturnationalistisch unterfütterte Betonung der »Spezifität chinesischer Philosophie« mitgenommen, um aber die »Philosophie« zu unterschlagen und die Andersartigkeit *des* chinesischen »Denkens« zurückzubehalten. Nicht aufgenommen hat er ihren kritischen Geist, der sich zwischen europäischer und chinesischer *Philosophie* bewegt. Im zeitgenössischen Neokonfuzianismus hat das zu einer »rekonstruktiven Hermeneutik« geführt, die in eine andere Richtung weist als bei Roetz. So wird dort kein Widerspruch gesehen zwischen einem kosmologisch aufgeladenen »Universismus« und der Möglichkeit einer kritischen Auseinandersetzung mit der Tradition. Die Existenz des »Subjekt-Objekt-Gegensatzes« wird keineswegs als Voraussetzung dafür verstanden, eine zur Macht- und Traditionskritik fähige Subjektivität hervorzubringen. Wird durch die von Roetz getroffenen theoretischen Vorentscheidungen das zukunftsträchtige Potenzial einer kritischen, von Problemen der Gegenwart ausgehenden Arbeit mit der klassischen chinesischen Philosophie nicht auch eher blockiert als ermöglicht?

Roetz' Erörterung der chinesischen Modernisierung als »halbierte Moderne« ist in dieser Hinsicht problematisch. Einerseits ist die Insistenz auf der Idee einer »unitären Moderne« geprägt von der Suche nach universalen anthropologischen Ursprüngen der Menschheit, nach einem »common ground of a consensus gentium« (Roetz 2005: 53), den er allerdings nicht mehr in dem sucht, was allen Menschen von Natur aus gemeinsam ist, sondern in geteilten »kognitiven und sozialen Strukturen« (Roetz 2011a: 276), auf die gleichwohl universale Geltungsansprüche gegründet werden können. Andererseits krankt die Kritik an der »halbierten Moderne« Chinas daran, die hybride Modernisierung Chinas zu sehr aus der Perspektive einer deutschen Modernisierung zu beurteilen, deren hartnäckiger Widerstand dagegen, sich nach dem Modell liberaler Demokratien auch politisch zu modernisieren, bekanntlich in eine historische Katastrophe geführt hat. Läuft die Verbindung von Nationalismus und Sozialismus, die sich im Namen eines »Sozialismus chinesischer Prägung« entwickelt, Gefahr, diesen fatalen deutschen Fehler zu wiederholen? (Siehe Roetz 2016: 237–242) Ist es notwendig, einer chinesischen Modernisierung den Kampf anzusagen, die sich der »liberalen Demokratie« verweigert? Das sind Fragen, die sich mit der These von der »halbierten Moderne« leicht aufdrängen.

Aus Julliens kontrastiver Hermeneutik lassen sich hingegen kaum Forderungen nach Veränderungen im zeitgenössischen China ableiten. Seine Strategie, das vormoderne »chinesische Denken« als Außenperspektive für die Selbstreflexion europäischer Philosophie zu nutzen, verzichtet von vornherein auf eine kritische Auseinandersetzung mit moderner chinesischer Philosophie – dieser gegenüber verharrt er in der Haltung einer pauschalen Ablehnung, für die jegliche Verbindung von »chinesisch« und »Philosophie« Ausdruck einer Verwestlichung ist, in der das Chinesische gegenüber dem Europäischen kapituliert hat und die nun das Verständnis der eigenen klassischen Texte durch die Brille europäischer Begriffe verzerrt und verstellt (siehe Kap. 1). Gleichwohl führt seine Deutung »chinesischen Denkens« ebenfalls zu weitreichenden politischen Urteilen: Auf eine Demokratisierung Chinas nach westlichem Modell zu hoffen, hält Jullien schlicht für illusorisch.

Roetz und Jullien unterscheiden sich in ihren Herangehensweisen deutlich. Letztlich prägt jedoch der Glaube an die Überlegenheit des europäischen Weges der Modernisierung die Grundausrichtung ihrer Perspektiven: Roetz neigt dazu, China aus der Perspektive einer normativen Ordnung zu beurteilen, die sich im Nachkriegsdeutschland herausgebildet hat; Jullien gelangt auf dem Weg der kontrastierenden Darstellung zu einer Reaffirmation europäischer Werte und stilisiert sich als »Grieche«. Gibt es eine kritische Perspektive, die es erlaubt, die Grenzen beider Ansätze zugleich wahrzunehmen?

Postkonventionelle Ethik

Seit dem 17. Jahrhundert war in der modernen europäischen Auseinandersetzung mit China das Verhältnis von Immanenz und Transzendenz von herausragender Bedeutung. Je auf ihre Weise beerben Roetz und Jullien diese Thematik und bringen sie mit den Bedingungen der Möglichkeit von Kritik in Verbindung. Beide teilen die Auffassung, dass ohne »Transzendenz« eine Distanzierung von der Welt des Bestehenden unmöglich ist und damit auch jede ernstzunehmende Kritik. Jullien erklärt durch die Abwesenheit von Transzendenz und Metaphysik in China den »tiefen Konformismus« chinesischen Denkens (siehe Kapitel 2). Das Fehlen des Versuchs, sich von der »Welt« zu distanzieren und die Wirklichkeit in Frage zu stellen, beschreibt er philosophisch als einen geschlossenen Immanenzzusammenhang, der Transzendenz nur im Sinne einer Verabsolutierung von Immanenz kennt. Für ihn gehören zum chinesischen Denken der Immanenz mehrere Aspekte: eine *Konzeption der Transformation* oder des Wandels, die Realität als Prozess denkt; ein *politischer Autoritarismus*, der niemals eine andere Herrschaftsform als die Monarchie ernsthaft in Erwägung gezogen hat; ein *ethischer Konformismus*, der den Strategen wie auch den »heiligen Menschen« gleichermaßen einer Logik der Effektivität und folglich der Mitläufigkeit und der Anpassung unterwirft; eine Ästhetik der Fadheit und der indirekten Diskretion, in der »Transzendenz als reiner Verabsolutierung von Immanenz« in ihrer äußersten Verfeinerung zu bestaunen ist. (Jullien 1989: 285)

Die Berg-Wasser-Malerei vermag Unendlichkeit in der Darstellung von Endlichem zu evozieren, die Musik lebt vom verklingenden »Rest der Töne« (yú yīn 餘音) und die Dichtung von Anspielung und Indirektheit des Ausdrucks (siehe Kap. 9). Ohne Glauben, ohne Metaphysik und ohne religiöses Jenseits findet sich in der chinesischen Literatenästhetik die Artikulation eines »Außerhalb« (au-delà) dieser Welt allenfalls *innerhalb* dieser Welt. Es findet eine »Überschreitung« (depassement) der sinnlichen Erfahrung statt, ohne dass die Sphäre des Sinnlichen verlassen würde. An der »Grenze des Sichtbaren« winkt Kunst dem Unsichtbaren. (Jullien 1991: 16/30) Die »Transzendenz« der Fadheit »mündet nicht in einer anderen Welt, sondern wird im Modus der Immanenz selbst gelebt (aus dieser Perspektive hören die beiden Termini endlich auf, einander entgegengesetzt zu sein). Fadheit ist diese Erfahrung von ›Transzendenz‹ versöhnt mit der Natur und: entbunden vom Glauben.« (Jullien 1991: 127/180) Hier zeigt sich ein Verständnis *immanenter Transzendenz*, in dem Transzendenz gegenüber Immanenz keinerlei Eigenständigkeit besitzt. Jeglicher Dualismus wird vermieden, der Immanenz und Transzendenz, Diesseits und Jenseits, Weltlichkeit und Außerweltlichkeit voneinander abspalten würde – diese Interpretation unterscheidet sich deutlich vom Verständnis »immanenter Transzendenz« (nèizài chāoyuèxìng 內在超越性), das im zeitgenössischen Neokonfuzianismus entwickelt worden ist, in dem »Transzendenz« ein stark metaphysischer Gehalt zugesprochen wird und »Immanenz« ausdrücklich *nicht* auf eine Verabsolutierung des »natürlichen Energiewandels« (zìrán qìhuà 自然氣化) verkürzt wird.

In der Diskussion der klassischen konfuzianischen Ethik zeigt sich bei Roetz ein Verständnis immanenter Transzendenz, in dem »Transzendenz« ebenfalls von religiösen oder metaphysischen Konnotationen freigehalten werden soll. Gleichwohl soll sie so weit bewahrt und verteidigt werden, dass eine Distanzierung von der Welt des Bestehenden und Gegebenen möglich bleibt, die als Ausgangspunkt für deren Kritik zu dienen vermag. Roetz betont, dass sich der frühe Konfuzianismus nicht auf den »Weg des Himmels«, sondern auf den »Weg des Menschen« richtet. In diesem Sinne zitiert er *Lúnyǔ* 論語 15.29 (ich folge hier Richard Wilhelms umstrittener Übersetzung des Buches *Lúnyǔ* als *Gespräche*): »Der Mensch vermag das Dao groß zu machen. Es ist nicht so, daß das Dao den Menschen groß machte.« Dazu schreibt er weiter: »Das *Dao* ist hier kein religiöser oder metaphysischer Fixpunkt, mit dem dem Menschen eine Wahrheit vorgegeben wäre, zu der er sich emporarbeiten muß. Es fällt als normativer Begriff aber auch nicht mit dem bereits Gegebenen zusammen, denn, so Konfuzius, ›hätte die Welt das Dao, so müßte ich nicht dabei mittun, sie zu ändern‹ (*Lunyu* 18.6). Es besitzt also eine *Transzendenz*, die ganz im *menschlichen Diesseits* liegt. Was aus dem *Dao*, dem Inbegriff dessen, was der Welt not täte, werden kann, entscheiden menschliche Sinngebung und menschliches Streben nach etwas ›Großem‹. Der Mensch wird, wozu er sich macht – ein Gedanke, der sich sehr gut in das Bemühen der Konfuzianer um Selbstveredelung einfügt. Auch seine Moral muß er aus eigener Initiative entwickeln; sie ist ihm nicht durch eine jenseitige oder ontologische Norm vorgezeichnet.« (Roetz 1992: 312–313)

Roetz sympathisiert mit der aufklärerischen Rezeption des Konfuzianismus im 18. Jahrhundert, mit Christian Wolff, dessen *Rede von der Sittenlehre der Sinenser* (1721) ihm den Vorwurf des Atheismus, die Kündigung seiner Professur in Halle sowie den Landesverweis eingebracht hat. (Wolff 1985) Entsprechend ist es das Interesse an der Möglichkeit einer post-christlichen und nach-metaphysischen Ethik, das Roetz in seiner kritischen Rekonstruktion der »Sittenlehre der Sinenser« anleitet. Im Unterschied zu Wolff jedoch, den sein sinophiler Atheismus noch ernsthaft in Gefahr gebracht hat, eckt die Idee von Moral ohne Religion inzwischen kaum mehr an. Die Frage, wie eine Ethik zu denken sei, die sich nicht länger auf den Glauben an die Gültigkeit transzendenter und deshalb absoluter Normen verlassen kann, verwundert oder empört in Europa nicht mehr. Hinzu kommt, dass die Herausbildung des modernen Begriffs der *Kritik* mit dem historischen Sturz traditioneller Metaphysik aufs Engste verbunden ist. Und eröffnet nicht die Verbindung von Immanenz und Kritik eine »Figur der Wahrheit« – diese Wendung findet sich in dem unter anderem von Foucault unterzeichneten Vorwort, das der Reihe »Des Travaux« vorangestellt ist, in der auch Julliens *Procès ou Création* und *La propension des choses* erschienen sind –, mit der sich europäische Philosophie im 20. Jahrhundert unablässig beschäftigt hat.

Dadurch wird zumindest verständlicher, warum Julliens philosophische Lektüre des *Buches der Wandlungen* schon im Titel *Figures de l'immanence* die Begriffe »Figur« und »Immanenz« zusammenführt. Dass Jullien zudem den im französischen Poststrukturalismus verbreiteten Begriff des »Dispositivs« (dispositif) gebraucht, um das Denken der »Transformation« und der »Effektivität« oder »Wirksamkeit« (efficacité) in China zu erschließen, zeigt, in welchem Maße das moderne Problem der Immanenz seine Interpretation »chinesischen Denkens« bestimmt – in *Procès ou Création* ist bereits von der »Welt als Dispositiv« die Rede (Jullien 1989: 260), in *Propension des choses* und *Figures de l'immanence* wird der Begriff sodann zum Ausgangspunkt der Interpretation von klassischen Texten der chinesischen Antike (siehe Kapitel 3). Während Julliens Umweg über China allerdings letztlich in die Verteidigung von Metaphysik mündet, glaubt Roetz unbeirrt an den universalistischen Gehalt einer nachmetaphysischen Korrespondenz von konfuzianischer Ethik und Aufklärung. Seine Überlegungen zu einer Transzendenz im menschlichen Diesseits münden in die Annahme, »daß entgegen der These Webers der Konfuzianismus auch ohne die Berufung auf einen überweltlichen Gott genügend Abstand zur ›Sittlichkeit‹ gewann, um eine postkonventionelle Ethik zu entwickeln, die schon im *Lunyu* in *Spannung* gegen die Welt (zumindest die Welt seiner Zeit!) steht. Dies trifft sich mit der Überzeugung der europäischen Aufklärer und ihrem Interesse an China.« (Roetz 1992: 314)

Das ist strukturell gesehen genau das Problem, um das die moderne Konstellation von Immanenz und Kritik seit dem 18. Jahrhundert kreist: Wie ist es möglich, ohne die Transzendenz eines überweltlichen Gottes »die Welt seiner Zeit« zu kritisieren? Foucaults Überlegungen zu Kants »Beantwortung der Frage ›Was ist Aufklärung?‹« sind nur ein Versuch unter vielen, darauf zu antworten. Er sieht die Bedeutung dieses Textes vor allem in der Anerkennung kritischer Zeitdiagnose als legitime Aufgabe von Philosophie – wir leben in einer Zeit der Aufklärung, sagt Kant, aber was bedeutet Aufklärung? Müssen wir nicht verstehen, was Aufklärung ist, um verstehen zu können, in was für einer Zeit wir leben? Foucault beschränkt sich indes nicht darauf, Kant dafür zu loben, die Kritik der eigenen Gegenwart methodisch in die Philosophie eingeführt zu haben. In einem weiteren Schritt wendet er sich gegen Kant und den *ahistorischen* Charakter von dessen Transzendentalphilosophie: Darin bleibt Kant selber noch der Metaphysik verhaftet, gegen die seine Kritik zugleich gerichtet ist. Foucault'sche Begriffe wie historisches Apriori, Episteme, Diskurs und Dispositiv lassen sich im Kontext einer Kant-Kritik verstehen, die auf die Historisierung der Transzendentalphilosophie zielt. Seine spätere Erörterung einer Ethik der Arbeit des Selbst an sich selbst kreist immer wieder um die Möglichkeit einer »anderen Welt« (autre monde) oder eines »anderen Lebens« (vie autre), die keiner »jenseitigen Welt« (monde autre) bedürfen (Foucault 2009: 292–294) – so verstanden berührt sich die Idee asketischer Ethik mit dem, was Roetz unter dem Namen »postkonventionelle Ethik« aus klassischen konfuzianischen Texten herausarbeitet. Die Historisierung der kantischen Transzendentalphilosophie, die darauf zielt, die Reste von christlicher Religion und absoluter Transzendenz aus der Praxis kritischen Denkens auszutreiben, hat somit eine zutiefst ethische Bedeutung.

Während jedoch Foucaults letzte Vorlesungen am Collège de France die Möglichkeit einer asketisch-ästhetischen Ethik ohne Metaphysik und Transzendenz mit freigeistiger Radikalität erkunden, bleibt Roetz in seiner Diskussion der konfuzianischen Ethik letztlich dem komparativen Raster Max Webers doch stärker verbunden, als seine scharfe Kritik am Weberianischen Diskurs vermuten lässt. War der Konfuzianismus nicht doch zu immanent, um die in seiner Zeit notwendige kritische Kraft zu entfalten? Ist nicht doch mehr »Transzendenz« nötig, als die Gründungsfigur des Konfuzianismus zuzugestehen bereit ist? Roetz schreibt: »Allerdings läßt sich fragen, ob die explizite Inanspruchnahme einer radikal jenseitigen Instanz, gegenüber der die Welt nichtig ist, Konfuzius nicht zu schärferen theoretischen Zuspitzungen (etwa im Verhältnis von Menschlichkeit und Etikette) und einer noch entschiedeneren Distanz zur nur konventionellen Moral motiviert hätte, ohne daß diese per se in Intoleranz hätte münden müssen.« (Roetz 1992: 314–315) Darin ist eine Frage enthalten, die sich auch kritische Theorie stellt, insofern Marxismus und Totalitarismus nicht einfach einander entgegengestellt werden können: Wieviel »radikal jenseitige Instanz« ist nötig, um sich kritisch von der Welt des Bestehenden zu distanzieren? Und inwiefern sollte ein Übermaß an »radikal jenseitiger Instanz« vermieden werden, um den Umschlag in totalitäre Intoleranz zu vermeiden? Wie ist es möglich, einerseits die Marx'sche Kritik der politischen Ökonomie als Modell kritischer Theorie anzuerkennen, andererseits jedoch gleichzeitig den real existierenden Sozialismus zurückzuweisen?

Roetz sieht bei Mèngzǐ 孟子 (372–289, latinisiert: Menzius) eine Position, »in der die Erinnerung an die Himmelsreligion der frühen Zhou lebendiger als im *Lunyu*« ist, eine Perspektive, die innerhalb des Konfuzianismus eine Radikalisierung der Distanz erlaubt und die »vehementen Attacken Mengzis auf die Politik möglich macht«. (Roetz 1992: 317) In Mèngzǐs Unterscheidung zwischen »Rängen des Himmels« und »Rängen des Menschen« sieht er »nicht weniger als ein Pendant zur abendländischen Lehre von den ›zwei Reichen‹, die, angelegt im Idealismus Platons wie in der jüdisch-christlichen Tradition, über Augustinus und Luther auf Kant wirkte und wesentlich zu jener ›Spannung gegen die Welt‹ beitrug, die dann Weber China als rein ›okzidental‹ entgegengehalten hat.« (Roetz 1992: 316) Damit wird die Möglichkeit eröffnet, dass das »Begründungsprogramm der Moral« bei Mèngzǐ eine »auf areligiöse Selbstkultivierung angelegte Ethik« mit einer auf das Verhältnis von Himmel und menschlicher Naturanlage gegründeten »apriorischen Existenz der Moral« verbindet. *Immanente Transzendenz* zeigt sich somit als Verbindung von immanenter (innerweltlicher), nachmetaphysischer Ethik, die diverse Praktiken der Kultivierung umfasst, mit einer transzendenten (metaphysischen) Moral, die auf einer Metaphysik des Himmels und der menschlichen Naturanlage gründet.

Mit dieser Heraushebung von Mèngzǐ berührt sich Roetz' Interpretation der altchinesischen Moralphilosophie mit einer Interpretation innerhalb des zeitgenössischen Neokonfuzianismus, die Mèngzǐ und Kant zusammenführt. (Lǐ 1990: 47–80) Die damit einhergehende Ausarbeitung einer »Lehre der Herz-Naturanlage« (xīnxìng lùn 心性論) führt jedoch zu einer idealistischen, um nicht zu sagen spirituell-religiösen Version immanenter Transzendenz, mit der sich Roetz nicht anfreunden kann.

In seiner Kritik an der Konzeption von »Aufklärung« und konfuzianischer Religiosität bei Tu Wei-ming (Dù Wéimíng 杜維明) bringt Roetz die Möglichkeit eines »nachmetaphysischen Begriffs ›innerer Transzendenz‹« ins Spiel – er übersetzt an dieser Stelle nèizài chāoyuè 內在超越 als »innere Transzendenz« und nicht wie üblich als »immanente Transzendenz«. (Roetz 2008: 377; siehe auch Roetz 2011: 70) Er streift die Perspektive eines Dialogs zwischen modernem Konfuzianismus und einem Paradigma der Kommunikation, in dem »Transzendenz« in »der menschlichen Sprache angelegt ist und nicht erst in einer bestimmten Grammatik oder Religion«. (Roetz 2011: 68) In der konfuzianischen Literatur wird zwar »immanente Transzendenz« noch in »ontologischen Begriffen« formuliert und nicht wie im Paradigma der Kommunikation in »post-ontologischen«, gleichwohl lässt sich mit Tu Wei-ming sagen, dass in beiden Fällen »›the most generalized level of universality (Heaven) is rooted in concrete and specific acts in the everyday lives of human beings‹, rather than in a realm beyond.« (Tu Wei-ming zitiert nach Roetz 2008: 377) Tus Verständnis von »Immanenz« umfasst somit nicht nur die »Innerlichkeit« des Herzens, sondern auch die »Innerweltlichkeit« von Praktiken, die er mit pragmatistischen Interpretationen des Konfuzianismus und ihrer Betonung der rituellen Dimension konfuzianischer Ethik teilt. Da auch Habermas und Apel sich auf Philosophen aus dem Umfeld des amerikanischen Pragmatismus beziehen, eröffnet sich hier die Perspektive eines Dialogs zwischen modernem Konfuzianismus und einer Theorie der Kommunikation, in der die Universalität ethischer Normen auf die Immanenz einer in der realen Kommunikationsgemeinschaft *transzendental* vorausgesetzten idealen gegründet wird. Damit wird eine Entwicklungsmöglichkeit angedeutet, die Roetz in groben Zügen ausgeführt hat. (Roetz 2013) Sie ist insbesondere dann vielversprechend, wenn das kommunikative Paradigma nicht isoliert betrachtet wird, sondern innerhalb der weiteren Entwicklungsdynamik des Verhältnisses von Immanenz und Transzendenz, von kritischem Denken und Transformation der kantischen Transzendentalphilosophie im europäischen und anglo-amerikanischen Denken des 20. Jahrhunderts. An diesen

Diskussionskontext von großer Komplexität knüpft Roetz in seiner Interpretation an, indem er sich auf die Verbindung von transzendentaler Sprachpragmatik, postkonventioneller Ethik und kommunikativer Vernunft bei Apel und Habermas bezieht.

Durch die Einbeziehung der kommunikationstheoretischen Transformation Kritischer Theorie in seine Deutung klassischer chinesischer Philosophie vollzieht Roetz einen qualitativen Sprung im Verhältnis von Sinologie und Philosophie. Unabhängig davon, ob dieses Gedankenexperiment im Einzelnen gelungen ist, wird damit unmissverständlich nahegelegt, dass es keine anspruchsvolle »europäische« Perspektive auf »chinesische« Philosophie geben kann, die nicht zugleich selbstreflexiv Rechenschaft über ihre eigenen Voraussetzungen und Bezüge ablegt. Jullien hat Ähnliches für die Verbindung von Sinologie und französischer Gegenwartsphilosophie zumindest in die Wege geleitet. Nach diesen Durchbrüchen in der deutschen und französischen Sinologie ist es möglich, über das philosophische Gespräch zwischen China und Europa neu nachzudenken. Neu in dem Sinne, dass die transkulturelle Dynamik chinesischer Gegenwartsphilosophie nun erst systematisch einbezogen werden kann.

Auch wenn Roetz daran zweifelt, ob von einer »fast-transzendentalen Begründung der Ethik im *Lunyu*« gesprochen werden kann, betont er doch immer wieder die Forderung nach einer reflexiven Begründung der Tradition durch die »urteilsfähige Vernunft«. (Roetz 1992: 314; Roetz 1984: 207–208;) Er fragt zudem, inwiefern die im *Lúnyǔ* eingeführte »Goldene Regel« mit einer an Kant orientierten Moralphilosophie korrespondiert. (Roetz 1912: 219–241) Darin bloß einen eurozentrischen Blick auf chinesische Philosophie zu sehen, zeugt von Unkenntnis einer transkulturellen Dynamik, durch die Kants Philosophie im modernen China eine der wichtigsten Quellen für die Rekonstruktion konfuzianischer Texte geworden ist. Wie Marx ist Kant in China längst sinisiert worden und aus dem philosophischen Diskurs nicht mehr wegzudenken. Das notwendige philosophische Gespräch zwischen China und Europa wird sich nur entfalten können, wenn die europäische Seite die normative Gleichstellung der chinesischen anzuerkennen lernt. Dann wird ein neuer Typus *transpositionaler Theorie* entstehen, dessen Stärke darin besteht, chinesische und europäische

Quellen gleichermaßen in das Nachdenken über zeitgenössische Probleme einbeziehen zu können.

Im virtuellen Dia-log zwischen Roetz und Jullien, den ich in diesem Kapitel in Ansätzen zu skizzieren versuche, geht es um die theoretischen Bedingungen der Möglichkeit der Interpretation klassischer und moderner chinesischer Texte. Dieser Dia-log ist schwierig, weil beide nicht systematisch über den Einfluss sprechen, den die deutsche bzw. französische Gegenwartsphilosophie auf ihre jeweiligen sinologischen Ansätze ausgeübt hat. Zudem bleibt die Wahrnehmung französischer Philosophie bei Roetz und diejenige deutscher Philosophie bei Jullien stark in Klischees verhaftet. Roetz' beiläufige Bemerkungen zu Foucault etwa bleiben im Rahmen der von Habermas in *Der philosophische Diskurs der Moderne* ausgesprochenen Kritik. Andererseits wirkt Julliens knappe Auseinandersetzung mit dem »zeitgenössischen Rationalismus« von Apel und Habermas in seinem Buch *De l'universel* (Jullien 2008: 199–217) polemisch verzerrt und wenig überzeugend.

Julliens Verständnis des chinesischen Denkens als Denken der Immanenz und der Effektivität dominiert, wie nicht anders zu erwarten, auch seine Diskussion der Kommunikationstheorie, deren *universalistischen* Anspruch er mit dem Hinweis auf die Sprachauffassung in Konfuzianismus und Daoismus zurückweist. Diese sieht er mehr geprägt von Manipulation und Strategie als von Überzeugung und Argumentation. Seiner Auffassung nach kennt das *Lúnyǔ* keine »Reziprozität in der Argumentation«. (Jullien 2008: 206) Folglich leugnet er die Möglichkeit einer universalistischen Lektüre der Goldenen Regel in *Lúnyǔ* 4.15 und 15.23. Er weist darauf hin, dass der spezifische Kontext des *Lúnyǔ* einbezogen werden muss, der zeigt, dass Kǒngzǐs Formulierung bloß »einen möglichen Weg der Reflexion« vorschlägt: »anstatt als abstrakte Maxime zu dienen, als Vorbote des kategorischen Imperativs, bleibt sie von der chinesischen Bedeutung von Resonanz oder Reaktionsfähigkeit (gǎnyìng 感應) durchdrungen, nach der Ethik nicht vom Affektiven getrennt ist […].« (Jullien 2008: 198) Entsprechend verwirft er die universalistischen Ansprüche einer »Ethik der Kommunikation«, die Normen aus »apriorischen Regeln der Kommunikation« abzuleiten versucht, als ethnozentrisch. (Jullien 2008: 209) Von China aus betrachtet, so Jullien, erscheint Habermas' Überzeugung vom normativen Gehalt kommunikativen Handelns als »griechische Angelegenheit«. Der transzendentalpragmatische Ansatz beruht demnach auf einem Paradigma des Überzeugens durch sprachliche Argumente, das sich so nur im Griechischen entwickelt hat. Im Chinesischen hingegen findet sich an Stelle dessen eine Tradition des »Sprechens durch Nicht-Sprechen«. Mit diesem Hinweis glaubt Jullien die kommunikationstheoretische »Unhintergehbarkeit der Argumentationssituation« ihrer kulturellen Partikularität überführen zu können.

Mit Julliens Entgegensetzung des »Gemeinsamen« (le commun) und des »Universalen« oder »Allgemeinen« (l'universel) ist die Forderung verbunden, es sich mit dem Universalismus von Diskurs und Argumentation nicht zu leicht zu machen. An Kommunikation wird damit eine wichtige Frage gerichtet: Welche Bedeutung hat nicht-diskursive Kommunikation? Lassen sich die Bedeutungen von »Kommunikation« (tōng 通; gōutōng 溝通 im modernen Chinesisch), die sich in klassischen chinesischen Texten finden, in das Paradigma diskursiver und argumentativer Kommunikation integrieren? Oder ist es sinnvoll, über ein alternatives Paradigma nachzudenken, ein *Paradigma paradoxer Kommunikation* etwa, in dem diskursive und nicht-diskursive Kommunikation miteinander koexistieren können? Damit bestünde zumindest die Möglichkeit, den von Jullien betonten und von Roetz wiederholt kritisierten Aspekt der »Resonanz« (gǎnyìng 感應) in eine interkulturelle Theorie der Kommunikation einzubeziehen.

Im Zusammenhang seiner Erörterung der »Immanenz« in *Procès ou Création* spricht auch Jullien von »Kommunikation« – das ist seine Übersetzung für tōng 通, die mir überzeugend erscheint – und dem Motiv einer unblockierten »Spontaneität der Kommunikativität«. (Jullien 1989: 120) Statt jedoch daran anzuknüpfen, beschränkt er sich auf eine karikaturhafte Vereinfachung der Transzendentalpragmatik. Für ihn bleiben Apel und Habermas einer klassischen theoretischen Geste verhaftet, in der ein unveränderliches Apriori dem Lauf historischer Veränderung gegenübersteht. (Jullien 2008: 214) Dabei lässt er außer Acht, dass die sprachpragmatische Transformation der kantischen Transzendentalphilosophie in ihrer Kritik am kantischen Vernunftsubjekt und durch die Aufwertung der Sprache ein Historischwerden der Transzendentalphilosophie vorangetrieben hat, das Foucaults Rede von einem »historischen Apriori« ähnlich ist. So betont Apels Rede von einem »Apriori der realen Sprach- und Kommunikationsgemeinschaft« die intersubjektive Situiertheit jeglicher Kommunikation. Indem Roetz sich am Paradigma der Kommunikation orientiert, wenn er die Möglichkeit eines nachmetaphysischen Begriffs der immanenten Transzendenz erkundet, bereitet er eine vielversprechende Öffnung in Richtung klassischer chinesischer Konzeptionen nicht-diskursiver »Kommunikation« vor, deren Erörterung Jullien sich wiederholt gewidmet hat. Indem Jullien jedoch diskursive Philosophie und nicht-diskursive Weisheit einander starr gegenüberstellt, blockiert er das transkulturelle Weiterdenken der Kommunikationstheorie bereits im Ansatz.

Transpositionalität

Die von Jullien variierte Konstellation von Denken der Immanenz, despotischer Politik und konformistischer Ethik findet einen besonders unverblümten Ausdruck in seiner Interpretation des Künstler-Philosophen Jī Kāng, den er als Vertreter »der chinesischen Literaten« versteht (siehe Kap. 4). Dieser verkörpert eine Lebenshaltung, die seiner Interpretation des Selbst im Motiv der anpassungsfähigen »Disponibilität« des Weisen entspricht. Diese Haltung erwähnt er auch in seiner Diskussion des Zusammenhangs zwischen Kommunikationstheorie und dem Satz vom Widerspruch des Aristoteles: Indem der »Weise« seinen »Geschäften nachgeht, ohne geschäftig zu sein« oder den »Nicht-Geschmack schmeckt«, bleibt er »kein Gefangener des einen noch des anderen: er lässt sich weder von der Logik des Ausschlusses einschränken, noch beraubt er sich seiner Ressource. Weder ›haftet‹ er daran, noch ›verlässt‹ er es.« (Jullien 2008: 210/167) Dass damit keineswegs ein ungetrübtes Lob des chinesischen Weisen gemeint ist, wird deutlich in Julliens ablehnender Beschreibung von Jī Kāng: »Indem er sich weigert, den Konflikt zu denken, hat er sich ihm von sich aus unterworfen. Denn indem er das Ideal der ›Disponibilität‹ als eine *umfassende* Disposition seiner Persönlichkeit denkt, die gleichermaßen offen für die eine wie für die andere Möglichkeit ist, und indem er sich *a priori* keiner Möglichkeit entzieht und sein Verhalten ausschließlich nach dem Anspruch der Situation ›wandelt‹, hat er sich letzten Endes keine Position gegenüber der Macht geschaffen – da eine solche ›Position‹ Stillstand und folglich Blockierung und Befangenheit beinhalten würde. Da er sich genau weigert, auf irgendeiner Seite zu stehen, ›weder für noch gegen etwas steht‹, wie Konfuzius es empfahl (*Lúnyǔ* 4.10), hat er sich selber die Konstitution einer *anderen Seite* (als die der Macht) verboten und sich die Möglichkeit der Dissidenz verschlossen.« (Jullien 2005: 156–157/206)

Julliens These einer Unmöglichkeit von Dissidenz und Kritik im Denken »chinesischer Literaten« bin ich im zweiten und vierten Kapitel bereits nachgegangen. Im Folgenden möchte ich diese Erörterungen vertiefen, indem ich mich etwas genauer der Analyse der im Zitat beiläufig erwähnten Passage aus den *Gesprächen* des Konfuzius zuwende. Dafür ist es notwendig, die *philosophische* Lektüre von Julliens Deutung »des chinesischen Literaten« und »des chinesischen Denkens« mit einer *philologischen* zu verbinden. Das führt jedoch unvermeidlich in eine Auseinandersetzung, die ohne Kenntnisse des Chinesischen erfahrungsgemäß unverständlich und abschreckend wirkt. Die philologische Erörterung einer Textstelle aus einem klassischen chinesischen Buch verlangt, sich nicht bloß auf den äußeren Kreis des Chinesischen zu beschränken, sondern auch dessen *inneren Kreis* zu betreten und sich auf den Strudel einander ergänzender und widersprechender Deutungen bestimmter Textstellen einzulassen, die innerhalb der chinesischen Kommentarliteratur vom Altertum bis in die Gegenwart vorgebracht worden sind. Sobald die klassischen Texte konsequent von »innen« her gelesen werden, zerfällt die Kontinuität der großen einen Tradition in eine verwirrende Vielfalt von Stimmen und Standpunkten. Nur weil Julliens hermeneutische Strategie »chinesisches Denken« vor allem *von außen her* betrachtet, vermag er den Eindruck von Kontinuität und Einheitlichkeit zu erzeugen. Allerdings führt ihn sein Umweg über China gelegentlich auch in den *inneren Kreis* der Literatenkultur, aus dem er entscheidende Anregungen erhalten hat. Sobald er allerdings den *inneren Kreis* verlässt, um vom äußeren Kreis her beide zu verbinden, unterschlägt er systematisch, dass die Anregungen, die er erhalten hat, aus Texten kommen, die von bestimmten Menschen geschrieben worden sind, die in bestimmten Kontexten gearbeitet haben und deren »Position« im philosophischen Diskurs sich nur aufgrund der Kritik bestimmen lässt, die sie an anderen Positionen geübt haben. Indem Jullien seinen wichtigsten Kontaktmann im *inneren Kreis* – Wáng Fūzhī – zum allgemeinen Repräsentanten *des* »Denkens der chinesischen Literaten« stilisiert, entkleidet er ihn seiner »Position« im chinesischen Diskurs. Die eindringliche Stimme der Kritik, mit der er gesprochen hat, ist dann nicht mehr hörbar. Es ist nicht so, dass »chinesische Literaten« zur Dissidenz unfähig sind, vielmehr weigert sich Jullien, diesem bestimmten »chinesischen Literaten« die Position der Dissidenz zuzugestehen. Seine Interpretation der individuellen Stimme von Wáng Fūzhīs Denkens verallgemeinert er sodann zu *dem* »chinesischen Denken«. Um die Konsequenzen, die das hat, zumindest anzudeuten, werde ich im Folgenden vor allem seinen Kommentar zu *Lúnyǔ* 4.10 berücksichtigen.

Die Passage, auf die Jullien im obigen Zitat beiläufig hinweist, lautet vollständig: »Der Meister sprach: Der Edle, im Verhältnis zu allen Angelegenheiten im Himmelunten, besteht auf nichts unbedingt und lehnt auch nichts unbedingt ab, er folgt nur dem, was mit dem Gerechten übereinstimmt.«[14] Es geht hier um den konfuzianischen Idealmenschen, den »Edlen« oder wörtlich »Fürstensohn«, und die Haltung, die dieser im Verhältnis zu allen möglichen Angelegenheiten einnimmt, mit denen er in der Welt des »Himmelunten« (tiānxià 天下) zu tun hat. In der Bestimmung des Edlen werden dabei zwei Ebenen unterschieden. Auf der ersten Ebene nimmt dieser eine Perspektive ein, die verschiedene Möglichkeiten und Positionen als gleichgestellt wahrnimmt. Aus dieser Perspektive ist es so, dass »nichts geht und nichts nicht geht« (wú kě wú bù kě 無可無不可). Es ist also eine Haltung des Weder-Noch *und* des Sowohl-als-Auch, die eingenommen werden soll: Im Verhältnis des »Edlen« zu allen ihm begegnenden Angelegenheiten findet keine seine unbedingte Zustimmung und keine seine unbedingte Ablehnung. Auf dieser Ebene ist der Edle in der Tat »gleichermaßen offen für die eine wie für die andere Möglichkeit« und versucht, sich dem Anspruch der Situation gemäß »wandlungsfähig zu halten«, wie Jullien sagt. Ist nun aber diese situative Offenheit, diese Weigerung »auf irgendeiner Seite zu sein«, bloß reaktive Anpassung an die Immanenz einer sich wandelnden Wirklichkeit, der gegenüber kein kritisches und freies Urteil möglich ist? Ein genauerer Blick auf ältere Kommentare zu dieser Passage führt zu einer eindeutigen Antwort: Nein, die an dieser Stelle geforderte Haltung des Edlen ist keine der konformistischen Weltanpassung. Um das zu erklären, ist es nötig, die Aufmerksamkeit dem zweiten Teil des Zitats zuzuwenden, der Julliens kontrastive Strategie untergräbt.

Der kanonische Kommentar von Zhū Xī und seine Weiterentwicklung durch Wáng Fūzhī legen nahe, dass die konfuzianischen Kommentatoren in der »disponiblen« Gleichstellung verschiedener Möglichkeiten ein Gemeingut von Konfuzianismus, Daoismus und Buddhismus sehen. Auf dieser Ebene gibt es keinen prinzipiellen Unterschied zwischen den drei Lehren. Insofern Jullien diese Grundausrichtung als repräsentativ für »das chinesische Denken« ansieht, steht seine Auffassung durchaus im Einklang mit diesen einflussreichen Kommentaren. Fragwürdig wird seine Charakterisierung *des* »Denkens der chinesischen Literaten« jedoch, sobald es um die Frage geht, worin sich denn die Positionen der drei großen Schulrichtungen unterscheiden. Denn es ist gerade dieser Unterschied, der den konfuzianischen Kommentatoren am Herzen liegt. Julliens Vorgehensweise, die in die Erörterung des »daoistischen« Literaten Jī Kāng ein zerstückeltes Zitat aus dem Buch *Lúnyǔ* – den *Gesprächen* des Konfuzius – einflicht, mag auf den ersten Blick als hermeneutisch legitime Textverkürzung erscheinen. Die Lektüre der Kommentare offenbart jedoch eine schwerwiegende Vereinfachung und Entstellung der Bedeutung des Textes auf einer zweiten Ebene, die von Jullien vernachlässigt wird.

Die Kommentare grenzen in scharfen Worten das »Lernen« des Kǒngzǐ als »Lernen der heiligen Menschen« (shèngrén zhī xué 聖人之學) vom Daoismus (Lǎozǐ) und Buddhismus (Buddha) ab. Sie weisen darauf hin, dass das Herz (xīn 心), das ohne Position bleibt, zwar sich verändernden Situationen zu entsprechen vermag, damit aber zugleich Gefahr läuft, »ohne Weg« (wúdào 無道) zu sein und sich am Ideal des heiligen Menschen zu vergehen. (Wáng 1990: 371)[15] Das »Lernen der heiligen Menschen« bewahrt demgegenüber »zwischen Nichts-geht und Nichts-nicht-geht das Moment des Gerechten«.[16] Aus dem Kontext des vierten Kapitels des *Lúnyǔ* und vergleichbarer Stellen wird deutlich, dass »Gerechtheit« (yì 義)

neben *Situationsangemessenheit* durchaus auch *Gerechtigkeit* in einem engeren moralischen Sinne bedeuten kann: Das Ethos des Edlen (jūnzǐ 君子) oder Gelehrten (shì 士) beinhaltet einen »Willen zum richtigen Weg«, der sich von Armut nicht schrecken lassen darf (4.9); er strebt eine Selbstständigkeit des Lernens an, dessen Wert von der Erlangung eines Beamtenpostens unabhängig ist (4.14); für ihn wiegt das Erlangen des Weges am Morgen das Sterben am Abend auf (4.8); er bemüht sich in zwischenmenschlichen Verhältnissen um Reziprozität (4.15) und betrachtet Reichtum, der »nicht gerecht« (bù yì 不義) erworben worden ist, wie ziehende Wolken (7.15). Eine alte Deutung des Textes liest ihn deshalb auch recht einfach, nämlich so, dass »Gerechtheit« vom Edlen verlangt, sich allen Menschen unabhängig davon zu nähern, ob sie arm oder reich sind. (Shí 2000/23: 54)

Der Kommentar zu *Lúnyǔ* 4.10 von Wáng Fūzhī fasst das schwierige Verhältnis der beiden Ebenen noch genauer, indem er es als Paradox von Transformation und Normativität zum Ausdruck bringt: Er versucht sozusagen *Normativität in Transformation* zu denken. In der Besinnung auf dieses Paradox eröffnet sich dem Edlen die Notwendigkeit des »Handelns« (xíng 行). Es ist allerdings ein Handeln, das »zwischen Un-Möglichem und Un-Nicht-Möglichem« (wú kě yǔ wú bù kě zhī jiān 無可與無不可之間) das »Gerechte bewahrt« (yǒu yì cún yān 有義存焉), wie es im Kommentar von Zhū Xī heißt. (Zhū 1983: 71) Warum steht hier nicht einfach »zwischen Möglichem und Nicht-Möglichem« (kě yǔ bù kě zhī jiān 可與不可之間)? Warum gilt es dieses »Etwas« des Gerechten zwischen dem »Ohne« (wú 無) des Möglichen und dem »Ohne« des Nicht-Möglichen – und nicht einfach dem Un-Möglichen – zu bewahren? Wáng Fūzhīs Erläuterungen führen in sehr verwickelte moralphilosophische Überlegungen. An dieser Stelle kann ich dazu nur einige vorläufige Bemerkungen machen.

Ein etwas gewagter Vergleich mag eine Ahnung von der Frage geben, die mir bei der Lektüre gekommen ist, für die ich aber keine überzeugende Antwort anbieten kann: Wenn die Ethik Kants paradigmatisch mit der klassischen Physik korrespondiert, kann dann eine Ethik gedacht werden, die der Quantentheorie gewachsen ist? Vielleicht ist es weniger hilfreich als irreführend, an dieser Stelle eine Interpretationsperspektive anzusprechen, die in den Umkreis des Verhältnisses von Philosophie und Physik sowie der Gespräche zwischen Heidegger, Heisenberg, Carl Friedrich von Weizsäcker und anderen führen könnte. Ich möchte es gleichwohl tun, um zumindest anzudeuten, dass das Verhältnis von konfuzianischer Ethik zu Daoismus und Buddhismus, mit dem der Kommentar von Zhū Xī zu *Lúnyǔ* 4.10 einsetzt, im chinesischen Diskurs mit solchen Fragen ohne große Schwierigkeiten verbunden werden kann. Es gibt dabei keine Denkbarrieren, die eine solche Verschränkung verhindern würden, etwa mit dem Argument, dass eine alte chinesische nicht mit einer modernen europäischen Lehre vermischt werden darf. Der klassische Text wird damit in eine transkulturelle Dynamik hineingesogen, die aus europäischer Perspektive nicht bloß irritierend wirkt, sondern geradewegs in eine Irre zu weisen scheint, in der Orientierung kaum mehr möglich ist: Das Denken läuft Gefahr, sich im Unbestimmbaren zu verlieren. Und da in moderner europäischer Philosophie allein »Ästhetik« in der Lage ist, mit »irreduzibler Unbestimmtheit« (Menke 2008: 20) umzugehen, droht die Auseinandersetzung sich im Spannungsfeld von Ästhetik, Ethik, Naturwissenschaft und Sinologie zu verlieren, bevor auch nur die nötigen Bedingungen dafür geschaffen sind, um sie überhaupt in Gang zu bringen.

Eines der Grundbücher des Chinesischen ist das *Buch der Wandlungen*, das in stark formalisierter Weise nichts anderes ist als eine Theorie des *Un-Bestimmten*. Anders gefragt: Kann »Unbestimmtheit« ein Prinzip sein? Kann *kommunikatives Handeln* so gedacht werden, dass es »Unbestimmtheit« als Prinzip anerkennt? Wie kann ein normatives Prinzip gedacht werden, dass nicht im Gegensatz zur Veränderlichkeit der Welt steht, sondern als in sich wandelbar, als *transformativ*? Bedeutet dies, das Verhältnis von Normativität und Transformation *nicht* länger vom Problem her zu denken, wie ein unveränderliches Prinzip in einer veränderlichen Welt gültig sein und angewandt werden kann? Wie kann Bestimmtheit aus Unbestimmtheit hervorgehen und wie kann Unbestimmtheit selbst normativ werden?

In Gesprächen von Zhū Xī mit seinen Schülern über *Lúnyǔ* 4.10 taucht die Unterscheidung auf zwischen »etwas, was ohne Bestimmung« (wú suǒ dìng 無所定), und »etwas, was ohne Nicht-Bestimmung« (wú suǒ bù dìng 無所不定) ist. (Lí 1994/2: 664) Sie wird in Wáng Fūzhīs Kommentar aufgenommen und weitergedacht. Dessen Erläuterung des Zeichens *yì* 義 betont einerseits die Unerschöpflichkeit der Angelegenheiten und Aufgaben, die auf den Edlen warten und auf die er »situationsgerecht« (yí 宜) zu »antworten« hat; andererseits versteht er yì 義 mit Entschiedenheit als »eine bestimmte und nicht wandelbare Maßregel« (yì zhě, yī dìng bù yì zhī jǔ zé yě 義者, 一定不易之矩則也) und scheint »Gerechtheit« somit die Bedeutung eines moralischen Prinzips zu geben. Wer inmitten der Angelegenheiten der menschlichen Welt zu »handeln wünscht« (yù xíng 欲行), kann dabei unmöglich in der »Mitte stehen«, das heißt »neutral« (zhōng lì 中立) bleiben, weil das bedeuten würde, das »Gerechte zu verwerfen« (fèi yì 廢義). Wie kann nun aber das »Gerechte« bewahrt werden »zwischen dem Un-Möglichen und dem Un-Nicht-Möglichen«? Im neokonfuzianischen Vokabular, dessen sich Zhū Xī und Wáng Fūzhī bedienen, ist dafür das »Herz [-Bewusstsein] des Edlen« (jūnzǐ zhī xīn 君子之心) nötig. Es »wägt ab« und »bestimmt« (dìng 定), wann eine zustimmende oder ablehnende Entscheidung nötig wird: »Der Edle erschöpft Veränderung und Wandel der zehntausend Dinge, indem er bestimmt das eine abwägende Herz« (jìn wànshì zhī biànhuà, yǐ dìng yī xīn zhī quánhéng 盡萬事之變化, 以定一心之權衡). (Wáng 1990: 371)

Um diese Überlegungen verstehen zu können, ist zu bedenken, dass »Unbestimmtheit« weder *bestimmt* ist noch *nicht-bestimmt* oder sowohl bestimmt als auch nicht-bestimmt. Um diese Ambivalenz zum Ausdruck zu bringen, spreche ich von »Un-Bestimmtheit« oder »Un-Möglichkeit«, die von Nicht-Bestimmtheit oder Nicht-Möglichkeit zu unterscheiden sind. Durch Selbstkultivierung lernt der »edle« Mensch, diese Schwebe auszuhalten und mit ihr umzugehen. Die Konfuzianer Zhū Xī und Wáng Fūzhī sind nun der Auffassung, dass in Daoismus und Buddhismus das Erreichen einer solchen Stufe Selbstzweck ist. Deren Lernen zielt auf ein »Herz«, das ohne etwas ist, woran es haftet und worin es feststeht, um auf Veränderungen antworten zu können (xīn wú suǒ zhù, ér néng yìng biàn 心無所住, 而能應變). (Zhū 1983: 71) Unabhängig davon, ob diese konfuzianische Interpretation von Daoismus und Buddhismus gerechtfertigt ist, verdient ihr deutlich kritischer Unterton Beachtung.

Auffällig ist nun, dass Jullien die von den Konfuzianern kritisierte Position auf das »chinesische Denken« insgesamt ausdehnt, indem er »den chinesischen Literaten« das Ziel zuspricht, wandlungsfähig bleiben zu wollen. Die Konfuzianer sehen darin jedoch nur eine Vorbereitung oder vielleicht besser eine Bedingung der Möglichkeit für »gerechtes« Handeln. Das »Un-Bestimmte« ist für sie Bedingung der Möglichkeit bestimmten und Bestimmung bewirkenden »Handelns« (xíng 行). Umgekehrt ist in einer »bestimmten« Welt der Spielraum des Handelns geringer als in einer »un-bestimmten«. Paradoxerweise verlangt also gerade die Möglichkeit bestimmten und entschiedenen Handelns, sich auf das Un-Bestimmte zu besinnen und es anzuerkennen.

Wáng Fūzhī fasst den Schritt vom Un-Bestimmten zum Bestimmten, von der Un-Möglichkeit zur Möglichkeit in eine so knappe wie rätselhafte Formel: »Wer im Herzen ohne Einseitigkeit ist, der ist in [der Durchführung von] Angelegenheiten notwendig angemessen (yú xīn wú yǐ zhě, yú shì bì yí 於心無倚者, 於事必宜).« Nun bedeutet aber, wie oben bereits erwähnt, »un-einseitig« zu sein nicht »neutral« zu bleiben. Wie kommt also das »Herz«, das sich abwägend zwischen dem Un-Möglichen und dem Un-Nicht-Möglichen bewegt, zu gerechtem Handeln? Ein bestimmtes Handeln ist »notwendig« (bì 必) – also nicht beliebig oder relativ – nur in dem Moment, in dem es sich vollzieht, denn die damit einhergehende Positionsbestimmung geht aus Un-Bestimmtheit hervor und verschwindet im nächsten Moment schon wieder in Un-Bestimmtheit. Das klingt rätselhaft nur, solange »situationsbezogene Kreativität des Urteils« und »die Einbringung objektiver Standards in die Entscheidungsfindung« gegeneinander ausgespielt werden. (Roetz 1992: 301)

Aus der Perspektive, die in Zhū Xīs und Wáng Fūzhīs Kommentaren zu *Lúnyǔ* 4.10 entwickelt wird, bedarf das normative Prinzip der »Gerechtheit« (yì 義) einer Kultivierung des Herzens, die eine Besinnung darauf ist, dass jedes normative Handeln die Realität, die durch das Handeln verändert wird, nicht erst in dem Moment verändert, in dem das Handeln stattfindet, sondern bereits in dem Moment, in dem das Herz die Realität auf Möglichkeiten und Nicht-Möglichkeiten des Handelns hin beurteilt und abwägt. So gesehen gibt es keine feststehende, objektive Realität, die mir als Gegenstand meines Handelns gegenübertreten kann, denn die Realität, die ich durch Regeln bestimmen und ordnen möchte, verändert sich bereits in dem Moment, in dem ich daran denke, sie normativ zu ordnen. Das Nachdenken über das Verhältnis von Normativität und Transformation führt somit in ein *Paradox des Handelns*: Die Realität, der mein Handeln gilt, ist in dem Moment, in dem ich handle, schon eine andere als die Realität, die ich wahrgenommen habe, als ich angefangen habe, Möglichkeiten des Handelns zu durchdenken.

Ich möchte meine Erörterung von *Lúnyǔ* 4.10 an dieser Stelle abbrechen. Ziel war es zu zeigen, dass erst im zweiten Teil des sehr kurzen Textes eine Selbstkultivierung ins Spiel kommt, deren normative Bedeutung die konfuzianischen Kommentare von daoistischen und buddhistischen Ansätzen zu unterscheiden bemüht sind. Jullien weiß, dass die darin angesprochene Haltung des »Edlen« weder rein situativ und damit opportunistisch ist noch auf idealen Prinzipien beruht, die es zu verkörpern gilt, vielmehr eine »Nicht-Trennung« der beiden Momente beinhaltet. (Jullien 1998b: 104/95) Eine solche *Nicht-Trennung* (bù èr 不二) hält er allerdings für »antiphilosophisch«, das heißt für ein Charakteristikum von »Weisheit«, die er der »Philosophie« gegenüberstellt. Aber ist es nicht seine »Trennung« von Weisheit (China) und Philosophie (Europa), die jene »Nicht-Trennung« erst als »antiphilosophische« bestimmt und zugleich als philosophische Denkmöglichkeit ausschließt? Seiner Auffassung nach erweist sich »angesichts des Konformismus der Weisheit jede Philosophie als prinzipiell revolutionär«, nämlich durch den »Bruch mit dem ›Natürlichen‹, den sie vollzieht«. (Jullien 1998b: 225/207)

Chinesische Weisheit ist »prinzipiell« konformistisch und europäische Philosophie ist »prinzipiell« revolutionär? Aber wie kann eine solche Perspektive erklären, dass der Konfuzianismus im 19. und 20. Jahrhundert »revolutionär« geworden ist? Und wie kann sie erklären, dass der Konfuzianismus eine auf den ersten Blick höchst unwahrscheinliche Verbindung mit dem Marxismus eingehen konnte, die dabei ist, die Welt zu verändern? Jullien behilft sich, indem er einerseits auch noch den Maoismus als geheimen Konfuzianismus deutet, als einen mikrologischen »Totalitarismus« (siehe Kap. 2), dessen »ununterbrochene Überwachung« auch kleinste Vergehen drastisch bestraft (Jullien/Marchaisse 2002: 79–80), und indem er andererseits den Marxismus »ähnlich reduktionistisch versteht wie das ›chinesische Denken‹«, nämlich als einen »Funktionszusammenhang«, der »weder Telos noch Subjekt« kennt (Roetz 2018: 24). Aber warum sollte aus dem »Handeln«, von dem Wáng Fūzhī spricht, die Position revolutionären Handelns ausgeschlossen werden? Wie ist sein Einfluss auf moderne chinesische Reformer und Revolutionäre zu erklären? Das ist eine Perspektive, die zu der großen Frage nach dem Verhältnis von modernem Konfuzianismus und chinesischem Marxismus führt: Wie konnte die revolutionäre Konstellation zwischen dem Denken von Wáng Fūzhī und dem Denken von Máo Zédōng entstehen? Oder zeugt es gegen Wáng und den atem-energetischen Konfuzianismus im Allgemeinen, dass Máo in ihm die östliche Entsprechung zu Hegel gesehen hat? Ist es sinnvoll, angesichts der ungeheuren revolutionären Kraft, die die hybride Modernisierung »chinesischen Denkens« hervorgebracht hat, von einem »Scheitern chinesischen Denkens« zu sprechen? Wenn es not-wendig ist, kann »chinesisches Denken« sehr wohl »Position beziehen«. (Siehe auch Jullien 1998b: 224–225/206–207)

Normativität in Transformation

Die Einwände, die ich gegen Julliens verkürzte Lektüre von *Lúnyǔ* 4.10 skizziert habe, kommen der Betonung der »postkonventionellen« Dimension konfuzianischer Ethik entgegen, die Roetz hervorhebt. Seine Bücher *Mensch und Natur im alten China* und *Die chinesische Ethik der Achsenzeit* lassen sich als systematische Kritik von Julliens Grundannahmen lesen. *Mensch und Natur im alten China* ist eine »Kritik des Klischees vom chinesischen Universismus«, der das »chinesische Denken« geprägt sieht vom Motiv der »Einheit von Mensch und Natur«. Die »Herausbildung des ›universistischen‹ China-Bildes in Europa« (Roetz 1984: 3) ist auch der Hintergrund für Julliens Interpretation »chinesischen Denkens« als ein Denken der Immanenz und der Transformation. Dieses hat seiner Auffassung nach kein »Subjekt« im Sinne von »hypokeimenon« (ὑποκείμενον), eines der objektiven Welt entgegengesetzten und zugrundeliegenden Substrats, hervorgebracht. (Jullien 1992: 225) Gegen den Zusammenhang von Immanenzdenken und Subjektlosigkeit rekonstruiert Roetz zunächst die Geschichte des universistischen China-Bildes, um sodann in detaillierter Lektüre altchinesischer Texte die Trennung von »Natur/Himmel« und »Mensch« und den Gegensatz von Objekt und Subjekt als Bedingung auch der chinesischen Hochkultur zu behaupten. Die »Einheit von Mensch und Natur« ist für ihn »kein vorsintflutliches Apriori des Denkens, keine ›radikal andere Denkform‹, sondern ein selbst vom Widerspruch gezeichnetes Produkt der Reflexion. In ihrer daoistischen Form ist sie ein bewußt gesetztes Postulat, eine durchdachte philosophische Stellungnahme zur Not einer zerrissenen Welt, die ihre Einheit längst verloren hat.« (Roetz 1984: 390) »Einheit von Mensch und Natur« zeugt demnach mehr von der Suche und der Sehnsucht nach etwas Verlorenem als von einem mythischen Weltbild, das *Naturbeherrschung* (noch) nicht kannte – sei es als Selbstbeherrschung, also als Beherrschung der eigenen, leiblichen Natur, die Subjektivität begründet, oder als Beherrschung der äußeren Natur, in der die Objektivierung der Welt vorausgesetzt wird. Ganz im Gegenteil zeugen die daoistischen Klagen über den Verfall jener »Einheit« von einem hohen Grad menschlicher Naturausbeutung schon im alten China. Erst als kritische und reflektierte Rückwendung zu »Natur«, so lässt sich die Schlussfolgerung von Roetz' Studie zusammenfassen, vermag die klassische chinesische Naturphilosophie ihre Aktualität freizusetzen, nämlich das Potenzial »für eine andere, solidarischere Weise des Umgangs mit der Natur«. (Roetz 1984: 392)

Roetz' Buch beschränkt sich weitgehend auf das Schreiben einer »Gegen-Geschichte«, die das »Nichtuniversistische am altchinesischen ›Denken‹ herausarbeitet«. Er ist skeptisch gegenüber der Möglichkeit, Aspekte der »universistischen« Naturkonzeption für die Gegenwart fruchtbar zu machen. (Roetz 2013a) Eine philosophische Antwort auf diese Frage ist die im vierten Kapitel angesprochene Verbindung des »Alleine« und des »All-Einen«: In der Kultivierung des Alleinseins eröffnet sich ein *universaler* Gehalt, der sich nicht nur auf die intersubjektive Welt zwischenmenschlicher Verhältnisse bezieht, sondern auch eine kosmische Dimension kennt, die menschliches Leben im Zusammenhang eines umfassenden *Energiewandels* verortet, der das ganze Universum durchzieht. Soweit ich sehe, ist diese Dimension sowohl in konfuzianischen, daoistischen wie auch in buddhistischen Diskursen der chinesischen Gegenwartsphilosophie stark präsent. Das starke Beharren auf der Verbindung von »Antizipationen modernen Denkens in der chinesischen Philosophie« und dem »Subjekt-Objekt-Gegensatz« oder der »Objektivierung der Natur« läuft von daher Gefahr, sich von vorneherein von Entwicklungsmöglichkeiten abzuschneiden, die ein sehr enges, europäisch geprägtes Verständnis von Moderne überschreiten, in deren Mittelpunkt »ein nüchternes, instrumentelles und ›entzaubertes‹ Bild der Natur« steht. (Roetz 2020: 75–76) An dieser Stelle wird das Beharren auf einer bestimmten, »modernen« Konzeption von »Natur« zu einer kommunikativen Selbstblockade, weil andere Perspektiven, »Natur« zu denken, als »vormodern« ausgeschlossen werden (siehe Kap. 2 und 4).

Roetz legt in seinen Ausführungen nahe, dass die Kritik der »Einheit von Mensch und Natur« Voraussetzung für die Rekonstruktion einer non-konformistischen, postkonventionellen Ethik im Konfuzianismus ist. Denn eine solche Ethik beruht auf der Einsicht, dass »Natur« nicht normativ ist, vielmehr Menschen »Natur« oder den »Himmel« erst normativ aufladen, um dann das Normative in ihnen zu finden. Er betont, dass eine an Xúnzǐ 荀子 (300–239) orientierte, aufklärerische »Theorie der Naturbeherrschung« (Roetz 2020: 77) dem ideologischen Missbrauch einer »universistischen« Naturkonzeption durch politischen Autoritarismus und sozialen Konformismus entgegenwirken kann. Der »Universismus«, so behauptet Roetz, zielt letztlich nicht auf die natürliche Welt, sondern auf die menschliche: »auf Etikette, auf Staatskult, auf staatstragende Moral. Sein Anliegen ist, paradox wie es klingt, nicht die Einheit mit der Natur, sondern die Einheit der Gesellschaft […]. Dort aber, wo eine wirkliche Einheit, eine Empathie mit allem Natürlichen verfochten wird, in der naturalistischen Philosophie des frühen Daoismus, findet sich zugleich der Subjekt-Objekt-Gegensatz in schärfster Form herausgearbeitet. So geht in der Reflexion der Spaltung der Anspruch auf Einheit nicht unter – erst durch sie hindurch kommt er dialektisch zur Geltung.« (Roetz 1984: 392)

Zugespitzt gesagt, läuft dies auf die Behauptung einer internen Korrespondenz zwischen »Universismus« und »Totalitarismus« hinaus, die auch Jullien und Billeter auf ähnliche Weise vertreten: Der »Universismus« sieht apolitisch aus, ist aber in Wirklichkeit zutiefst politisch, weil er den »Totalitarismus« ins Kosmische überhöht und dadurch legitimiert. Demnach muss eine kritische Rekonstruktion konfuzianischer Ethik, die zugleich die Demokratisierung Chinas im Blick hat, das Band zwischen »Universismus« und »Totalitarismus« oder »Despotismus« durchschneiden – damit geht Roetz weiter als der zeitgenössische Neokonfuzianismus, der sich ebenfalls dem Ziel der Demokratisierung Chinas verpflichtet fühlt, aber aus moralischen Gründen die Idee einer »Vereinigung von Himmel und Mensch« (tiān rén hé yī 天人合一) verteidigt, auf die sich der »Universismus« bezieht. Dafür ist es aber notwendig, ihn *nicht* als »Naturalismus« (zìránzhŭyì自然主義) zu verstehen und entsprechend von einer naturalistisch verkürzten »Theorie der Atem-Energie« (qìxué 氣學) abzugrenzen. (Lín 2019; Yáng 2019a)

Roetz' Rekonstruktion konfuzianischer Ethik ist eine Gegen-Geschichte, weil sie nicht *mitläufig* liest, nicht mit dem Strom, sondern *gegenläufig*, gegen den Strom. Sie arbeitet das Nonkonformistische und Postkonventionelle im konfuzianischen Denken heraus und sucht auf diese Weise das normative »Zukunftspotential der chinesischen Tradition« zu erschließen. So gesehen ist der Konfuzianismus »kein unkritischer Konservativismus«. Deshalb konnte in seinem Umfeld auch ein »reflektierter Traditionalismus« entstehen, »der sich immer wieder auf Neues einzustellen wusste und Elemente einer aufklärerischen, rationalistischen Moral enthält«. Das »Konservative und das Aufklärerische« ergänzen sich darin eher, als dass sie sich widersprechen. (Schleichert/Roetz 2009: 23) Deshalb ist der Konfuzianismus als philosophischer Diskurs auch prinzipiell dazu fähig, die Vermittlung von Tradition und Moderne zu denken, indem er das Alte im Neuen kritisch zur Geltung bringt. Eine solche Vermittlung hält Roetz für den einzig gangbaren Weg, »will China weder seine hergebrachten Autoritätsstrukturen perpetuieren noch seine kulturelle Identität aufgeben. […] Die namentlich von den chinesischen Geisteswissenschaftlern, wo immer sie sich unbevormundet entfalten können, zu leistende Aufgabe wäre die einer nicht regressiven Aneignung der Tradition, die die eigene Geschichte auf der Höhe der aktuellen Forderung nach Freiheit und Demokratie rezipiert. Eine solche Traditionsaneignung kann nicht bedeuten, eine Renaissance ererbter Denkmuster herbeizuführen.« (Roetz 1992: 17)

Mit dem Hinweis auf die »Forderung nach Freiheit und Demokratie« ist klar, dass »rekonstruktive Hermeneutik« für Roetz einen kritischen Zweck hat: Die »nicht regressive Aneignung der Tradition« soll die eigene Geschichte so aktualisieren, dass in ihr jene Aspekte in den Mittelpunkt rücken, die dazu geeignet sind, die Entwicklung von »Freiheit und Demokratie« in China zu fördern – damit möchte er für die »chinesische Tradition« das tun, was Kritische Theorie für die »deutsche Tradition« von Anfang an gefordert und nach 1949 zum Teil ja auch erfolgreich verwirklicht hat, nämlich die deutschen Klassiker so neu zu deuten, dass alles Nicht-Demokratische, Autoritäre oder gar Totalitäre aus ihr entfernt oder zumindest entschärft wird. Roetz zielt auf eine solche Demokratisierung der chinesischen Überlieferung.

Aus dieser Perspektive nähert sich Roetz in *Die chinesische Ethik der Achsenzeit* und in *Konfuzius* (Roetz 1995) einem für die Interpretation konfuzianischer Ethik entscheidenden Problem, nämlich dem Verhältnis von »Sittlichkeit« (lǐ 禮, von ihm auch übersetzt als »Riten« oder »Etikette«) und »Menschlichkeit« (rén 仁). Er versucht dabei zu zeigen, dass die in der Achsenzeit des alten China hervorgetretene »Aufklärung« ein solches »nicht regressives« Verhältnis zur Überlieferung bereits im Ansatz entwickelt hat. Damit wird die Frage berührt, ob es überzeugend ist, »Menschlichkeit« als ein moralisches »Prinzip« zu verstehen, dessen universalistisch-postkonventioneller Gehalt normativ über die »konventionelle Sittlichkeit« der Riten gestellt werden kann. (Roetz 1992: 201) Roetz zufolge ist »Menschlichkeit« mit der Bildung zur »moralischen Person« verbunden. (Roetz 1992: 243) »Menschlichkeit« als Prinzip der »Gegenseitigkeit« oder »Reziprozität« hat eng mit dem »Verhältnis des Subjekts zu sich selbst zu tun«. (Roetz 1992: 42) Das lässt sich so verstehen, dass *Subjektivität* ein reflexiver Selbstbezug ist, ein Verhältnis des Selbst zu sich selbst, das immer schon *intersubjektiv* mit dem Verhältnis zu anderen Menschen verflochten ist: Indem sie mit sich selbst kommunizieren, sind sie in soziale Kommunikation eingebunden, und umgekehrt ist soziale Kommunikation notwendig, um mit sich selbst kommunizieren zu können. Wenn »Menschlichkeit« derart als *Zwischenmenschlichkeit* verstanden wird, steigt sie in den Rang eines »Angelpunkts der Moral« (Roetz 1995: 69) auf, ja wird zum normativen Grundprinzip *kommunikativer Relationalität* erhoben, das im Mittelpunkt eines Netzes von im Konfuzianismus erörterten Prinzipien und Tugenden steht. Dieses Prinzip ist für Roetz denn auch dem konfuzianischen »Programm der ›Selbstkultivierung‹« durchaus »vorgeordnet«, denn es liefert einen »Maßstab«, um sich überhaupt in der Fülle möglicher Praktiken der Selbsttransformation orientieren zu können. (Roetz 1995: 79)

In diesem Sinne deutet Roetz denn auch das Verhältnis von »Menschlichkeit« und »Sittlichkeit/Etikette/Riten« als zugleich komplementär und normativ hierarchisiert: »Es ist die Etikette, die überhaupt den Menschen als Kulturwesen konstruiert und ohne die es keine menschliche Gemeinschaft gibt. *Ren* aber ist ihr notwendiges Korrektiv, das sie von ihrer schon einmal erlebten Degenerierung zu einem äußerlichen und ausnutzbaren Formalismus bewahren soll. [...] Die Menschlichkeit ist das höhere Prinzip, von dem die Sittlichkeit als unkorrumpierte lebt, und nur so gesehen auch das Zentrum des *Lunyu*.« (Roetz 1992: 201) Später heißt es dann allerdings kritisch zur »Menschlichkeit« als »Prinzip entfalteter Reziprozität«: »Bei ihrer Umsetzung in die reale Praxis wird allzuschnell versucht, sie mit den Hierarchien zu versöhnen, wodurch sie zwar eine moderierende Wirkung ausübt, aber ihr egalitäres universalistisches Potential nicht entfalten kann.« (Roetz 1992: 241) Obwohl Roetz also die voreilige Harmonisierung der Spannung zwischen »Menschlichkeit« und »Sittlichkeit« kritisiert, betont er, dass die »Rückkehr zur Etikette« eine »bewußte Wiederherstellung der tradierten Sittlichkeit« bedeutet: sie ist keine bloße »Internalisierung des Heteronomen«, sondern eine »reflektierte Bejahung der Sittlichkeit«. In diesem Sinne zitiert er *Lúnyǔ* 12.1: »Sich selbst überwinden *ke ji* und zur Etikette zurückkehren *fu li*, das ist Menschlichkeit. [...] Menschlich zu sein muß von einem selbst ausgehen. Wie denn von anderen?« (Roetz 1992: 258)

In *Lúnyǔ* 12.1 wird »Sittlichkeit« auf die »ästhetische« Praxis des Sehens, Hörens, Sprechens und Bewegens bezogen, die den Riten entsprechend umgeformt werden soll. Roetz spricht von einem

»Streit zwischen Moralität [Menschlichkeit] und Sittlichkeit [Riten]« (Roetz 1992: 200), in dem das »Selbst« in das »umfangreiche Programm der moralischen Kultivierung« (Roetz 1995: 79) eintritt. Tu Wei-ming stellt die Erörterung der »kreativen Spannung« beider Momente an den Beginn seiner Studien über konfuzianische Selbstkultivierung. (Tu 1979: 5) Eine andere einflussreiche Deutung ist nicht bereit, dem Moment der »Menschlichkeit« normativen Vorrang zuzugestehen, sie geht vielmehr von einem »Primat der ästhetischen Ordnung« aus und behauptet, dass »the conception of *praxis* as *aisthesis* permits a more appropriate interpretation of Confucius's social and political theory«. (Hall/Ames 1987: 131–133) Auch ältere chinesische Kommentare legen nahe, dass mit »Sittlichkeit« eine »rituelle Aktivität« gemeint ist, ohne die »Menschlichkeit« nicht bestehen kann. In all diesen Deutungen geht mit »Sittlichkeit« eine ethische Transformation der ästhetischen Alltagspraxis einher, deren Ziel es ist, Wahrnehmung und Verhalten normativ durchzugestalten. Dem »Selbst«, das »sich selbst« – das heißt, in den Worten von Zhū Xīs Kommentar, die »privaten [oder: selbstischen, egoistischen] Wünsche« (sīyù 私欲), das »Private im Selbst« (jǐ zhī sī 己之私) – durch strikte Befolgung der »Sittlichkeit« überwinden soll, steht ein anderes »Selbst« gegenüber, das »von einem selbst ausgehen« muss und nicht von außen gegeben werden kann. Zhū Xī versucht die Spannung zwischen »Sittlichkeit« und »Menschlichkeit« dadurch aufzulösen, dass er das »Verbot« (jìnzhǐ 禁止) alles Sehens, Hörens, Sprechens und Bewegens, das der »Sittlichkeit« zuwiderläuft, als Bestätigung des Vorrangs des höheren Selbst des »Herzens« über das niedrigere Selbst des »Körpers« versteht: Erst die Etablierung einer *Selbstregierung*, die bis in die kleinsten Wahrnehmungen und Gesten hineinreicht, gestattet die »Rückkehr« zu einer »Sittlichkeit«, die nun nicht Erstarrung in rituellen Formen bedeutet, sondern ein durch »Menschlichkeit« entblockiertes »Fließen der himmlischen Vernunft« (tiānlǐ zhī liúxíng 天理之流行). (Zhū 1983: 131–132) Mit »Sittlichkeit« ist die Gefahr der Erstarrung unvermeidlich verbunden, aber ohne sie finden Menschen keinen »Stand« (lì 立) im Leben. (*Lúnyǔ* 8.8) An dieser Stelle wendet sich also die Ethik ästhetischer Kultivierung gegen die Vorstellung eines »disponiblen«, verfügbaren Selbst, das vor allem »wandlungsfähig« bleiben möchte.

Zeugt nicht die Offenheit für Neues und Unerwartetes – und jene Aufforderung zur Situationsgerechtheit, die in *Lúnyǔ* 4.10 zum Ausdruck kommt – eher von einer Stärke des Selbst als von dessen Schwäche und Anpassungsversessenheit? Klingt hier nicht ein Verständnis von Subjektivität an, das in sich die Bewegung zwischen der Erstarrung im Vergangenen und dem Zerfließen in der Gegenwart ist und lebt? Diese versucht weder das Alte um des Alten willen zu bewahren, noch strebt es nach Neuem um des Neuen willen. Wenn die ethische Frage, die Konfuzius in *Lúnyǔ* 4.10 aufwirft, sich auf die Möglichkeit von *Normativität in Transformation* bezieht, reicht »Autonomie« vom »situativen Abwägen«, in dem die Grenzen eines bloß an äußeren Regeln orientierten kollektiven Verhaltens offen hervortreten (Roetz 1992: 253), bis hin zur radikal individuellen »Achtsamkeit im Allein« (shèndú 慎獨) und zur »Selbstprüfung« (zìxǐng 自省), in denen das Selbst an sich arbeitet und mit sich kommuniziert. Autonomie bedeutet in diesem Zusammenhang die Fähigkeit, mit der Verschränkung von »Menschlichkeit« und »Sittlichkeit« umzugehen.

Roetz unterscheidet im Anschluss an Habermas' Rede von »drei Aktor-Weltbeziehungen« die Relation von Subjekt und Objekt, die Relation des Subjekts zu anderen Subjekten und die Relation des Subjekts zu sich selbst. (Roetz 1992: 41–42) *Mensch und Natur im alten China* hat sich mit der ersten Relation beschäftigt und *Die chinesische Ethik der Achsenzeit* vor allem mit der zweiten. Hinsichtlich der dritten Relation begnügt sich Roetz mit einer allgemein gehaltenen Erörterung von »Autonomie« in der klassischen chinesischen Philosophie (Roetz 2020: 69–75) und mit dem Hinweis auf Pierre Hadot, der sich gegen ein Verständnis der antiken europäischen Philosophie gewandt hat, das diese auf den »spekulativen Diskurs« reduziert. (Roetz 2002: 31–32) Dem durch Hadot und vor allem durch den späten Foucault eröffneten Bereich von Philosophie als Kultivierung und der Diskussion, ob *asketische Ethik* zugleich ästhetisch sein kann, möchte sich Roetz nicht anschließen, weil er meint, dass dadurch der Diskurs über universal gültige Normen ausgehebelt wird. Jullien bezieht sich zwar vielfach auf Foucaults Schriften, zeigt sich aber an der Einbeziehung von *Selbstkultivierung* (culture de soi) und *Selbstregierung* (gouvernement de soi) in seine Diskussion »chinesischen Denkens« desinteressiert. Und in der Tat werden damit ja auch die Grenzen des »Denkens« und der Philosophie als Diskurs überschritten.

Haben denn »chinesische Literaten« nur »gedacht« und nicht auch philosophisch gelebt oder gehandelt? Mir scheint sich an dieser Stelle eine bedeutsame Gelegenheit zu eröffnen, die (Un-)Möglichkeit *philosophischer* Kommunikation zwischen China und Europa an einem so entscheidenden wie heiklen Punkt weiterzudenken. Denn das Verhältnis von *Selbst* und *Regierung* führt in ein umstrittenes Gebiet voller schwerwiegender Zweifel und weitreichender Fragen. Der zweite Teil dieses Buches wird versuchen, kritische Perspektiven der Auseinandersetzung mit dem Verhältnis von *Subjektivität und Politik* zu erkunden.

II. SUBJEKTIVITÄT UND POLITIK

6. Kritische Kultivierung

Die Ökonomie der Subjektivität

In französischen Buchhandlungen verschwinden Regale mit philosophischen Büchern und werden ersetzt durch solche, die im diffusen Bereich zwischen Gesundheit und Spiritualität angesiedelt sind. In ihnen geht es um »Atem, Harmonie der Energien, Tao des Sex, Ginseng, Soja etc.«. (Jullien 2005: 21/27) François Jullien findet das erschreckend. Das ist jedoch nur die Oberfläche eines viel tiefer gehenden Kultur-Wandels.

Jullien weiß, dass der Daoismus keine esoterisch versponnene Lebensphilosophie ist. In seiner Diskussion des klassischen daoistischen Buches *Zhuāngzǐ* gewinnt das »Nähren des Lebens« (yǎngshēng 養生) plötzlich eine beunruhigende Aktualität. Mit der Expansion kapitalistischer Ökonomie durchdringt der Imperativ der Maximierung von Produktivität und Profit zunehmend den Bereich von *Subjektivität* und fordert ein effizientes Management des eigenen »Lebenskapitals«: Jeder Mensch muss lernen, mit seinen Kräften zu haushalten. Aber ist das nicht eine zutiefst daoistische Idee? Eröffnet nicht das »Nähren des Lebens« Einblick in eine politische Ökonomie der Selbstkultivierung, die erschreckend »chinesisch« ist?

Während Julliens Bücher in der Regel von einer methodischen Verfahrensweise geprägt sind, in der China als ein Außen dient, das einen (de)konstruktiven Effekt auf europäischer Seite bewirken soll, deutet sich in dem Buch *Sein Leben nähren* (Jullien 2005) eine bemerkenswerte philosophische Verschiebung an. Zu Beginn schreibt er: »Dieses Mal treibt mich noch etwas anderes an; oder die Frage des ›Nährens des Lebens‹ bringt vielmehr einen anderen Einsatz zum Vorschein, den ich schon früher sich abzeichnen sah, der aber nun eine neue Dimension annimmt, die mich zu größerem Engagement zwingt. Denn es ist unverkennbar, dass die Aufmerksamkeit, welche die Denker des alten China dem Nähren des Lebens geschenkt haben und die zweifellos nach wie vor einer der markantesten, prägnantesten und dauerhaftesten Züge chinesischer Lebensgewohnheiten ist, mit einer allgegenwärtigen und wachsenden Besorgnis zusammentrifft, die, in gewisser Hinsicht, die europäische Welt von heute *konvertiert* [...].« (Jullien 2005: 20/25–26) Drängt der Geist der Zeit tatsächlich zur schleichenden Sinisierung Europas?

In einer »entchristianisierten« Welt, in der das Streben nach Glück sich nicht länger auf das Jenseits vertrösten lässt und in der zudem die Legitimität von Opfern im Namen höherer Gründe (Revolution, Vaterland etc.) schwindet, so Jullien weiter, wächst die Sorge um das je eigene »Lebenskapital«. Mit dieser Entwicklung eröffnen sich die Bedingungen der Möglichkeit für eine Korrespondenz der Entchristianisierung und Auflösung traditioneller Metaphysik mit Aspekten chinesischer Kultur, die sich historisch durch die Abwesenheit von Metaphysik entfalten konnten.

Vor dem Hintergrund einer solchen Problemstellung gilt Julliens Augenmerk vor allem dem Zusammenhang zwischen dem »Nähren des Lebens« und der »Atem-Energie« (qì 氣) – die Übersetzung von qì 氣variiert bei Jullien zwischen souffle, énergie, souffle-énergie und énergie vitale; entsprechend variiert meine Übersetzung im Folgenden zwischen Atem/Atmen, Energie, Atem-Energie und Lebensenergie. Die Gefahr, die Jullien in der schleichenden »Konversion« des Europäischen ins Chinesische empfindet, nötigt ihn zu stärkerem »Engagement« in Form der Kritik eines vulgären Vitalismus – er spricht von »(sous)-littérature« und »sous-pensée« –, dem er eine philosophische Auseinandersetzung mit dem Motiv der »Atem-Energie« entgegensetzt: »Es ist folglich höchste Zeit, ein solches Denken des Atems, der Harmonie und des ›Nährens‹ aus diesem Pseudo-Wissen herauszuführen, um es ins Feld philosophischer Reflexion zu integrieren und seine Kohärenz aufzuzeigen. Dabei besteht das Risiko, dass das europäische Denken, leichtfertig mit den Idealen brechend, die es konstruiert hat, in einen sozial gefährlichen Irrationalismus absinkt. Von daher ist verständlich, inwiefern dieser Essay untergründig, ohne dies eigens zu entwickeln, ein politischer Essay ist.« (Jullien 2005: 21/27)

Was heißt hier *politisch*? Bis auf den vagen Hinweis auf eine gegen das »Sub-Denken« gerichtete Ideologiekritik lässt Jullien an dieser Stelle im Dunkeln, was er damit genau meint. Ich gehe davon aus, dass dem Motiv des Lebens und seiner Regulation, mit dem sich Julliens Interpretation des »Nährens des Lebens« unablässig beschäftigt, im Kontext politischer Philosophie der Gegenwart eine nicht zu vernachlässigende Bedeutung zukommt. Es verweist auf moderne Formen des Regierens, deren vorrangige Aufgabe in einer produktiven, nicht-repressiven Steuerung der Energien individuellen und kollektiven Lebens besteht – dabei beziehe ich mich, in diesem Text mehr implizit als explizit, auf Michel Foucaults Studien zu modernen Technologien der Macht, zu Biopolitik, politischer Ökonomie und Selbstregierung. In diesem Sinne interessiert mich Julliens Buch als Versuch einer Lektüre des *Zhuāngzǐ* aus der Perspektive von Biopolitik und Regierungskunst, die zumindest teilweise darauf zielt, sich von der vulgärenergetischen Tendenz zum maximalistischen Management des eigenen Lebenskapitals zu distanzieren. Das Buch *Zhuāngzǐ* eröffnet demnach die Perspektive immanenter Kritik an einer Konzeption von kreativem Selbstmanagement, für das Leben vor allem eine Ressource und ein Potenzial ist, das es mithilfe diverser Selbsttechniken zu steigern, zu steuern und zu nutzen gilt.

Wie kann ein Imperativ der *Selbstmaximierung* kritisiert werden, der eine asketische Arbeit des Selbst an sich selbst fordert, in der sich die Fetischisierung von Produktivität im ästhetischen Kult von Kreativität verlängert? (Heubel 2002: 14–33) Die Kritik dieses *Dispositivs der Kreativität* ist schwierig, denn der »neue Geist des Kapitalismus« übt vor allem durch seine interne Verflechtung mit der Erfahrung kreativer Freiheit einen gleichermaßen verführerischen wie verhängnisvollen Sog aus, der kritische Reflexion unterwandert und damit die Suche nach Alternativen im Keim erstickt. In dieser Situation drängt sich eine Beschäftigung mit dem *Zhuāngzǐ* auf, die fragt: Gibt es in diesem Buch Anhaltspunkte für die Möglichkeit, *Kreativität* anders zu denken, für eine alternative Ökonomie der Subjektivität? Damit wird das Buch *Zhuāngzǐ* als Antipode eines »strategischen Diskurses« interessant, der bereits seine Zeit maßgeblich geprägt hat (Graziani 2006: 284–285): Als fantasievoller Kritiker strategischen Selbstmanagements spricht Zhuāngzǐ »uns« an. Das Buch, das seinen Namen trägt, weckt einerseits Zweifel an zwanghaftem Umgang mit den eigenen Lebenskräften; andererseits verwirft es asketische Praktiken der Kultivierung nicht einfach im Namen natürlichen Lebens.

Eröffnet das Motiv der »Lebensnährung« also eine Möglichkeit, die ökonomische Kolonisierung individueller Lebensführung *immanent* zu kritisieren, ohne die Immanenz des Haushaltens mit Energien, also einer »Ökonomie der Energie«, vorschnell in Richtung Transzendenz und Spiritualität zu verabschieden oder kosmologisch zu überhöhen? (Foucault 1976: 191/173; Billeter 1989: 272–273; Billeter 2002: 63/62) Erlaubt es, sich von einem zwanghaften Modell der Kreativität zu distanzieren, dessen Struktur die destruktive Dynamik der auf »Mobilisierung« von »Ressourcen« beruhenden kapitalistischen Ökonomie auf der Ebene des Subjekts durchsetzt?

Kreative Aktivität

Jean François Billeters Diskussion chinesischer Schreibkunst führt in den Zusammenhang von Ästhetik und energetischer Ökonomie ein. Chinesische Literaten haben ihre »kreative Aktivität« (activité créatrice) »als Ergebnis einer gewissen Mobilisierung von Energien des Leibes [corps propre]« aufgefasst (Billeter 1989: 174) – wo Billeter im Französischen von »corps propre« spricht, übersetze ich im Deutschen mit »Leib«, wo er »corps« verwendet, übersetze ich »Körper«; allgemein gesagt, dürfte im Deutschen das Wort »Leib« dem besser entsprechen, was Billeter im chinesischen Kontext mit »corps« meint. (Siehe Linck 2011) Das Schreiben mit Pinsel und Tusche erlaubt dem Schreibenden Zugang zu einem Modus »kreativer Aktivität« – Billeter spricht auch von »Eigenaktivität« (»activité propre«) –, in dem einerseits eine »vollständige Mobilisierung« von Energien erfolgen kann, diese jedoch andererseits innerhalb dieser »höchsten Form der Aktivität des Leibes« nicht verausgabt werden, sondern dem Leben nährend und fördernd zugutekommen. Diese energetische Sprache des »Körpers« (corps) wird explizit vom Körper als Objekt oder als Maschine abgegrenzt. Billeter definiert »Körper« als »Gesamtheit bekannter und unbekannter Vermögen, Ressourcen und Kräfte, die uns zur Verfügung [disposition] stehen oder uns bestimmen«. (Billeter 2002: 145–146/143) Das Verhältnis von Körper/Leib (corps/corps propre) und Energie birgt allerdings philosophische und philologische Schwierigkeiten, die auf eine Unterscheidung hinauslaufen, mit der ich mich in diesem und im folgenden Kapitel ausführlich beschäftigen werde: die Unterscheidung von *leiblicher* und *energiewandelnder Subjektivität.* Mit dieser Unterscheidung wird ein Problem berührt, das zunächst sehr speziell erscheint, aber für die Klärung des Begriffs *kritischer Kultivierung* von entscheidender Bedeutung ist. Eine explizit atemenergetische Sprache ist in der Zhuāngzǐ-Forschung weit verbreitet. (Yáng 2016; Lài 2019; Jeong 1993; Zhōng 2006) Billeter behauptet nun aber, dass sie in die »imperiale Ordnung« des traditionellen China verstrickt ist. Demgegenüber sieht er allein den Körper/Leib mit einem kritischen Potenzial ausgestattet, das es erlaubt, aus dem imperialen Bann herauszutreten, unter dem das Buch *Zhuāngzǐ* seiner Auffassung nach seit dem 3. Jahrhundert steht. (Billeter 2002: 133/130–131)

Der zweite Abschnitt von Billeters *Notes sur Tchouang-Tseu et la philosophie* ist dem Verhältnis von »Körper« und Atem-Energie gewidmet. Billeter verwahrt sich an dieser Stelle explizit gegen eine vorschnelle Vereinnahmung seiner Konzeption des Körpers durch die »Theorie der Atem-Energie« (qìlùn 氣論). Sein Vorbehalt richtet sich vor allem gegen die »Idee einer universellen [kosmischen] Energie« (l'idée d'une énergie universelle), die Kreativität kosmologisch überhöht, statt sie im individuellen Subjekt zu verankern. (Billeter 2010a: 34) Ganz im Sinne seiner erfahrungsorientierten, nachmetaphysischen Interpretation des *Zhuāngzǐ* wehrt er sich somit grundsätzlich gegen die Verortung des *Zhuāngzǐ* im Kontext einer von ihm als »metaphysisch« verstandenen »Philosophie der Atem-Energie«, weil sie zur Vernachlässigung der Erfahrungsebene führt. In der Betonung der »Kosmologie des Energiewandels« (qìhuà yǔzhòulùn 氣化宇宙論) sieht er einen Grund für die Neutralisierung des kritischen Potenzials des Buches *Zhuāngzǐ* durch die chinesische Kommentartradition.

Billeters Kritik dieser Kommentartradition ist polemisch und totalisierend: Er hält es für nötig, Zhuāngzǐ »außerhalb des überkommenen chinesischen Denkens zu verorten«. (Billeter 2002: 135/132) Der erste Schritt in diese Richtung ist, Zhuāngzǐ aus seiner daoistischen Schulbindung mit Lǎozǐ zu lösen: »Man gewinnt nichts, wenn man ihn in die Reihe daoistischer Denker einordnet. Diese Art des *Apriori* verhindert, ihn gut zu lesen.« (Billeter 2002: 137/134) Selbstbewusst behauptet er, dass die Aufgabe, die »kritische Ladung« (charge critique) des *Zhuāngzǐ* »wiederzuentdecken«, »uns dazu bringt, diese ganze Tradition in Frage zu stellen«. (Billeter 2002: 134/131) Sein unbescheidenes Ziel ist es, auf diese Weise die ganze chinesische Geistesgeschichte von Neuem kritisch aufzuladen und neu auszurichten. Aus europäischer Sicht ist die Radikalität dieses Unterfangens nicht leicht zu verstehen. Sie ist vergleichbar mit Heideggers revolutionärem Versuch, das »anfängliche Denken« Europas zu entbergen und mit Hilfe der Vorsokratiker Heraklit, Parmenides und Anaximander die gesamte »traditionelle Metaphysik« von Platon bis Nietzsche aus den Angeln zu heben. Billeters Absicht, »unsere Sicht [vision] der Geschichte chinesischen Denkens zu verändern« (Billeter 2002: 137/135), ist visionär. Sie hat jedoch zugleich kulturrevolutionäre und totalitäre Züge, durch die der Geschichte gewaltsam eine alternative Vision aufgezwungen wird.

Diese Kehrseite wiegt für mich so schwer, dass ich in weiten Teilen *nicht* bereit bin, Billeters Vision zuzustimmen. Mir scheint diese Vision zudem in schroffem Widerspruch zu Zhuāngzǐs eigenem Denken zu stehen, das er im Kapitel 33 (»Tiānxià« 天下, »Himmelunten«) selbst in den Kontext widerstreitender, aber durchaus auch zusammengehöriger Positionen seiner Zeit gestellt hat. (Zhāng 2018: 272–293) Meine Diskussion knüpft gleichwohl an Billeters Deutung des »Paradigmas der Subjektivität« im *Zhuāngzǐ* an. Ich bin allerdings davon überzeugt, dass das Problem einer körperlich-leiblichen Verengung der Subjektivität bei Billeter durch ein Paradigma energiewandelnder Subjektivität (qìhuà zhǔtǐxìng 氣化主體性) überwunden werden kann. Dabei beziehe ich mich vor allem auf Yáng Rúbīn 楊儒賓 (Yáng 2016: 173–224), dessen Auffassung Billeter in *Notes sur Tchouang-Tseu et la philosophie* kritisiert. (Billeter 2010a: 32; siehe Kap. 7) An dieser Stelle tut sich ein sehr grundsätzlicher Streit über das auf, was chinesische Philosophie war, ist und sein kann. Für »unser« Verhältnis zur chinesischen Philosophie und zu China überhaupt geht es dabei um viel. Es ist deshalb nötig, diesen Streit sachlich, und offen auszutragen.

Nach der Auffassung, die Billeter in *L'art chinois de l'écriture* dargelegt hat, wird im *Zhuāngzǐ* eine perfekte Aktivität beschrieben, die einerseits »die Virtualitäten des Leibes auf vollkommene Weise ins Werk setzt«, andererseits jede selbstzerstörerische Verschwendung und Verausgabung von Energien meidet. Im Zusammenhang mit seiner Diskussion des dem »Nähren des Lebens« gewidmeten Gleichnisses vom Koch Dīng aus dem dritten Kapitel des *Zhuāngzǐ* spricht er von »spontaner Aktivität des ganzen Seins«, in der das »Nähren des Lebens« an das »Ideal perfekter Aktivität« und höchster Kultivierung rührt. (Billeter 1989: 269–274)

Dieses Verständnis korrespondiert mit einer politischen Ökonomie des Lebens, in der das Regieren seiner selbst und das Regieren anderer Menschen zusammenläuft: Sowohl auf individueller wie auch auf kollektiver Ebene geht es dann darum, Lebensenergien gleichzeitig zu steuern *und* zu steigern. Entscheidend ist im hiesigen Zusammenhang, dass die ökonomische Kolonialisierung der Lebenswelt dann besonders erfolgreich ist, wenn sie innerhalb eines Dispositivs der Kreativität wirkt, in dem Befreiung und Unterwerfung durch raffinierte Techniken der Macht nahezu ununterscheidbar miteinander verwoben sind. Im Vorfeld seiner Untersuchungen zur Selbstkultivierung hat Foucault diese Problematik im Namen einer liberalen Kunst des Regierens eingehend analysiert. Allerdings stehen die Analyse des Neoliberalismus und die Affirmation von kreativer Askese, Gouvernementalität und Ästhetik der Existenz bei Foucault weitgehend unverbunden nebeneinander. Während Billeter prinzipiell die theoretischen Mittel bereitstellt, um die Verflechtung von kapitalistischer Ökonomie und kreativer Subjektivität kritisch aufzuarbeiten, fehlt bei ihm das Bewusstsein für die Möglichkeit einer internen Verstrickung »kreativer Aktivität« in das System des »Neoliberalismus«, gegen das er sich vielfach polemisch wendet. (Billeter 2010a: 57; siehe auch das Kapitel »La réaction en chaine« in Billeter 2006a)

Was an Billeters Erörterung des »Paradigmas der Subjektivität« im *Zhuāngzǐ* auffällt, ist die Möglichkeit, Lebensenergien nicht nur zu »mobilisieren«, sondern gleichzeitig derart »effektiv« zu gebrauchen, dass Verausgabung vermieden wird, ja mehr noch, jene Energien bewahrt und genährt werden. Damit scheint ein Verständnis von Subjektivität hervorzutreten, das sich im Rahmen von Foucaults Diskussion kaum auch nur erahnen lässt, auch nicht dort, wo er sich mit der Konzeption energetischer Subjektivität im alten Griechenland beschäftigt und auf den Vergleich europäischer und chinesischer Wahrnehmung sexueller Aktivität zu sprechen kommt. (Heubel 2002: 223–231) An dieser Stelle taucht die Möglichkeit einer Konzeption ästhetischer Kultivierung auf, die kritisch genannt werden kann, weil sie sich gegen die Eindimensionalität einer auf Transgression und Lebenssteigerung fixierten energetischen Subjektivität wendet, die Foucaults Idee einer Ästhetik der Existenz dominiert.

Kritische Kultivierung und das mit ihr korrespondierende Paradigma der Subjektivität lassen sich nur begrenzt im Rahmen *leiblicher Subjektivität* erörtern. Das liegt nicht zuletzt daran, dass bei aller theoretischen Anstrengung, den Körper/Leib von der Einbindung in den Dualismus von Körper und Geist, von Leib und Seele zu lösen, die Emanzipation von diesem philosophischen Erbe nicht recht gelingen will. Auch die im Deutschen philosophisch weit entwickelte Unterscheidung zwischen Körper und Leib scheint in dieser Hinsicht keinen entscheidenden Durchbruch gebracht zu haben. Am Ende führt die Ausdehnung des Leibbegriffs, die nun zunehmend auch Aspekte menschlichen Lebens integrieren soll, die ehemals der Sphäre des Geistigen zugeordnet worden sind, zu seiner Überfrachtung, die ihn überfordert.

In Billeters Interpretation der chinesischen Schreibkunst und dann später des *Zhuāngzǐ* ist das Problem des Verhältnisses vom Körper/Leib zu dem, was er »Regime der Aktivität« nennt, besonders augenfällig. Schon in seiner Untersuchung der Schreibkunst kommt Billeter zu dem Ergebnis, dass die »kreative Aktivität« des Schreibens mit dem Pinsel sich in einer Subjektivität vollzieht, als deren Sitz der Leib und *nicht* das »reflektierte Bewusstsein« angesehen werden muss. Bereits in *L'art chinois de l'écriture* spricht er von »verschiedenen Regimen leiblicher Aktivität« (les divers régimes d'activité du corps propre). (Billeter 1989: 281–282) Aus dieser Perspektive vergleicht er Konzeptionen der Subjektivität in europäischem und chinesischem Denken. In seinen vier Vorlesungen zum *Zhuāngzǐ* (Billeter 2002) bildet die Konzeption verschiedener »Regime der Aktivität« sodann das zentrale Motiv, von dem her er sich dem »Paradigma der Subjektivität« im *Zhuāngzǐ* zuwendet. Besondere Bedeutung kommt dabei der Unterscheidung eines höheren, »himmlischen« und eines niedrigeren, »menschlichen« Regimes der Aktivität zu. (Graziani 2006: 308) Der Übergang von einem niederen zu einem höheren Modus der Aktivität wird als ein synergetisches Zusammenspiel menschlicher Vermögen verstanden, als eine »Integration« von Ressourcen und Kräften im Subjekt, die in ein unblockiertes und freies Spiel eintreten. Die Kultivierung höherer Aktivität wird somit nicht im Modell *geistiger Übung* gedacht, also nicht als Aufstieg von niedrigeren, körperlichen zu höheren, geistigen Vermögen, sondern als leibliche Übung, innerhalb derer das »Geistige« (shén 神) nicht außerhalb des Leiblichen verortet wird, sondern ein synergetischer Zustand »perfekt integrierter Aktivität« innerhalb des Leibes/Körpers ist. (Billeter 1989: 272; Billeter 2002: 49/49; siehe auch Graziani 2006: 73; Jullien 2005: 45/57)

Eine höhere und effektivere Ökonomie subjektbezogener Energien ist von daher nicht durch die Steigerung bewusster Kontrolle über den eigenen Körper und damit verbundene strategisch-technische Eingriffe zu erreichen, sondern nur durch das gelingende Zusammenspiel der menschlichen Vermögen im Leib, den Billeter, in Anlehnung an Nietzsche, als Sitz »kreativer Aktivität« betrachtet: »Seul le corps propre est créateur«. Indem er auf dem Zusammenhang von »kreativer Aktivität« oder »eigentlicher Aktivität« (activité propre) und »Leib« (corps propre) besteht, vollzieht Billeter eine klare Abgrenzung vom dualistischen »Paradigma der Subjektivität« und dessen ungebrochener Dominanz im Westen.

In der kalligrafischen Übung des Leibes spielen potentiell alle Vermögen, Ressourcen und Kräfte synergetisch zusammen. Ziel ist es, durch leibliches Geschehenlassen die eigenen Ressourcen möglichst umfassend zu mobilisieren, was zur Freude des Leibes an der eigenen Aktivität und zum spielerischen Nähren der eigenen Lebendigkeit führt: »Nicht das reflektierte Bewusstsein wurde als Sitz der Subjektivität betrachtet, sondern der Leib. Anstatt ihm zu misstrauen, betrachteten die Chinesen ihn als das kostbarste Gut eines jeden, als Quelle aller Kenntnis seiner selbst und der Welt. [...] Letztlich war es ihr Genie, den Leib als Paradigma der gesamten Realität zu nehmen, dieses natürliche Paradigma zu entwickeln, alle möglichen Konsequenzen daraus zu ziehen und schließlich eine ganze Zivilisation auf ihm zu gründen. [...] Nur der Leib ist kreativ. […] Es ist der große Transformator, die Quelle des Traums, der Analogie, der Metamorphose – und damit aller Erfindungen. Die Freude des reinen Gedankens ist selbst eine Form der Freude des Leibes an sich selbst.« (Billeter 1989: 281–282)

Mit dieser sehr stark verallgemeinernden Lobrede auf die chinesische Konzeption leiblicher Subjektivität lässt Billeter seine Studie zur chinesischen Schreibkunst von 1989 ausklingen. In der Neuausgabe des Buches von 2010 ist diese Stelle gestrichen worden. Dafür hat er Reflexionen zur Kalligrafie als Ausdruck »imperialer Ideologie« und eine sehr kritische Stellungnahme zur Konzeption des Subjekts in China eingefügt, das nun als »total unabhängige Monade« gesehen wird, für die das Verhältnis zum Anderen keine Rolle spielt – durchaus im Gegensatz zu einer in der westlichen Sinologie verbreiteten Auffassung vom chinesischen Kollektivismus. (Billeter 2010: 377–381) Das kritische Potenzial des Paradigmas leiblicher Subjektivität wird nun nicht mehr der chinesischen Kultur als solcher zugeschrieben, sondern nur noch dem Buch *Zhuāngzǐ*, das zum ausschließlichen Gegenmodell zur imperialen Figur »chinesischen Denkens« stilisiert wird. (Billeter 2002: 133/130–131).

Atem-Energie (qì 氣)

Billeters leibphilosophischer Ansatz ist fragwürdig. Er muss jenes höchste Regime der Aktivität, das bei Zhuāngzǐ mit Hilfe des »Geistigen« (shén 神) beschrieben wird, so umdeuten, dass dieses Geistige nur mehr ein Modus oder eine Dimension des Körpers/Leibes (corps/corps propre) ist. Aber was ist im *Zhuāngzǐ* der dem Körper/Leib entsprechende chinesische Begriff? Gibt es im »chinesischen Denken« überhaupt einen »Körper«? In *Sein Leben nähren* fragt Jullien entsprechend: »Haben wir einen ›Körper‹ [corps]?«. Dieser Frage ist das sechste Kapitel des Buches gewidmet, in dem es heißt: »was wir unter ›Körper‹ verstehen, bleibt im klassischen Chinesisch ein verstreuter Begriff, dessen Konfiguration variabel ist.« (Jullien 2005: 69/88). Das siebte Kapitel ist sodann dem »Nähren seiner Atem-Energie« (nourrir son souffle-énergie) gewidmet. Schon diese Anordnung der Kapitel legt nahe, dass Jullien versucht, seine mit Bezug auf den »Körper« gestellte Frage in Richtung »Atem-Energie« aufzulösen: Diese ist »eine Energie« (yī qì 一氣) und enthält die Dimensionen der körperlichen Form (xíng形) und des Geistes (shén神) in sich. Das bedeutet, dass »Atem-Energie« geeignet ist, »unsere« Opposition zwischen Materialismus und Idealismus, Körper und Geist zu unterlaufen. (Jullien 2005: 78/101)

Julliens Auffassung korrespondiert mit einem Begriff des »Subjekts«, den Yáng Rúbīn vorgeschlagen hat und an dem sich meine Erörterung eines alternativen »Paradigmas der Subjektivität« im Folgenden vor allem orientiert: Demnach ist das »Subjekt« (zhǔtǐ 主體) eine Konstellation der drei Momente aus Körper, Atem(-Energie) und Geist (xíng–qì–shén=zhǔtǐ 形–氣–神=主體). (Yáng 2016: 209) In diesem Zusammenhang spricht Yáng von einem »energetisch-transformativen« oder einem »energiewandelnden Subjekt« (qìhuà zhǔtǐ 氣化主體). (Heubel 2020a) Allerdings weigert sich Jullien prinzipiell, mit Bezug auf »chinesisches Denken« vom »Subjekt« zu sprechen. Billeter sieht hingegen bei Zhuāngzǐ Ansätze für ein alternatives »Paradigma der Subjektivität«. Für mich vermittelt der Begriff »energiewandelnder Subjektivität«, den Yáng Rúbīn vorgeschlagen hat, zwischen diesen verschiedenen und einander scheinbar ausschließenden Positionen (siehe auch Kap. 7).

Der Streit zwischen Jullien und Billeter lässt sich bis in ihr Verständnis von »corps« im Chinesischen hineinverfolgen. Denn Billeter wendet sich mit Entschiedenheit gegen die Annahme einer Korrespondenz zwischen seinem Begriff des »Körpers/Leibes« (corps/corps propre) und der »Atem-Energie« (qì 氣). Seine Vorbehalte gegenüber einer Deutung, die seine Interpretation des »Leibes« atem-energetisch versteht und weiterentwickelt, führen zu einer Frage hinsichtlich des Verhältnisses von kritischer Kultivierung und energiewandelnder Subjektivität, die in der Tat nicht vernachlässigt werden darf (Billeter 2010a): Wie steht es um das kritische Potenzial der »Theorie der Atem-Energie« (qìlùn氣論), wenn diese dazu neigt, Subjektivität entweder metaphysisch zu überhöhen in Richtung eines Ideals des »heiligen« oder »wahren« Menschen«, das prinzipiell jeder Mensch in sich trägt, oder aber dieses Ideal in einer Einheit von Mensch und kosmologisch überhöhter Natur aufgehen zu lassen, die weit eher ein Zustand der *Subjektlosigkeit* zu sein scheint denn einer der Subjektivität?

In seiner Kritik an Yáng Rúbīn betont Billeter: »Er findet bei Zhuāngzǐ ein Denken des kreativen Auftauchens, das seiner Meinung nach im Herzen einer erneuerten konfuzianischen Philosophie seinen Platz hat – aber er *situiert* dieses kreative Auftauchen nicht. Er stellt es auf traditionelle chinesische Weise in die Realität als solche, während er es *im individuellen Subjekt* situieren sollte.« (Billeter 2010a: 39–40). Im Kontrast dazu spricht er von seinem eigenen »Gedankenexperiment«, das für ihn gegen den Hauptstrom der chinesischen Geistesgeschichte gerichtet ist: »Die Maßnahme besteht in einer Verschiebung: die kreative Quelle, oder das kreative Nichts (néant créateur), nicht mehr *im Universum* zu situieren, wie er es tut und wie es alle chinesischen Denker seit vielen Jahrhunderten tun, sondern im Individuum.« (Billeter 2010a: 51) Kommt darin nicht ein typisch modernes Verhältnis von Kreativität und Individualität zum Ausdruck? »Indem sie die kreative Quelle in das Individuum legen, würden die heutigen chinesischen Philosophen auf diese Weise eine Transformation mit vielfältigen Auswirkungen vollziehen. Es hätte den Effekt, dem Individuum einen Wert zu geben, den es im chinesischen Denken nie hatte.« (Billeter 2010a: 57) Aber wird damit nicht gefordert, dass »chinesische Philosophen« jene Wendung vollziehen, die auf dem europäischen Weg der Modernisierung vollzogen worden ist: die Verschiebung der kreativen Quelle von Gott oder vom Himmel hin zum Menschen?

Damit ist ein Problem angesprochen, mit dem die interkulturelle Philosophie der *Selbstkultivierung* immer wieder konfrontiert wird: Um was für ein »Selbst« geht es denn bei Selbst-Kultivierung überhaupt? (Schmücker/Heubel 2013) Gibt es denn in »chinesischem Denken« ein Verhältnis des Selbst zu sich selbst und damit ein *Subjekt*? Folgt man in der Beantwortung dieser Frage nicht Jullien, sondern Billeters Idee von einem »Paradigma der Subjektivität« im *Zhuāngzǐ*, so ist bereits eine wichtige Vorentscheidung getroffen, insofern sein Verständnis des Subjekts sich offenbar vom vorherrschenden, bewusstseins- und vernunftorientierten Subjektbegriff zu lösen versucht.

In seinen vier Vorlesungen zum *Zhuāngzǐ* hat Billeter diesem Aspekt ein eigenes Kapitel gewidmet, das den bezeichnenden Titel »Une apologie de la confusion« (Eine Apologie der Verwirrung) trägt. *Desubjektivierung* wird darin als Öffnung des Subjekts für eine »nährende Leere« (vide nouricier) oder eine »gänzlich disponible [verfügbare, empfängliche] Leere« (vide entièrement disponible) verstanden, die es erlaubt, mit dem »Ensemble der eigenen Ressourcen« in Kontakt zu bleiben. (Billeter 2002: 100–101/98–99) Kreative Subjektivität zeichnet sich somit dadurch aus, offen für Vermögen, Ressourcen und Kräfte zu sein, die sich bewusster Kontrolle entziehen. Damit wird die Auslösung des bewussten Subjekts als Moment einer »Dialektik der Freiheit« verstanden, der entsprechend die *Freiheit* des Subjekts nicht nur mit der Dimension von Identität, sondern gleichermaßen mit derjenigen von Nichtidentität verknüpft werden muss. (Adorno 1975: 294) Selbstkultivierung wird somit in den Kontext eines »Paradigmas von Subjektivität« gerückt, das sich in kritischer Distanzierung zu einem modernen Paradigma herausgebildet hat, das maßgeblich von Descartes und Kant formuliert worden ist.

Julliens Buch *Sein Leben Nähren* (Jullien 2005) beschäftigt sich ausführlich mit dem *Zhuāngzǐ*. Es enthält viele kritische Spitzen gegen Billeters im Jahre 2000 am Collège de France vorgetragene Vorlesungen. (Billeter 2002) Zunächst fällt auf, dass Jullien Billeters Rede von einem »Paradigma der Subjektivität« im *Zhuāngzǐ* entschieden ablehnt. Er vermeidet es, in diesem Zusammenhang von Subjektivität zu sprechen, weil er davon überzeugt ist, dass der Energiewandel vom Einzelmenschen vor allem verlangt, »sich wandlungsfähig zu halten« (se maintenir évolutif), sich also niemals auf eine Position zu verhärten und zu fixieren. (Jullien 2005: 94/121) Im ersten Teil dieses Buches war bereits davon die Rede, dass für Jullien mit dem Fehlen der Möglichkeit, Position zu beziehen, auch der entscheidende Anhaltspunkt für ein Subjekt wegfällt, das sich durch die kritische Distanzierung von der Gegenwart herausbildet. Konfrontiert mit diesen beiden sehr unterschiedlichen Ansätzen neige ich dazu, beide zu vermitteln, indem ich einerseits an Billeters Idee eines »Paradigmas der Subjektivität« im *Zhuāngzǐ* anknüpfe, andererseits aber auch die »energetische Perspektive« (perspective énergetique) (Jullien 2005: 65/84) aufnehme, die Jullien eröffnet hat. Es geht mir also darum, an Julliens atemenergetische Interpretation »chinesischen Denkens« anzuknüpfen, aber zugleich dessen kritisches Potenzial herauszuarbeiten. Auf dem Wege einer solchen doppelten Kritik an Billeter *und* an Jullien möchte ich dem Paradigma *energiewandelnder Subjektivität* Konturen verleihen.

Das dritte, dem »Nähren des Lebens« gewidmete Kapitel des *Zhuāngzǐ* beginnt mit einer kurzen Passage zum Verhältnis von Leben und Wissen: »Mein Leben hat Ufer [ist von Ufern begrenzt], aber Wissen ist ohne Ufer. Mit etwas, was Ufer hat, etwas zu verfolgen, was ohne Ufer ist, ist erschöpfend [gefährlich]. Dennoch weiterhin Wissen zu tun [nach Wissen zu streben], heißt es [das Leben] völlig zu erschöpfen. Wer Gutes tut, meidet die Nähe zum Namen, wer Böses tut, meidet die Nähe zur Strafe, folgt der Hauptlebensader als Leitfaden [Kommentar von Guō Xiàng: der Mitte zu folgen und sie sich zur Regel machen]. So kannst bewahren den Leib, kannst vervollkommnen das Leben, kannst nähren die Nächsten, kannst ausschöpfen die Jahre.« (Guō 1961: 115)[17]

Die hier angesprochene Unterscheidung zwischen »Leben« (shēng 生) und »Wissen« (zhī 知) dient Jullien als Einstieg in das für ihn typische kontrastive Verfahren komparativer Analyse. Er stellt dieser Passage ein Zitat aus der *Nikomachischen Ethik* des Aristoteles gegenüber, in der »intellektuelle Aktivität und organisches Leben geschieden werden, um das dem Menschen Eigentümliche zu denken«. (Jullien 2005: 15/18) Die Entwicklung des spezifisch Menschlichen wird demnach in den Aktivitäten des »Denkens« und »Erkennens« gesehen, das heißt auf der Ebene des »Theoretischen«. Jullien behauptet nun weiter, dass sich die »griechische Philosophie« von der »gattungsmäßigen Funktion des Nährens und des Wachstums« abgewandt hat, während sich im »chinesischen Denken« eine umgekehrte Wahl durchsetzen konnte: Es hat bewusst auf die Entwicklung einer endlosen, die Vitalität der Atem-Energie gefährdende Erkenntnisaktivität verzichtet, um sich auf die Fähigkeit zu konzentrieren, jenes vitale Potenzial zu entfalten und zu bewahren, mit dem der Mensch ausgestattet worden ist. (Jullien 2005: 15/19)

Aber überschneiden sich die derart einander gegenübergestellten Tendenzen nicht in ihrer Betonung des Primats des Geistigen? Sind griechische Selbstsorge und chinesische Lebenspflege nicht in ähnlicher Weise um eine Vergeistigung der menschlichen Vermögen bemüht – schon der Titel des dritten Kapitels, so meinen manche Kommentare, weist darauf hin, dass es weniger das »Leben« als solches ist, das es zu »nähren« gilt, sondern vielmehr den »Herrn des Lebens« (shēng zhǔ 生主), nämlich den »Geist« (shén 神) dieses Lebens?[18]

Um diese Deutungsmöglichkeiten auszuschließen, verweist Jullien auf eine schwierige Wendung des Textes, der für die energetische Lektüre des Kapitels entscheidende Bedeutung zukommt.[19] Seine Interpretation der Wendung yuán dū yǐ wéi jīng 緣督以為經 (von mir übersetzt als »das Folgen der Hauptader zur Grundrichtung zu nehmen«) folgt dem Kommentar von Wáng Fūzhī, der einen Bezug zur atem-energetischen Konzeption von Körper und Leben in der chinesischen Medizin herstellt (Jullien 2005: 16). Um die holzschnitthafte Klarheit des Kontrastes zwischen »intellektueller Aktivität« (Aristoteles) und »organischem Leben« (Zhuāngzǐ) nicht zu gefährden, unterschlägt Jullien, dass er diesen Bezug zur atem-energetischen Konzeption chinesischer Medizin dem Kommentar von Wáng Fūzhī entnommen hat, dessen Interpretation in der Forschungsliteratur umstritten ist, allerdings auch sehr sorgfältig argumentierende Befürworter gefunden hat. (Zhōu 1992) Bei Wáng Fūzhī wird das Geistige als Dimension des Energiewandels betrachtet, den es transzendiert, ohne jedoch einen radikalen Bruch mit dem atem-energetischen Immanenzzusammenhang zu vollziehen. Das Geistige ist somit keine Sphäre außerhalb des Energiewandels, vielmehr einer seiner Wandlungsmomente in diesem Sinne ist es treffend, »Geist« (shén 神) mit »dimension spirituelle« (Jullien) oder als »énergie spirituelle« (Graziani) zu übersetzen. An einer Stelle seines Kommentars zum *Zhuāngzǐ* formuliert Wáng Fūzhī sein Verständnis des Verhältnisses von Atem-Energie und Geist in diesem Sinne: »Also ist Geist der Geist der Atem-Energie« (gài shén zhě, qì zhī shén yě 蓋神者, 氣之神也). (Wáng 1993: 301)

Hierin sehe ich einen wichtigen Anhaltspunkt für ein Verständnis des Motivs der Lebensnährung im *Zhuāngzǐ*, das zu einem Paradigma energiewandelnder Subjektivität führt, in dem die energetische Interpretation von Jullien *und* die subjektorientierte von Billeter vermittelt werden. Auf den ersten Blick scheint eine solche Vermittlung ausgeschlossen zu sein, weil genau an dieser Stelle die von beiden vorgeschlagenen Interpretationswege des *Zhuāngzǐ* auseinanderlaufen, um sich schließlich polemisch gegeneinander zu wenden. Der Begriff *energiewandelnder Subjektivität* entsteht somit aus einer *transpositionalen* Bewegung durch die gegensätzlichen Standpunkte von Jullien und Billeter hindurch.

In der oben zitierten ersten Passage des dritten Kapitels wird darauf hingewiesen, sich beim Nähren des Lebens nicht in der endlosen Suche nach Wissen zu erschöpfen, es sich vielmehr zur Regel zu machen, der »Mitte zu folgen« (shùn zhōng yǐ wéi cháng yě 順中以為常也), wie Guō Xiàng einflussreich kommentiert. Im Sinne von Wáng Fūzhī verweist Zhuāngzǐs Konzeption vom Nähren des Lebens darüber hinaus auf ein atem-energetisches Verständnis menschlichen Lebens, dessen Nährung oder Schädigung von der Art und Weise abhängt, mit der individuelle Menschen je für sich damit umgehen. Jullien spricht von einer »Zentrierung auf die organische Vitalität«, nachdem er Wáng Fūzhīs Erklärung der zitierten Passage paraphrasiert hat (siehe Guō 1961: 117; Wáng 1993: 121). Demnach geht es hier nicht um *Kontrolle* des Lebens durch Wissen und Bewusstsein, sondern um eine »organische Regulation« (régulation organique) des Lebens, die mit einer Steuerung der »Atem-Energie« beginnt, für die der Rèn-Meridian und der Dū-Meridian eine hervorgehobene Bedeutung haben. Das »Folgen der Mitte« bedeutet nun, dem in der Mitte des Rückgrats verlaufenden Dū-Meridian zu folgen, mit einer »klaren und subtilen Atem-Energie« entlang der »Leere« dieser Bahn zu »gehen«, innezuhalten, wenn die Bewegung behindert wird, um mit einem Von-selbst-Folgen die angemessene Mitte zu erreichen.

Aus dieser energetisch-therapeutischen Perspektive wird verständlich, warum »der Mitte zu folgen und der Leere zu entsprechen« (shùn zhōng xún xū 順中循虛) für das ganze dritte Kapitel von entscheidender Bedeutung ist. Sie korrespondiert unverkennbar mit einer Wendung aus dem Gleichnis vom Koch Dīng, das auf die einführende Erörterung von »Leben« und »Wissen« folgt. Im Gleichnis heißt es: »Die Knochengelenke haben Zwischen[räume], aber das Messer hat keine Dicke; wer mit etwas ohne Dicke in etwas mit Zwischen[räumen] eintritt, hat notwendigerweise einen Rest an Platz übrig für die wandernde Schneide.« Was bedeutet das? Um diese Frage zu beantworten, möchte ich mich nun diesem Gleichnis aus dem dritten Kapitel des *Zhuāngzǐ* genauer zuwenden. Ihm ist das Kapitel VII von Julliens *Sein Leben nähren* gewidmet –

in Julliens Übersetzung fehlt merkwürdigerweise der eben zitierte Teil. (Jullien 2005: 89–90) Auch in Billeters Erörterung des »Paradigmas der Subjektivität« im *Zhuāngzǐ* nimmt er eine herausgehobene Stellung ein.

Das Messer des Kochs und der Pinsel des Kalligrafen

Zunächst folgt die Übersetzung der zweiten Passage des dritten Kapitels in ihrer Gesamtheit. Danach werde ich auf einzelne Wendungen genauer eingehen: »Der Koch Dīng zerteilte für den Fürsten Wén Huì einen Ochsen. Hand zupackend, Schulter drückend, Fuß aufsetzend, Knie stemmend: Es erklang ein *huà*, und rhythmisch bewegte sich das Messer mit einem *huò*, immer den Ton treffend, in den Tanz vom *Maulbeerwald* einstimmend und in den Takt der *Jīngshǒu*-Musik. Fürst Wén Huì sprach: ›Ah, gut! Wie ist solche Technik [solch technisches Geschick] zu erreichen?‹ Der Koch Dīng legte das Messer nieder und antwortete: ›Was Euer Untertan liebt, ist der Weg [*dào*道]. Das ist mehr als Technik. Als Euer Untertan mit dem Zerlegen von Ochsen begann, sah er nichts als Ochsen vor sich. Drei Jahre später sah er nicht mehr nur den ganzen Ochsen. Heutzutage begegnet Euer Untertan ihm mit dem Geist und sieht nicht mit dem Auge, hält mit dem Wissen der Sinne inne und das geistige Wünschen handelt; er richtet sich nach der himmlischen Lineatur [natürlichen Struktur], dringt ein in die großen Ritzen, fährt durch die großen Höhlungen, folgt dem Gegebenen, ohne Arterien und Sehnen zu berühren, zu schweigen von den Knochen. Ein guter Koch wechselt das Messer einmal im Jahr, weil er schneidet. Ein gewöhnlicher Koch wechselt das Messer einmal im Monat, weil er hackt. Nun hat Euer Untertan sein Messer seit neunzehn Jahren, hat schon mehrere tausend Ochsen zerlegt und doch ist des Messers Schneide scharf wie neu vom Schleifstein. Die Knochengelenke haben Zwischen[räume], aber das Messer hat keine Dicke; wer mit etwas ohne Dicke in etwas mit Zwischen[räumen] eintritt, hat notwendigerweise einen Rest an Platz übrig für die wandernde Schneide. Darum sind neunzehn Jahre vergangen, aber des Messers Schneide ist wie neu vom Schleifstein. Und doch, sobald eine Gelenkverbindung erreicht wird, sehe ich die Schwierigkeiten, nehme mich vorsichtig in Acht, halte an den Blick, verlangsame das Vorgehen [Handeln], bewege das Messer mit äußerster Subtilität, dann ist es zerlegt und liegt wie Erdklumpen auf dem Boden. Ich ziehe das Messer zurück, richte mich auf, blicke nach allen Seiten, gelöst und zufrieden; dann reinige ich das Messer und stecke es ein.‹ Der Fürst Wén Huì sprach: ›Vortrefflich! Ich habe Worte des Kochs Dīng gehört und darin das Nähren des Lebens erlangt‹.« (Guō 1961: 115; Wilhelm 23; Ziporyn 2020: 30; Kalinke 2018: 150–153)

Der Koch vermag das Messer beim Schlachten und Zerlegen des Ochsen derart zu führen, dass dessen Klinge nach langen Jahren der Arbeit und dem Zerlegen von vielen Ochsen noch immer scharf ist wie am ersten Tag. Wer, so scheint das Gleichnis zu bedeuten, sein Leben so zu führen vermag wie der Koch das Messer, wird nicht nur Erschöpfung vermeiden, sondern auch mit sich zufrieden sein. Dafür ist es ratsam, sich nicht aufzureiben. Die Kultivierung des Lebens, der es gelingt, den Fluss der eigenen Lebensenergie gleichzeitig zu steuern *und* zu nähren, hält sich von kraftraubendem »Schneiden« und gewaltsamem »Hacken« fern. Das Messer wandelt und »wandert« (yóu遊) wie von selbst durch die unmerklich feinen Ritzen und Zwischenräume des Ochsenkörpers, ohne durch Reibung an den Gelenken und Knochen abzustumpfen. Die Maxime, der »Mitte zu folgen«, konkretisiert sich hier in einer Technik des Messergebrauchs, die es möglich macht, sich derart »geistig« im *Zwischen* zu bewegen, dass der Übergang von der Kultivierungsstufe technischen Könnens zur Kultivierungsstufe des »Weges« (dào) gelingt.

Mit »Weg« ist an dieser Stelle allerdings keine metaphysische Instanz gemeint, sondern ein Verhältnis von »Technik« (jì 技) oder »Kunst« (yì 藝) und »Weg«. Die ostasiatischen »Kunstwege« (yìdào 藝道) beziehen sich vielfach auf dieses Gleichnis. Kultivierung bezeichnet in diesem Zusammenhang eine technische Meisterschaft, die auf eine intuitive und effektive Weise derart die interne »Lineatur« oder »Struktur« (lǐ理) der Realität zu erfassen und in Gebrauch zu nehmen vermag, dass die Regulation und Nährung des eigenen Lebensatems von der Erfahrung ästhetischen Gelingens begleitet wird. Allerdings wird die Zufriedenheit des Kochs angesichts seines »Werkes« mit Bewegungen und Lauten des Schlachtens zu Beginn des Gleichnisses auf eine Weise mit Tanz und Musik verbunden, die an eine ironische Auseinandersetzung mit den konfuzianischen Idealen von Riten und Musik denken lässt. (Graziani 2006: 39–58) Die Arbeit mit dem Ochsen bedarf offenbar eines großen, zu Beginn beschriebenen körperlichen Einsatzes. Mit den dazugehörigen Lauten bildet sie jedoch eine Harmonie, der künstlerische Qualität zugeschrieben wird. Dem harmonischen Ausdruck auf der Ebene des Offenbaren entspricht dabei die Erfahrung des »freien Spiels der Vermögen, der Ressourcen und der Kräfte« des Subjekts, das allein auf der Stufe eines »himmlischen« Regimes der Aktivität möglich ist. (Billeter 2002: 46/46) Billeter bezeichnet dieses freie Spiel als »Körper« (corps). (Billeter 2002: 119/117) Demgegenüber sieht Jullien in dem höheren Zustand des Geistigen eine geklärte und ins Subtile transformierte Wandlungsform der »Atem-Energie« – Jullien übersetzt »Geist« (shén 神) hier mit »geistige [und geläuterte] Wahrnehmung (appréhension [decantée et] spirituelle)«. (Jullien 2005: 92/119)

Im Gleichnis beschreibt der Koch diesen Zustand als Ergebnis eines Lernprozesses. In den ersten drei Jahren seiner Arbeit hat er nichts anderes als den Ochsen in seiner ganzen Massivität gesehen; nach drei Jahren begann er sich von der sinnlichen Aufdringlichkeit des »ganzen Ochsen« zu lösen, um ihm schließlich »mit dem Geist zu begegnen und nicht mit den Augen zu sehen« (yǐ shén yù ér bù yǐ mù shì 以神遇而不以目視). Sofern sich beim Zerlegen Schwierigkeiten abzeichnen, ist er besonders achtsam, konzentriert den Blick und tastet sich mit verlangsamten, subtilen Bewegungen vor, um Hindernisse (vor allem die großen Knochen) umgehen zu können.

Jullien zufolge geht es in diesem Gleichnis darum, sein eigenes Potenzial zu »handhaben« und kontinuierlich den Weg des »Nicht-Erlahmens« zu gehen. Für ihn ist das nicht nur eine von Zhuāngzǐ unablässig wiederholte Lehre, sondern darüber hinaus die »große Intuition« *des* »chinesischen Denkens«: »Sich wandlungsfähig zu halten« verweist auf ein äußerst komplexes Zusammenspiel von Übung mit dem Werkzeug – sei es das Messer des Kochs oder Holzschnitzers oder auch der Pinsel des Kalligrafen und Malers – und der Verfeinerung der eigenen Erfahrungsfähigkeit. Mit einem Messer »ohne Dicke« wird die unblockierte Bewegung in der Immanenz der geformten Welt möglich; gleichzeitig bedarf es jedoch einer Vergeistigung der Wahrnehmung, durch die sich interne Strukturlinien mit ihren subtilen Übergangspunkten und Zwischenräumen zeigen: »diese äußerst verfeinerte Auffassungsgabe erlaubt es Stück für Stück, seine Atem-Energie zu leiten, sei es in der Dichte des eigenen physischen Seins, sei es auf der Stufe des Lebens (es ist nicht nötig zwischen diesen beiden Ebenen zu wählen und die eine ist kein Bild der anderen), und dies auf eine Weise, dass sie weder blockiert noch zerstreut wird, vielmehr durchgängig zu bleiben vermag«. (Jullien 2005: 94–95/122–123) Die Aufgabe, sich wandlungsfähig zu halten, verlangt nicht nur technisches Können, sondern darüber hinaus die »geistige« Wahrnehmung der dem lebendigen Energiewandel immanenten Strukturen. Die dafür zu erlernende Fähigkeit ist allerdings paradox, denn es gilt zu lernen, kommen zu lassen, was von selbst kommt: lernen, »in sich die Vitalität kontinuierlich kommen und gehen zu lassen«. (Jullien 2005: 95/123)

Bis zu diesem Punkt sehe ich in den Interpretationen von Jullien und Billeter noch keinen großen Unterschied. Letzterer sieht die »wunderbare Effektivität« des höheren Regimes der Aktivität durch die Fähigkeit charakterisiert, den »Körper« nicht länger kontrollieren zu wollen, sondern ihn seiner »Eigenaktivität« zu überlassen, also sein Tun zu lassen. Entsprechend versteht er die Konzeption von Autonomie, die das im *Zhuāngzǐ* eröffnete »Paradigma der Subjektivität« auszeichnet. Zunächst definiert er den »Körper«, wie oben bereits erwähnt, als »Ensemble der bekannten und unbekannten Vermögen, Ressourcen und Kräfte, die wir zur Verfügung [dispositon] haben oder die uns bestimmen«. (Billeter 2002: 145–146/143) Darauf aufbauend fasst er Zhuāngzǐs Auffassung wie folgt zusammen: »Er macht uns auf sehr verschiedene und häufig verwirrende Weise verständlich, dass wir uns unserer Autonomie versichern können, indem wir den so verstandenen Körper handeln lassen. Diese Lehre ist paradox für uns, weil wir in hohem Maße daran gewöhnt sind, Autonomie in der bewussten Meisterung unserer Handlungen zu suchen.« (Billeter 2002: 146/143)

Billeters Abgrenzung von Jullien setzt ein mit der Kritik an einer Deutung des *Zhuāngzǐ*, die sich unter den Bedingungen der »imperialen Ordnung« Chinas entwickelt haben soll. Julliens Deutung gehört seiner Auffassung nach in diesen Kontext, in dem die leibliche Subjektivität des *Zhuāngzǐ* durch eine nicht bloß individuelle, sondern »kosmologische oder metaphysische Interpretation« auf Abwege gerät. Billeter betont deshalb, dass im *Zhuāngzǐ* nichts weiter als das »Funktionieren unserer Subjektivität« (Billeter 2002: 145/142) beschrieben wird, hingegen die kosmisch-energetische Überhöhung dieses auf alltäglicher Erfahrung beruhenden »Weges« entscheidend zur Entschärfung des kritischen Potenzials des Textes beigetragen hat. Dieses Motiv findet eine indirekte Entsprechung in Julliens Überlegungen zur Nachwirkung des *Zhuāngzǐ* im 3. Jahrhundert, also der Zeit, in der dessen »imperiale« Interpretation entstanden ist. In Julliens Diskussion der Lebensnährung bei Jī Kāng wird dessen Unfähigkeit zur Kritik in der Tat dem Motiv eines *kosmischen Energiewandels* zugeschrieben, gegenüber dessen politischen Implikationen Jī Kāng blind gewesen sein soll (siehe Kap. 4). Was den »Nicht-Verschleiß« und die Nicht-Erschöpfung der Atem-Energie möglich macht, ist für Jullien »die Fähigkeit, durch die aktualisierte Form (hier der Körper des Ochsen) hindurch zu *zirkulieren* und *kommunizieren* (zu machen), ohne weiteren Hindernissen zu begegnen, noch der Gefahr der Erlahmung zu erliegen (selbst an den schwierigen Punkten, an denen die Verbindung am stärksten ist)«. Um Zugang zu dieser Fähigkeit zu erhalten, bedarf es keiner äußeren Unterstützung, keiner Gnade oder Offenbarung, vielmehr bloß einer immanenten »*Verfeinerung* seiner Vermögen in sich selbst, durch die diese aufmerksamer und schärfer werden«. (Jullien 2005: 94/122)

Die Stelle aus dem Koch-Gleichnis, auf die Jullien hier anspielt, lautet in meiner Übersetzung: »[…] sobald eine Gelenkverbindung erreicht wird, sehe ich die Schwierigkeiten, nehme mich vorsichtig in Acht, verlangsame das Vorgehen, bewege das Messer mit äußerster Subtilität […]«. Diese unscheinbare Bemerkung führt zu einer Perspektive, durch die Julliens Interpretation kritisch gegen ihn selbst gewendet werden kann, für die es allerdings in den mir bekannten historischen Kommentaren allenfalls indirekte Anhaltspunkte gibt. Mathias Obert zufolge kommt in der Verlangsamung ein »retardierendes Moment«, eine »Rücknahme der Bewegung in sich selbst«, ja ein »gegenläufiges Moment« zum Ausdruck, durch das hindurch die ästhetische Übungspraxis des Kochs sich erst in eine ethische verwandelt. (Obert 2013) Diese Interpretation hilft dabei, Julliens ausschließlich am mitläufigen Sich-wandlungsfähig-Halten orientierte Perspektive zu korrigieren und jenes Moment der *Gegenläufigkeit* ins Spiel zu bringen, von dem her das kritische Potenzial des *Zhuāngzǐ* sich erschließen lässt. Die energiewandelnde Subjektivität, die im Gleichnis skizziert wird, beschränkt sich nicht auf *energetische Mitläufigkeit* (shùn shì 順勢), sondern enthält das ethisch relevante Moment *energetischer Gegenläufigkeit* (nì shì 逆勢). Entscheidend ist, dass dieses gegenläufige, widerständige Moment in die mikrologische Sphäre »äußerst subtiler« (shèn wéi 甚微) Wahrnehmung und Bewegung führt. Damit wird die Frage berührt, inwiefern das kritische Potenzial des *Zhuāngzǐ* neben ostentativen Gesten der Zurückweisung und des Nicht-Mitmachens auch das Subtile, Unmerkliche und Fade umfasst. Wird Kultivierung kritisch in der Übung eines *mikrologischen Blicks* für das, was sich innerhalb der alltäglichen Sinneswahrnehmung erfahren lässt, diese aber gleichwohl transzendiert?

Das dritte Kapitel des *Zhuāngzǐ* beginnt mit dem Gegensatz zwischen der Uferlosigkeit des Wissens und dem Lebensfluss, der durch Ufer begrenzt wird. Mit uferlosem Wissen den Fluss des Lebens lenken zu wollen, bringt das eigene Leben in Gefahr. Im Gleichnis sind das die schlechten »Köche«, die gewaltsam auf den »Ochsen« ihrer Lebenssituation einhacken, um sie ihrer Kontrolle zu unterwerfen, sich dabei aber nur erschöpfen und ermüden. Sie bleiben fixiert auf die Ebene der körperlichen Form (xíng 形). Die nächste Stufe, die der Koch Dīng auf seinem Bildungsweg durchläuft, ist diejenige des *mitläufigen Energiewandels*, der Gesundheit im konventionellen Sinne der chinesischen Medizin. Aber erst sobald seine Kultivierung die Stufe des *gegenläufigen Energiewandels* erreicht, vermag er das Moment gegenwendiger Besinnung aufzunehmen. Auf dieser Stufe entgeht er nicht bloß auf »himmlische« Weise den Gefahren, sondern lebt in beständiger Wachsamkeit für zukünftige Gefahren, die in der Gegenwart aufkeimen.

An dieser Stelle rührt Zhuāngzǐs Gleichnis an die konfuzianische Intuition der »Not« des »heiligen Menschen« (shèngrén de yōuhuàn 聖人的憂患). Auch ein Mensch hoher Kultivierung hat ein »Bewusstsein von Nöten« (yōuhuàn yìshì 憂患意識). Er wird nicht einfach eins mit dem »Himmel« und kann es auch nicht werden. (Mou 2003/31: 135) Aber läuft die Verknüpfung der »Schwierigkeiten« des Kochs Dīng mit solchen »Nöten« nicht auf eine konfuzianische Lektüre des *Zhuāngzǐ* hinaus? Eine Lektüre, die aus der letztlich nicht auflösbaren Paradoxie von Mensch und Himmel die Möglichkeit nicht nur von Subjektivität, sondern überhaupt von Kultur entwickelt, während das Buch *Zhuāngzǐ* doch vielfach Sympathien für Subjekt- und Kulturlosigkeit zeigt? Idealisiert Zhuāngzǐ nicht immer wieder die Rückkehr in vorsubjektive, vorreflexive, natürliche, instinkthaft-tierhafte Zustände? Billeters Interpretation von Koch Dīngs Achtsamkeit in Anbetracht der Schwierigkeiten, die beim Zerlegen von Ochsen auftreten, betont die Uneinheitlichkeit des *Zhuāngzǐ* in dieser Hinsicht: »In bestimmten Momenten kontrolliert er weiterhin sehr aufmerksam das, was er macht. Er ist nicht vollständig im himmlischen Regime.« (Billeter 2002: 56/55) Damit unterscheidet sich der Koch von jenem Schwimmer, dem es eine Freude ist, in Wasserfällen zu schwimmen, in die sich ansonsten allenfalls Lebensmüde hineinstürzen, die ihrem Leben ein Ende setzen wollen. Billeter zufolge findet in Zhuāngzǐs »Vision der Dinge« somit eine denkwürdige Verkehrung der Wahrnehmung statt, weil Tiere unmittelbar des »himmlischen Regimes« fähig sind, während Menschen nur vermittelt durch Übung die Beschränkung des »menschlichen Regimes« überwinden können: »Die spezifisch menschliche, intentionale und bewusste Aktivität ist Quelle des Irrtums, des Scheiterns, der Erschöpfung und des Todes. Die vollständige, notwendige und spontane Aktivität ist demgegenüber Quelle von Effektivität, Leben und Erneuerung.« (Billeter 2002: 52/52)

Weil Koch Dīng nicht gänzlich im himmlischen Regime weilt, kann hier von einem *Paradigma der Subjektivität* gesprochen werden. Wenn die menschliche Aktivität gänzlich im Himmel aufgeht, tritt sie demnach in ein *Paradigma der Subjektlosigkeit* ein. Damit wird Zhuāngzǐ allerdings wieder jener Tradition der Mitläufigkeit und des Konformismus überantwortet, aus der Billeter ihn ja gerade herausholen möchte. Die Aufmerksamkeit für den Aspekt *energetischer Gegenläufigkeit* in der Diskussion des Gleichnisses markiert einen Punkt, an dem kritische Kultivierung und energiewandelnde Subjektivität in ihrer Zusammengehörigkeit erkennbar werden. Dadurch kann, im Unterschied zu Billeter, die unleugbare Nähe zwischen Zhuāngzǐ und den chinesischen Kunstwegen anerkannt werden, andererseits lässt sich aber auch gegen Jullien der kritische Gehalt des *Zhuāngzǐ* hervorkehren und stärken.

Kritik der imperialen Ordnung im Subjekt

Billeter wirft Jullien ein affirmatives Verhältnis zum imperialen China und dem mit diesem verflochtenen Denken der Literaten vor. Damit wird er Julliens Position nur eingeschränkt gerecht, denn, wie dessen Interpretation von Jī Kāng in *Sein Leben nähren* zeigt, sind »die chinesischen Literaten« für ihn ebenfalls konformistisch und unfähig zu politischer Kritik (siehe Kap. 4). In dieser Hinsicht besteht zwischen beiden keine Meinungsverschiedenheit, sondern vielmehr beklemmende Einigkeit – im Vergleich dazu hat Jean Levi einen viel schärferen Blick für den Nonkonformismus chinesischer Literaten. (Levi 2004)

Ein Blick auf Billeters Erörterung der chinesischen Schreibkunst hilft zu verstehen, inwiefern er den Konformismus chinesischer Kultur nicht nur im politischen System verortet, sondern versucht, ihn in die feinsten Verästelungen körperlich-leiblicher Aktivität hineinzuverfolgen: Die makrologische Seite der imperialen Ordnung hat ihre mikrologische Entsprechung in den subtilsten Bewegungen des Schreibkünstlers und den Spuren, die dieser auf dem Papier hinterlässt. Um zu verstehen, warum Billeter die Schreibkunst letztlich in dieser Weise politisch deutet, ist es nötig, seine Erörterung des Verhältnisses von Körper/Leib (corps/corps propre), Regimen der Aktivität, Subjektivität, energetischer Ökonomie und Kreativität genauer zu betrachten. Wenn Billeter von »Leib« spricht, meint er den *kreativen Leib*: »nur der Leib ist kreativ« (seul le corps propre est créateur). (Billeter 1989: 282) Die »Eigenaktivität« (activité propre) des Leibes ist »kreative Aktivität« (l'activité créatrice). (Billeter 1989: 281) Solche Aktivität nennt er auch »perfekt integrierte Aktivität«, »höhere Aktivität« oder »perfekte Aktivität«. (Billeter 1989: 269–273; 2002: 17/17) Hinzu kommt die an dieser Form von Aktivität ausgerichtete Unterscheidung zwischen einem niedrigeren und einem höheren »Regime der Aktivität« sowie das Verständnis des Vorgangs, der zum »Wechsel des Regimes«, das heißt zum Übergang von einem zum anderen führt.

Dieses Verständnis von Körper/Leib bildet das Herzstück seiner Interpretation von Zhuāngzǐs »Paradigma der Subjektivität«. Der Körper im Sinne von Descartes – Körper als Objekt und als Maschine – steht nun dem Körper als »Gesamtheit bekannter und unbekannter Vermögen, Ressourcen und Kräfte, die wir zur Disposition haben oder die uns bestimmen«, gegenüber. (Billeter 2002: 119/117, 145–146/143) Der als »freies Spiel der Vermögen, Ressourcen und Kräfte« (Billeter 2002: 119/116) verstandene »Körper« gilt Billeter als Ort eines für »uns« (Europäer?) neuen »Paradigmas der Subjektivität«, in dem Bewusstsein nicht länger Einheit erzwingt, sondern »alle Kräfte des Körpers« eine Synergie bilden und auf zwanglos-polyphone Weise zusammenstimmen. (Billeter 2002: 128–130/125) Das »Paradigma der Subjektivität«, das Billeter im *Zhuāngzǐ* wahrnimmt, lässt »uns« verstehen, dass »wir uns unserer Autonomie versichern können«, indem »wir« den »Körper handeln lassen« (en laissant agir le corps), was der üblichen Suche nach Autonomie in der »bewussten Meisterung unserer Handlungen« zuwiderläuft. (Billeter 2002: 146/143) Und in der Tat treffen sich hier das Denken des *Zhuāngzǐ* und eine Arbeit an einem neuen Paradigma der Subjektivität, »die sich in den Tiefen unserer Kultur« vollzieht und die vor allem in der Phänomenologie des körperlichen und leiblichen Selbst einen theoretisch entfalteten Ausdruck gefunden hat.

So gesehen ist Billeters Idee pluraler Subjektivität eine Version der Idee eines freien Spiels der menschlichen Vermögen, die auf polyphone Weise zusammenstimmen. Etwas Ähnliches kommt bereits im Kant-Buch von Deleuze zum Ausdruck. Dieser geht sogar noch weiter als Billeter, insofern das Moment der *Dissonanz* explizit Anerkennung findet (und der musikalische Bezug sich von Bachs Polyphonie hin zur Neuen Musik verschiebt): »Die Vermögen bieten sich die Stirn, jedes an seiner eigenen Grenze, und finden ihren Einklang in einem fundamentalen Missklang: ein disharmonischer Einklang, das ist die große Entdeckung der *Kritik der Urteilskraft*, des letzten kantischen Umsturzes. [...] Am Ende entdeckte er den Missklang, der den Einklang erzeugt. Eine entregelte Übung aller Vermögen, die die zukünftige Philosophie bestimmen wird.« (Deleuze 1990: 17; siehe Heubel 2002: 101)

Adornos Frankfurter Vorlesungen zur Moralphilosophie von

1963 formulieren eine scharfe Kant-Kritik, indem sie das bekannte Wort aus der *Dialektik der Aufklärung* vom »Eingedenken der Natur im Subjekt« präzisieren – diese Kritik ist später im Kant-Kapitel der *Negativen Dialektik* weiterentwickelt worden (siehe Kap. 2). Im Umkreis der Kritischen Theorie hat sodann vor allem Gernot Böhme den Begriff des Leibes zum Ausgangspunkt für die Arbeit an einer alternativen Konzeption von Subjektivität gewählt, die mit Billeters »Paradigma der Subjektivität« vielfältig korrespondiert. (Böhme 2008: 119–162) Vor diesem Hintergrund stellt sich die Frage, inwiefern Billeter mit Hilfe des *Zhuāngzǐ* überhaupt etwas Neues sagt und ob er nicht nur jenes »neue Paradigma« der Subjektivität, das in Frankreich und Deutschland seit den 1960er Jahren bereits im Umlauf war, sinologisch fruchtbar gemacht hat. Wenn dem so ist, hätte Billeter mit seiner Interpretation des Buches *Zhuāngzǐ* allenfalls sinologisch, aber kaum philosophisch Neuland betreten. Das anhand von *Zhuāngzǐ* gewonnene »Paradigma der Subjektivität« wäre eine Variante jener leiblichen Subjektivität, die philosophisch zunehmend zum Gemeinplatz geworden ist: Der Leib ist kreativ, weil er Spielfeld einer »entregelten Übung« aller Vermögen geworden ist, in der wiederum kreative Aktivität ihre subjektive Voraussetzung findet.

Billeter hat jedenfalls das Verdienst, diese Überlegungen in die sinologische Auseinandersetzung mit dem Buch *Zhuāngzǐ* hineingetragen zu haben. Seine Diskussion steht zudem im Kontext einer Reihe französischer Untersuchungen zum *Zhuāngzǐ*, die einen neuen Maßstab für eine sinologisch-philosophische Auseinandersetzung mit diesem Text gesetzt haben. Das gilt nicht nur für die europäische Sinologie, sondern durchaus auch für die chinesischsprachige Zhuāngzǐ-Forschung, die durch Billeters Intervention zu einer Überprüfung hergebrachter Auffassungen angeregt worden ist, die dem Buch *Zhuāngzǐ* zugleich neue Konturen im Kontext der Gegenwartsphilosophie verliehen haben. So hat etwa Lài Xīsān 賴錫三 eine sehr detaillierte Antwort auf die von Billeter geäußerte Kritik an einer atem-energetischen Deutung des *Zhuāngzǐ* (siehe Billeter 2010a: 32) verfasst, in der das Potenzial transkultureller Kritik im Kontext der chinesischen Gegenwartsphilosophie erkennbar wird, denn Làis Reflexionen setzen sich nicht nur (selbst-)kritisch mit Billeters Interpretation des *Zhuāngzǐ* auseinander, sondern auch mit den Bezügen zur europäischen Philosophie, von denen sie geprägt ist. (Lài 2012: 171–234)

Julliens selektive Lektüre älterer chinesischer Kommentare, in der chinesisches und europäischen Denken kontrastiert werden, hält Billeter für unkritisch. Er wendet sich gegen Interpretationen des Buches *Zhuāngzǐ*, die dieses der »imperialen Ideologie« Chinas gefügig gemacht haben sollen. Er behauptet vor allem, dass die Interpretation, die sich im dritten Jahrhundert unter den Händen der Kommentatoren Xiàng Xiù und Guō Xiàng herausgebildet hat, eine Neutralisierung des kritischen Potenzials dieses Buches herbeigeführt hat. Diese »Entmannung« wurde durch eine doppelte Bewegung möglich: (1.) Statt die Lektüre des Textes von der eigenen, alltäglichen Erfahrung ausgehen zu lassen, wurde ihm im Namen einer »Theorie des kosmischen Energiewandels« (qìhuà yǔzhòulùn 氣化宇宙論) eine »kosmologische oder metaphysische Interpretation« (Billeter 2002: 145) übergestülpt, in der Billeter das holistische Komplement zum politischen Totalitarismus der imperialen Ordnung sieht. (2.) Die Selbstvervollkommnung des Einzelnen wurde sodann nicht verstanden als Verwirklichung einer im Individuum situierten Kreativität, vielmehr wurde die Quelle von Kreativität »im Universum« angesiedelt, die es durch das Subjekt hindurch zur Manifestation zu bringen galt, und zwar auf scheinbar paradoxe Weise, nämlich durch das Verschwinden des Subjekts in der Totalität. (Billeter 2006: 51) Mit der höchsten Stufe von »Selbstvervoll kommnung« bzw. Selbstkultivierung (xiūyǎng 修養) und mit dem Ideal des »heiligen Menschen« (shèngrén 聖人) konnte demnach die »Fähigkeit verbunden werden, *spontan* richtig zu handeln« (capacité d'agir spontanement juste), deren Voraussetzung in radikaler Selbstlosigkeit gesehen wurde: Selbstvervollkommnung durch Selbstauflösung. (Billeter 2006: 67)

Eine solche Konzeption der Kultivierung gilt Billeter als untrennbar verbunden mit der »imperialen Ordnung«. Guō Xiàng hat demnach das Buch *Zhuāngzǐ* der imperialen Ordnung gefügig gemacht, indem er ihm ein letztlich konfuzianisches Modell des Verhältnisses von kosmischer Totalität und monadischer Subjektivität aufgezwungen hat: »Es schien mir zunehmend evident zu sein, dass in diesem System, zwischen der einen und kreativen großen Quelle auf der einen Seite und der isolierten Monade auf der anderen, nicht bloß eine einfache Analogie bestand, sondern eine notwendige Beziehung.« (Billeter 2006: 67) Und er kommt zu der weitreichenden Schlussfolgerung, wonach »die chinesische Philosophie das Subjekt […] immer als isolierte Monade verstanden hat. Sie hat niemals, zumindest nicht während der imperialen Periode, ein Bewusstsein von der Pluralität als fundamentaler Gegebenheit der menschlichen Existenz entwickelt.« (Billeter 2006: 66)

Die chinesische Philosophie mag des Bewusstseins von Pluralität ermangelt haben, nicht jedoch Zhuāngzǐ. Er allein bildet, Billeter zufolge, die große Ausnahme und ist gerade deswegen für die Gegenwart von herausragender Bedeutung. Seine Konzeption eines leiblich-pluralen Subjekts gilt ihm als »archimedischer Punkt«, um die »traditionelle Konzeption« zu kippen, das heißt »die monadische Konzeption des Subjekts in der imperialen Epoche Chinas« (Billeter 2006: 71). Das Paradigma einer Subjektivität, die plural ist und nicht auf der Einheit des Bewusstseins beruht, hat demnach eine große politische Bedeutung. Es ist nicht nur ein Ausgangspunkt, um die politische Vergangenheit Chinas zu beurteilen, sondern auch um die politische Gegenwart und Zukunft Chinas *und* Europas neu zu denken.

Subjektivität und Leere

Das »Erstaunen im Angesicht der Pluralität des Menschen« (Billeter 2006: 74) und die Schwierigkeit, sich der fundamentalen Pluralität menschlicher Existenz bewusst zu werden, ist keineswegs bloß ein chinesisches Problem. Die mit Platon einsetzende metaphysische Tradition hat in Europa vergleichbare Konsequenzen gehabt und die philosophische Grundlegung von Politik in einer Konzeption pluraler Subjektivität keineswegs befördert, teilweise sogar offen bekämpft. Die Konversion zu einem neuen »Paradigma der Subjektivität« ist ein transkulturelles Problem: »Ich denke, dass sich diese Konversion aufdrängt, in Europa wie in China, und dass, auf chinesischer Seite, Zhuāngzǐ einen Stützpunkt liefern kann.« (Billeter 2006: 74) Aus dieser Perspektive lässt sich die soziale und politische Bedeutung *kritischer Kultivierung* in der Überwindung des autoritären Charakters identitätsfixierter Subjektivität sehen.

Billeters leibphilosophische Überwindung dieser Subjektivität hat den Vorteil, an Entwicklungen vor allem im Rahmen der Leibphänomenologie anknüpfen zu können. Andererseits ist Billeters Begriff des Leibes/Körpers (corps propre/corps) durchaus auch Teil des Problems, so dass mein Vorschlag dahin geht, *leibliche* Subjektivität in Richtung einer *energiewandelnden* weiterzudenken. Dagegen erhebt sich jedoch Julliens Einwand, der eine grundsätzliche Unvereinbarkeit von Energiewandel und Subjektivität behauptet. Und deuten nicht gewisse Formulierungen Billeters darauf hin, dass ein an Zhuāngzǐ orientiertes Paradigma der Subjektivität letztlich doch eher ein *Paradigma der Subjektlosigkeit* ist? Er schreibt: »Was wir Subjekt oder Subjektivität nennen, erscheint dort als Kommen und Gehen zwischen der Leere und den Dingen. Hinsichtlich dieser beiden Termini ist es der erstere – die Leere und die Verwirrung [confusion] –, der als fundamental betrachtet wird.« (Billeter 2002: 144/142) An anderer Stelle spricht Billeter vom »Verlust der Verwirrung oder der Leere, von der sich unsere Subjektivität nährt«. (Billeter 2002: 106–107/105)

Ist nun diese »Leere« ein Teil der Subjektivität im Sinne eines paradoxen Spiels zwischen Subjektivierung und Desubjektivierung oder geht »Leere« dem Subjekt voraus – wenn dem so ist, wäre eher von einer Philosophie der »Leere« als von einer der »Subjektivität« zu sprechen? Nun hat Billeter erhebliche Bedenken dagegen, »Leere« (xū 虛) und »Geist« (shén神) atem-energetisch zu deuten, und schiebt die Verantwortung für die kosmologische und metaphysische Interpretation des *Zhuāngzǐ* dem Kommentar von Guō Xiàng und der Kommentartradition zu. Dadurch vermag er das starke Interesse für vorsubjektive und nicht-subjektive Zustände im *Zhuāngzǐ* vom Primat der Subjektlosigkeit zu lösen.

Billeters Deutung der »Leere« folgt seiner Überzeugung, dass das Paradigma der Subjektivität im *Zhuāngzǐ leiblich* und nicht *atem-energetisch* verstanden werden sollte. Er besteht darauf, dass diese Trennung notwendig ist, um einen klaren Bruch mit einer langen Tradition des politischen Totalitarismus zu vollziehen. Daraus spricht ein scharfes politisches Problembewusstsein, das jedoch die transkulturelle Dynamik von »Leere« als Begriff zeitgenössischer politischer Philosophie kaum ahnt. (Liú 2020: 241–384) An dieser Stelle interessiert mich vor allem, dass die schroffe Ablehnung der »Theorie des Energiewandels« (qìhuàlùn 氣化論) zu einer drastischen Erschwerung des Zugangs zu den von chinesischen Literaten gepflegten Kunstwegen und damit verbundenen Kultivierungsübungen führt. Mit seinem Verständnis leiblicher Subjektivität hat Billeter den Bereich des »Lebens«, der menschlicher Kultivierung fähig und würdig ist, über die Grenzen spiritueller Kultivierung hinaus erweitert, steht dann aber doch vor der Schwierigkeit, durch diese Verengung des Paradigmas der Subjektivität auf das *Menschliche* der Bedeutung des *Himmlischen* im *Zhuāngzǐ* nicht gerecht werden zu können. Dieses Problem macht es notwendig, Energiewandel und Subjektivität über Billeter hinaus zu verbinden (siehe Kap. 7).

Schreibkunst und Despotismus

Die Verengung von Subjektivität auf *leibliche* Subjektivität führt bei Billeter in Schwierigkeiten, die sich in seiner Erörterung der chinesischen Schreibkunst eigentümlich zusammenballen. Die Neuausgabe von *L'art chinois de l'écriture* (1989), die im Jahr 2010 unter dem Titel *Essai sur l'art chinois de l'écriture et ses fondements* veröffentlicht worden ist, enthält nur kleine Veränderungen in der Kapiteleinteilung: Das ursprünglich »La signification de l'écriture chinoise« (Die Bedeutung chinesischer Schrift) überschriebene neunte Kapitel ist in »La double signification de l'art de l'écriture« (Die doppelte Bedeutung der Schreibkunst) umbenannt worden. Hinter dieser Verdoppelung der Bedeutung verbirgt sich allerdings eine tiefgreifende Veränderung von Billeters Verständnis. Was als rätselhafter, geradezu tragischer Bruch mit seinem Enthusiasmus für die Kalligrafie erscheint, betrachtet er jedoch als »große Erleichterung, als *Befreiung aus einem Bann*«. (Brief von Billeter an den Autor vom 26.6.2011) Was ist geschehen?

Billeters Studie zur chinesischen Schreibkunst ist zunächst von dem Glück motiviert worden, das er im Zuge persönlicher, experimenteller Praxis des Schreibens empfunden hat. Nach dem Abschluss seines Buches hat er jedoch mit dem Schreiben aufgehört. Seine Überlegungen zur »doppelten Bedeutung der Schreibkunst« reichen die Gründe für den Bruch mit den eigenen Schreibübungen nach. Seine theoretische Durchdringung der Übungspraxis hat offenbar nicht dazu geführt, diese im Sinne kritischer Kultivierung philosophisch zu lernen und zu transformieren, sondern vielmehr dazu, sie als *unkritisch* zu verwerfen.

Billeter nennt zwei miteinander verbundene Gründe für seine neue Ablehnung der Schreibkunst. Erstens die Veränderung der gesellschaftlichen Bedingungen des Schreibens mit dem Pinsel – im Zuge der Modernisierung Chinas –, mit der der gesellschaftlichen Schicht der Literaten-Beamten die historisch-kulturelle Grundlage weggebrochen ist. Dazu gehören technische Entwicklungen, in deren Folge der Pinsel durch Stifte oder gar elektronische Geräte ersetzt wurde. Das hat dazu geführt, dass der Pinsel aus dem Alltag der Gebildeten weitgehend verschwand und der Kalligraf zum künstlerischen Spezialisten wurde, der Schreibkunstwerke schafft wie andere Bilder oder Skulpturen. Die »geheime Ohnmacht« (secrète impuissance) der Schreibkunst heute hat mit der Schwierigkeit, wenn nicht gar Unmöglichkeit zu tun, sie in die Moderne zu retten. (Billeter 2010: 372–374) Für Billeter ist sie »Ausdruck einer Ordnung, die nicht mehr wiederkommt«. (Billeter 2010: 379) Und er zitiert Xióng Bǐngmíng 熊秉明 (Hsiung Ping-ming, 1922–2002), der sich als Kalligraf und Theoretiker der chinesischen Pinselschrift die selbstkritische Frage vorgelegt hat, ob es denn notwendig sei, weiterhin »eine Kunst zu kultivieren, die uns unerbittlich an die Tradition kettet«. (Billeter 2010: 379)

Daran schließt sich der zweite Grund an, mit dem Billeter diese Frage für sich negativ beantwortet: Als individuell geübte kulturelle Praktik hat sich die Kalligrafie innerhalb des »von der imperialen Ordnung festgelegten Rahmens« (Billeter 2010: 377) herausgebildet. Sie ist als Teil einer »gigantischen ideologischen Veränderung« aus dem hervorgegangen, was bis heute gemeinhin als »chinesische Kultur« angesehen wird. Mit der Betonung der Verstrickung der kalligrafischen Kultivierung in die »imperiale Ordnung« der »chinesischen Kultur« wendet sich Billeter selbstkritisch gegen Teile der Darstellung der älteren Version seines Buches. Mit einem Gestus, der seltsam an kulturrevolutionären Anti-Traditionalismus und Praktiken vernichtender »Selbstkritik« erinnert, hat er die meisten positiven Äußerungen zu »den Chinesen« und ihrer Kultur aus der Neuausgabe seines Buches weggestrichen. Folglich schrumpft die

Bedeutung der Kalligrafie für ihn zusammen zum »Wahrzeichen eines kulturellen Konservativismus, der sich nur allzu gut mit der restaurativen Atmosphäre verträgt, die heute in China herrscht«. (Billeter 2010: 379) Billeters lange sinologische Laufbahn bewegt sich auf eine von tiefen Enttäuschungen geprägte pauschale Negation traditioneller »chinesischer Kultur« zu. Sein langer Weg des Studiums chinesischer Kunst und Philosophie verkehrt sich ihm in einen moralisch verwerflichen Irrweg der Anbiederung an ein totalitäres Regime, auch wenn manchmal noch ein Schimmer der alten Sensibilität für leibliche Aktivität und Gestik in der Kunst des Schreibens aufblitzt: »Das ist das Geheimnis der chinesischen Kalligrafie: in sich selbst die Geste eines Anderen fühlen, der geschrieben hat.« (Billeter 2018: 70)

Diese beiden Gründe laufen auf die Schlussfolgerung hinaus, dass die plurale, kritische und radikal demokratische Subjektivität, die Billeter im *Zhuāngzǐ* paradigmatisch artikuliert sieht, mit der Praktik der Kalligrafie im Widerspruch steht: Kalligrafie erweist sich als verstrickt in totalitäre Politik. Sie wird somit als Teil kritischer und in diesem Sinne »demokratischer« Kultivierung undenkbar. Die »doppelte Bedeutung« chinesischer Schreibkunst verweist auf den Widerspruch, dass in der neuen Version des Buches nun einerseits die chinesische Kalligrafie als Übung der Selbstvervollkommnung detailliert und durchaus mit Sympathie beschrieben wird, um dann aber andererseits am Schluss als vormodern und autoritär verworfen zu werden. Billeters Interpretation des *Zhuāngzǐ* kann einem ähnlichen Widerspruch nur entgehen, weil er in einem waghalsigen Manöver das »Paradigma der Subjektivität« im *Zhuāngzǐ* als vor-imperiales vollständig von der Wirkungsgeschichte abschneidet, die das Buch seit dem 3. Jahrhundert erfahren hat: In diesem Sinne lehnt er den kanonischen Kommentar von Guō Xiàng ab, weil dieser das *Zhuāngzǐ* der imperialen Ordnung gefügig gemacht haben soll.

Ist die Radikalität des Schnitts, den Billeter vollzieht, philosophisch fruchtbar und historisch plausibel? Er weist zu Recht darauf hin, dass die überlieferten Kunstwege missbraucht und vor den Karren einer ideologisch motivierten Kultur- und Identitätspolitik gespannt werden können. Auch wenn die Ideologisierung von Kunst sicherlich nicht nur ein chinesisches Problem ist, wird damit die Frage nach den Bedingungen der Möglichkeit von Schreibkunst als Form *kritischer Kultivierung* mit bedenkenswerter Schärfe gestellt. Sie nötigt dazu, weiter zu präzisieren, was denn dabei mit *kritisch* gemeint ist. Billeter scheint mir in seiner Auseinandersetzung mit dem *Zhuāngzǐ* in dreifacher Hinsicht Kritik zu betreiben: dekonstruktive, rekonstruktive und konstruktive. Im Sinne *dekonstruktiver Kritik* wird eine einflussreiche Lesart des *Zhuāngzǐ* als historisch entstanden und von spezifischen (vor allem politischen) Interessen geleitet entlarvt; im Sinne *rekonstruktiver Kritik* wird, aus der Perspektive einer zeitgenössischen Problemstellung, der Text des *Zhuāngzǐ* gegen den Strich der Überlieferung gelesen und kritisch reaktualisiert; im Sinne *konstruktiver Kritik* wird, durchaus in normativer Absicht, eine theoretische Position ausgearbeitet, die von ihrer Bedeutung für eine Philosophie der Zukunft überzeugt ist. Die Perspektive einer immanenten Kritik dieser drei Herangehensweisen möchte ich an dieser Stelle zumindest andeuten.

Ich halte (1.) Billeters Konzeption einer »imperialen Ideologie« selber für ideologisch, weil sie auf einer gewaltsamen, totalisierenden Simplifizierung der chinesischen Geschichte, insbesondere der Literatenkultur, beruht, die selber in ihrer historischen Bedingtheit als Teil einer Geschichte sinologisch-philosophischer Chinabilder in Europa dekonstruiert werden müsste.

Seine Rekonstruktion des *Zhuāngzǐ* blendet (2.) aus, dass auch die Interpretation des *Zhuāngzǐ*, die im 3. Jahrhundert entstanden ist, keineswegs in einem bloß affirmativen Verhältnis zur herrschenden Ideologie stand, sondern ebenfalls Anhaltspunkte enthält, sie gegen den Strich zu lesen – ansonsten droht die Gefahr, in einen gewaltsamen Antitraditionalismus zurückzufallen, der von der prinzipiellen Modernisierungsfeindlichkeit und Transformationsunfähigkeit dessen ausgeht, was sich in den vergangenen zweitausend Jahren in China entwickelt hat.

Billeter übersieht zudem (3.), dass die von ihm verworfene kulturelle Bedeutung der chinesischen Schreibkunst, nämlich ihre enge Verbindung zu einer Energetik der Lebensnährung, bereits zeitgenössisch und europäisch geworden ist oder zumindest werden kann, weit über die von Jullien ängstlich beäugte »Konversion« hinaus, von der zu Beginn dieses Kapitels die Rede war: Denn die von ihm verworfene »imperiale Ordnung« ist vertraut mit einer

Verbindung von Leben und Politik, die nicht einfach das Gegenmodell zu europäischer Freiheit ist, vielmehr überlappen sich beide im Motiv einer liberalen »Regierung des Lebens« (gouvernement de vie). Die vereinfachende Interpretation des kaiserzeitlichen China als »totalitär« verkennt, in welchem Maße dessen normative Ordnung »uns« nahe ist, *in* »uns« ist und deshalb einer *immanenten* Kritik bedarf, die viel komplexer sein müsste, als Billeters kurzschlüssige Verbindung von imperialer Ideologie und dem »totalitären Regime« der kommunistischen Partei vermuten lässt.[20]

Billeter fordert wiederholt, die Kritik kapitalistischer Ökonomie als eine vorrangige Aufgabe kritischen Denkens ernst zu nehmen. Dabei könnte sich die immanente Kritik, die chinesische Literaten an der imperialen Ordnung Chinas geübt haben, als Quelle für eine kritische Diagnose der Gegenwart erweisen, auf die nicht vorschnell verzichtet werden sollte. Denn ähnelt nicht das ambivalente und vielschichtige Verhältnis, das viele Literaten zur Politik ihrer Zeit entwickelt haben, in hohem Maße dem Verhältnis, in dem »wir« heute zur »imperialen Ordnung« der Gegenwart stehen, zum Regime kapitalistischer Ökonomie? Sind »wir« nicht alle Kollaborateure in einem (selbst-)zerstörerischen System ökonomischer Maximierung, dessen Kritik »uns« nicht wirklich gelingen will? Sind »wir« nicht Mitläufer in einem Regime, das die Vermögen, Ressourcen und Kräfte »unserer« Körper unentwegt ausbeutet, so dass »wir« unfähig werden, eine »andere Ökonomie des Körpers und der Lüste« (Foucault 1976: 211) auch nur zu denken?

Von einer solchen kritischen Perspektive schneidet sich Billeter allerdings durch seinen radikalen Bruch mit der »imperialen Ordnung« ab. Aus seiner Sicht ist nun die Einsicht entscheidend, dass der »chinesische Totalitarismus von heute« sich von aus der europäischen Geschichte bekannten Formen unterscheidet und »dem Totalitarismus neue Züge verleiht«. (Billeter 2020: 64) Das »chinesische Regime« ist demnach dabei, »einen Krieg der Ideen gegen uns« zu führen: »Um uns zu verteidigen und ihn zu gewinnen, müssen wir verstehen, wie es ihn betreibt.« (Billeter 2020: 101) Billeter hat die Brutalität ideologischer Kämpfe vor Augen, durch deren katastrophale Umwälzungen hindurch sich die Modernisierung in der VR China nach 1949 vollzogen hat, vom Kampf gegen »Rechtsabweichler« bis hin zum allumfassenden Terror der »großen proletarischen Kulturrevolution«, den er am Beispiel der Familie seiner Frau schildert (Billeter 2017: 91–139): »Das Grauen übersteigt die Vorstellungskraft derjenigen, die diese Katastrophen nicht erlebt haben, und selbst derjenigen, die sie erlebt haben. [...] Wer das nicht erfahren hat, kann sich diesen Entzug der Freiheit nicht vorstellen.« (Billeter 2020: 64) Zweifellos wäre es unverzeihlich naiv, die leidvoll gewundene Geschichte von Kriegen und Revolutionen zu ignorieren, aus denen das gegenwärtige China seit dem späten 19. Jahrhundert hervorgegangen ist. (Zarrow 2005; Dikötter 2013; Dikötter 2016; Mitter 2004) Aber moralische Entrüstung allein ist gewiss kein guter Leitstern für den Versuch einer philosophischen Auseinandersetzung mit dem alten und dem neuen China. Am Beispiel Billeters zeigt sich, wie zutiefst irreführend es ist, die hybride Modernisierung Chinas seit dem 19. Jahrhundert, ja die gesamte chinesische Geschichte, von Erfahrungen mit dem Maoismus her zu rekonstruieren, die er (und Jullien) gemacht haben. Auch wenn die Einsicht schwerfällt: »rote und gelbe Verteufelung« (Schickel 1976: 81) verhindert in entscheidender Hinsicht die Möglichkeit, das »chinesische Regime« zu verstehen. Zudem sollte nicht vergessen werden, dass chinesische Intellektuelle leidvoll lernen mussten, dass moralische Entrüstung über die Gewalt des westlichen Imperialismus ohnmächtig bleibt, solange sie nicht mit genauem Studium westlicher Stärken und Schwächen sowie einem langen und mühevollen Weg der *Selbststärkung* verbunden wird. Wenn Billeter Europa als »philosophisches Projekt« versteht, klingt das für sinologische Ohren ein wenig wie der Aufruf zu einer europäischen Selbststärkungsbewegung. (Billeter 2020: 74) Aber der alarmistische Ton ist nicht neu. Ein Blick zurück auf die Zeit, in der es in Deutschland Verteidiger des Maoismus gab, ist lehrreich. Die Haltung der China-Berichterstattung in den 1960er Jahren fasst Hans Heinz Holz wie folgt zusammen: »Hier ziehen die Publizisten aus, um uns das Gruseln zu lehren: Völker Europas, wahrt eure heiligsten Güter.« (Holz 1970: 12)

Hier geht die komparative Analyse von China und Europa in den »Kampf der Weltanschauungen« über. Auch wenn es nicht Billeters Absicht ist, kommt doch die transkulturelle Dynamik wechselseitigen Lernens weitgehend zum Stillstand. Seine Position im chinesisch-europäischen Kulturkampf ist klar und provokant: Auch die subtile Kunst der Kalligrafie ist in die »imperiale Ordnung« des chinesischen Despotismus verstrickt, und weil sie sich der Demokratisierung verweigert, muss sie verworfen werden. Aber bedeutet das nicht umgekehrt, dass in einem im Sinne Billeters demokratisierten China nicht einmal mehr diese ästhetische Kultivierungsübung beibehalten werden dürfte, weil sie zum despotischen Erbe gehört? Ist die Demokratisierung Chinas damit nicht ausschließlich als »totale Verwestlichung« denkbar? Und verbündet sich Billeter hier nicht im Geiste mit den revolutionär-totalitären Antitraditionalisten im China des 20. Jahrhunderts, die zeitweise auch noch die Zeichenschrift als feudales Erbe abschaffen wollten, um sie durch eine Lautschrift zu ersetzen? In Anbetracht solcher Fragen ist die ironische Nähe dieser Position zu Julliens Angst vor der Sinisierung Europas durch »Atem, Harmonie der Energien, Tao des Sex, Ginseng, Soja etc.« geradezu banal und nebensächlich. (Jullien 2005: 21/27)

Was Billeter zur politischen Verstrickung der Kalligrafie sagt, gilt auch ganz allgemein für den Konfuzianismus, der die Verbindung von chinesischer Zivilisation und imperialem Despotismus durch seine enge Verflechtung mit den politischen Institutionen noch viel offensichtlicher verkörpert als die elitäre Schreibkunst. Billeter hält sich nicht lange bei einer kritischen Rekonstruktion des alten Konfuzianismus auf, die auf seine inneren Widersprüche achtet oder gar versucht, sein demokratisches Potenzial freizulegen (siehe Kap. 5). Seine Attacke richtet sich ohne Vorbehalte auch gegen den zeitgenössischen Neokonfuzianismus, der sich nach 1949 in Gegnerschaft zum kommunistischen Regime in Hong Kong und Taiwan entwickelt hat. Dessen Bemühung um Modernisierung und Demokratisierung des konfuzianischen Diskurses wischt er pauschal als illusorisch beiseite. So ist für ihn das Denken von Móu Zōngsān, der einer der einflussreichsten chinesischen Philosophen des 20. Jahrhunderts ist, dazu verdammt, »steril zu bleiben« (Billeter 2006: 85/80–81). Weil Móu am »heiligen Menschen« (shèngrén 聖人) festhält, der eine Leitfigur konfuzianischer Kultivierung ist, beschuldigt Billeter ihn nicht nur der »gelehrten Schwärmerei«, sondern gleich auch noch der Verstrickung in den traditionellen Zusammenhang von »chinesischer Zivilisation« und »imperialem Despotismus«. Kein Wort verliert er über die scharfe Kritik, die

Móu am politischen System der Kaiserzeit übt und die von der Einsicht in die Notwendigkeit geprägt ist, den Konfuzianismus durch Demokratisierung vom monarchischen Erbe zu lösen. (Heubel 2016: 158–175) Sicherlich lässt sich darüber streiten, ob Móu dieses Ziel mit seinem Denkansatz überhaupt erreichen konnte. Die kritische Absicht seines politischen Denkens ist allerdings unübersehbar. (Móu 2013/10: (3) – (35); Péng 2016) Für Billeter scheint indes der moderne Konfuzianismus so steril zu sein wie die moderne Kalligrafie ohnmächtig. In seinem kritischen Rundumschlag verliert er die Paradoxien chinesischer Modernisierung völlig aus den Augen. Er prangert nicht nur ein bestimmtes politisches System als »totalitäres Regime« an, sondern chinesische Kunst und Philosophie insgesamt. Die wenigen Ausnahmen, die er anerkennt, bestätigen bloß dieses vernichtende Urteil.

Billeter möchte eine »kritische Bilanz« (bilan critique) von Chinas Vergangenheit vornehmen. (Billeter 2020: 117) Was nach dieser Aufarbeitung übrigbleibt, ist jedoch sehr wenig: einige unorthodoxe Außenseiter wie Zhuāngzǐ und Lǐ Zhì 李贄 (1527–1602). (Billeter 1979) Aber ist es sinnvoll, alleine aus deren Perspektive die chinesische Geschichte und Kultur normativ zu rekonstruieren und »demokratisch« zu reaktualisieren? Und wenn Billeter seine Perspektive dann auch noch als Weg zur »wahren Größe« (vraie grandeur) Chinas anpreist, entsteht der Eindruck, dass seine Reflexionen in die Irre gehen. Im Vergleich dazu ist die von Heiner Roetz vorgeschlagene kritische Rekonstruktion konfuzianischer Ethik moderat, realistisch und zukunftsträchtig, weil sie die internen Ambivalenzen und Potenziale des Konfuzianismus ernstzunehmen vermag. Der moralische Eifer scheint Billeter indes blind und unempfänglich zu machen. Er läuft Gefahr, zu dem zu werden, was er kritisiert, zu einer »total unabhängigen Monade«, für die das Verhältnis zum Anderen keine Rolle mehr spielt.

Letztlich erinnert die Art und Weise, in der Billeter die gewundenen Wege chinesischer Modernisierung verfehlt, an die arrogante Abfälligkeit, mit der Jullien sich über das moderne und zeitgenössische chinesische Denken äußert. Beide belegen chinesische Kultur und Philosophie insgesamt mit dem totalisierenden Verdacht des Konformismus und Totalitarismus (siehe Kap. 2). Der Preis, den Billeter für den Ausschluss der Möglichkeit immanenter

Kritik im »chinesischen Denken« zahlt, ist hoch: Der Kampf gegen den chinesischen Totalitarismus stützt sich auf eine totalisierende Kritik »chinesischen Denkens« und dessen Verstrickung in die »imperiale Ordnung«. Interkulturelle Kommunikation schlägt um in Konfrontation und Kommunikationsverweigerung.

7. Energiewandelnde Subjektivität. Über das Buch *Zhuāngzǐ* als Quelle für eine Demokratie der Zukunft

Ein neues Paradigma der Subjektivität

Wie kann klassische chinesische Philosophie mit aktuellen Fragen der Gegenwart in Verbindung gebracht werden? Die Tatsache »eines auf philosophischer Ebene noch kaum begonnenen interkulturellen Diskurses« (Habermas 2019: 39) nötigt zu gewagten Versuchen. Es gilt Wege zu erkunden, auf denen ein solcher Diskurs sich entwickeln könnte. Die kritischen Perspektiven, die in diesem Buch skizziert werden, sind solche Erkundungsversuche. Ihre Reichweite ist unvermeidlich beschränkt. Je mehr sich der interkulturelle Diskurs zwischen China und Europa vertieft, desto stärker wird die Pluralität philosophischer Ansätze sichtbar werden, die sich in diesem riesigen Land mit einer langen Geschichte herausgebildet haben, desto offenbarer wird auch die Gewaltsamkeit europäischer Versuche, »chinesisches Denken« im Ganzen zu erfassen und gefügig zu machen. Meine Auseinandersetzung mit den Perspektiven, die François Jullien und Jean François Billeter eröffnet haben, führt zu der Frage, warum die von ihnen vorgebrachten großen Erzählungen über »China« und *das* »chinesische Denken« neue Wege der Kommunikation mehr verhindern als fördern. Ein Gespräch, in dem eine Seite die andere verändern möchte, ohne sich selbst für Veränderungen zu öffnen – ohne das eigene »Herz zu leeren« (xūxīn 虛心) –, ist zum Scheitern verurteilt.

Dieses Kapitel zeichnet Spuren eines Versuchs nach, in eine interkulturelle Kommunikation einzutreten, zu der das Streitgespräch und die Nicht-Kommunikation des Scheiterns und Schweigens dazugehören. Es ist inspiriert von Diskussionen, die sich ausgehend von zwei akademischen Tagungen zur französischen *Zhuāngzǐ*-Forschung entwickelt haben, die ich 2007 und 2009 an der Academia Sinica in Taipei organisiert habe. Eine Auswahl der

Tagungsbeiträge ist in chinesischer Sprache veröffentlicht worden. (Heubel 2016, 2016b) Die zweite Tagung war Billeters vier Vorlesungen über das *Zhuāngzǐ* gewidmet. (Billeter 2012) Dieser hat auf die während der Tagung vorgebrachten Kommentare und Einwände ausführlich geantwortet. (Billeter 2010a) Und weil die verschiedenen Beiträge sich in ihrer überarbeiteten Fassung wiederum auf diese Antwort beziehen konnten, ist eine philosophische Auseinandersetzung in Gang gekommen, die es in dieser Weise bisher kaum gibt.

Das Buch *Zhuāngzǐ* erwies sich dabei als ein möglicher Begegnungspunkt von Entwicklungstendenzen zeitgenössischer Philosophie in China und in Europa, an dem Möglichkeiten und Grenzen wechselseitiger Rezeption und Transformation erkennbar wurden. Das ist ein bemerkenswertes und bescheidenes Beispiel für eine bisher noch weitgehend unbekannte Art des Philosophierens in globaler Perspektive. Gleichzeitig wurde deutlich, dass Entwicklungsmöglichkeiten »chinesischer Philosophie« in nicht zu vernachlässigendem Maße von regionalen Besonderheiten geprägt werden. Der Verlauf der Diskussion hat in mir die Überzeugung genährt, dass das darin hervorgetretene Problembewusstsein von der kulturellen und politischen Situation der Republik China auf Taiwan zu Beginn des 21. Jahrhunderts beeinflusst worden ist, die sich deutlich von derjenigen in der Volksrepublik China unterscheidet. In nationalistischen Kreisen erregt dort der Versuch, das *Zhuāngzǐ* als »Quelle für eine Demokratie der Zukunft« zu lesen, verächtliches Naserümpfen. Billeters Deutungsvorschlag, auf den ich mich dabei beziehe, legt jedenfalls nahe, dass die Verbindung von klassischer chinesischer Philosophie mit dringlichen Fragen der Gegenwart durch das unwegsame Gelände (geo-)politischer Großkonflikte führt. Die philosophisch-sinologische Diskussion, die durch die Publikation von Billeters Zhuāngzǐ-Vorlesungen und der chinesischen Übersetzung dieses Buches hervorgerufen worden ist, hat die beiden Momente richtungsweisend miteinander verbunden.

Die Diskussion des vorherigen Kapitels hat gezeigt, dass die teilweise explosiven politischen Streitfragen, die dabei in den Blick kommen, vor dem Hintergrund einer großen philosophischen Thematik verstanden werden können, die Jürgen Habermas »Genealogie nachmetaphysischen Denkens« genannt hat. (Habermas 2019: 28) Billeters Deutung des *Zhuāngzǐ* legt nahe, dass eine solche Genealogie nicht nur für Europa, sondern auch für China möglich ist, weil dieses Buch als Dreh- und Angelpunkt eines im Chinesischen zum Ausdruck kommenden Paradigmas nachmetaphysischen Denkens gelesen werden kann – im Unterschied zu Jullien bestreitet Billeter nicht, dass es in China »metaphysisches Denken« gab. Deshalb wehrt Billeter sich auch entschieden dagegen, das *Zhuāngzǐ* wieder in ein überkommenes metaphysisches Weltbild zu integrieren. Die herausragende Bedeutung seiner vier Vorlesungen besteht darin, den interkulturellen Diskurs seiner verbreiteten Harmlosigkeit zu entkleiden und ihn in Richtung einer transkulturellen Dynamik kritischen Denkens zu öffnen, die den starren Rahmen komparativen Kontrastierens hinter sich lässt. Diese Möglichkeit zeigt sich an einer für die chinesische Gegenwartsphilosophie scheinbar marginalen Stelle, nämlich der Übersetzung französischer *Zhuāngzǐ*-Forschung ins Chinesische. Diese doppelte sprachliche Verschiebung – vom Chinesischen ins Französische und dann wieder zurück ins Chinesische – hat im Chinesischen ein erstaunliches Potenzial transkulturellen Philosophierens aktiviert.

Billeter spricht mit Bezug auf das Buch *Zhuāngzǐ* von einem neuen »Paradigma der Subjektivität«. Dieses grenzt er ab von jenem Paradigma, das die moderne europäische Philosophie dominiert hat – von René Descartes (1596–1650) bis Edmund Husserl (1859–1938). Dem bewusstseinsphilosophischen Verständnis von Subjektivität stellt er ein leibphilosophisches entgegen. Das Buch *Zhuāngzǐ* dient ihm dabei als eine kulturelle Quelle, die es erlaubt, aus dem bewusstseinsphilosophischen Paradigma herauszutreten. Allerdings wirft er Subjektivität weder auf den Müllplatz überholter Ideen, noch verengt er sie auf einen Rationalismus der Intersubjektivität. Damit stemmt sich Billeter gegen die politisch zweifelhaften Konsequenzen jener Tendenz zur Subjektlosigkeit, mit der daoistische Philosophien häufig in Verbindung gebracht werden – die Verbindung des Daoismus mit dem Namen *Heidegger* hält er für einen Irrweg, vor dem sich die Beschäftigung mit dem *Zhuāngzǐ* hüten sollte. Erst vor dem Hintergrund einer prinzipiellen Verteidigung von Subjektivität und dem Nachdenken über ein neues »Paradigma der Subjektivität« stellt sich die weitergehende Frage, ob dieses um ein neuartiges Verständnis des Körpers/Leibes (corps/corps propre) zentrierte Paradigma dem Anspruch gerecht wird, eine über die engen Grenzen sinologischer Fachstudien hinausgehende Perspektive eröffnet zu haben. Ein wichtiges Problem, das sich dabei stellt, betrifft das Verhältnis von Subjektivität und Despotismus, von Kultivierungsübungen und Energetik (qìlùn 氣論). Für Billeter sind energetischer Monismus und der Despotismus der imperialen Ordnung Chinas auf unheilvolle Weise miteinander verflochten (siehe Kap. 6).

Auf das Verhältnis von Energiewandel oder atem-energetischer Transformation (qìhuà 氣化) und politischem Despotismus ein besonderes Augenmerk zu richten, ist in der sinologischen Diskussion chinesischer Kultur nicht ungewöhnlich. Auch Billeters sinologischer Gegenspieler François Jullien geht ähnlich vor. In vielen Schriften betont Jullien den Zusammenhang der chinesischen Konzeption energetisch-prozesshaft verstandener Immanenz mit politischem Konformismus und der Abwesenheit der Figur des kritischen Intellektuellen in China – für Jullien ein wichtiger Grund, um die Existenz eines »Paradigmas der Subjektivität« in China prinzipiell zu leugnen (siehe Kap. 2). Dem korrespondiert Billeters Überzeugung, der zufolge das kritische Potenzial des *Zhuāngzǐ* nur freigelegt werden kann, wenn in der Interpretation dieses Werkes die naturphilosophisch-kosmologische Dimension der »Atem-Energie« (qì 氣) konsequent ausgeblendet wird. Beiden gemeinsam ist die Überzeugung der *Unvereinbarkeit von Energiewandel und Kritik*. Entsprechend widmet Billeter (2010a: 30–40) sich in den *Notes sur Tchouang-Tseu et la philosophie* ausführlich der Abgrenzung seines Begriffs des Körpers von der Philosophie des Energiewandels.

Aus Billeters und Julliens einander entgegengesetzten und doch strukturell ähnlichen Auffassungen erwächst eine Frage, auf die Lài Xísān in seinen Reflexionen zu Billeters *Zhuāngzǐ*-Studien ausführlich eingeht: Ist es denkbar, das »Paradigma der Subjektivität« im *Zhuāngzǐ* so zu verstehen, dass Energiewandel und Kritik einander *nicht* ausschließen, sondern sich wechselseitig fördern? (Lài 2013: 171–234) Ist es denkbar, das sinologische Vorurteil von der Unvereinbarkeit von Wandlungsphilosophie und kritischer Subjektivität so zu durchbrechen, dass von einer *energiewandelnden*

Subjektivität gesprochen werden kann, die für das Nachdenken über die individuellen Bedingungen der Möglichkeit demokratischer Politik der Zukunft – sei es in China oder sei es in Europa – von Bedeutung ist?

Philosophie des Energiewandels?

Billeter nennt zwei Gründe, die gegen eine atem-energetische Interpretation des *Zhuāngzǐ* sprechen. Der erste ist philologisch-textkritisch, der zweite philosophisch. Beide Gründe berühren sich allerdings in der Ablehnung der seiner Auffassung nach mit Atem-Energetik assoziierten *universistischen* Tendenz zu Einheit und Vereinheitlichung (siehe Roetz 1984: 3–49). Demnach stülpt diese Deutung des Textes ihm eine »einheitliche Konzeption« (Billeter 2010a: 33) über und unterstellt eine systematische Ganzheit, die ihm nicht gerecht wird. Nicht nur kommt der Begriff der »Atem-Energie« (qì 氣) im *Zhuāngzǐ* zu selten vor, um von einer »Philosophie des Qì« sprechen zu können (Billeter 2010a: 33); Zhuāngzǐ war zudem an einer systematischen Einheitlichkeit seiner Philosophie ganz bewusst nicht interessiert: »Ein allzu kohärenter Diskurs wäre ihm verdächtig erschienen, weil er sich an erster Stelle für die Aporien des Denkens, für Paradoxien und Diskontinuitäten interessiert hat, auf die wir im Zuge der Erfahrung unserer selbst und der Welt stoßen«. (Billeter 2010a: 34) Der Formulierung »allzu kohärenter Diskurs« lässt sich entnehmen, dass Billeter dem Autor Zhuāngzǐ durchaus einen gewissen Willen zu diskursiver Kohärenz unterstellt, jedoch davon ausgeht, dass sein primäres Interesse den »Paradoxien und Diskontinuitäten« der Selbst- und Welterfahrung galt. Das ist eine wichtige Einsicht.

Auf philosophischer Ebene lehnt Billeter die »Idee einer universellen Energie« (énergie universelle) für die Erschließung des Textes ab. Er führt das Problem eines *energetischen Monismus* und dasjenige der Subjektivität zusammen: »Die Idee einer allgemeinen Energie, so subtil und ungreifbar wie gewaltig und materiell, ist in der Sòng-Zeit zum gemeinsamen Fundament des gesamten chinesischen Denkens geworden und das auch geblieben. Sie hat allerdings, aus meiner Sicht, einen großen Fehler. Das *Qì* wird als

Grund aller Phänomene verstanden, seien sie objektiv oder subjektiv. Es umfasst eine grundlegende Kontinuität zwischen den beiden. Die Transformationen, die innerhalb des *Qì* entstehen, lassen die einen in die anderen übergehen, so dass die objektiven subjektiv werden und umgekehrt. In einer derart konzipierten Welt ist nichts irreversibel. Es kann kein radikaler Bruch entstehen, kein wahrhafter Anfang. Das Subjekt kann dort nicht als Ort verstanden werden, an dem etwas Neues auftaucht, etwas, das noch nie da war« (Billeter 2010a: 34–35). Diese Überlegungen sind nicht aus der Luft gegriffen, sondern sind begründet in einer einflussreichen Interpretation der »Theorie der Atem-Energie«, die davon ausgeht, dass es darin vor allem um die »Einheit von Mensch und Universum« geht. (Ommerborn 1996: 294) In dem Diskussionskontext, auf den ich mich beziehe, wird die Rede von einer »Theorie des Energiewandels« (qìhuàlùn 氣化論) derjenigen von einer »Theorie der Atem-Energie« oder »Qì-Theorie« vorgezogen, um einer monistischen oder essentialistischen Engführung dieses Ansatzes entgegenzuwirken.

Der Gegensatz von Diskontinuität und Kontinuität bildet den Hintergrund für die Weigerung Billeters, der Theorie des Energiewandels für die Interpretation des *Zhuāngzǐ* einen hervorgehobenen Stellenwert zuzugestehen. Billeters Verständnis zeugt von einem charakteristischen Chinabild, das sich ganz ähnlich bei Jullien findet. Bei Jullien wird es allerdings anders bewertet. Es gründet auf einem harten Kontrast von Europa und China: Kontinuität, Immanenz und Konformismus auf chinesischer Seite stehen Diskontinuität, Transzendenz und Kreativität auf europäischer gegenüber. Einmal abgesehen von der begriffsgeschichtlichen Dimension, die Billeter ins Spiel bringt – erst während der Sòng-Zeit (960–1279) soll »Atem-Energie« zum »gemeinsamen Fundament des ganzen chinesischen Denkens« geworden sein –, setzen Billeter und Jullien gleichermaßen eine solche Gegenüberstellung voraus, die sie dann nur unterschiedlich ausdeuten. Beide treffen sich im Verständnis des Hauptstroms »chinesischen Denkens« als einem atem-energetisch fundierten Immanenzdenken. Allerdings wirft Billeter Jullien vor, der Verbindung von »Denken der Immanenz« und »imperialer Ordnung« nicht genug Beachtung zu schenken und deshalb das »chinesische Denken« zu idealisieren.

(Billeter 2006: 62–63/60–61) Billeter hält Julliens Verständnis des chinesischen »Denkens der Immanenz« für falsch, insofern dieser die »Transzendenz« darin leugnet. Für Billeter ist die »chinesische Form der Transzendenz« vor allem »politisch« und »strategisch«. (Billeter 2010a: 54) Diese Auffassung ähnelt aber durchaus Julliens Deutung von chinesischer Transzendenz als »Verabsolutierung der Immanenz« (siehe Kap. 2). Im ersten Teil dieses Buches wird ausführlich erörtert, wie und warum sich Jullien wiederholt vom chinesischen »Totalitarismus« abgrenzt. Von daher scheint dieser Teil von Billeters Kritik an Jullien die politisch aufgeladene China-Kritik zu verfehlen, die sich bei Jullien sehr wohl findet. In Schriften, die der chinesischen Ästhetik gewidmet sind, zeigt Jullien deutliche Sympathien für die Literatenkultur, die auch chinesische Kenner für ihre feinfühlige und einsichtsvolle Darstellung loben. (Jullien 1991: 2003b) Und zeugt nicht auch Billeters bahnbrechendes Buch über die chinesische Schreibkunst (Billeter 1989) von ähnlichen Sympathien, die ihm erst später zweifelhaft geworden sind (siehe Kap. 6)?

Billeter wirft zeitgenössischen Interpretationen des *Zhuāngzǐ* vor, die Vereinbarkeit von atem-energetischer Philosophie und Autonomie des Subjekts bloß zu behaupten, aber letztlich immer nur Beispiele anzuführen, die wiederum auf Erfahrungen der Kontinuität, Einheit und Verschmelzung zwischen Selbst und Welt hinauslaufen. (Billeter 2010a: 35) Demgegenüber betont er: »eine adäquate Idee des Subjekts muss, soweit wie möglich, die *ganze* Erfahrung in Erwägung ziehen, die wir von uns selbst haben, einschließlich ihrer Paradoxien und Diskontinuitäten. Sie muss zudem unsere Fähigkeit berücksichtigen, uns selbst zu bestimmen, ein Ereignis zu schaffen und Neues zum Auftauchen zu bringen. Meine Definition des Körpers kann dazu beitragen, da sie das *Unbekannte* als eine ihrer grundlegenden Dimensionen umfasst.« (Billeter 2010a: 36)

Wie bereits in Kapitel 6 angesprochen, besteht Billeter in seiner Definition des »Körpers« darauf, die Quelle des kreativen Auftauchens von Neuem im »individuellen Subjekt« zu situieren. In diesem Sinne kritisiert er Yáng Rúbīn wie folgt: »Er findet bei Zhuāngzǐ ein Denken des kreativen Auftauchens [surgissement créateur], das seiner Meinung nach im Herzen einer erneuerten konfuzianischen Philosophie seinen Platz hat – aber er *situiert* dieses kreative Auftauchen nicht. Er stellt es auf traditionelle chinesische Weise in die Realität als solche, während er es *im individuellen Subjekt* situieren sollte. Dieser Punkt ist in zweifacher Hinsicht entscheidend. Er ist es, weil meiner Ansicht nach Zhuāngzǐ wirklich so denkt, wenn er es sich auch nicht so ausdrückt. Vor allem aber, weil tatsächlich dieses Hervortreten *immer das individuelle Subjekt als Ort hat* und es wichtig ist, dies anzuerkennen«. (Billeter 2010a: 39–40)

Für Billeter ist die Anerkennung kreativer Subjektivität im überkommenen Vokabular einer *Philosophie des Energiewandels* (qìhuà zhéxué 氣化哲學), der Yáng Rúbīn anhängt, letztlich nicht möglich. Dem stellt er seinen Begriff des Körpers/Leibes (corps/corps propre) gegenüber, der nicht den aus der europäischen Philosophie vertrauten anatomischen oder objektivierten Körper bezeichnet, sondern »die Totalität [totalité] der Vermögen, Ressourcen und Kräfte, bekannt und unbekannt, die wir zu unserer Verfügung haben oder die uns bestimmen« (Billeter 2010a: 30). Dieses Verständnis des »Körpers« bildet den Ausgangspunkt für eine Deutung des »Paradigmas der Subjektivität« im *Zhuāngzǐ*, in der er die »Atem-Energie« nur akzeptiert, insofern sie auf »unsere körperliche Realität und unsere Subjektivität« beschränkt bleibt. (Billeter 2010a: 89)

Über das in Kapitel 6 Gesagte hinaus möchte ich nun auf die Frage zu sprechen kommen, inwiefern dieser Streit über die atemenergetische Deutung des *Zhuāngzǐ* wichtige Fragen chinesischer Gegenwartsphilosophie berührt. Billeter ist der kritische Impuls nicht verborgen geblieben, der Yáng Rúbīn beim Versuch antreibt, Zhuāngzǐ als renitenten und kreativen Konfuzianer zu verstehen: Es geht dabei weniger um Daoismus als um die Transformation konfuzianischer Philosophie. Aber warum sieht Yáng die Notwendigkeit, dieses Ziel auf eine Weise anzugehen, die die eingeschliffene Unterscheidung von Konfuzianismus und Daoismus herausfordert – darin Billeter durchaus ähnlich, der die Kategorisierung von Zhuāngzǐ als Daoist ablehnt? Welche kulturhistorische Diagnose »konfuzianischen Lernens« (rúxué 儒學) und seiner gegenwärtigen Probleme motiviert seinen Ansatz? Den Hintergrund von Yángs Vorstoß bildet die Absicht, den zeitgenössischen Neokonfuzianismus aus seiner moralphilosophischen Verengung zu befreien. Billeters grundsätzlicher Ablehnung des Konfuzianismus als Herrschaftsideologie steht Yáng allerdings fern. In der Marginalisierung des *Zhuāngzǐ* sieht Yáng auf konfuzianischer Seite die verpasste Gelegenheit der Öffnung für eine Theorie »kreativer Transformation« (chuànghuà 創化), deren Stärke im Bereich von Kultur und Kunst ein Gegenpol zum Zusammenschrumpfen des Konfuzianismus auf moralische Dogmatik hätte bilden können. (Yáng 2008: 144) Yáng und Billeter sind sich einig im Bedauern darüber, dass die vom (orthodoxen) Konfuzianismus dominierte Philosophiegeschichte dem kreativen und kritischen Potenzial des *Zhuāngzǐ* zu wenig Beachtung geschenkt hat. Zugleich sehen sie in der Gegenwart eine verspätete Gelegenheit, das Buch *Zhuāngzǐ* zum geistigen Mittelpunkt einer alternativen Geistesgeschichte zu machen. Zhuāngzǐ steht somit für ein uneingelöstes Versprechen der chinesischen Geschichte, für die Möglichkeit, einen anderen Anfang denkbar zu machen. Hinsichtlich der Bedeutung, die dem Motiv des Energiewandels dabei zukommt, weisen die beiden Ansätze freilich in einander entgegengesetzte Richtungen.

Die konfuzianischen Autoren, die Yángs Perspektive auf das *Zhuāngzǐ* vor allem geprägt haben, sind Wáng Fūzhī und Fāng Yǐzhì 方以智 (1611–1671). (Wáng 1993; Fāng 2017) Yáng betont, dass gerade die »atem-energetische Schule« (qìxué 氣學) des sòng- und míng-zeitlichen Konfuzianismus – von Zhāng Zǎi bis Wáng Fūzhī – besonders bereitwillig war, konfuzianisches Lernen für die philosophisch-poetischen Paradoxien des *Zhuāngzǐ* zu öffnen. Allerdings ist sein theoretischer Vorstoß im Kontext des zeitgenössischen Neokonfuzianismus umstritten. (Lín 2019) Denn Yáng macht nicht nur den Versuch, die von der Logik des kalten Krieges – Materialismus oder Idealismus? – beeinflusste Ausgrenzung der atem-energetischen Schulrichtung des Konfuzianismus aus dem zeitgenössischen Neokonfuzianismus zu überwinden. Ihm ist zudem bewusst, dass dieser Vorstoß allein nicht ausreichend ist, um ein nach wie vor brennendes Problem theoretisch zu bewältigen, das die Modernisierung des Konfuzianismus aufwirft. Vereinfacht gesagt, besteht dieses Problem darin, dass es konfuzianischem Lernen bis heute kaum gelungen ist, in der kulturellen und ästhetischen Moderne anzukommen. Innerhalb des zeitgenössischen Neokonfuzianismus wird dies im Allgemeinen als untergeordnetes Problem angesehen, weil der Modernisierung von Moralphilosophie die größte Aufmerksamkeit gilt. (Siehe Rošker 2016) Yáng

Rúbīns Kritik legt deshalb folgende Schlussfolgerungen nahe: Die Modernisierung der konfuzianischen Ethik bedarf einer entsprechenden ästhetischen Modernisierung. Dafür ist die Integration von Zhuāngzǐs künstlerischer Kritik in die konfuzianische Philosophie nötig. Hier zeigt sich ein weiterer großer Unterschied zu Billeter, der die Modernisierung der Schreibkunst nicht mehr für möglich hält und deshalb glaubt, sie aus seiner Vision der Demokratisierung Chinas verbannen zu müssen (siehe Kap. 6). Die Idee eines der Lebendigkeit seiner Schrift und damit des Mittelpunkts seiner klassischen Kultur entkleideten *neuen Chinas* ist aber sicherlich nicht nur für Yáng Rúbīn ein barbarischer Alptraum.

Für Móu Zōngsāns Verständnis der moralischen Modernisierung des Konfuzianismus ist es entscheidend, die Wesensverwandtschaft zwischen der konfuzianischen Lehre von der »inneren Heiligkeit« (nèi shèng 內聖) oder »inneren Kultivierung« (nèi xiū 內修) und Kants Moralphilosophie nachzuweisen und fruchtbar zu machen. (Heubel 2014) Dieser Ansatz hat die Reaktualisierung konfuzianischer Ethik auf ein hohes Reflexionsniveau geführt. Yáng Rúbīn ist allerdings davon überzeugt, dass dies nicht ausreicht. Seine Forschungen zum konfuzianischen Begriff des »Leibes« (shēntǐ 身體), zur konfuzianischen Asketik (gōngfūlùn 工夫論) sowie zu *Zhuāngzǐ* und zur daoistischen »Kunst des Weges« sind von der Einsicht in die Notwendigkeit geprägt, dem zeitgenössischen Neokonfuzianismus Perspektiven zu eröffnen, die ihn aus seiner moralistischen Verengung herausführen. Deshalb die in seinen Schriften auftauchende Tendenz, das von Móu Zōngsān ausgearbeitete idealistische Subjekt moralischer Innerlichkeit (xīnxìng zhǔtǐ 心性主體) in Richtung eines »energiewandelnden Subjekts« (qìhuà zhǔtǐ 氣化主體) zu erweitern, das er als dynamische Konstellation von drei Momenten versteht: »Körper – Atem(-Energie) – Geist = Subjekt« (形–氣–神=主體). (Yáng 2016: 180; siehe Heubel 2020a)

Aus der Perspektive der Erschließung der pluralen Dimension von Subjektivität besteht zwischen Billeters Konzeption *leiblicher Subjektivität* und der *energiewandelnden Subjektivität* bei Yáng kein unversöhnlicher Gegensatz. Das wird deutlich, wenn zudem die Bücher von Lài Xísān einbezogen werden, der an Yáng anknüpft. (Lài 2013, 2019) Lài tut einen weiteren Schritt, um die atem-energetische Interpretation des *Zhuāngzǐ* in Richtung Pluralität, Diskontinuität und Nichtidentität zu öffnen. Andererseits ist auch nicht zu übersehen, dass Billeter zwar Diskontinuität und Pluralität betont, aber Begriffen wie Integration, Synergie, Synthese, Kohärenz, Gesamtheit und Totalität ein Gewicht verleiht, durch das er der von ihm abgelehnten Position nähersteht, als es die Entschiedenheit seiner Kritik vermuten lässt. Denn in Billeters Büchern zum *Zhuāngzǐ* wie auch in *Ein Paradigma* (Billeter 2012) wird das Verhältnis von »Pluralität« und »Integration« (intégration) auf eine Weise diskutiert, die dem Moment der Integration eine Vorrangstellung zubilligt. Die Arbeit an einer »zunehmenden Integration der Aktivität« (Billeter 2012: 18/15) versteht Billeter nun als vereinheitlichenden »Prozess der Integration«. (Billeter 2012: 49/42, 114/104, 121/110) Damit stellt sich die Frage, ob er der von ihm kritisierten Tendenz zur Vereinheitlichung auf der Ebene des individuellen Subjekts nicht näher steht, als ihm bewusst ist.

Um das von Billeter vorgeschlagene »Paradigma der Subjektivität« besser zu verstehen, kann es in eine Perspektive gestellt werden, die in seinem Buch über die chinesische Kunst des Schreibens eine wichtige Rolle spielt: die philosophische Konstellation von Zhuāngzǐ und Nietzsche, die auch in der modernen chinesischen *Zhuāngzǐ*-Forschung ein beliebtes Thema ist.

Zwischen Vermögen und Kraft

Wie lässt sich ein Paradigma der Subjektivität denken, das Diskontinuität und Leere, Konfusion und Chaos innerhalb von Subjektivität Anerkennung verschafft, ohne in das nietzscheanische Lob eines rauschhaften Zustands der »Kraftsteigerung und Fülle« (Menke 2008: 112) zu münden? Billeter bezieht sich in seiner Erörterung von Subjektivität im *Zhuāngzǐ* und der »kreativen Aktivität« des Schreibkünstlers allerdings auf Nietzsches Verständnis von Subjektivität, um dionysische Kunst und daoistische Ästhetik aufeinander zu beziehen. (Billeter 1989: 246) Im Folgenden möchte ich versuchen, die Diskussion von Billeters Idee eines neuen »Paradigmas der Subjektivität« fortzuführen, indem ich einen Bezug zu dem herstelle, was Christoph Menke *Genealogie ästhetischer Kraft* genannt hat. Um den philosophischen Diskurs zwischen China und Europa in Gang zu bringen, ist es nötig, die transkulturelle Dynamik kritischen Denkens zu vertiefen. Die Verschränkung von Billeters und Menkes Überlegungen zu Subjektivität ist ein Schritt auf diesem Weg.

Menke zitiert zu Beginn von *Die Kraft der Kunst* Paul Valery: »Was ich mir selbst Unbekanntes in mir trage, das macht mich erst aus.« (Menke 2013: 5) Über das Verhältnis zwischen der Dimension des »Unbekannten« (l'inconnu) im Subjekt und dem Begriff der Leere (xū 虛) im *Zhuāngzǐ* schreibt Billeter: »Findet man nicht bei ihm die auf den ersten Blick irritierende Idee, dass das Subjekt (oder die Subjektivität) ein Hin und Her zwischen der Leere und den Dingen ist? In den *Leçons sur Tchouang-tseu* habe ich bemerkt, dass es unter diesen beiden Worten das erste ist – die Leere oder die Verwirrung –, die als fundamental angesehen wird. Aufgrund dieser Leere haben wir die entscheidende Fähigkeit zur Veränderung, dazu, uns zu erneuern und unser Verhältnis zu uns selbst, zu Anderen und zu den Dingen neu zu bestimmen (sofern dies nötig ist).« (Billeter 2010a: 36)

Im Rahmen des Gegensatzes von Kant und Nietzsche besteht die Tendenz, Subjektivität mit vernünftigem, bewusstem, zweckgeleitetem und in diesem Sinne autonomem Handeln zu identifizieren. Der »Zustand des Subjekts in der künstlerischen Tätigkeit« (Menke 2008: 112) erscheint demgegenüber *paradox*, weil die Freisetzung kreativer Kräfte im Subjekt verlangt, dass sich das bewusste Subjekt selbst deaktiviert oder entsubjektiviert, dass es sich als mit sich identische Kontrollinstanz zweckgeleiteten Handelns negiert: »Von ›Kräften‹ spricht Nietzsche dagegen für ein Wirken jenseits (oder diesseits) des Bewußtseins; Kräfte sind unbewußt. Eben das meint der Begriff des Rauschs: Der Rausch ist ein Zustand, in dem die Kräfte des Subjekts so gesteigert sind, dass sie seiner bewußten Kontrolle entzogen sind. Oder umgekehrt: die Entfesselung der Kräfte im Rausch besteht eben in ihrem Hinausgehen über ihren Aggregatzustand selbstbewußter Vermögen in zweckgerichtetem Handeln.« (Menke 2008: 112–113)

Was Menke hier »Aggregatzustand« nennt, korrespondiert mit dem, was bei Billeter »Regime der Aktivität« heißt. Vor dem Hintergrund der Unterscheidung von bewussten Vermögen, die kultivierbar und der Übung zugänglich sind, einerseits sowie unbewussten Kräften andererseits, denen man sich nur überlassen kann, um sie »von selbst« wirken zu lassen, neigt Menke unverkennbar dazu, bewusste Subjektivität und unbewusste Kräfte einander entgegenzusetzen. (Menke 2013: 13) Damit kommt die Entfesselung der Kräfte im Rausch dem Abstieg in einen vorsubjektiven Zustand gleich. Menke betont die Entzweiung von Vermögen und Kräften. Aber wie sieht es mit der Möglichkeit aus, das Von-selbst-Wirken unbewusster Kräfte zu üben? Erwächst nicht die »Kraft der Kunst« aus dem Vermögen, Kraft zu üben? Das zumindest scheint eine fundamentale Überzeugung klassischer chinesischer Kunstwege zu sein. In der Beschreibung vom »gebrochenen« Verhältnis des Künstlers zum Rausch denkt Menke in diese Richtung: »Der Künstler ist selbstbewußtes Vermögen *und* rauschhaft entfesselte Kraft. Mehr noch: Der Künstler ist nicht nur Vermögen und Kraft, er ist der Übergang vom einen zum anderen – und wieder zurück. Der Künstler ist ein Könner eigentümlicher Art: Was er kann, ist nicht zu können. Der Künstler kann das Nichtkönnen.« (Menke 2008: 113) Menkes Erörterung der Figur des Künstlers bei Nietzsche ist hilfreich, um zu präzisieren, worin die Bedeutung des von Billeter erörterten »Paradigmas der Subjektivität« besteht. Besonderes Augenmerk ist zu richten auf den Übergang »vom einen zum anderen – und wieder zurück«, auf das Hin und Her zwischen zwei Momenten: Vermögen und Kraft bei Menke oder Leere und Dinge bei Billeter. Dabei zeigt sich ein Unterschied der Ansätze, der sich in folgender These zusammenfassen lässt: Im Rahmen der von Menke rekonstruierten Ästhetik der Kraft kann das, was in Billeters Rekonstruktion des »Paradigmas der Subjektivität« im *Zhuāngzǐ* in den Mittelpunkt rückt – nämlich die Übung des Nichtkönnen-Könnens, die Kultivierung des Unbekannten in mir, die paradoxe Kunst, seine Kräfte zu üben – nur als marginales Grenzphänomen gedacht werden.

Menkes Rekonstruktion des Verhältnisses von Ästhetik der Kraft und Subjektivität wird geleitet von der Behauptung einer fundamentalen Entzweiung zwischen Vermögen und Kraft, Subjekt der Vernunft und Mensch der (dunklen) Kräfte. Diese Perspektive erlaubt es, den Punkt zu bestimmen, an dem eine entscheidende philosophische Verschiebung möglich wird: Es wird denkbar, »Kraft« oder »Energie« systematisch mit »Subjektivität« zu verknüpfen – das ist hilfreich, um die Weiterentwicklung des alternativen »Paradigmas der Subjektivität« in Richtung *energiewandelnder Subjektivität* zu erläutern. Sodann stellt sich die Frage, ob ein solcher Begriff der Subjektivität dazu geeignet ist, *Selbstkultivierung* so zu denken, dass in die Arbeit des Selbst an sich selbst sowohl der Übergang zwischen Vermögen und Kraft (Rückkehr vom Vermögen zur Kraft, Hervorgehen des Vermögens aus der Kraft) als auch die *Entzweiung* von Vermögen und Kraft einbezogen werden kann (siehe Menke 2013: 14).

In der Terminologie, die Menke in seiner Diskussion der doppelten Bedeutung von Foucaults Begriff der Übung gebraucht, lässt sich die Problematik so formulieren: Sind Vermögen und Kraft zwei »irreduzible Dimensionen von Subjektivität«, die zugleich »in einem Verhältnis irreduzibler Spannung stehen«? (Menke 2003: 293) Das Verhältnis von Vermögen und Kraft, das Menke als Rückkehr vom Vermögen zur Kraft bezeichnet, ist besonders klärungsbedürftig. Der Übergang von *Kraft zum Vermögen* ist vor dem Hintergrund der Rezeption psychoanalytischer Vernunftkritik in der Kritischen Theorie leichter verständlich als die umgekehrte Bewegung vom *Vermögen zur Kraft*, die leicht als Regression in Irrationalismus, als Rückfall in ein archaisches, mythisches oder magisches Natur- und Weltverhältnis missverstanden werden kann.

In Adornos psychoanalytisch geprägte Sprache übersetzt, lässt sich der Übergang vom Vermögen zur Kraft als ein Übergang vom Bewusstsein zur Triebenergie beschreiben: Weil Bewusstsein »abgezweigte Triebenergie« ist – eine Affinität, die Kant »krampfhaft verleugnet hat« –, vermag Bewusstsein umgekehrt in Triebenergie und damit in die »Komplexion des Individuums« einzugreifen. In dieser doppelten Bewegung sieht Adorno das einzig verfügbare »Modell der Freiheit«. (Adorno 1997/6: 262) Das Modell der Freiheit, das mit dem an Zhuāngzǐ orientierten »Paradigma der Subjektivität« einhergeht, kennt ebenfalls diese doppelte Bewegung. Allerdings wird darin die Möglichkeit des Bewusstseins, in den Energiewandel leitend einzugreifen, ergänzt durch eine dritte Stufe, auf der das Bewusstsein sich in seiner Möglichkeit eines solchen Eingreifens zurücknimmt, um Selbsttransformation durch ein *Tun* zu ermöglichen, das ein *Lassen* ist. Billeter spricht auch davon, »den Körper machen zu lassen« (laisser faire le corps). (Billeter 2012: 50) Aus der Perspektive von »Ästhetik der Kraft« gesagt: Damit das Vermögen zur Kraft auf eine Weise zurückkehren kann, die nicht bloß Regression bedeutet, muss sich Kraft verändern, und zwar so, dass sie nicht durch das Eingreifen des Vermögens, sondern vielmehr durch sein Nicht-Eingreifen eine qualitative Transformation erfährt. Auf dieser Stufe gewinnt die Veränderung der »Kraft« oder der »Energiewandel« (qìhuà 氣化) eine normative Bedeutung, die über bloß »natürlichen Energiewandel« (zìrán qìhuà 自然氣化) hinausgeht. Es kommt also eine Übung der Kraft ins Spiel, die nicht länger eingreifende und disziplinierende Steuerung von Kraft durch Vermögen ist, sondern ein selbstbesonnenes Nicht-Eingreifen des Vermögens in Kraft, ein aktives Geschehenlassen: Üben, ohne zu üben, Eingreifen, ohne einzugreifen, Tun, ohne zu tun.

In seiner Diskussion der chinesischen Kunst des Schreibens versucht Billeter die Frage zu beantworten, warum die Idee der »perfekten Aktivität« und die damit verbundene Möglichkeit des Übergangs zwischen verschiedenen Regimen der Aktivität innerhalb des in Europa vorherrschenden Paradigmas der Subjektivität so schwer zu verstehen ist. (Billeter 1989: 281) Hängt nicht die Schwierigkeit, den Übergang zwischen Vermögen und Kraft – insbesondere die »Rückkehr vom Vermögen zur Kraft« – zu verstehen, auch damit zusammen? Bei Menke finden sich Formulierungen wie »Zustand des Subjekts in der künstlerischen Tätigkeit« oder »Rausch ist ein Zustand, in dem die Kräfte des Subjekts so gesteigert sind, daß sie seiner bewußten Kontrolle entzogen sind«. (Menke 2008: 112–113) Zuweilen spricht aus ihm jedoch die ganze Wucht einer Tradition der Kunstphilosophie, die von der Antike bis in die Gegenwart reicht: »Dichten, Kunstmachen überhaupt, so Nietzsche mit Sokrates, kann nicht als Ausübung von subjektiven Vermögen verstanden werden«. (Menke 2013: 38)

Die Unterscheidung zwischen einem Zustand »selbstbewußter Vermögen in zweckgerichtetem Handeln« (Menke 2008: 113) und einem »Zustand des Subjekts in der künstlerischen Tätigkeit«, also einem dionysischen Zustand der »Kraftsteigerung und Fülle«, den Nietzsche auch »Rausch« nennt, ist jedenfalls bemerkenswert. (Menke 2008: 112) Die Verbindung zu Billeters Unterscheidung zwischen zwei »Regimen der Aktivität« drängt sich auf. Billeter und Menke meinen zudem, dass für Zhuāngzǐ einerseits und für Nietzsche andererseits die Überlegenheit des »himmlischen« und des »dionysischen« Zustands außer Frage steht. Billeter schreibt: »das Menschliche, die intentionale und bewusste Aktivität, ist niedriger; der Himmel, die notwendige und spontane Aktivität ist in gewissem Sinne höher.« (Billeter 2010a: 49) Und: »Er [Zhuāngzǐ] kennt nur zwei Bereiche in seiner Sicht der Dinge, das Menschliche und das Himmlische. [...] Insbesondere die intentionale und bewusste Aktivität ist Quelle von Fehlern, Misserfolg, Erschöpfung und Tod. Die himmlisch genannte, vollständige, notwendige und spontane Aktivität wird demgegenüber als Quelle von Effektivität, von Leben und Erneuerung angesehen, unabhängig davon, ob sie bei einem Tier oder bei einem höchst geübten Menschen auftritt.« (Billeter 2002: 52/52) Menke spricht mit Bezug auf Nietzsches Ideal des Künstlers von einem »Übergang« vom Zustand selbstbewusster Vermögen zu demjenigen der Entfesselung der Kräfte im Rausch. Billeter thematisiert ganz ähnlich den »Übergang von einem niedrigen Regime zu einem höheren Regime«. (Billeter 2002: 55/55)

Entscheidend ist demnach der Übergang, die Bewegung *zwischen* zwei Zuständen oder Regimen der Aktivität. Während bei Nietzsche allerdings nicht genauer erörtert wird, wie Künstler die Fähigkeit des Übergangs zwischen Vermögen und Kraft erwerben können, ist die Frage des Übergangs zwischen menschlichem und himmlischem Regime im *Zhuāngzǐ* Gegenstand eingehender Beschreibungen. Daraus erwächst die weitergehende Überlegung, ob nicht das »Paradigma der Subjektivität«, das im *Zhuāngzǐ* hervortritt, sich gerade durch die Fähigkeit zum Übergang *zwischen* den Regimen auszeichnet, wobei Kultivierungsübungen nicht bloß der technisch-intentionalen Ebene des menschlichen Regimes gelten, sondern der Fähigkeit zum Hin und Her *zwischen* menschlichem und himmlischem Regime. Bei Nietzsche kommt *plurale Subjektivität* nur zufällig und wie aus Versehen ins Spiel, nämlich in Gestalt des Künstlers, der auf paradoxe Weise das Nichtkönnen kann und die Kunst des Übergangs zwischen Vermögen und Kraft zu vollziehen vermag: als »gebrochenes Verhältnis zum Rausch«, als »Spiel mit dem Rausche« (Menke 2008: 113). Bei Zhuāngzǐ hingegen ist es diese Kunst des Übergangs, die den Schritt von der Beherrschung der *Technik* zur Kultivierung des *Weges* ausmacht.

Um den Übergang vom Vermögen zur Kraft zu denken, scheint es demnach notwendig, »Kraft« als etwas zu verstehen, was sich wandeln kann. »Kraft« lässt sich nicht nur schwächen und steigern, verkleinern und vergrößern, verdünnen und verdichten, sondern ist im Menschen einer qualitativen Transformation fähig, durch die Kraft aus sich heraus normativen Gehalt zu gewinnen vermag. Nun ist aber Menkes Erörterung von Kraft geprägt durch die *Entzweiung* von bewusstem, klarem Vermögen und dunkler, diffuser Kraft, so dass die unverkennbare Tendenz besteht, jene »Rückkehr vom Vermögen zur Kraft« bloß als »genealogischen Rückgang in jene Zeiten und Kräfte, in denen der Mensch noch nicht Subjekt war«, zu verstehen. Kräfte stehen damit »im Gegensatz zu den übend gebildeten, bewußten, praktischen Vermögen des Subjekts«. (Menke 2008: 58)

Bei Billeter hingegen taucht die Möglichkeit auf, die Fähigkeit des Subjekts zur *Entsubjektivierung* als unverzichtbares Moment freier und autonomer Subjektivität anzuerkennen. Die eigenen Kräfte zu üben bedeutet demnach immer auch, sich in Entsubjektivierung zu üben und dabei in einen vorsubjektiven Zustand zurückzukehren, ohne subjektlos zu werden – oder gar in einem solchen Zustand zu verharren, ohne je zu Subjektivität zu kommen, wie es das Klischee von der chinesischen Subjektlosigkeit will. Die Übung von Entsubjektivierung bedarf der Subjektivierung. Der Übergang zwischen Vermögen und Kraft lässt sich von daher verstehen als Übergang zwischen Subjektivierung und Entsubjektivierung, wobei es die Fähigkeit zur Entsubjektivierung ist, durch die hindurch sich jenes weite Feld von höheren, also nicht bloß strategisch-instrumentellen *Energiewandel-Übungen* eröffnet, die als eine Grundlage klassischer chinesischer Kunst und Kultur angesehen werden können. Das bedeutet keineswegs, dass »Kraft« insgesamt in Subjektivität integriert werden kann oder soll, sondern nur, dass der Übergang zwischen Vermögen und Kraft auf dem Wege einer Entsubjektivierung erfolgt, durch die sich ein Subjekt für Kräfte öffnet, die seine bewusste Selbstkontrolle übersteigen. Billeter verwendet den Begriff der *Entsubjektivierung* nicht, kommt ihm aber dem Sinn nach nahe, wenn er die Kultivierung des Übergangs zwischen »Körper« (-Subjekt) und »Leere«, zwischen dem Regime des »Menschen« und demjenigen des »Himmels« im Buch *Zhuāngzǐ* erörtert.

Für Billeter wie auch für Menke besteht zwischen Subjektivität und unbewusster Kraft eine enge Beziehung. Wenn bewusstes Vermögen nicht in der Lage ist, mit unbewusster Kraft zu kommunizieren, verliert es den »Grund« seiner Lebendigkeit. Billeter sieht in »fruchtbarer« oder »nährender Leere« (vide fecond, vide nourricier) den »Grund« oder die »Basis« (fond) von Subjektivität im *Zhuāngzǐ*: Sobald diese nicht mehr von solcher »Leere« *genährt* werden kann, ist sie dazu verdammt, zu verkümmern und auszutrocknen. (Billeter 2002: 100/98, 107/105) Die Rede von einem »Grund« der Subjektivität ist dazu angetan, Zweifel zu wecken, ob die sogenannte Leere innerhalb oder außerhalb von Subjektivität zu verorten ist. Daraufhin befragt, hat Billeter mir bestätigt, dass er in der »fruchtbaren Leere« einen »subjektinternen Grund« sieht. Bei Menke finden sich ähnliche Formulierungen. In seiner Diskussion von Herders ästhetischer Genealogie kommt Menke auf die Auffassung von »Kraft« als »Grund« von Subjektivität zu sprechen. Er gesteht zu, dass subjektive Vermögen durch Kräfte belebt und transformiert werden, wobei diese aber zugleich das Andere des Subjekts sind. Das bedeutet, »die subjektiven Vermögen so zu denken, daß sie den dunklen Mechanismus, aus dem sie entstanden sind, als ihr Anderes in sich tragen«. (Menke 2008: 51, 83)

Diese Überlegungen geben eine Ahnung von der Komplexität des Verhältnisses zwischen Subjektivität und unbewusster Kraft. Subjektivität ist einerseits aus Kraft entstanden und Kraft kann demnach als der Subjektivität immanent betrachtet werden; andererseits gilt Kraft jedoch auch als das Andere der Subjektivität. Entscheidend ist, inwieweit Menkes Erörterung ausschließt, die sowohl innerhalb wie außerhalb von Subjektivität angesiedelte »Kraft« als Inhalt von Übung anzusehen. Menke neigt zu der Auffassung, dass sich Kraft im Subjekt nur entfesseln, entladen oder ausdrücken kann. Demgegenüber verortet Billeter den »Körper/Leib« in dem von ihm vorgeschlagenen neuen »Paradigma der Subjektivität« *zwischen* bewussten Vermögen und unbewussten Kräften: Der Körper ist Mittler zwischen den beiden Momenten. Zudem umfasst das höherstufige »Regime der Aktivität« selbstverständlich die Möglichkeit, Energien zu nähren und zu transformieren. Genau an dieser Stelle taucht die Frage auf, ob Kraft oder (Atem-)Energie zum Inhalt von Kultivierungsübungen werden können. In Anknüpfung an die »Ästhetik der Kraft«, die sich im 18. Jahrhundert gebildet hat, gibt Menke darauf eine abschlägige Antwort, Billeters von »kreativer Aktivität« im *Zhuāngzǐ* inspirierter Ansatz hingegen eine zustimmende. Allerdings stehen sich beide Positionen keineswegs starr gegenüber: Menke betont den Übergang zwischen Vermögen und Kraft, so dass auch seine Erörterung die Einsicht in den fließenden Charakter der Grenze zwischen beiden Momenten anerkennt; Billeter geht einerseits zunächst von der Fruchtbarkeit der Philosophie des Energiewandels für ein neues Verständnis des Körpers/Leibes aus, das gegen das im Westen vorherrschende Verständnis ins Spiel gebracht werden kann, um dann andererseits jedoch mit Entschiedenheit auf der Abgrenzung zwischen einer leiblich-körperlichen und einer metaphysisch-kosmologischen Interpretation der Atem-Energie zu bestehen (siehe Kap. 6).

In der zusammenfassenden Erläuterung, die Billeter zum Verhältnis von Subjektivität, Leere und Körper gibt, kommt diese doppelte Kritik deutlich zum Ausdruck. Er richtet sich sowohl gegen die im Westen vorherrschende Subjektkonzeption, kritisiert aber auch, dass Zhuāngzǐs »Paradigma der Subjektivität« in der chinesischen Kommentartradition keineswegs die ihm gebührende Anerkennung erhalten hat. In der transkulturellen Dynamik dieser kritischen Perspektive gewinnt somit ein »Paradigma der Subjektivität« Gestalt, das insofern neu ist, als es sich sowohl gegen westliche als auch gegen östliche Klischees wendet: »Wir können das alles zusammenfassen, indem wir sagen, dass im *Zhuāngzǐ* ein für uns neues Paradigma des Subjekts und der Subjektivität auftaucht. [...] Was wir Subjekt oder Subjektivität nennen, erscheint dort als *Hin und Her zwischen der Leere und den Dingen*. Unter diesen beiden Ausdrücken ist es der erste – die Leere oder die Verwirrung [confusion] –, die als fundamental angesehen wird. Es ist diese Leere, aufgrund derer wir die grundlegende Fähigkeit haben, uns zu verändern und zu erneuern, um, wenn nötig, unser Verhältnis zu uns selbst, zu Anderen und zu den Dingen neu zu bestimmen. Durch sie behalten wir das Vermögen der Bezeichnungen, des Bezeichnens. Wie wir gesehen haben, erlaubt dieses Paradigma Zhuāngzǐ, unsere Erfahrung auf kohärente und angemessene Weise zu beschreiben, und zwar auch in ihren paradoxen Momenten.« (Billeter 2002: 144–145/142) Dies ist möglich, weil Zhuāngzǐ den »Körper« als Ort versteht, in dem diese fruchtbare und lebendige Leere wirkt, und nicht, wie Descartes, als Körper-Objekt oder Maschine. In der Definition des »Körpers«, die seinem Verständnis von Subjektivität zugrunde liegt, kommt Billeter auf das Verhältnis von Vermögen und Kräften zu sprechen, ohne ihm jedoch jene systematische Bedeutung zu geben, die Menkes Analyse durchzieht. Das zeigt sich in Billeters Definition des Körpers als »Gesamtheit bekannter und unbekannter Vermögen, Ressourcen und Kräfte, die uns zur Verfügung stehen oder uns bestimmen« (Billeter 2002: 145/143) – an einer anderen Stelle, an der er diese Definition zitiert, wird »Gesamtheit« (ensemble) durch »Totalität« ersetzt. (Billeter 2010a: 30)

Ein solches Verständnis des »Körpers« läuft darauf hinaus, »dass wir uns unserer Autonomie im Handeln-Lassen des so verstandenen Körpers versichern können«. Diese Lehre ist paradox »für uns«, so Billeter weiter, weil »wir« – Europäer – in hohem Maße daran gewöhnt sind, »Autonomie in der bewussten Beherrschung unserer Handlungen zu suchen«. Er fragt sich dann allerdings weiter, ob sich nicht »in den Tiefen unserer Kultur« auf versteckte Weise eine Verschiebung vollzieht, die mit Zhuāngzǐs »paradoxer« Lehre korrespondiert, weil »wir« nur noch in Ermangelung einer besseren Alternative Gefangene einer längst erschütterten Konzeption von Subjektivität sind. (Billeter 2002: 146/143–144) Schon in Heinrich von Kleists berühmtem Essay »Über das Marionettentheater« sieht Billeter ein »unglückliches Bewusstsein« am Werk, das verzweifelt versucht, das Verständnis von subjektiver Autonomie als bewusste Kontrolle von Handlungen zu überwinden. (Billeter 1989: 274–282) Andererseits legt Billeter vor allem in den *Notes sur Tchouang-tseu et la philosophie* (Billeter 2010) nahe, dass die mal verachtete, mal beschworene ostasiatische Einheit von Geist und Körper keineswegs als die gesuchte Alternative angesehen werden sollte, weil mit ihr eine politische Tendenz zum Totalitarismus verbunden ist, die Zhuāngzǐ bereits klar gesehen und kritisiert hat.

Die selbstkritische Streichung von Passagen des Schlusskapitels aus *L'art chinois de l'écriture* (Billleter 1989) in der teilweise stark überarbeiteten Neuauflage (Billeter 2010) zeigt, dass sich Billeter zunehmend der Notwendigkeit bewusst geworden ist, ein Denken zu vermeiden, in dem Aspekte chinesischer Kultur naiv als fertige Alternative präsentiert werden – nur weicht dabei die idealisierende Affirmation einer dystopischen Negation, die nicht minder einseitig und fragwürdig ist (siehe Kap. 6). Jedenfalls erweist sich die Suche nach dem neuen »Paradigma der Subjektivität«, das Billeter im *Zhuāngzǐ* angelegt sieht, als etwas, was auf dem Wege einer wechselseitig verschränkten Kritik an philosophischen Positionen und Entwicklungen in Europa *und* in China Gestalt gewinnt.

Billeters Idee eines »Paradigmas der Subjektivität« im *Zhuāngzǐ* eröffnet die Perspektive eines Philosophierens, das zugleich chinesische und europäische Quellen erschließt. Eine konkrete Möglichkeit, dies zu tun, zeigt sich in der Verschränkung von Billeters und Menkes Subjektverständnis. Aus der Perspektive der Entzweiung von Vermögen und Kräften, die im Mittelpunkt von Menkes Diskussion steht, erscheint indes Billeters normative Orientierung an »integrierter Aktivität« (Billeter 2012: 50) zweifelhaft. Auf illegitime Weise werden darin »zwei Modelle des Tätigseins« (Menke 2008: 114) miteinander vermischt, nämlich »zweckgeleitetes Handeln« und »lebendiges Spiel der Kräfte« (Menke 2008: 128). Menke zufolge beruht die »Ästhetik der Kraft« auf einer »Anthropologie der Differenz«, die Vermögen und Kräfte, Praxis und Spiel, Subjekt und Mensch voneinander unterscheidet. (Menke 2008: 10) Er spricht auch davon, dass Vermögen, Praxis und Subjekt auf drei »gegenläufige Begriffe« bezogen sind, nämlich Kraft, Spiel und Mensch. Obwohl beide Momente »einander bedürfen«, sind sie doch so »voneinander entzweit«, dass sie nicht »integriert« werden können oder sollen, weil menschliche Freiheit einer Mischung beider Momente bedarf, die dabei weder einander entgegengesetzt werden noch ineinander übergehen. Diese Entzweiung gilt als »unhintergehbar« und kann von daher nicht in eine höhere Einheit aufgehoben werden. (Menke 2008: 127–128) Insbesondere für den Künstler stellt sich allerdings die Aufgabe, nicht nur zu unterscheiden, sondern auch das Unterschiedene zu verbinden. Denn Künstler sind nur in der Lage, in das Hin und Her zwischen Vermögen und Kräften einzutreten, wenn sie sich dem lebendigen, freien oder ästhetischen Spiel der Kräfte hingeben, um gleichzeitig die »teleologische Ordnung des Handelns« hinter sich zu lassen. (Menke 2008: 94) Nur so kann es Künstlern gelingen, die von den Kräften zu den Vermögen führende zivilisatorische Entwicklungsrichtung umzukehren und Vermögen in Kräfte zu verwandeln. (Menke 2008: 127) Diese *gegenläufige Zurücknahme* lässt sich als ein anderer Ausdruck für das ansehen, was Menke mit dem Satz »Die Künstler können das Nichtkönnen« bezeichnet. (Menke 2008: 127)

Die Figur des Künstlers, die Menke beschreibt, bewegt sich zwischen Vermögen und Kraft. Sie bleibt weder stehen im Zustand teleologisch ausgerichteter Praxis, noch affirmiert sie direkt den rauschhaften Zustand des »dionysischen Barbaren«, zu dem der Künstler ein gebrochenes, distanziertes und reflexives Verhältnis unterhält. Insofern die Künstler ihre praktischen Vermögen in »rauschhaft entfesselte, lebendig spielende Kräfte verwandeln, wirkt ihr ästhetischer Rausch auch wieder auf ihre Praxis, auf ihr Handeln zurück. Zur Erfahrung der Künstler gehört, daß gerade (und nur) die ästhetische Aussetzung der praktischen Ausübung von Vermögen im Spiel lebendiger Kräfte zum Erreichen des angestrebten Guten führt.« (Menke 2008: 127) Entscheidend ist die in diesem Zitat ausgedrückte Überzeugung, dass die ethisch-politische Bedeutung einer »Ästhetik der Kraft« sich nur als *gebrochene* zu entfalten vermag, nämlich nur wenn die Entzweiung von Vermögen und Kräften, Handeln und Spiel, sozialem Zweck und lebendiger Tätigkeit bewahrt bleibt. Die Schwierigkeit, Menkes Beschreibung zu verstehen, besteht in seiner Vermeidung einer Entgegensetzung oder Spaltung der Momente, die zu einem rigiden Dualismus führen würde. In der »gegenläufigen Verfassung« der beiden Momente sieht er vielmehr die Bedingung für das Gelingen der Verwandlung von zwecklosem Spiel der Kräfte in zweckhaftes Handeln. (Menke 2008: 118)

Billeters am »freien Spiel aller Vermögen, Ressourcen und Kräfte« (Billeter 2002: 119/116) ausgerichtetes Verständnis des »Körpers« und Menkes genealogische Auseinandersetzung mit der »Ästhetik der Kraft« überlagern und ergänzen sich. Die Verschränkung der beiden soll dabei helfen, Probleme zu bezeichnen, die mit Billeters Begriff *leiblicher Subjektivität* verbunden sind. Wie bereits erwähnt, kritisiert er die Vernachlässigung von Diskontinuitäten und Paradoxien in der Diskussion von Zhuāngzǐs »Paradigma der

Subjektivität« und führt sie auf die Tendenz der Philosophie der Atem-Energie zu energetischem Monismus zurück. (Billeter 2010a) Dieser macht es seiner Ansicht nach unmöglich, den *pluralen* Charakter von Zhuāngzǐs »Paradigma der Subjektivität« angemessen zu denken. Wenn nun die Diskussion zur Bedeutung der Atem-Energie in der Zhuāngzǐ-Forschung mit der »Ästhetik der Kraft« verbunden wird, zeigt sich die Möglichkeit einer Lektüre, die sich von Billeters Selbstverständnis deutlich unterscheidet. Die Betonung von »Integration« oder gar »Totalität« in seiner Definition des Körpers zeigt, dass er die Frage vernachlässigt, ob sich Vermögen und Kräfte überhaupt »integrieren« lassen. Aus der Perspektive der von Menke skizzierten »Ästhetik der Kraft« verstärkt sich der Verdacht, dass Billeter dem Moment der Entsubjektivierung nicht genug Raum gibt, das das Verhältnis von bewusstem Vermögen und unbewusster Kraft unvermeidlich prägt. Scheitert sein »Paradigma der Subjektivität« beim Versuch, »Pluralität« zu denken?

Energiewandel und Pluralität

Wenn es stimmt, dass Billeters Verständnis des »Körpers/Leibes« die Diskontinuität *im* Subjekt nicht angemessen zu denken vermag, ergibt sich die Notwendigkeit, seine Kritik an Selbstkultivierung und Energiewandel zu überdenken. Ziel ist es, deutlicher zu machen, worin sich sein Paradigma *leiblicher Subjektivität* von demjenigen *energiewandelnder Subjektivität* unterscheidet. Vorbereitend möchte ich zunächst den Kontext der Diskussion um Selbstkultivierung und Energiewandel kurz zusammenfassen:

(1.) Selbstkultivierung. Das Verhältnis zwischen Vermögen und Kraft (Menke) oder zwischen menschlichem und himmlischem »Regime der Aktivität« (Billeter) ist bezogen auf das Thema des Übergangs *zwischen* beiden. Die Kommunikation zwischen Mensch und Himmel ist ein zentrales Motiv in Zhuāngzǐs Kultivierungslehre. Im Buch *Zhuāngzǐ* geht es um die Kultivierung des Übergangs von einem »Regime der Aktivität«, das durch menschliche Technik und zweckorientiertes Handeln geprägt ist, zum anderen »Regime der Aktivität«, in dem die himmlische Spontaneität des *Ohne-Tuns* (wúwéi 無為) sich wie *von selbst* (zìrán

自然) vollzieht. In seiner Erörterung der chinesischen Kunst des Schreibens hat Billeter entsprechend zweckhaftes »Handeln« (action) von perfekter, spontaner und kreativer »Aktivität« (activité) unterschieden, um die Bedeutung dieser beiden »Regime« für die Kunst zu verdeutlichen. (Billeter 1989: 269) Gleichzeitig betont er, dass europäische Denker und Künstler aufgrund ihrer Fixierung auf das Paradigma des Bewusstseinssubjekts nur ein begrenztes Verständnis der Transformationsprozesse gewinnen konnten, die »kreative Aktivität« auszeichnen.

Demgegenüber soll das »natürliche Paradigma« (Billeter 1989: 282) leiblicher Subjektivität erklären können, warum sich in China Denken und Kunst herausbilden konnten, die sich auf die Kultivierung »kreativer Aktivität« konzentriert haben. Wie kam es zur Entwicklung von asketischen Praktiken, in denen es darum ging, den Übergang zwischen menschlichem und himmlischem »Regime der Aktivität« zu üben? In seiner Erklärung stellt Billeter zwei Paradigmen der Subjektivität einander gegenüber: eines aus dem alten China (Zhuāngzǐ) und eines aus dem modernen Europa (Descartes). Dieser Kontrast scheint mit Menkes innereuropäischer Unterscheidung von zweckhaft-bestimmtem »Handeln« (Descartes) und zwecklos-unbestimmter »Tätigkeit« (Leibniz, Herder, Sulzer, Mendelssohn, Nietzsche) zu korrespondieren, wobei besonders bemerkenswert ist, dass Menke dazu neigt, »Kraft« und das »lebendige Spiel der Kräfte« prinzipiell aus der Sphäre der »Übung« auszuschließen. Die Bedeutung von Billeters komparativer China-Europa-Perspektive wird relativiert durch Menkes innereuropäische Kritik an Descartes, die zweierlei Ästhetik einander gegenüberstellt: Ästhetik verstanden als »Theorie der sinnlichen Vermögen des Subjekts« und »Ästhetik der Kraft«. Das ist kein marginales Thema, denn: »in der – oder als – Ästhetik beginnt die moderne Philosophie«, das heißt die moderne »Philosophie des Subjekts«. (Menke 2008: 8–9) Andererseits wird Billeters kritische Perspektive aber auch bestätigt, weil Menkes eingehende Analyse zeigt, wie schwer es auch innerhalb dieser »anderen Ästhetik« fällt, den »Begriff des Subjekts« für die Übung der Kraft zu öffnen und damit die Bedingung der Möglichkeit zu schaffen, um jene *Kultivierung des Energiewandels* zu denken, die chinesische Literaten auf vielfältige Weise praktiziert haben. Indem Menke im »Vorwort zur Taschenbuchausgabe« von *Kraft* das Motiv einer »paradoxen Einheit von Vermögen und Kraft« einführt, scheint er die Möglichkeit einer solchen Öffnung zu erkunden. (Menke 2017: 16)

Auf der Tagung, die ich im Jahr 2014 in Taipei zu Menkes Buch *Kraft* (Menke 2008) organisiert habe, drehte sich alsbald eine angeregte Diskussion um die Frage, ob und wie »Kraft« geübt werden kann. Im Kontext chinesischer Philosophien der Kultivierung ist die Behauptung, dass »Kraft« *nicht* geübt werden kann, schwer verständlich. Mit großer Selbstverständlichkeit wird vorausgesetzt, dass »Energetik« (qìlùn 氣論) und »Asketik« (gōngfūlùn 工夫論) zusammengehören. Entsprechend sind Ausdrücke wie »Atem-Energie üben« (liànqì 練氣) oder »Atem-Energie nähren« (*yǎngqì* 養氣) in die Alltagssprache eingegangen. Während also auf chinesischer Seite die Möglichkeit der *Kunst, seine Kräfte zu üben* kaum sinnvoll bezweifelt werden kann, taucht die Möglichkeit einer solchen Kunst bei Menke nur am Rande auf, nämlich dort, wo Künstler die Kunst des Übergangs zwischen Vermögen und Kraft oder umgekehrt zwischen Kraft und Vermögen vollziehen.

Wenn beide Seiten das Problem teilen, wie Subjektivität als »paradoxe Einheit von Vermögen und Kraft« oder von Kultivierung und Energiewandel gedacht werden kann, dann zeigt sich einerseits, dass sich mit Billeter (genauer: mit Billeters Zhuāngzǐ) an einer Stelle weiterdenken lässt, an der Menke (genauer: Menkes Nietzsche) auf eine *paradigmatisch* begründete Denkunmöglichkeit stößt. Andererseits verweist Menkes Betonung der Entzweiung und der wechselseitigen Nicht-Integrierbarkeit von Kraft/Kräften und Vermögen auf die philosophischen Schwierigkeiten, mit denen Billeters neues »Paradigma der Subjektivität« zu kämpfen hat, sobald es mit der Abgründigkeit moderner Subjektivität konfrontiert wird.

(2.) Energiewandel. Aus dieser Perspektive ging die selbstkritische Korrektur nicht weit genug, die Billeter nach der Veröffentlichung seiner Studie zur chinesischen Kunst des Schreibens vollzogen hat. In *L'art chinois de l'écriture* spricht er im weiteren Kontext eines Haushaltens mit den eigenen Energien von »Vereinheitlichung der leiblichen Aktivität« und von der »praktischen Integration von Körper und Geist in der höheren Aktivität«. (Billeter 1989: 279) Mit Blick auf die hervorgehobene Bedeutung, die Vereinheitlichung und Integration auch in Billeters weiterer Ausarbeitung des neuen »Paradigmas der Subjektivität« zukommt (Billeter 2012), ist es nicht einfach zu verstehen, warum er diese und andere Formulierungen in der Neuauflage des Buches (Billeter 2010) gestrichen hat. Warum hat sich seine positive Interpretation des Schreibens mit dem Pinsel ins Negative verkehrt? In der von ihm gegebenen Antwort legt er nahe, erst nach der Fertigstellung von *L'art chinois de l'écriture* entdeckt zu haben, dass es sich bei dem nach »perfekter Aktivität« suchenden kalligrafischen »Körper« um einen in hohem Maße disziplinierten und politisierten »Körper« handelt: Die weitgehend im Alleinsein vollzogenen Kultivierungsübungen gelten ihm nun als ganz und gar durchdrungen vom Totalitarismus der »imperialen Ordnung«. Und der Grund, warum die Schreibkunst in ihrer Tiefenstruktur von dieser politischen Ordnung durchdrungen werden konnte, sieht er in einer Lehre des Energiewandels, die es erlaubt hat, die Idee einer metaphysisch-kosmologisch überhöhten Totalität in den feinsten Verästelungen der kreativen Aktivität isolierter Einzelmenschen zu verankern.

Es ist demnach eine imperiale Logik des Regierens, die sich in das Verhältnis von individuellem und kosmischem Energiewandel einschaltet, um deren kommunikativen Fluss gleichsam durch die Mühle des Imperiums zu leiten und somit den eigenen politischen Interessen entsprechend zu lenken. So gesehen ist die Ästhetisierung des Energiewandels, die in scheinbar zwecklosen Schreibübungen vollzogen wird, das Ergebnis von subtilen Techniken des Regierens, die umso besser funktionieren, je unmerklicher sie die »natürlichen«, »spontanen« und »kreativen« Energieströme anzapfen, die zwischen einzelnem »Menschen« und umfassendem »Himmel« fließen. Die Einsicht in die politischen Implikationen des scheinbar harmlosen Verhältnisses von Selbstkultivierung und Energiewandel war für Billeter ein Schock, der ihn dazu geführt hat, die idealisierende Beschreibung der chinesischen Schreibkunst zu revidieren, die sich vor allem im letzten Kapitel von *L'art chinois de l'écriture* findet. (Billeter 1989: 269–282) Aus der Perspektive von Heiner Roetz' Kritik an der politischen Bedeutung der »Einheit von Mensch und Natur/Himmel« (tiān rén hé yī 天人合一) zeugt die Wucht dieses Schocks allerdings von einer schwer verständlichen Illusion, der Billeters Idealisierung der chinesischen Kunst zunächst anheimgefallen ist. Es mag paradox klingen, so Roetz, aber das Anliegen des »Universismus« ist »nicht die Einheit mit der Natur, sondern die Einheit der Gesellschaft«. (Roetz 1984: 392) Das ist eine sehr hellsichtige Bemerkung. Sie führt zu der Vermutung, dass die »paradoxe Einheit« von Kultivierung und Energiewandel *im* Subjekt auch in sich selbst politisch ist und somit mit dem Ziel einer »paradoxen Einheit« des »Reiches« oder des »Staates« korrespondiert, das aber sowohl ästhetisch als auch ethisch fragwürdig ist.

Wird der Versuch unternommen, Billeters *Zhuāngzǐ*-Forschung im weiteren Umfeld moderner europäischer Philosophie und insbesondere Kritischer Theorie zu verorten, lässt sich unschwer feststellen, dass er mit dem Verhältnis von Atem-Energie und Despotismus, von Kraft und Politik vermintes Gelände betritt – brisantes Beispiel ist das Verhältnis von Nietzsches »Willen zur Macht« zum Nationalsozialismus. Dieser Fall zeigt allerdings auch, inwiefern eine »Ästhetik der Kraft« keineswegs zwangsläufig in die Falle des Konformismus und des Totalitarismus tappen muss. Die von Menke entworfene »Ästhetik der Kraft« zeigt sogar ganz im Gegenteil, dass ein Begriff der »Kraft« denkbar ist, mit dem eine Anerkennung von Pluralität, Diskontinuität und Nichtidentität möglich ist, die über den von Billeter skizzierten Rahmen sogar noch deutlich hinausgeht. Daraus erwächst die weitergehende Frage, ob die »Ästhetik der Kraft« für die Reflexion auf das Verhältnis von Energiewandel und Pluralität hilfreich sein kann: Ist es möglich, mit Hilfe einer ästhetischen Theorie der Kraft Billeters Konzeption *leiblicher Subjektivität* weiterzuentwickeln und einen Begriff *energiewandelnder Subjektivität* denkbar zu machen, in dem Energiewandel und Pluralität sich nicht nur nicht ausschließen, sondern sich die Philosophie des Energiewandels sogar als besonders geeignet erweist, um Subjektivität »plural« zu denken? Wenn Menke im Deutschen und mit Bezug auf Nietzsche Worte wie »Kraft« und »Leben« erörtert, tut sich »unvermeidlich« eine grausame Ambivalenz auf. Bekanntlich hat die deutsche Sprache »Düsterstes im Gedächtnis«. (Celan 1986: 167) Nicht nur Kampfbegriffe wie »Kraft« und »Leben«, sondern *alles* ist *im Deutschen* von der Erfahrung des Totalitarismus durchtränkt. Deshalb klingt Billeters radikale Kritik des Chinesischen als totalitär bis in die kleinste Handbewegung seltsam vertraut: »Es gibt nichts Harmloses mehr.« (Adorno 1997/4: 26) Andererseits wird die deutsche Sprache durch diese Erfahrung genötigt, »andere Wege als die französische« zu gehen. (Celan 1986: 167) Zuweilen verkehrt sie sich dabei in eine nicht leicht verständliche Schule paradoxen Denkens.

In seiner Erörterung der »Ästhetik der Kraft« erweist sich Christoph Menke jedenfalls als Meister der Gegenwendigkeit. Seine Unterscheidung von zwei Modellen des Tätigseins berührt sich mit Nietzsches »Willen zur Macht«, insofern die nicht-zweckgebundene, unbewusste, nicht-intentionale »lebendige Bewegung« als höheres Tätigkeitsmodell angesehen wird. Die grundlegende Bedeutung des »Willens zur Macht« besteht im Streben des Lebens nach dem freien Spiel lebendiger Kräfte: »Vor Allem will etwas Lebendiges seine Kraft auslassen – Leben selbst ist Wille zur Macht«. (Nietzsche 1988a: 27; Menke 2008: 118) Weil in Nietzsches Rede vom »Willen zur Macht« weder mit *Macht* vor allem soziale oder politische Macht gemeint ist noch mit *Willen* jener Wille, der zweckorientiertes Handeln antreibt, haben vor allem französische Denker den Versuch unternehmen können, Nietzsches *Philosophie der Kraft* von ihrem nationalsozialistischen Schatten zu befreien. Dabei spielt die These eine besondere Rolle, dass Nietzsche *kein* Monist der Kraft gewesen ist, vielmehr das Wesen der Kraft im »Verhältnis der Kraft zu anderen Kräften« gesehen hat. (Deleuze 1965: 24) Dementsprechend kann Deleuze behaupten, Nietzsches Denken wie auch sein Begriff der Kraft seien weder monistisch noch dualistisch angelegt, sondern multipel und pluralistisch. (Deleuze 1965: 25) Eine ähnliche Wendung scheint mir auch im Falle der chinesischen Philosophie des Energiewandels möglich zu sein.

Aber stimmt es denn, was Deleuze behauptet? Hat Nietzsche den energetischen Monismus einfach abgelehnt? Diese Auffassung erweist sich als Vereinfachung, sobald eine der bekanntesten Passagen einbezogen wird, in der Nietzsche den »Willen zur Macht« erläutert. Dort betont er, Kraft sei Eins *und* Vieles, Ungeheuer von Kraft *und* Spiel von Kräften und Kraftwellen. (Nietzsche 1988/11: 610–611) Ist es möglich, diese Kraft *und* Kräfte unablässigen Werdens und Wandelns zu üben? Ist es möglich, die Einheit *und* Vielheit seiner Kraft *und* Kräfte zu kultivieren, ohne dass Kultivierung sich auf das Streben nach Kontrolle über diese Kräfte beschränkt?

Lässt sich die »Bereitschaft zur Auslieferung an ein selbstläufiges Geschehen«, die »Offenheit für das Zufällige« üben? (Menke 2008: 118) Billeter versucht diese Möglichkeit zu denken und stellt sie in den Mittelpunkt seines neuen »Paradigmas der Subjektivität«. Seine Kritik »chinesischen Denkens« ähnelt jedoch der pauschalen Ablehnung von Nietzsches Philosophie der Kraft, weil sie als Stütze für die »imperiale Ordnung« des Dritten Reiches dienen konnte. Chinesische Theorien der Selbstkultivierung und des Energiewandels hält Billeter prinzipiell für diskreditiert, weil sie dem metaphysischen Monismus und dem politischen Totalitarismus zugearbeitet haben. Sie haben demnach zur Erzeugung der Illusion einer »natürlichen Harmonie« (Billeter 2010a: 55) beigetragen, in der Philosophie des Energiewandels und ethisch-politische Ordnung eine falsche Versöhnung eingegangen sind.

Die Kunst, seine Kräfte zu üben, konnte demnach nur entwickelt werden, weil die Möglichkeit einer bruchlosen Kontinuität im Verhältnis der Menschen zu sich selbst, zu anderen Menschen sowie zwischen Mensch und Natur (Himmel) vorausgesetzt oder zumindest als unhinterfragtes Ideal postuliert wurde. Solche Behauptungen bringen Billeters China-Diskurs offenbar in die Nähe des Klischees von China als Ort der radikalen Immanenz: China hat weder den »jüdischen Bruch« (Billeter 2010a: 55) gekannt noch jene »tragische Vision« der Athener, die er eng mit der »Erfindung der Freiheit« verbunden sieht. (Billeter 2010a: 107) Dass er versucht, Zhuāngzǐ einen »Sinn für das Tragische« nachzuweisen, zeugt einmal mehr von der Größe der Versuchung, in einem überkommenen China-Europa-Schema Zuflucht zu suchen. (Billeter 2010a: 108) In einer seltsam ironischen Wendung flieht Billeter vor der Herausforderung des paradoxen Denkens, das er von Zhuāngzǐ gelernt hat.

Subjektivierung und Entsubjektivierung

Wenn Nietzsches Philosophie der Kraft nicht auf einen energetischen Monismus mit totalitären politischen Konsequenzen reduziert werden kann, dürfte es kaum überzeugender sein, chinesische Theorien des Energiewandels prinzipiell despotischer Ganzheitlichkeit zu verdächtigen. Ähnliches gilt für jene Übungen der Kultivierung, die im Rahmen einer solchen Konzeption des Energiewandels entwickelt worden sind. Atem-energetische Deutungen des *Zhuāngzǐ* können vom Verhältnis zwischen Einheit der Kraft und Vielheit der Kräfte bei Nietzsche lernen, der Verführung durch eine fragwürdige Metaphysik der Einheit zu widerstehen. Andererseits lässt sich aus dem *Zhuāngzǐ* eine Perspektive gewinnen, die Nietzsche weitgehend fremd geblieben ist: die Verbindung von energetischer Philosophie und entdramatisierter Subjektivität. Damit kann jener »geschlossene Immanenzzusammenhang« von Kraft und Selbststeigerung unterlaufen werden, dessen geradezu mythische Unausweichlichkeit immerfort den Eindruck erneuert und verstärkt, Kräfte seien Mächte, die nicht geübt werden können. Entdramatisierung bedeutet dabei, die Logik der zwanghaften Maximierung von Lebenskapital nicht durch transgressive Intensivierung überwinden zu wollen, sondern sie durch die gegenläufige Bewegung von Leerung und Verringerung zu unterlaufen.

Billeter spricht von der »Entdramatisierung des Denkens« bei Zhuāngzǐ im Gegensatz zur Dramatisierung bei Paulus. Er hat damit eine Perspektive eröffnet, die eine ungewöhnliche, aber durchaus naheliegende Lösung für das bei ihm selber offenbleibende Problem des Verhältnisses zwischen Integration und Pluralität ins Spiel bringt: Die Pluralität des Subjekts wird möglich, wenn seine Integration von zwanghaften Ansprüchen bewusstseinsphilosophisch reduzierter Autonomie befreit wird. (Billeter 2004: 112) *Freiheit* wird als Freiheit vom Zwangscharakter der Identität wahrnehmbar. Für ein entdramatisiertes und von daher zur Öffnung für die Pluralität von Perspektiven und Positionen fähiges Subjekt wird die Identifizierung von Freiheit und Tragik fragwürdig. Zeigt sich darin nicht ein Extremismus der Integration, der das Subjekt gegenüber der eigenen Nichtidentität verschließt und die notwendige Offenheit für das Zufällige und Unbestimmte unvorhersehbaren Wandels ausschließt?

Subjektivität ist eine *unabschließbare Bewegung zwischen Subjektivierung und Entsubjektivierung*, zwischen Verhärtung in Identitätsbildung und Öffnung für Nichtidentisches. Billeter zeigt überzeugend, dass Zhuāngzǐ dafür ein feines Gespür hat. Im Unterschied zu Billeter gehe ich allerdings davon aus, dass der weitreichende Einfluss, den das Buch *Zhuāngzǐ* auf eine Vielzahl chinesischer Literaten hatte, auch das an ihm orientierte »Paradigma der Subjektivität« umfasst. Ist der klassischen chinesischen Philosophie außerhalb des *Zhuāngzǐ* wirklich niemals bewusst geworden, dass Pluralität eine »fundamentale Gegebenheit der menschlichen Existenz« ist? (Billeter 2010a: 66) Sobald Subjektivität als unabschließbare Bewegung zwischen Subjektivierung und Entsubjektivierung verstanden wird, erscheint diese Behauptung abwegig. Dann liegt es nahe, das kontrastive Klischee von westlicher Subjektivität und östlicher Subjektlosigkeit durch diese Neubestimmung zu ersetzen, um das Nachdenken über Paradigmen von Subjektivität in China und Europa zu verändern. Durch die bisherige Erörterung lässt sich bereits in Umrissen erkennen, dass die Rekonstruktion eines »Paradigmas der Subjektivität« im *Zhuāngzǐ* nicht nur zur Erörterung des »metaphysischen« Gehalts der »Atem-Energie« und deren Bedeutung für Denken und Ästhetik chinesischer Literaten führt, sondern auch einen unerwarteten Zugang zu umstrittenen ethischen und politischen Themen ermöglicht.

Bei Nietzsche und auch in der post-nietzscheanischen Philosophie des Leibes ist der pluralen Dimension von Subjektivität große Aufmerksamkeit geschenkt worden. Ihre Entfaltung wurde jedoch blockiert durch einen bewusstseinsphilosophischen Subjektbegriff und das Fehlen eines die *Entsubjektivierung* umfassenden Verständnisses von ästhetischer Kultivierung. In seiner Studie zur chinesischen Schreibkunst gibt Billeter eine Erklärung, die in diesem Zusammenhang von Bedeutung ist: »Die Referenzrahmen haben gefehlt, so dass sich nur wenige westliche Denker der Transformation der Eigenaktivität und dem Auftauchen kreativer Aktivität gewidmet haben«. (Billeter 1989: 281) Menkes Analyse des Verhältnisses von Subjektivität und Philosophie der Kraft zeigt allerdings, dass es möglich ist, diesen Bereich ausschließlich mit Hilfe europäischer Quellen zu erkunden.

Gleichwohl bleibt ein schwer zu überbrückender *Abstand*. Denn einerseits stellt sich die Frage, was es für das Nachdenken über Subjektivität bedeuten könnte, wenn, im Anschluss an Billeter und über ihn hinaus, ein am *Zhuāngzǐ* geschultes Paradigma energiewandelnder Subjektivität den interkulturellen Diskurs über (nach-)metaphysische, ästhetische, ethische und politische Themen anleiten würde. Andererseits kreisen die Diskussionen, die in bescheidenem Rahmen, aber doch beispielhaft zwischen Billeter und einigen Vertretern der chinesischsprachigen *Zhuāngzǐ*-Forschung ausgetragen worden sind, um die Frage, ob »chinesische Philosophie« den im *Zhuāngzǐ* gesetzten Keim pluraler Subjektivität entfalten konnte. An dieser Stelle eröffnet sich zwischen China und Europa die Perspektive einer philosophischen Auseinandersetzung, die vom Begriff der Subjektivität ihren Ausgang nimmt und auf beiden Seiten an das geteilte Problem der »ethisch-politische[n] Bedeutung des Ästhetischen« (Menke 2008: 129) rührt.

8. Restlassen und Restlosigkeit: Ist der Daoismus Teil des kreativen Kapitalismus?

Subjektivität und Ökonomie

Die Erörterung des am Buch *Zhuāngzǐ* orientierten »Paradigmas der Subjektivität« hat in den beiden vorangehenden Kapiteln immer wieder zum Nachdenken über politische Fragen geführt. Es hat sich gezeigt, dass das Problem des »chinesischen Totalitarismus« Billeters Verständnis »chinesischen Denkens« auch dort durchzieht, wo er sich einer scheinbar entrückten und elitären ästhetischen Praxis wie der Kunst des Schreibens mit Pinsel und Tusche widmet. In diesem Zusammenhang ist wiederholt das Motiv einer »Ökonomie der Energien« aufgetaucht. Aber was heißt hier »Ökonomie«? Der interkulturelle Diskurs zwischen China und Europa führt nicht nur zu kritischen Perspektiven auf chinesische *Politik*, sondern auch auf chinesische Ökonomie.

Der Zwang zum ökonomischen Denken hat auch die akademische Beschäftigung mit dem alten daoistischen Buch *Zhuāngzǐ* erreicht. Jullien hat Zhuāngzǐs Idee, »sein Leben zu nähren«, mit der Ratgeberliteratur zu Selbstmanagement und Selbstmaximierung in Verbindung gebracht (siehe Kap. 6). In diesem Kontext ist bereits der Verdacht geäußert worden, dass der »neue Geist des Kapitalismus« und die mit ihm einhergehende Verschiebung von *disziplinorientierter Fabrik- oder Büroarbeit* zu *kreativitätsorientierter Selbstarbeit* mit dem korrespondiert, was Billeter »kreative Aktivität« nennt (siehe Kap. 7). Während die konfuzianisch geprägte Arbeits- und Lernethik seit den 1980er Jahren immer wieder herangezogen worden ist, um die geistigen und kulturellen Bedingungen der ostasiatischen Industrialisierung zu erklären, wendet sich das Interesse nun zunehmend der daoistischen Ontologie und Ästhetik zu, um die historischen Bedingungen der Möglichkeit für kreative Durchbrüche in der ökonomischen und technologischen Entwicklung Chinas zu verstehen.

Billeters Erörterung des Verhältnisses von Subjektivität und Ästhetik im *Zhuāngzǐ* eröffnet ein eigentümliches Verständnis von »Ökonomie«. Seine Diskussion von »Effektivität« (efficacité) macht es möglich, der ökonomischen Bedeutung des neuen »Paradigmas der Subjektivität« genauer nachzugehen. »Kreative Aktivität« ist für Billeter das »Ergebnis einer gewissen Mobilisierung von Energien (qì [Atem-Energie 氣]) des Leibes [corps propre]«. Für den Kalligrafen ist die »höchste Form der Aktivität des Leibes« für »seine innere Ökonomie am förderlichsten«. (Billeter 1989: 174) Das Schreiben mit Pinsel und Tusche eröffnet ihm den Zugang zu einer leiblichen »Eigenaktivität« (activité propre), in der einerseits eine »vollständige Mobilisierung« der Energien erfolgt, andererseits jedoch jene »höchste Form der Aktivität des Leibes« diese Energien nicht verausgabt und verbraucht, sondern vielmehr nährt und fördert. So missverständlich in diesem Zusammenhang die Rede von »Mobilisierung« oder »Intensivierung« auch sein mag, vermittelt sie doch schnell eine Ahnung von der »internen Ökonomie« der Energien, die im Kontext der chinesischen Literatenästhetik herausragende Bedeutung hat. Die *Kunst* des Schreibens ist ein *Weg* der Kultivierung. In der Sprache Billeters wird darin eine perfekte Aktivität ins Auge gefasst, die einerseits »die Virtualitäten des Leibes auf vollkommene Weise ins Werk setzt«, andererseits indes jede selbstzerstörerische Verschwendung von Atem-Energie vermeidet. Im Zusammenhang seiner Diskussion des Gleichnisses vom Koch Dīng aus dem dritten Kapitel des *Zhuāngzǐ* (siehe Kap. 6) spricht Billeter auch von »perfekt regulierter Aktivität«, in der sich die »spontane Aktivität des ganzen Seins« manifestiert und das »Nähren des Lebens« dem Ideal des »heiligen Menschen« (shèngrén 聖人) nahekommt. (Billeter 1989: 269–274)

Wie bereits im Kapitel 6 skizziert, nähert sich Billeter dem »Paradigma der Subjektivität« im *Zhuāngzǐ* auf dem Wege der Unterscheidung zwischen einem höheren, »himmlischen« und einem »menschlichen« Regime der Aktivität. Für die nun folgenden Überlegungen ist vor allem von Bedeutung, dass Billeter die Bedeutung des höheren Regimes der Aktivität durch die Unterscheidung von »Aktivität« und »Handlung« (action) erläutert: »Dies ist in der Tat der Blickwinkel der Chinesen: sie haben allenthalben die Eigenaktivität des Menschen als primäres Phänomen und sein äußeres

Handeln [action extérieure] als sekundäres Phänomen betrachtet. In ihren Augen war der höhere Mensch jemand, der seine Eigenaktivität perfekt reguliert hatte und dadurch die Fähigkeit besaß, mit größter Richtigkeit und größter Ökonomie zu handeln, wenn es die Umstände erforderten. Seine Aktivität hatte Handlung nicht zum Zweck, machte jedoch sein Handeln äußerst effektiv, sobald er handelte. Die chinesische Vorliebe für ›Nicht-Handeln‹ (wúwéi [無為]) war letztlich eine Vorliebe für eine als Selbstzweck verstandene, äußerst gut regulierte Aktivität und eine praktische Effektivität [efficacité pratique], die daraus zusätzlich resultierte, wenn die Gelegenheit es verlangte.« (Billeter 1989: 269)

Billeter bemerkt weiterhin, dass die Idee einer derart perfekten menschlichen Aktivität aus der Perspektive der griechischen Antike oder auch des Christentums befremdlich anmutet. Seine eigene Beschreibung sieht er deshalb geprägt durch einen von außen auf China gerichteten Blick, in dem die verborgene Kohärenz »chinesischen Denkens« in einer Weise theoretischen Ausdruck erhält, die sich so in keinem chinesischen Text findet. (Billeter 1989: 283) Dieser Ansatz ähnelt dem von Jullien unternommenen Versuch, »Effektivität« (efficacité) auf eine Weise begrifflich zu analysieren, die in China selber so nicht entwickelt worden ist. (Jullien 1992: 13) In beiden Fällen wird versucht, »Effektivität« – im Deutschen meist als »Wirksamkeit« übersetzt – als Grundbegriff »chinesischen Denkens« verständlich zu machen.

Eine andere Ökonomie des Körpers?

Im ersten Band von *Sexualität und Wahrheit* spricht Foucault von einer »anderen Ökonomie der Körper und der Lüste«. (Foucault 1976: 211/190) Die Perspektive einer Ökonomie *im* Subjekt hat er sodann in der Erörterung der langen Geschichte von Ästhetiken der Existenz und Technologien des Selbst in Europa weiterverfolgt. (Foucault 1984: 17/18) Subjektivität und Ökonomie treten hier in eine philosophische Konstellation ein, die durch den Bezug auf Billeters Idee eines neuen »Paradigmas der Subjektivität« besser verstanden werden kann. Im Folgenden möchte ich dies zu erläutern versuchen, indem ich genauer betrachte, wie die Interpretation chinesischer Theorien der Atem-Energie und der Lebensnährung in der französischen Zhuāngzǐ-Forschung sich des Begriffs der »Effektivität« oder »Wirksamkeit« bedient, um von diesen ausgehend weitreichende Urteile über *das* »chinesische Denken« und *die* »Chinesen« zu fällen.

In den Kapiteln 6 und 7 habe ich diskutiert, inwiefern Billeters Interpretation des *Zhuāngzǐ* dabei hilft, das Verhältnis von Energiewandel und Selbstkultivierung weiterzudenken. »Subjektivität« konstituiert sich demnach durch die Dynamik verschiedener »Regime der Aktivität«. Das »himmlische« Regime entspringt dabei einer Aktivität, die kein zweckgerichtetes Handeln ist, das heißt einer Aktivität, die keine bewusste Zielsetzung und keine intentionale Willenstätigkeit voraussetzt. »Kreative Aktivität« versteht er von daher als eine sich ohne den Eingriff bewusster Kontrolle oder steuernder Willenskraft vollziehende Aktivität, in der auf aktive Weise ein Geschehen gefördert wird, das letztlich »von-selbst« geschehen muss, um überhaupt geschehen zu können. Solche Aktivität ist ein paradoxes Tun: ein Tun, das zugleich ein Lassen ist. Sie wird im Daoismus als »Ohne-Tun« oder »Un-tun« (wúwéi 無為) bezeichnet, das gegenwendig mit dem »Etwas-Tun« (yǒuwéi 有為) zusammengehört. »Ohne-Tun« wird ein besonders hoher Grad von »Effektivität« (efficacité) zugeschrieben. Es wird im *Zhuāngzǐ* dem »himmlischen Regime« (tiān 天) zugeordnet, Etwas-Tun hingegen dem »menschlichen Regime« (rén 人).

Bei Billeter bildet das Verhältnis dieser beiden »Regime der Aktivität« den Mittelpunkt eines »Paradigmas der Subjektivität«. Es kreist um die Frage, wie das zwanghafte Eingreifen *menschlichen Tuns* so umgewandelt werden kann, dass es in die spontane Aktivität *himmlischen Ohne-Tuns* übergeht – »himmlisch« lässt sich hier verstehen als normativ aufgeladene Naturhaftigkeit, die im *Zhuāngzǐ* in hohem Maße den Charakter einer chaotischen, unbestimmten und unkontrollierbaren Kraft bewahrt. Allerdings ist die »himmlische« Effektivität menschlichen Tuns nicht einfach direkt zugänglich, bedarf vielmehr asketischer – übender – Kultivierung, die Menschen mit dem individuellen und dem natürlich-kosmischen Energiewandel in Beziehung setzt. Die Beschreibung der »kreativen Aktivität« (Billeter 1989: 274) des Schreibkünstlers bei Billeter ist geprägt durch die Suche nach Möglichkeiten kreativer Entfaltung, die nicht nur im ökonomischen Sinne »höchst effektiv« (Billeter 1989: 273) ist, weil sie die spontane Aktivität des Subjekts – das heißt alle seine Kräfte und Vermögen – ins Spiel zu bringen erlaubt, sondern auch weil sie am lebendigen Energiewandel der Welt nicht nur teilnimmt, sondern diesen zugleich nährt und mehrt. Das bedeutet vor allem: Energien werden *nicht* erschöpft und ausgebeutet. In der Aktivität des Kochs Dīng wie auch des Schreibkünstlers ist die Teilnahme an der »Ökonomie« des Energiewandels deshalb mit beglückenden Erfahrungen von Ungebundenheit und Freiheit verbunden.

Wenn Billeter von Prinzipien der »Ökonomie« in der chinesischen Schreibkunst spricht, bedeutet »Ökonomie« zunächst einmal das Haushalten mit den eigenen Energien, die Regulation von Energieflüssen *im* Subjekt. Er denkt dabei offenbar nicht an den Bezug zur kapitalistischen Ökonomie, obwohl die Kritik des »Neoliberalismus« ein wichtiger Hintergrund seiner Zhuāngzǐ-Forschung ist. (Billeter 2010a: 43–44) Es ist der späte Foucault, der an dieser Stelle eine systematische Verbindung nahelegt: Die Suche nach einer »anderen Ökonomie der Körper und der Lüste« geht einher mit Reflexionen zur liberalen Ökonomie, die sich nicht auf die institutionelle und technische Seite des ökonomischen Systems beschränken, sondern auf der Ebene der Subjektivität ansetzen. Foucault richtet seine Aufmerksamkeit auf den »Liberalismus« als Verhältnis des Selbst zu sich selbst, als Diskurs über innovative Techniken des Regierens seiner selbst und anderer Menschen. *Askese* bedeutet in diesem Zusammenhang nicht christlich geprägte Selbstdisziplin und Selbstkasteiung, sondern Kultivierungsübung, durch die das Selbst an sich selbst arbeitet, um sich zu verändern. Foucaults Erkundung *kreativer Askese*, mit der er die aus der christlichen Tradition vertraute *disziplinäre Askese* ersetzt, bleibt jedoch in einem *Dispositiv der Kreativität* befangen, das Kreativität vor allem als *Transgression* denkt. Die destruktive Seite *transgressiver Subjektivität* hat Foucault als unvermeidliche Kehrseite von Kreativität akzeptiert. (Heubel 2002)

Foucaults an Baudelaire orientierte »Haltung der Moderne« und eine *energiewandelnde Subjektivität*, die sich an Zhuāngzǐ orientiert, scheinen somit in einen unversöhnlichen Gegensatz zu treten. Foucault denkt nicht an die Möglichkeit einer »kreativen Aktivität«, die das Subjekt *in sich* wie »von-selbst« (zìrán 自然) geschehen lässt. Dass Foucault ein solches Verständnis des Subjekts fremd geblieben ist, bedeutet keineswegs, dass die Logik der Transgression nicht zu energiewandelnder Subjektivität gehören kann. Billeters Idee eines neuen »Paradigmas der Subjektivität« bleibt aber zu *komparativ*, um in eine solche Richtung weiterdenken zu können. Die Idee eines Paradigmas energiewandelnder Subjektivität ist hingegen vorrangig *transkulturell* – die Verbindung von »Energiewandel« (qìhuà 氣化) und »Subjektivität« (zhǔtǐxìng 主體性) ist selbst Erzeugnis hybrider Modernisierung, die zur *Kommunikation von Veränderungen zwischen Alt und Neu, Ost und West* (tōng gǔjīn dōngxī zhī biàn 通古今東西之變) nötigt. (Heubel 2016: 25, 108)

Wandlung und Handlung

Dem Zusammenhang von »Effektivität« und »Bewegungstendenz« (shì勢) hat Jullien eine frühe Studie gewidmet. (Jullien 1992) »Konformismus und Effektivität« lautet die Überschrift des Schlusskapitels. Das macht sogleich deutlich, dass Jullien »Effektivität« in den Kontext des »Konformismus« des »chinesischen Denkens« stellt (siehe Kap. 2). Höchste Effektivität wird durch eine Haltung erreicht, die den Lauf der Dinge nicht forciert oder sich ihm gar entgegenstellt, sondern dessen »stillem Wandel« folgt. »Wandlung« (transformation) und »Handlung« (action) werden komparativ kontrastiert. »Wandlung« geschieht und bedarf deshalb eines Menschen, der sie geschehen lässt, eines Menschen, der kein »Subjekt« ist, sondern ein Nicht-Subjekt des »Nicht-Handelns« (non-agir). Den chinesischen Menschen des »Nicht-Handelns« (wúwéi 無為) unterscheidet Jullien vom griechischen (aristotelischen) Subjekt des Handelns. Dieses Subjekt »hebt sich folglich vom Lauf der Dinge ab, ist hervorstechend, so dass man es bemerkt: man sieht das Subjekt handeln, man kann davon eine Erzählung machen: das Epos« (Jullien 2009a: 16–17/14–15). An dieser Stelle kann ich nicht auf die Frage eingehen, ob das »Subjekt« im Epos bloß zum Ausdruck kommt oder ob Homer nicht vielmehr eine Geschichte seiner Herausbildung nachzeichnet. Das *Subjekt der Handlung* macht sich bemerkbar, indem es in das Geschehen eingreift, der *Mensch der Wandlung* hingegen arbeitet auf der Ebene des Unmerklichen und übt sich im Geschehen-Lassen: »Das chinesische Denken zeigt uns [...], dass die Wandlung umfassend, fortschreitend und von Dauer ist, sie ergibt sich aus einer Korrelation von Faktoren, und da sich in ihr ›alles‹ wandelt, ist sie niemals markant genug, um wahrnehmbar zu sein. Man sieht nicht, wie das Korn reift, aber man konstatiert das Ergebnis: wenn es reif ist und geschnitten werden muss.« (Jullien 2009a: 17/15) Das Subjekt der Handlung ist aus dieser Sicht dumm und selbstzerstörerisch wie der sprichwörtliche Bauer, der »den Keimlingen beim Wachsen hilft« (yà miáo zhù zhǎng 揠苗助長), indem er sie ein Stück weit aus der Erde zieht.

Das Verhältnis von »Wandlung« und »Handlung« prägt Julliens Verständnis von »Effektivität«: »Die ›praktische Vernunft‹ in China besteht also darin, sich an die Tendenz anzuschmiegen, die am Werk ist, um sich von ihr tragen zu lassen und sie für sich handeln zu lassen. Am Anfang steht keine Alternative zwischen Gut und Böse (die beide einen ontologischen Status haben), sondern nur zwischen der Tatsache, *mit* der Richtung der Tendenz mitzugehen, um einen glücklichen Vorteil aus ihr zu ziehen, oder sich *gegen* die Tendenz zu bewegen und sich zu schaden. Wie für den Strategen gilt dies auch für den Weisen. Er abstrahiert nicht aus einer vorübergehenden Kodifizierung des Realen eine Norm, die als Ziel für den Willen aufgestellt werden könnte (als Gebot oder Regel des Verhaltens), passt sich vielmehr an den kontinuierlichen Lauf der Dinge (der ›Himmel‹ als unerschöpflicher Quellgrund des Prozesses) an, um sich in seine Effizienz [efficience] einzuschalten; von einem subjektiven Standpunkt aus betrachtet, strebt er nicht danach, seine Freiheit zu bestätigen [...]. Er ›handelt‹ nicht, macht nichts aus sich heraus (aus eigener Initiative), vielmehr wird seine Effektivität [efficacité] vom Maß dieser Nicht-Einmischung bestimmt: aus der Korrelation mit dem in seiner Totalität angenommenen Realen ergibt sich ein Einfluss, der zugleich unsichtbar, unendlich und vollkommen spontan sein kann.« (Jullien 1992: 237)

Diese Beschreibung des Verhältnisses von »Handeln« und »Nicht-Handeln« im »chinesischen Denken« ähnelt Billeters Erörterung künstlerischer Aktivität. Für Jullien bedeutet allerdings jenes Sich-tragen-Lassen des Weisen »objektiv« die Abwesenheit abstrakter Normen und Modelle, die der Realität durch den Willen aufgedrückt werden, und »subjektiv« die Abwesenheit von Freiheit der Entscheidung. Stattdessen steht der »Weise« vor der Aufgabe, Entwicklungstendenzen zu folgen, die es mit der Fähigkeit zur Wahrnehmung unmerklicher Veränderungen aufzuspüren gilt. »Effektivität« ist somit Moment eines auf »stillen Wandel« konzentrierten Denkens, für das eine anti-idealistische und anti-heroische Haltung charakteristisch ist. In dem obigen Zitat aus *La propension des choses* von 1992 gebraucht Jullien »Effizienz« (efficience) und »Effektivität« (efficacité), ohne ihren Unterschied besonders zu betonen, allenfalls steht hier der »Effizienz« des Himmels die »Effektivität« des Strategen oder Weisen zur Seite. Wenige Jahre später in *Traité de l'efficacité* (Jullien 1996) bezeichnet er mit »Effizienz« indes jene diskrete und indirekte Form der »Effektivität«, die das »chinesische Denken« in besonderem Maße entwickelt haben soll.

Die Erörterung des Unterschieds zwischen Effektivität und Effizienz führt auf ein Feld feiner Unterschiede, in dem nicht nur das im Verhältnis verschiedener Sprachen unumgängliche Übersetzungsproblem auftaucht, sondern auch der Bezug zur wirtschafts- und verwaltungssprachlichen Unterscheidung von »Effizienz« (efficiency) und »Effektivität« (effectiveness) vor beträchtliche Probleme stellt. In der Umgangssprache sind beide weitgehend austauschbar. Zur Klärung der Unterscheidung von Effizienz und Effektivität möchte ich auf einen Gebrauch der beiden Begriffe im praxisbezogenen Kontext der Suche nach einem alternativen Paradigma der Ökonomie zu sprechen kommen, in dem »Effektivität« auf die immanente Kritik des Kapitalismus zielt. »Effizienz« bedeutet in diesem Zusammenhang, ein gegebenes Ziel auf richtige Weise zu erreichen, das heißt mit geringem Mitteleinsatz oder möglichst großem Ertrag; »Effektivität« hingegen bedeutet, sich zunächst das richtige Ziel zu setzen, das es dann auf möglichst gute Weise zu erfüllen gilt.

Ausgehend von diesem Verständnis entwickeln McDonough und Braungart eine Kritik der »Effizienzmaximierung« als leitendem Prinzip der industriellen Revolution. Das Prinzip der Minimierung der Mittel (der aufgewandten Ressourcen) und der Maximierung des Zwecks (des zu erreichenden Profits) lehnen sie nicht prinzipiell ab, halten es jedoch unter den Bedingungen eines auf destruktives und somit fehlgeleitetes Wachstum ausgerichteten

Gesamtsystems für zweitrangig. Unter den gegebenen Umständen führt diese Art von Kosten-Nutzen-Rechnung zwar kurzfristig zu steigenden Gewinnen, langfristig jedoch zum Niedergang des ganzen Systems. Sie führen das Beispiel moderner Landwirtschaft an: »Rather than being an aesthetic and cultural delight, modern agriculture becomes a terror and a fright to local residents who want to live and raise families in a healthy setting. While the economic payoff immediately rises, *the overall quality of every aspect of the system is actually in decline.*« (McDonough/Braungart 2002: 35) Zur Effizienzmaximierung gehört demnach ein Prinzip, das sie »›brute force‹ approach to energy« nennen. Es gehorcht dem folgenden Motto: »If brute force doesn't work, you're not using enough of it.« Statt »natural energy flows« und »nutrient flows« zu berücksichtigen und zu fördern, zielt die Verbindung von »brute force and universal design« auf Überwältigung – mit destruktiven Langzeitfolgen für die natürliche und kulturelle Vielfalt. Die Fixierung auf Produktion und Profit beruht auf der Annahme, die Natur sei der Feind. (McDonough/Braungart 2002: 30–33) Sie ist die zu kontrollierende und auszubeutende Ressource für ein ökonomisches Wachstum, das allein auf die *Steigerung* von Produktion und Profit zielt. Dabei wird das Mittel zum Zweck. Ökonomie hört auf, eine Produktion zu fördern, die das Leben nährt. Sie produziert Berge von Abfall, denn sie ist keine Kreislaufökonomie, in der es keinen *Müll* gibt, weil alles *Nahrung* ist. Durch das Prinzip der Effizienzmaximierung führt solche Ökonomie nicht dazu, sein Leben zu nähren, sondern dazu, sein Leben zu zerstören: »Ein alter Witz über Effizienz: Ein Olivenölverkäufer kommt vom Marktplatz zurück und beschwert sich bei einem Freund: ›Ich kann mit dem Verkauf von Olivenöl kein Geld verdienen! Sobald ich den Esel füttere, der mein Öl zum Marktplatz bringt, ist der meiste Gewinn weg.‹ Sein Freund schlägt vor, den Esel etwas weniger zu füttern. Sechs Wochen später treffen sie sich auf dem Marktplatz wieder. Der Ölverkäufer ist in schlechter Verfassung und hat weder Geld noch Esel. Als sein Freund fragt, was passiert ist, antwortet der Verkäufer: ›Nun, ich habe getan, was du gesagt hast. Ich habe den Esel etwas weniger gefüttert, und es ging mir richtig gut. Also fütterte ich ihn noch weniger, und es ging mir noch besser. Aber gerade an dem Punkt, an dem ich wirklich erfolgreich wurde, ist er gestorben!‹ Ist es unser Ziel, uns selbst auszuhungern? Uns unserer eigenen Kultur, unserer Industrien, unserer Präsenz auf dem Planeten zu berauben, um auf Null zu zielen?« (McDonough/Braungart 2002: 89–90)

Horkheimer und Adorno haben diese Art von Widersinn in der *Dialektik der Aufklärung* mit beißender Schärfe analysiert und ihn auf eine naturbeherrschende Subjektivität zurückgeführt, die zum Eingedenken ihrer eigenen Naturhaftigkeit unfähig geworden ist: »In dem Augenblick, in dem der Mensch das Bewußtsein seiner selbst als Natur abschneidet, werden alle Zwecke, für die er sich am Leben erhält, der gesellschaftliche Fortschritt, die Steigerung aller materiellen und geistigen Kräfte, ja Bewußtsein selber, nichtig, und die Inthronisierung des Mittels als Zweck, die im späten Kapitalismus den Charakter offenen Wahnsinns annimmt, ist schon in der Urgeschichte der Subjektivität angelegt.« Odysseus ist das erste literarische Beispiel für eine Subjektivität, in der ein Selbst die Hauptrolle spielt, »das immerzu sich bezwingt«. Die Herausbildung eines solchen Paradigmas der Subjektivität verbinden Horkheimer und Adorno mit einer polemischen Kritik an der »Widervernunft des totalitären Kapitalismus«, der zur »Ausrottung der Menschen treibt«: »diese Wiedervernunft ist prototypisch im Heros ausgebildet, der dem Opfer sich entzieht, indem er sich opfert. Die Geschichte der Zivilisation ist die Geschichte der Introversion des Opfers. Mit anderen Worten: die Geschichte der Entsagung.« (Horkheimer/Adorno 1997/3: 73)

Das ist eine provokante These zur Geschichte europäischer Subjektivität, die demnach aufs Engste mit der Geschichte einer bestimmten Vorstellung von Ökonomie verwoben ist – Horkheimer und Adorno haben noch keine Ahnung vom »neuen Geist des Kapitalismus«, der dazu neigt, disziplinierende durch kreative Askese zu ersetzen. Effizienz bezeichnet den Umschlag instrumenteller Rationalität in Irrationalität, wenn das Ziel ökonomischer Effizienzsteigerung einem Zwang zu Rationalisierung der Produktion gehorcht, der verhindert, dass Menschen erkennen, dass das Verhältnis von Produktion und Leben, von Mittel und Zweck längst »widersinnig« geworden ist. (Adorno 1997/4: 13) Diese systematische Unterscheidung von Effizienz und Effektivität macht deutlich, dass technologischer Fortschritt allein keinen Ausweg aus der ökologischen Krise bietet, weil er sie bloß verlangsamt und verlängert. Ökonomische *Effektivität* setzt demnach bei einem Verhältnis zur Natur an, in dem das Nachdenken über die Richtigkeit der eigenen Ziele und die Qualität des eigenen Tuns von herausragender Bedeutung ist.

Vor diesem Hintergrund lässt sich Billeters Verbindung von »Effektivität« mit verschiedenen »Regimen der Aktivität« als Versuch verstehen, in Auseinandersetzung mit chinesischen Auffassungen von Natur und Subjektivität (insbesondere im *Zhuāngzǐ*) die Bedingungen einer solchen Haltung der Effektivität und die Methoden ihrer konkreten Umsetzung auf subjektiver Ebene zu erläutern. Die Kritik an der »Überwältigung und Kontrolle von Natur« (McDonough/Braungart 2002: 84) sowie am Subjekt der Natur- und Selbstbeherrschung fragt von daher nach den Bedingungen der Möglichkeit der Überwindung einer *Kultur der Kontrolle*, die in einem *Subjekt der Kontrolle* verankert ist. Dem ökonomischen Paradigmenwechsel, der in der Idee anklingt, »Effizienz« durch die »effektive« Gestaltung von Dingen zu ersetzen, müsste ein Wechsel im Paradigma der Subjektivität entsprechen, das eine solche Idee verwirklichen kann. Das neue Subjekt müsste sich von der eindimensionalen Fixierung auf die »Handlung« und das »Ereignis« (événement) lösen und fähig werden, »Wandlung« (transformation) geschehen zu lassen – die interne Korrespondenz von Martin Heideggers Denken und chinesischer Philosophie zeigt sich unter anderem darin, dass seine Neudeutung des »Ereignisses« dieses erstaunlich nah an ein Wandlungsgeschehen heranrückt.

Manipulation und Gegenläufigkeit

Julliens Interpretation von »Effektivität« scheint auf den ersten Blick geeignet zu sein, energiewandelnde Subjektivität verständlich zu machen und weiter zu denken. Er schreibt zum chinesischen »Denken der Prozesshaftigkeit«: »Das ganze Reale ist nichts als Prozess, und daher kann auf der Ebene des Verhaltens nur real werden, was den Gegenstand eines Prozesses bildet oder worauf ein Prozess hinführt. Im Unterschied zur Wirkung [effet] (die beim Handeln in einer Zweck-Mittel-Beziehung angestrebt wird), braucht der Effekt [effect] nicht ›gesucht‹ zu werden, indem man sich ihm direkt oder willentlich entgegenstreckt; er soll sich ›natürlich‹ aus dem begonnenen Prozess ergeben. Jede Strategie besteht darin, den Prozess zu Beginn zu erfassen und dahin zu bringen, dass die Wirkung von selbst ›kommt‹. Da die Effektivität zur Ordnung der Konsequenz gehört, muss sie über einen Prozess, der ihre Bedingung ist, zum Erfolg kommen und ist in Bezug auf das angestrebte Ziel indirekt. Sie gehört zur Ordnung der Frucht, die sich unmerklich transformiert und damit zur Reife gebracht wird, und nicht zur heldenhaften Geste, die unter Aufbietung aller Kräfte etwas erreichen will. Denn man kann nicht hoffen, das Reale ›im Sturmangriff zu nehmen‹ oder es ›durch Überraschung‹ zu erobern, wie Mèngzǐ sagt (*Mèngzǐ*, 2A2), man braucht immer einen Ablauf (der für den Effekt die Bedingung seiner Entfaltung ist). Es ist bekanntlich unmöglich, ›direkt‹ auf die Pflanze einzuwirken, um sie zum Wachsen zu bringen (*Mèngzǐ*, ebd.), man muss sie wachsen lassen.« (Jullien 1996: 146–147/166–167)

Jullien verbindet an dieser Stelle Prozesshaftigkeit, Effekt und Effektivität. Für das Denken der Prozesshaftigkeit besteht die Realität aus einem natürlichen Prozess energetischer Transformation, an dem der Mensch teilnimmt, indem er ihn zu seinen Gunsten lenkt, ohne eine bestimmte »Wirkung« (effet) erzwingen zu wollen: Der »Effekt« wird nicht direkt angestrebt, sondern soll sich aus der dem Prozess innewohnenden Entwicklungstendenz »natürlicherweise« ergeben. »Effektivität« wird der Realität nicht abgerungen, sondern ergibt sich wie »von selbst« (sponte sua, *zìrán* 自然) aus ihr. Die sich ergebende »Wirkung« (effet) reift wie die Frucht an einem Baum, die man wachsen lassen muss. Jullien spielt hier mit der Unterscheidung von »Wirkung« (effet) und »Effekt« (effect), wobei sich »effet« auf die sichtbare Wirkung und »effect« auf deren unsichtbare Vorstufe bezieht, das heißt auf jene subtile, verborgene Dimension der Realität, in der die Dinge sich zwar bereits im Werden befinden, aber noch nicht offenbar geworden sind. Daran knüpft Jullien seine Deutung des Ohne-Tuns oder »Nicht-Handelns« (non-agir, wúwéi): »In diesem Sinne ist letzten Endes das ›Nicht-Handeln‹ des Weisen, oder genauer gesagt, sein ›Handeln ohne Handeln‹, zu verstehen. Was als Paradox erscheinen könnte, löst sich auf: der Weise ›handelt‹, wenn die Realität sich ›noch nicht aktualisiert‹ hat (wéi zhī yú wèi yǒu 為之於未有, *Lăozĭ*, Kap.64). Es gibt sehr wohl ein Handeln, aber es ist ein Handeln im Voraus; und es ist so weit im Voraus tätig, dass man es nicht mehr handeln sieht.« (Jullien 1996: 151/171–172)

Zu dem Sprachspiel von »effet« und »effect« fügt Jullien noch das von »Effekt« (effect) und »Affekt« (affect) hinzu. Mit dem Verhältnis von Effektivität und Affektivität spricht er das affektive Vermögen an, das kultiviert werden muss, um Entwicklungstendenzen auf der Ebene des Subtilen und Verborgenen wahrnehmen und in jenen Zustand *affektiver Kommunikation* eintreten zu können, der mit der Verfeinerung der Erfahrungsfähigkeit verbunden ist. Nicht vorgesehen ist im Rahmen des Energiewandels allerdings ein Erlebnis, das die Sphäre der Immanenz sprengen könnte, um die Öffnung für eine »übernatürliche Kraft« (Jullien 1996: 160/177) zu ermöglichen und Raum für den Dualismus zwischen physischer und metaphysischer Welt zu schaffen: »Diese Fähigkeit zum *Effekt* hat das chinesische Denken immer wieder untersucht. Es hat sich weder damit beschäftigt, das Sein dem Schein gegenüberzustellen, noch das Sein dem Werden […]. Seine Frage lautet eher, *wie* das Reale geschieht: wie es ›geht‹ (Begriff von yòng用) und ›gangbar‹ [viable] wird (indem es reguliert wird: das dào 道). Indem sie nicht aufhört, sich zu affizieren (gǎn感) [s'entre-affecter], hört die Realität nicht auf, effektiv zu werden: obwohl sie sich unablässig entfaltet, und gerade weil die Realität kohärent und reguliert ist, hört sie nicht auf zu geschehen und kann nicht erschöpft werden.« (Jullien 1996: 146/165–166)

Bis hier ist Julliens Darstellung recht gut nachvollziehbar. Schwieriger wird das Verständnis in dem Moment, in dem er »Effektivität« und »Effizienz« systematisch unterscheidet, um durch den Begriff der »Effizienz« die chinesische Konzeption von »Effektivität« genauer zu bestimmen: »Was das chinesische Denken uns von Anfang an vermittelt, indem es uns in eine Perspektive der Transformation [des Wandels] versetzt und uns zur Idee einer indirekten Effektivität bringt […], ist weniger Effektivität im eigentlichen Sinne als vielmehr – noch radikaler – *Effizienz.* Zumindest sieht man von hier aus die Konturen dieses Begriffs besser. Zur Effizienz gehören Flüssigkeit und Kontinuität des Prozesses: sie öffnet die Effektivität für eine Fähigkeit, die nichts Konkretes mehr braucht, um zu operieren. Da sie aus einer Ökonomie des Ganzen hervorgeht, braucht sie weder Ziel noch Anstrengung. Und weil sie nicht vom Willen gesteuert wird, ergibt sie sich aus den impliziten Bedingungen und kann nicht plötzlich versagen oder abweichen. Sie steht weniger auf der Seite des (ereignishaften) Handelns als auf der von Geschehen und Vollendung. Während die Effektivität örtlich zugeordnet werden kann und indirekt in ihrem Resultat sichtbar ist, ist es legitim, dass die Effizienz unmerklich geschieht, wobei jede punktuelle Wirkung nur indirekt [...] auf sie zurückführt [...]. In Bezug auf das chinesische Denken [...] wird sie [die Effizienz] selber zur *Basis* der Dinge [le *fonds* des choses], aus dem jedes Geschehen unablässig hervorgeht. Dadurch verschmilzt sie mit der Immanenz. Diesem Grund oder dieser Basis [fond(s)] der Effizienz (Immanenz) will sich der chinesische Weise unter der Überfülle der Dinge (unter der Verkettung der Dinge) anschließen. Und auch der Stratege versucht ihn zu erfassen, um erfolgreich zu sein.« (Jullien 1996: 158–159/180–181; siehe Jullien 2005a: 75/85)

Warum diese Verwendung des Wortes »Effizienz«, die der eingreifenden Gewaltsamkeit von »Effizienzmaximierung« im Kontext kapitalistischer Ökonomie gänzlich entgegengesetzt zu sein scheint? Oder lässt sich der Gegensatz auflösen? Zunächst ist auffällig, dass der Weise und der Stratege bei Jullien in einem Atemzug genannt werden. Damit wird unterstellt, dass prozessuales Denken letztlich strategisch ist und von einer »Logik der Manipulation« (Jullien 1996: 163/187) bestimmt wird. Dass Jullien Immanenz und die Effizienz (des »Himmels«) zusammenlaufen lässt, ist nicht überraschend, da für ihn das chinesische »Denken der Immanenz« zur Kritik und zur Distanzierung von der Welt des Bestehenden unfähig ist (siehe Kap. 2): Der »Himmel« steht nur für Transzendenz im Sinne der Verabsolutierung von Immanenz. Entsprechend ist für ihn die Möglichkeit von »Kritik« abhängig von Transzendenz im metaphysischen Sinne traditioneller europäischer Philosophie. Im geschlossenen Immanenzzusammenhang des »Himmels« gibt es demnach kein Jenseits des Prozesses: Immanenz ist ein Prozess um des Prozesses willen, in dem es keine übergeordneten Ziele und Zwecke gibt, die als normative Kriterien für die kritische Beurteilung dieses Prozesses dienen können. Auch der »Weg« (dào 道) ist in Julliens Deutung nicht mehr als die immanente Logik der Regulation transformativer Prozesse: Die Perfektionierung solcher Regulation wird »Geist« (shén神) genannt. Dieser ist folglich nichts anderes als die spirituelle Dimension prozesshaft-natürlichen Energiewandels.

Wenn Transzendenz nicht mehr ist als Verabsolutierung von Immanenz, dann kann »Effektivität« nicht als höheres »Regime der Aktivität« verstanden werden, sondern ist bloß ein »Regime der Reaktivität« (Jullien 2005: 46). Ein solches »Regime«, mit dem Jullien Billeters Rede von »Regimen der Aktivität« aufs Korn nimmt, kennt nur *Mitläufigkeit* (shùn 順) und keine *Gegenläufigkeit* (*nì* 逆). Durch die Anbindung an »Effizienz« als Quellgrund erweist sich also »Effektivität« als konstitutiver Aspekt des chinesischen Konformismus. Die geistige Seite des Energiewandels ist demnach nichts anderes als eine äußerst »effektive« Regulation, deren Funktionsweise der »Effizienz« des »Himmels« nachgebildet ist. Hier zeigt sich nun eine untergründige Wahlverwandtschaft zwischen dem Ziel der »Effizienzmaximierung« innerhalb des Rahmens kapitalistischer Ökonomie und der »Regulation« von energiewandelnden Prozessen, die Jullien im chinesischen Diskurs wahrnimmt: Produktion um der Produktion willen und Prozess um des Prozesses willen tendieren beide zu einer Verabsolutierung der Immanenz, in der das Mittel zum Selbstzweck wird. Liberales *Laissez-faire* und daoistisches »Nicht-Handeln« treffen sich in der Verabsolutierung von Manipulation und Strategie.

In welchem Verhältnis steht Julliens Gebrauch des Begriffs der »Effizienz« zu dem bei McDonough und Braungart? Vielleicht lässt sich die Verwirrung wie folgt auflösen: Das Verständnis von Effizienz, das sich in der westlichen Moderne entwickelt hat, ist von einem Zugang zu »Energie« geprägt worden, der auf dem Prinzip des handelnden Eingreifens und der mehr oder weniger gewaltsamen Kraftanwendung beruht. Diesen »brutale-Kraft-Zugang zu Energie« ergänzt Jullien um einen »subtile-Kraft-Zugang zu Energie«, den er in Auseinandersetzung mit dem »chinesischen Denken« gewinnt. Seine Interpretation chinesischen Prozessdenkens sagt nicht nur etwas über »China«, sondern auch etwas über »Europa«. Haben sich dort die »strategischen Dispositive« nicht allmählich vom Prinzip brutaler Kraftanwendung entfernt, um mikrologischer und »subtiler« (Jullien 1996: 161) zu werden? Bewegt sich nicht auch Foucaults Analyse moderner Dispositive der Macht, die in die Mikrologie der alltäglichen Lebensführung eindringen, in diese Richtung? Hat er nicht den Übergang von einem souveränen und disziplinären Machtverständnis zu einem der »Regulation« beschrieben? (Foucault 2004a: 12–15) Die Kritik der »Effizienz« lässt sich von daher auch als Versuch lesen, das Mikrologischwerden eben jenes manipulativen Verhältnisses zur Welt zurückzuweisen, das die moderne europäische Entwicklung von Ökonomie, Technologie und Wissenschaft bestimmt. Der *Mikrototalitarismus*, den Jullien im Kontext des chinesischen Denkens der »Effektivität« wahrnimmt, ist Europa keineswegs äußerlich. Er ist dort längst am Werk, bis in die kleinsten geistigen und körperlichen Regungen hinein: Europa ist *in* China und China ist *in* Europa.

Warum besteht Jullien auf der Deutung »chinesischen Denkens« als einem transformativen Denken der Strategie und der Manipulation? Hängt sie damit zusammen, dass in Europa *Philosophie der Kraft* und *Wille zur Macht* untrennbar miteinander verbunden zu sein scheinen? Ist es überhaupt denkbar, Energiewandel *nicht* strategisch zu verstehen? Wie kann Energiewandel durch Kultivierung selbstkritisch werden und sich gegen die Gefahren wenden, die in ihm selbst angelegt sind? In Julliens Auseinandersetzung mit dem »chinesischen Denken« spielt die Möglichkeit solcher *Gegenwendigkeit* keine Rolle. In seiner Diskussion des Verhältnisses von »Effektivität« und »Effizienz« lässt sich einmal mehr nachverfolgen, wie er »chinesisches Denken« jeglicher Kritikfähigkeit beraubt. Effizienz und Strategie werden auf eine Weise miteinander verbunden, die jede Möglichkeit von Kritik im Keim erstickt. In diesem Sinne folgert Jullien, dass dieses Effizienzdenken seine Stärke auf dem Gebiet subtil-strategischer Regulationen hat. Auf dem Gebiet der Politik hat es jedoch einen »blinden Fleck« (Jullien 2005: 89/101): Politik wird an einem Maßstab der »Effizienz« gemessen, der ausschließlich ökonomisch und strategisch ist. Die Sphäre des Regierens wird demnach konsequent einer funktionalistischen Regulation unterworfen, die blind für alles ist, was außerhalb ihres geschlossenen Immanenzzusammenhangs liegt. Deshalb kann Jullien behaupten, dass sich die Sphäre des »Politischen« im »chinesischen Denken« nicht herausgebildet hat: Was dort »Politik« heißt, ist bloß eine Verlängerung ökonomisch-strategischer Regulation. Durch die enge Verbindung von »Effizienz« und »Effektivität« wird jenes kritische Potenzial konsequent eliminiert, das in Billeters Gebrauch des Begriffs der »Effektivität« zumindest implizit enthalten ist – denn er äußert ähnlich wie Jullien die Überzeugung, dass »Macht« in China nicht »politisch«, sondern »strategisch« gedacht worden ist: »Das, was wir das Politische nennen, ist in diesem Rahmen gedacht worden.« Folglich gilt das Strategische beiden als »die fundamentale Kategorie chinesischen Denkens«. (Billeter 2006a: 117)

Wenn diese sehr weitreichenden Überlegungen nun wieder auf die Ebene von Julliens Deutung »chinesischen Denkens« zurückgeholt werden, drängt sich die Vermutung auf, dass für Jullien *das* »chinesische Denken« deshalb durch und durch strategisch ist, weil er ihm selbst vor allem strategisch begegnet: Wie man in den Wald hineinruft, so schallt es heraus. Beim Schreiben dieses Buches habe ich mich immer wieder gefragt, warum ich mich zunehmend gegen den starken Einfluss gewandt habe, den Julliens Schriften lange auf mich ausgeübt haben. Im Austausch mit französischen Sinologinnen und Sinologen hat mich die polemische, ja teilweise geradezu hysterische Entschiedenheit irritiert, mit der Julliens Perspektive abgelehnt wird – vielfach im Gespräch und unter der Hand. Und ich habe mir die Frage gestellt: Wie ist diese Reaktion von Menschen zu erklären, die seine Sprache sprechen, ihn persönlich kennen und teilweise sogar seine Schüler sind? Ist deren Einstellung richtig oder diejenige einiger westlicher, aber durchaus auch chinesischer Forscherinnen und Forscher, die voll des Lobes für Julliens interkulturelle Einsichten sind? Ich kam zu der Vermutung, dass nicht unbedingt falsch ist, *was* Jullien sagt, sondern *wie* er es sagt. Der Wahrheitsgehalt seiner Aussagen über »chinesisches Denken« wird durch die Perspektive verfälscht, durch die er es wahrnimmt. Paradox gesagt: Selbst wenn das, was er sagt, richtig ist, wird es durch die Weise falsch, in der er das Richtige sagt. Aber heißt das nicht, dass seine Perspektive *objektiv* richtig ist und bloß *subjektiv* falsch? Sind es letztlich bloß persönliche Erfahrungen und Empfindlichkeiten, die in meiner Kritik an seinen Schriften zum Ausdruck kommen? Andererseits kann davon ausgegangen werden, dass Subjektivität immer auch überindividuell ist: Je tiefer »wir« ins je Subjektive hinabsteigen, desto objektiver wird es?

Julliens Erörterung des Verhältnisses von »Handlung« oder »Ereignis« und »Wandlung« zeigt, dass dabei eine gewisse Willkür hineinspielt, mit der Worte entweder mit dieser oder mit jener Bedeutung aufgeladen werden können. Die Unterscheidung von »Handlung« und »Wandlung« ist für die philosophische Auseinandersetzung zwischen China und Europa zweifellos von großer Bedeutung. Julliens Methode des strategischen Umwegs rückt sie jedoch von Anbeginn in eine Perspektive, durch die eine richtige Frage zu falschen Antworten führt. Seine Philosophie verkehrt sich in etwas, was er mit Blick auf die lebensberatende und esoterische China-Literatur verächtlich »Sub-Philosophie« nennt. Diese steht nun freilich unter umgekehrten Vorzeichen. Es geht nicht mehr um naive China-Sympathie, sondern um den Nachweis der normativen Überlegenheit des griechischen »Ereignisses« über die chinesische »Wandlung«. Julliens Umweg über China läuft auf das strategische Ziel hinaus, das Chinesische nicht nur zu besiegen, sondern auch als normativ unterlegen zu erweisen. In diesem Sinne ist der philosophische »Abstand« zwischen Europa und China, von dem er so gerne spricht, auch ein normativer: Europäische Philosophie bedeutet Idealität im Denken und Heroismus des Handelns; dem stellt er auf chinesischer Seite Prozesshaftigkeit des Denkens und Konformismus des Wandelns gegenüber. (Jullien 2009: 279–291)

Für eine Ökonomie des Restlassens

Wie lässt sich *Askese* so denken, dass sie nicht länger auf die Übung von mehr oder weniger gewaltsamer Selbstkontrolle hinausläuft, sondern der Kultivierung von energiewandelnder Subjektivität zugutekommt? Gibt es eine Askese, die »Askese des Wollens« in dem Sinne ist, dass sie übt, das *Tun* vom willentlichen und zweckgerichteten *Handeln* zu lösen? (Graziani 2019: 175–213) Wie ist eine »Ökonomie« denkbar, die sich nicht länger an der Verwaltung des Mangels orientiert, sondern an der regulativen Teilnahme an energiewandelnden Nahrungskreisläufen, durch die Nahrungsquellen so gebraucht werden, dass sie sich nicht verbrauchen und erschöpfen, sondern ständig erholen und erneuern? Kreative Askese könnte dann in *aistethische* Kultivierung eingebettet werden (siehe Kap. 4).

Ein Leitmotiv, das es erlaubt, die Möglichkeit der Verschränkung von Energiewandel und Selbstkultivierung zu denken, heißt in der klassischen chinesischen Literatenkultur *Fadheit* (píngdàn 平淡). Mit Fadheit geht eine tiefgreifende *Verkehrung der Wahrnehmung* einher. Mit ihr ist die Vorstellung unerschöpflicher geschmacklicher Wandelbarkeit verbunden, die sich der sinnlichen Erfahrung auf unaufdringliche und fast unmerkliche Weise eröffnet. Im *Wandel der Atem-Energie durch Fadheit* löst sich Subjektivität von der Fixierung auf Handlung, Ereignis und revolutionären Bruch. *Fadheit* erlaubt es, kritischen Abstand von der transgressiven Kreativität des Spektakels zu gewinnen, die dazu neigt, die ihr innewohnende nihilistische Tendenz zur Selbstzerstörung zum heroischen Akt zu verklären. Indem sich somit *Fadheit und Kritik* nicht länger wechselseitig ausschließen, können ausgewählte Aspekte chinesischer Literatenkultur als *eine* kulturelle Quelle wahrgenommen werden, die Perspektiven von Subjektivität jenseits einer Ökonomie der Steigerung, Überschreitung und Ausbeutung denkbar machen.

Billeters Erörterung des »Paradigmas der Subjektivität« im *Zhuāngzǐ* legt es nahe, von der »Ökonomie« her in die immanente Kritik der Gegenwart einzutreten, also bei einer anderen »Ökonomie der Energien« anzusetzen. Die von ihm am Beispiel der chinesischen Kunst des Schreibens erörterte Perspektive einer solchen Ökonomie lässt sich zudem mit Freuds und vor allem Herbert Marcuses Überlegungen zur Triebökonomie verknüpfen, die als Sphäre der Regulation und Transformation von Triebenergien bereits im Kern energiewandelnd gedacht war, ohne dabei die Perspektive revolutionärer Subjektivität aus den Augen zu verlieren. Überlegungen zu einer anderen Ökonomie setzen somit nicht bei geschichtsphilosophischen Thesen zur Entwicklung von Gesellschaftsformationen an, sondern bei der Analyse verschiedener Paradigmen von Subjektivität, die mit der Herausbildung ökonomischer Strukturen im weiteren Sinne untrennbar verbunden sind.

Kritische Theorie hat sich seit Karl Marx als Philosophie der Ökonomie entwickelt. Marx hat die subjektiven Bedingungen der kapitalistischen Produktionsweise allerdings noch weitgehend an eine durch das »Fabrikregime« (Marx 1986: 526) geprägte repressive Arbeitsaskese geknüpft. Die Möglichkeit eines nicht-repressiven, kreativen Kapitalismus war ihm noch fremd. Ein Grund für dessen Entwicklung besteht darin, dass sich gerade die moderne »Produktion um der Produktion willen« nicht länger auf repressive Maßnahmen allein stützen kann, sondern der aktiven und engagierten Teilnahme der Einzelnen bedarf. Hier berühren sich die Steigerung der Produktivkraft der Arbeit und jene »Ökonomie« individueller Energien, die sich im Kontext chinesischer Philosophie reich entfalten konnte. Aber vollzieht sich in der »Unbrauchbarkeit« des Ohne-Tuns nicht auch eine Art der Produktion um der Produktion willen, ein »absolutes Herausarbeiten seiner [des Menschen] schöpferischen Anlagen«, eine »Entwicklung aller menschlichen Kräfte«? (Marx 1981: 392) Und kennt nicht auch das Ideal des Ohne-Tuns das Problem der Unfähigkeit zu kritischer Selbstreflexion und Selbstkorrektur, das Marx im Kapitalismus sieht? (Fetscher 1985: 113) Ist nicht die »kreative Aktivität« in der chinesischen Kunst des Schreibens eine Steigerung der Produktivkraft der Arbeit um der (Lebens-) Steigerung willen? Zielt nicht auch sie auf die Erfahrung einer Transgression der eigenen Grenzen?

Hier kommt ein Aspekt ins Spiel, der mir bei Billeter verwischt zu werden scheint: Ohne-Tun steigert nicht, insofern Steigerung die zwanghafte Ausbeutung und Erschöpfung des Energiewandels bedeutet. In kapitalistischer Ökonomie ist Produktion zum Selbstzweck erhoben worden, allerdings um den Preis der Störung und Zerstörung des »Stoffwechsels zwischen Mensch und Erde«, der »Verwüstung und Versiechung der Arbeitskraft selbst« (Marx 1986: 529). Die kapitalistische Produktion, so Marx, erkauft jeden Fortschritt in der Steigerung der Produktivkraft durch einen Fortschritt im Ruin der dauernden Quellen eben dieser Produktivkraft, also »indem sie zugleich die Springquellen alles Reichtums untergräbt: die Erde und den Arbeiter.« (Marx 1986: 529–530) Zumindest bisher beruht die kapitalistische Produktionsweise auf einer Ausbeutung und Erschöpfung von Energiequellen, die auf den Zustand der »Restlosigkeit« oder von »Un-rest« (wúyú 無餘) zusteuert, der kein »Restlassen« (yúràng 餘讓) kennt. (Xià 2013: 288–373; Xià 2019: 159) Die Ausbeutung natürlicher Energien korrespondiert mit der Auszehrung subjektiver Energien.

Ist das, was als nachhaltiger, grüner oder natürlicher Kapitalismus bezeichnet wird, nicht nur der Versuch, das Erreichen eines äußersten Zustands der »Restlosigkeit« durch »Energiesparen« und gesteigerte »Energieeffizienz« aufzuschieben, ohne von einer destruktiven Ökonomie der Steigerung und der Ausbeutung abkehren zu müssen? Wie sähe ein »Stoffwechsel zwischen Mensch und Natur« aus, der wahrhaft »die Rückkehr der vom Menschen in der Form von Nahrungs- und Kleidungsmitteln vernutzten Bodenbestandteile zum Boden, also die ewige Naturbedingung dauernder Bodenfruchtbarkeit« ermöglichte? (Marx 1986: 528) Es geht dabei nicht nur negativ um die Verringerung des Energie- und Ressourcenverbrauchs, sondern positiv um die Erzeugung von *Resthaftigkeit* (yǒuyú有餘), um einen (technischen) Gebrauch, der sich an einer Logik des Energiewandels orientiert, der Leben nährt und nicht erschöpft und gefährdet. Es geht also um eine Umkehrung der Perspektive vom *effizienten Verbrauch* noch übriger Energien zum »Nähren von Resthaftigkeit« (yǎngyú 養餘) durch *effektiven Gebrauch*, der philosophisch betrachtet als ein paradoxer »Gebrauch des Ungebrauchs« (yòng wú yóng 用無用) verstanden werden kann. (Heubel 2020: 104)

Damit tut sich die kritische Bedeutungsebene der Philosophie des Energiewandels auf, die beispielhaft in einigen Passagen des *Zhuāngzǐ* zum Ausdruck kommt. Sie korrespondiert eng mit Praktiken der Kultivierung, die in der chinesischen Literatenästhetik Gestalt gewonnen haben. In ihnen verschränkt sich die Kultivierung der menschlichen Kunst des *Restlassens* mit dem Energiewandel von Himmel und Erde, von dem menschliches Überleben auf der Erde abhängt.

9. Aufwärts gegen den Strom: Energiewandel in der chinesischen Literatenmalerei

Effektivität und Fadheit

Für die Kultivierung energiewandelnder Subjektivität in chinesischen Kunstwegen ist eine Wendung charakteristisch, die aus europäischer Perspektive schwer zu verstehen ist: Der Kultivierung geht es nicht um »Intensivierung der Aktivität« und »Mobilisierung der Energien« (Billeter 1989: 174), sondern um *Deintensivierung* und *Demobilisierung*. Energiewandel wendet sich gegen sich selbst, gegen seine eigene, potentiell (selbst-)zerstörerische Tendenz zu Steigerung und Mobilmachung. Philosophisch gesehen bezeichnet *Fadheit* den ästhetischen und ethischen Gehalt dieser *Gegenwendigkeit des Energiewandels*. Fadheit wird *kritisch*, indem sie sich auf diese Weise *gegen* Mitläufigkeit wendet (siehe Kap. 4). In ihrer Auseinandersetzung mit der Literatenästhetik verkennen Billeter und Jullien auf je ihre Weise die entscheidende Bedeutung des Verhältnisses von »Mitläufigkeit« und »Gegenläufigkeit« – Erstere ist eine Bewegung »abwärts mit dem Strom« (shùnliú ér xià 順流而下), Zweitere eine Bewegung »aufwärts gegen den Strom« (nìliú ér shàng 逆流而上). Beide Momente gehören gegenwendig zueinander. Die einseitige Betonung ästhetischer und ethischer Mitläufigkeit macht es möglich, von China das Bild einer »konformistischen« und »totalitären« Dystopie zu zeichnen, dem ein mehr oder weniger utopisches Bild von Europa gegenübergestellt wird. Ein irreführendes Verständnis von Denken und Ästhetik Chinas und die Tendenz zur europäischen Selbsttäuschung verstärken sich dabei wechselseitig. Es ist nicht leicht, einen Ausweg aus diesem interkulturellen Teufelskreis zu finden.

Mit Bezug auf die im ersten Kapitel erörterte Verbindung von »Metaphysik« mit einer aufsteigenden und vergeistigenden Bewegung lässt sich sagen, dass die Bewegung »aufwärts gegen den Strom« eine »gegenläufige Wahrnehmung« (nìjué 逆覺) bezeichnet, von der aus der *meta-physische Gehalt der Philosophie des Energiewandels* verstanden werden kann. Jullien spricht sich eindeutig gegen die Anerkennung dieses Denkens als »metaphysisch« aus. Indem er dies tut, beraubt er es seiner kritischen Seite und liefert es der Mitläufigkeit ökonomischer und strategischer Berechnungen aus. Was er »Verabsolutierung der Immanenz« nennt, ist letztlich nichts anderes als die Verabsolutierung eines strategischen Denkens, auf das er *das* »chinesische Denken« immer wieder reduziert. Jullien fällt in die Grube hinein, die er dem »chinesischen Denken« gegraben hat.

»Abwärts mit dem Strom« zu gehen und diese Bewegungstendenz für eigene Zwecke zu nutzen, ist in der Tat ein Gedanke, der in klassischen Texten der Kriegskunst klar zum Ausdruck gebracht wird: Die »Wandlungstendenz« (shì 勢), die eine gelungene »Mobilisierung« militärischer Macht entfaltet, wird mit einem Bergstrom nach einem starken Regenfall verglichen, dessen Gewalt auch große Felsen in Bewegung versetzen kann. (Lévi 2008: 104) Die »wunderbare Effektivität«, die die »Mobilisierung« von Energie in der »kreativen Aktivität« des Kalligrafen hervorzubringen vermag, steht solchem mitläufigen Gebrauch des Energiewandels durchaus nahe – traditionell ist die Schreibkunst auch häufig mit der Kampfkunst und der Pinsel mit dem Schwert verglichen worden. Jullien bemerkt in seinem Kommentar zum 33. Abschnitt des konfuzianischen Klassikers *Brauch der Mitte* (*Zhōngyōng* 中庸), in dem »Fadheit« (dàn 淡) mit dem »Weg des Edlen« verknüpft wird, dass »Effektivität umso größer ist, je diskreter sie bleibt« (l'efficacité est d'autant plus grande qu'elle demeure discrète). (Jullien 1993a: 140)[21] So gesehen besteht zwischen dem Ideal der *Fadheit*, das in diesem Text eingeführt wird und dem strategischen Denken des Sūnzǐ 孫子 in der Tat kaum ein Unterschied, denn für diesen zeigt sich die wahre Kunst eines großen Strategen nicht vor aller Augen, sondern wirkt auf der subtilen Ebene des Noch-nicht-Geformten, dort, wo eine »Wandlungstendenz« noch im Entstehen und deshalb noch weitgehend »ohne Form« (wúxíng 無形) ist. Sobald diese *Tendenz* sich »verdinglicht« und die Dinge eine mehr oder weniger fixe *Position* annehmen, lassen sie sich nur noch mit großer Anstrengung verändern. Je verhärteter die Position, desto eingeschränkter die Tendenz zur Wandlung des Bestehenden. Entsprechend betont

Jullien, dass das Unspektakuläre an der »Fadheit des Weisen« die Bedingung für seine »Nicht-Erschöpfung« (non-épuisement) ist. *Fadheit* verweist demnach auf eine unerschöpfliche Virtualität des Möglichen, die durch den voreiligen Drang zu augenfälligem »Handeln« Schaden nimmt, weil jede Handlung die Vielfalt des Möglichen einschränkt. Die Ästhetik der Fadheit zielt nicht auf Überwältigung durch Intensivierung, sondern auf Unerschöpflichkeit durch Deintensivierung.

Um das kritische Potenzial des *Wandels von Energien durch Fadheit* zu verstehen, ist es notwendig, sich von der einseitigen Fixierung auf die Intensivierung kreativer Aktivität und die Mobilisierung individueller Energien zu lösen. Intensivierung und Mobilisierung sind mit der gewaltsamen und strategischen Kontrolle des natürlichen Energiewandels untrennbar verbunden und stehen somit im Gegensatz zur Maxime »sein Leben zu nähren«. Schon im Buch *Zhuāngzǐ* wird diese Maxime vielfach mit der Kultivierung von Fadheit verknüpft. Im Folgenden möchte ich der Frage nachgehen, ob damit eine ästhetische Kritik *transgressiver Subjektivität* (siehe Kap. 8) denkbar wird, die *nicht* auf einem ethischen Apell zur Zurückhaltung gründet, sondern von einem eigenen Verständnis von Freiheit als *Frei-gelassenheit* bewegt wird.

Zwischen Verborgenem und Offenbarem

Die Berg-Wasser-Malerei (shān shuǐ huà 山水畫) ist nach der Schreibkunst das wichtigste Anwendungsgebiet von Pinsel und Tusche in der Literatenästhetik. Diese Malerei ist mit dem Buch *Zhuāngzǐ* so eng verbunden, dass Xú Fùguān 徐復觀 (1903–1983) in dem Buch *Der Geist der chinesischen Kunst* folgende Behauptung machen kann: »Das Auftauchen der Berg-Wasser-Malerei ist die Verwirklichung der Lehre des *Zhuāngzǐ* im menschlichen Leben und in der Kunst.« (Xú 1966: 243) Xú gilt als wichtiger Vertreter des zeitgenössischen Neokonfuzianismus und hat sich vor allem mit der Geistesgeschichte und dem politischen Denken Chinas beschäftigt. Im Kontext der Diskussion über »Konformismus« und »Totalitarismus« in Denken und Ästhetik chinesischer Literaten ist deshalb seine Perspektive von besonderem Interesse. Er sieht bei

Zhuāngzǐ nicht nur die Tendenz zum zurückgezogenen Leben in der Natur, sondern zu einer »Freiheit und Befreiung des Geistes« (jīngshén de zìyóu jiěfàng 精神的自由解放), die nicht nur ästhetische, sondern auch ethische und politische Bedeutung hat. (Xú 1966: 343) Xú hat seine ästhetischen und seine politischen Schriften nicht systematisch aufeinander bezogen, allerdings ist das Potenzial dafür in seiner Erörterung des Verhältnisses von »Kultivierung und Kreativität« (xiūyǎng yǔ chuàngzào 修養與創造) enthalten. (Xú 1966: 210)

Sicherlich kann die Schreibkunst auch ohne Kenntnis der chinesischen Schriftsprache ansprechen. Ihr tieferes Verständnis bleibt indes untrennbar mit deren Erlernen verbunden, das Nachzüglern, die erst im Studienalter damit beginnen, große Schwierigkeiten bereitet. Von der Berg-Wasser-Malerei kann eine lebensverändernde Wirkung ausgehen, die etwas direkter ist: Aus ihr spricht der so zarte wie nachdrückliche Appell, sich auf ein Leben zwischen Berg und Wasser einzulassen. Die Darstellung solchen Lebens ist denn auch ein Motiv, das sie unermüdlich variiert hat: Wanderer auf schmalen Bergpfaden; Literaten, die in einem Pavillon, einem luftigen Haus, bei einem Fluss oder in einem Boot »alleine sitzen« (dúzuò 獨坐) und die umliegende Landschaft betrachten, in Lektüre vertieft sind oder ein Musikinstrument spielen; das Gespräch unter Freunden beim Betrachten eines Wasserfalls. Der Ausschnitt eines Bildes von Huáng Gōngwàng 黄公望 (1269–1354) vermittelt davon einen Eindruck.

In der Tuschemalerei ist es der Verzicht auf Farben und expressive Effekte, durch den sich die Sphäre subtiler Wahrnehmung im diffusen Grenzbereich zwischen Ohne und Etwas, Leere und Fülle, Sichtbarem und Unsichtbarem eröffnet. Die Berg-Wasser-Malerei arbeitet im Zwischen von Verborgenem und Offenbarem. Dieses Zwischen ist der Mittelpunkt eines Energiewandels, in dem das Offenbare aus dem Verborgenen auftaucht und das Offenbare im Verborgenen verschwindet. Es sind die feinen Schattierungen und kaum merklichen Übergänge zwischen Offenbarem und Verborgenem, Sichtbarem und Unsichtbarem, auf welche die Wahrnehmung dabei zu achten lernt.

In der Literatenmalerei wird eine ästhetische Grenz- oder Schwellenerfahrung geübt, die mit sich wandelnden Energiezu-

Huáng Gōngwàng 黃公望, »Wohnen in den Fùchūn-Bergen« (Fùchūn shānjūtú 富春山居圖), National Palace Museum, Taipei (Ausschnitt).

ständen zu tun hat, aber vermeidet, die »kreative Aktivität« einseitig an das Streben nach Intensität, Schock und Provokation zu binden. Moderne europäische Malerei ist hingegen untrennbar mit einer »Ästhetik der Kraft« verbunden, die auf Intensivierung und Transgression aus ist. Sie scheut nicht davor zurück, das »Unnatürliche« aufzusuchen und zu verteidigen. Im 19. Jahrhundert hat in Europa die moderne Malerei begonnen, gegen die normative Ordnung klassizistischer Natürlichkeit zu rebellieren, um schließlich mit dem Ideal des Naturschönen weitgehend zu brechen. Aus dieser Perspektive scheint die klassische chinesische Berg-Wasser-Malerei zurückgeblieben und befangen in einer sentimental verklärten Erfahrung von Natur. Meine Überlegungen gehen in eine andere Richtung und sind von ästhetischen Reflexionen im Umkreis Kritischer Theorie geprägt, die von Theodor W. Adorno bis Gernot Böhme versucht hat, Naturästhetik als Bereich zeitgenössischer Ästhetik neu zu denken. (Böhme 1989, 2003) Mit den Begriffen der »Mimesis« und der »mimetischen Erfahrung« wendet sich Adornos ästhetische Theorie gegen den mit der Baudelaire'schen Moderne verbundenen Kult von Schock und Transgression. Bewusst oder unbewusst fördert dieser »das Wunschbild des ungehemmten, kraftstrotzenden, schöpferischen Menschen«, seine »blinde Wut des Machens« und seine Unfähigkeit, »aus Freiheit Möglichkeiten ungenützt« zu lassen. (Adorno 1997/4: 178–179)

Fadheit lässt sich als Kultivierung der Fähigkeit verstehen, aus Freiheit Möglichkeiten ungenützt zu lassen. Das klingt abwegig, wenn angenommen wird, dass die Ästhetik der Fadheit zu einem mitläufigen »Denken der Immanenz« gehört, denn dann ist es falsch, in diesem Kontext von *Freiheit* zu sprechen. Aber was ist Freiheit? An einer Stelle seiner Lobrede auf die Fadheit kommt Jullien auf das Verhältnis des »klassischen« zum »faden« Kunstwerk zu sprechen und zitiert André Gide: »›vollendet‹ ist ein Kunstwerk dann, wenn man es zuerst nicht wahrnimmt, es beinahe unbemerkt bleibt; es ist *Ausdruck eines Gleichgewichts, in dem ›die gegensätzlichsten Eigenschaften‹ gemeinsam ›atmen‹*.« (André Gide zitiert nach Jullien 1991: 122/173; Hervorhebung F. H.) Jullien bemerkt ganz richtig, dass *Fadheit* weit mehr bedeutet als eine »Moral der Zurückhaltung [discrétion]«, weil sie nämlich »verwurzelt« ist in einer »›metaphysischen‹ Intuition«, wie er hier mit dem zu erwartenden Vorbehalt gegenüber dem Begriff der »Metaphysik« im chinesischen Kontext sagt. (Jullien 1991: 123/174) Er nennt diese Intuition eine Erfahrung der »grundlegenden Neutralität der Welt«, die er in China verbunden sieht mit der Erfahrung der »Mitte« und des »Weges«. (Jullien 1991: 124/176–177)

Dazu wäre viel zu sagen. An diesem Punkt der Auseinandersetzung möchte ich mich auf die Bemerkung beschränken, dass Fadheit mit der Frage zu tun hat, welche Freiheit die Möglichkeit eröffnet, die gegensätzlichsten Eigenschaften gemeinsam *atmen zu lassen*. Der politischen Bedeutung *atmender Freiheit* ist das nächste Kapitel gewidmet. Aus ästhetischer Perspektive ist daran zu denken, dass Fadheit als Freiheit des Lassens, als Frei-gelassenheit geübt werden muss. Fadheit ist eine ästhetische Praxis, die es erlaubt, Atem-Energie von innen her zu wandeln. Solche nicht bloß ästhetische, sondern *aistethische* Kultivierung ist eine kommunikative Praxis der Ver-*mitte*-lung und der Be-*weg*-ung, in der *paradoxe Kommunikation* geübt wird – »Mitte« und »Weg« dürfen in diesem Zusammenhang nicht statisch verstanden werden, genauso wenig wie das »Ohne« (wú 無) oder die »Leere« (xū 虛) einen »neutralen« Nullpunkt bezeichnen, vielmehr sind sie kommunikativ auf »Etwas« (yǒu 有) und auf »Fülle« (shí 實) bezogen. Wenn zu energiewandelnder Subjektivität neben *aistethischer* Kultivierung nun noch paradoxe Kommunikation hinzutritt, wird allmählich eine philosophische Konstellation erkennbar, die verständlich machen kann, warum »Fadheit zur Konversion der Existenz aufruft« (Jullien 1991: 123/174). Sie lädt dazu ein, sein Leben zu verändern, dazu, eine »Bekehrung« (conversion) zu einem »Glauben« zu vollziehen, der ohne Glauben im monotheistischen Sinne ist.

Zum Motiv der »Geschmacklosigkeit« in China schreibt Jullien: »Ihre Transzendenz mündet nicht in einer anderen Welt, sondern wird im Modus der Immanenz selbst gelebt [...]. Fadheit ist diese Erfahrung von ›Transzendenz‹ versöhnt mit der Natur und: entbunden vom Glauben.« (Jullien 1991: 127/180; siehe Kap. 2 und Kap. 5) Nach der ausführlichen Erörterung von Julliens Deutung des chinesischen »Denkens der Immanenz« im ersten Teil dieses Buches klingt diese »Lobrede« auf die Fadheit ziemlich vergiftet. Hinter oder besser *im* wohlklingenden Lob verborgen ist eine scharfe Kritik des »Denkens und der Ästhetik in China«. Jullien erweist sich als Meister jener indirekten, diskreten oder »allusiven« Rede, die er in seinem Buch über chinesische Dichtkunst genau studiert hat. (Jullien 2003) Es gibt ein chinesisches Sprichwort, das den Charakter dieses Lobes gut beschreibt: »Watte, in der eine Nadel verborgen ist« (mián lǐ cáng zhēn 綿裡藏針). Die darin enthaltene Logik von »äußerer Weichheit und innerer Härte« (wài róu nèi gāng 外柔內剛) hat allerdings eine Bedeutung, die über das Feld des Strategischen hinausgeht. Das »Harte« und das »Weiche« gehören zum Grundvokabular des *Buches der Wandlungen*. Von daher kann auch dessen ästhetischer Gebrauch nicht überraschen: der Dichter, Kalligraf und Politiker Sū Shì 蘇軾 (1037–1101) etwa hat die Eigenart seiner Pinselschrift als »Eisen in Watte« (mián lǐ tiě 棉裡鐵) bezeichnet.

Im Folgenden werde ich dem Motiv der Fadheit weiter nachgehen, indem ich es mit der Diskussion des Harten und Weichen in Beziehung setze, die in dem Buch *Der Geist der chinesischen Kunst* von Xú Fùguān entwickelt wird. (Xú 1966) Auf diesem Wege soll denn auch geklärt werden, was es bedeutet, Fadheit als »Erfahrung von ›Transzendenz‹ versöhnt mit der Natur und: entbunden vom Glauben« zu verstehen. Dabei ist zu beachten, dass in der Rede von »natürlicher« Transzendenz (Jullien 1991: 122/173) die im 17. und 18. Jahrhundert in Europa verbreitete Auffassung des Konfuzianismus als »natürlicher Religion« mitschwingt.

Hart und weich

Im letzten Teil von *Der Geist der chinesischen Kunst* kritisiert Xú Fùguān den Maler und einflussreichen Malereitheoretiker Dǒng Qíchāng 董其昌 (1555–1636) und die von ihm eingeführte Unterscheidung zwischen einer Nord- und einer Südschule der Malerei. »Nordschule« bezeichnet die professionelle Hofmalerei und die »Südschule« jene meist von Amateuren betriebene Literatenmalerei, die Dǒng mit der Ästhetik der Fadheit verbindet. Xús Einwände richten sich nicht grundsätzlich gegen den Zusammenhang von Literatenmalerei und Fadheit, vielmehr wirft er Dǒng ein allzu »weiches« Verständnis von Fadheit vor. Genau das lässt sich auch über Julliens Interpretation des Faden sagen, das er mit Wandlungsfähigkeit, Subjektlosigkeit, Positionslosigkeit, Unbestimmtheit, In-Differenz und Virtualität in Verbindung bringt. Dabei bleibt außer Acht, dass die Kultivierung des Energiewandels durch Fadheit sich zwischen Position und Positionslosigkeit, zwischen Bestimmtheit und Unbestimmtheit, zwischen Differenzierung und In-Differenz, zwischen Aktualisierung und Virtualisierung be-wegt. Bei aller Sympathie, die bei Jullien für die Ästhetik der Fadheit zu spüren ist, sieht er in ihr letztlich doch kaum mehr als die ästhetische Idealisierung von politischem Konformismus und intellektueller Kritiklosigkeit (siehe Kap. 2).

Xú betont demgegenüber, dass das Moment des »Weichen« (róu 柔) in den Lehren von Lǎozǐ und Zhuāngzǐ auf »Hartem und Großem« fußt, einer »hart-großen Atem-Energie« (gāngdà zhī qì 剛大之氣), und dass die »Kultivierungsstufe der Fadheit« (píngdàn de jìngjiè 平淡的境界) Weiches und Hartes, eine weiche und eine harte Lebenshaltung verbindet. (Xú 1966: 412) Zhuāngzǐ, so Xús Beispiel, hat das Anstellungsangebot des Königs von Chǔ ausgeschlagen und damit eine weltflüchtige, weiche Haltung eingenommen. (Wilhelm 1912: 133; Ziporyn 2020: 141) Aber zeugt die furchtlose Entschiedenheit dieser Haltung nicht auch von Härte? Dieses Moment der Härte, das Xú auch in Zhuāngzǐs literarischem Stil ausgedrückt sieht, tut dessen »Geist der Fadheit« (píngdàn de jīngshén 平淡的精神) keinen Abbruch. (Xú 1966: 462) Er meint, dass für Dǒng Qíchāng das Fade bloß »die Übereinstimmung mit natürlicher und schattig-weicher Schönheit ist« (hé yú zìrán yīnróu zhī měi de shì dàn 合於自然陰柔之美的是淡), während er die Seite der »licht-harten Schönheit« (yánggāng zhī měi 陽剛之美) darin vernachlässigt hat. (Xú 1966: 463) Wie werden weiche und harte Fadheit in der Tuschemalerei dargestellt? Auf diese Frage möchte ich kurz mit zwei Bildbeispielen antworten.

Als Beispiel für weiche Fadheit oder gar weichliche Fadheit können Dǒng Qíchāngs eigene Bilder angeführt werden, in denen die von Xú Fùguān beschriebene Tendenz deutlich zum Ausdruck kommt. Ich möchte jedoch an dieser Stelle keine Negativbeispiele diskutieren, sondern das Bild eines Malers anführen, der zu den auch von Dǒng besonders hoch geschätzten Vertretern der Literatenmalerei gehört. Im Bild »Grünliche Jiǔzhū-Gipfel« (Jiǔzhūfēng cuìtú 九珠峰翠圖) von Huáng Gōngwàng, der in der Kunstgeschichte als einer der vier großen Meister der Yuán-Zeit (1271–1368) gilt, fallen zunächst die flächig-schattiert gezeichneten Berge auf.

Im Unterschied zu Huángs berühmtestem Bild mit dem Titel »Wohnen in den Fùchūn-Bergen«, von dem oben ein Ausschnitt zu sehen ist, bleiben die langgezogenen Strukturlinien eher unauffällig. Stattdessen gleitet der betrachtende Blick über das vom unteren Bildrand aus schmaler werdende, leicht gewundene Wasser in das Bild hinein, bis zu einem mit wenigen Strichen angedeuteten Haus in der Tiefe des Bildes, hinter dem ineinandergeschobene Berge aufragen. Diese führen auf der linken Bildseite zu mehreren Gipfeln, werden hingegen auf der rechten Bildseite nach der Ferne hin flacher, um in blass angedeuteten Hügeln auszuklingen. Bei genauerem Betrachten zeigt sich, dass sich an der Stelle des Hauses in der Bildmitte zwei diagonale Konstruktionslinien kreuzen, von denen die eine vom rechten vorderen Bildwinkel auf den linken hinteren und die andere vom linken vorderen auf den rechten hinteren zuläuft. Der zweiten Linie scheint ein gewisser Vorrang zuzukommen,

Huáng Gōngwàng, »Grünliche Jiǔzhū-Gipfel« (Jiǔ zhū fēng cuì tú 九珠峰翠圖), National Palace Museum, Taipei.

insofern die links vorne mit kräftiger Tusche gemalten Baumblätter eine nächste Nähe bezeichnen, die in der fernsten Ferne im rechten oberen Bereich des Bildes verdämmert, die durch die Leere der rechten oberen Ecke betont wird. Zu diesen konstruktiven Bildmomenten kommt die außerordentliche Differenziertheit des Malers im Umgang mit Wasser und Tusche, die dem Bild eine Lebendigkeit verleiht, die den Eindruck des »Unerschöpflichen« vermittelt. Die malerischen Mittel werden nicht ausgeschöpft und es wird eine große Zurückhaltung im Umgang mit schnellen Effekten geübt. Möglichkeiten nicht auszuschöpfen und ungenützt zu lassen, deutet auf das bereits im vorherigen Kapitel erörterte Motiv des »Restlassens« (ràngyú 讓餘) hin. Das Restlassen zeigt sich als *freigelassene Leere* des Bildes, die in ihm den Charakter von Unendlichkeit und Unbegrenztheit zum Vorschein bringt.

Als Beispiel für harte Fadheit möchte ich das Bild »Wunderliches gelbes Meer« (*Huánghǎi língqí* 黃海靈奇) von Hóng Rén 弘仁 (1610–1664) anführen, dessen Kunst Ní Zàn 倪瓚 (1301–1374) beerbt, der neben Huáng Gōngwàng als einer der Meister fader Malerei der Yuán-Zeit gilt.

Hóng verleiht Fadheit eine Härte, in deren »trocken-bitterer« (kǔsè 苦澀) Note manche Kritiker jene lebendige Wandelbarkeit vermissen, durch die der erste Eindruck von Mangel und Leere eines faden Kunstwerks sich als täuschend erweist, um dann allmählich der Wahrnehmung von Fülle und Unerschöpflichkeit zu weichen. Der Aufbau dieses Bildes von Hóng Rén zeigt allerdings gerade nicht die flächige Ferne von Ní Zàns Bildern, sondern erinnert durch die steil aufragende Felswand im Vordergrund eher an die erhabene Wuchtigkeit der Berge in einigen klassischen Bildern der nördlichen Sòng-Zeit, auf die Xú Fùguāns Rede von der harten Schönheit vor allem anspielt. Im Vergleich etwa mit dem berühmten Bild »Vorfrühling« (*Zǎochūn tú* 早春圖) von Guō Xī 郭熙 (ca. 1020–1090) fällt allerdings sogleich eine starke Verarmung auf. Der Baum im Vordergrund wirkt abgestorben und ganz anders als die im Frühling neu zum Leben erwachenden, sich fingergleich gen Himmel streckenden Bäume in Guō Xīs Bild. Dazu kommt die schroffe Scharflinigkeit der langgezogenen Konturlinien und die mit trockener Tusche angedeutete Flächigkeit des Berges, der nur sehr spärlich bewachsen ist. In dieser menschenleeren Szenerie wirken Haus und Pavillon eher unheimlich als heimelig und verstärken die Atmosphäre kalter Einsamkeit, die schon in Ní Zàns Bildern zu spüren ist. Die konstruktive Verarmung des Bildes und die strenge Trockenheit von Tuschebehandlung und Pinseltechnik lassen sich auch als künstlerische Aufarbeitung jener historisch-kulturellen Leiden lesen, die die Turbulenzen des Übergangs von

Hóng Rén 弘仁, »Wunderliches gelbes Meer« (*Huánghǎi língqí* 黄海靈奇).
(Cài 2001: 198) Siehe auch Kuo 1990.

der Ming-Zeit zur Qing-Zeit ausgelöst haben. Die verringerte Lebendigkeit lässt das Bild jedoch nicht in Verzweiflung versinken. Die harte, aber gleichwohl fragil wirkende Sehnigkeit der Linien verleiht dem Bild vielmehr einen Gestus der Unbeugsamkeit, in dem sich Fadheit und Kritik berühren.

Die Nähe un-endlicher Freiheit

In diesem Sinne lässt sich auch Xú Fùguāns Versuch verstehen, die in den wirkmächtigen Schriften Dǒng Qíchāngs sich ausdrückende ästhetische Tendenz in einen größeren kultur- und sozialhistorischen Zusammenhang zu stellen. Die Unterscheidung zwischen Nord- und Südschule der Malerei zeugt ihm von einer Betonung der »Techniken egoistischer Weltanpassung« (yìngshì zìsī zhī shù 應世自私之術), zu der sich, auf dem Gebiet der Malerei, die Ablehnung der »hart-sehnigen Schule« (gāngjìn yī pài 剛勁一派) fügt. Diese intellektuelle Verfallstendenz hat seiner Auffassung nach die Malerei dazu geführt, einer geschmäcklerischen Spielerei mit Pinsel und Tusche zu verfallen, die das menschliche Leben, die Gesellschaft wie auch die Natur gleichermaßen verfehlt: »Dǒngs Unterscheidung der Schulrichtungen hat der charakterlichen Verkommenheit der Künstler unter den Bedingungen des Systems der Beamtenprüfung Vorschub geleistet. Daraus folgt, dass wer nicht hart sein kann, auch nicht weich sein kann. Das sogenannte ›Fade‹ kann dann tatsächlich nur zu seichter Oberflächlichkeit herabsinken.« (Xú 1966: 464) Seine Auffassung auf die Ebene philosophischer Abstraktion hebend, bezeichnet Xú das Fade als »Verbindungspunkt, an dem das Endliche mit dem Unendlichen kommuniziert« (dàn shì yóu yǒuxiàn yǐ tōng xiàng wúxiàn de liánjiēdiǎn 淡是由有限以通向無限的連接點). (Xú 1966: 416) Aber was heißt hier Unendlichkeit? Statt an die religiös konnotierte Unendlichkeit eines höchsten Wesens zu denken, verweist Xú auf das Motiv der *Ferne*, das in der Literatenästhetik nicht nur in der Malerei, sondern auch in Dichtung, Musik und Gartenkunst vielfach zum Ausdruck kommt.

Für Xú beschreibt Zhuāngzǐ eine Bewegung, in der »der Geist von der Gebundenheit im Endlichen in die Freiheit des Unendlichen springt.« (Xú 1966: 343) Der »Transzendenz des Säkularen«

(shìsú de chāoyuè 世俗的超越) im Sinne der Überschreitung der innerweltlichen Gemeinheit und Vulgarität steht eine »Transzendenz des Säkularen« zur Seite, in der das Säkulare in sich und aus sich Transzendenz hervorbringt, in der sozusagen das Säkulare aus sich heraus transzendierend ist und das Transzendente aus sich heraus säkularisierend. Das Leben zwischen Berg und Wasser ermöglicht es, »die Welt zu transzendieren und der Gemeinheit zu entsagen« (chāoshì juésú 超世絕俗), aber auch die Kraft zu schöpfen, um den Herausforderungen der »zwischenmenschlichen Welt« (rénjiān shì 人間世) standzuhalten (siehe Kap. 4). Aus diesem Verhältnis von menschlicher und natürlicher Welt, so meint Xú Fùguān, ist die Berg-Wasser-Malerei entstanden. Sie erlaubt es, einen Abstand von der gemeinen Menschenwelt zu gewinnen, der sich zur Weltflucht ausweiten kann, aber auch eine geistige Freiheit und Losgelöstheit möglich macht, die Quelle sozialer und politischer Kritik werden kann.

Xú fasst seine Überlegungen zur Bedeutung der »Ferne« wie folgt zusammen: »Ferne ist die Verlängerung von formhaft-materialem Berg-Wasser [Landschaft]. Diese Verlängerung folgt der visuellen Wahrnehmung eines Menschen, um sich unvermerkt in Richtung Einbildung zu verschieben. Aufgrund dieser Verschiebung kommuniziert das formhaft-materiale Berg-Wasser direkt mit dem leeren Ohne (xūwú 虛無), kommuniziert das Endliche direkt mit dem Unendlichen, in der Einheit von visueller Wahrnehmung und Einbildung bewahrt sich der Mensch auf eindeutige Weise die Sinnstufe der Aufwärtsbewegung von der Realität in die Transzendenz. Das formhaft-materiale Berg-Wasser lässt das Ohne eines fernen Ortes hervortreten. Dieses Ohne ist jedoch kein entleertes Ohne [kōngwú 空無, oder: Nichts], vielmehr die kosmische Quelle von Lebensbeginn und Lebenssinn, die im Unscheinbaren zwischen Verborgenem und Offenbarem pulsiert. Das Ohne des fernen Ortes im Berg-Wasser lässt sodann wiederum umgekehrt das formhaft-materiale Berg-Wasser als ein mit dem Kosmos kommunizierendes und resonierendes Stück Wandlungsgeschehen hervortreten.« (Xú 1966: 345–346)[22]

Ich habe diese Stelle etwas ausführlicher zitiert, um zumindest einen flüchtigen Eindruck von der Sprache zu vermitteln, in der ein wichtiger chinesischer Philosoph des 20. Jahrhunderts die klassische Literatenmalerei mit dem Thema der »immanenten Transzendenz« verbindet (siehe Kap. 2). An dieser Stelle kann ich auf das im *Buch der Wandlungen* gründende Verständnis kosmischen Energiewandels nicht näher eingehen, auf das sich Xú Fùguān in dieser Passage bezieht. Im Umfeld des zeitgenössischen Neokonfuzianismus vertritt Xú eine Position, die »Transzendenz« besonders deutlich in Richtung einer »erfahrungsabhängigen Metaphysik« (Menke 2004: 199; Heubel 2015: 70–71) deutet. Gleichwohl steht die idealistische Tendenz seiner an Geist und geistiger Freiheit orientierten Ästhetik in vieler Hinsicht in Widerspruch zu der im vierten Kapitel skizzierten Perspektive, die von Adornos »Materialismus« beeinflusst ist. Ich bin deshalb geneigt, Fadheit als »Verbindungspunkt, an dem das Endliche mit dem Unendlichen kommuniziert«, so zu deuten, dass *aistethische* Kultivierung des Energiewandels sich be-wegt »zwischen« der Welt des Formhaft-Körperlichen und des Formlos-Geistigen, des Endlichen und des Unendlichen oder des Begrenzten und des Unbegrenzten. Obwohl für Xú die Notwendigkeit von Transzendenz als normativ aufgeladene Aufwärtsbewegung außer Frage steht, macht seine Beschreibung doch klarer, was es bedeutet, Fadheit als kommunikative Praxis *zwischen* Körperlichem und Geistigem, Endlichem und Unendlichem zu verstehen. Dabei werden *Ferne* und *Ohne* (*Leere*), *Energiewandel* und *Freiheit* miteinander in Beziehung gesetzt.

Die Evokation von *Ferne* in der Landschaftsmalerei ist Teil der gemalten, verkörpert-immanenten Landschaft. Sie birgt allerdings in sich das Potenzial für eine vergeistigt-transzendente Verschiebung, die einerseits nichts anderes ist als die Verlängerung des Sinnlichen, andererseits jedoch auch den Übergang durch die »Einbildung« hin zum »Übersinnlichen« (chāogǎnxìng 超感性) vollzieht. Diesen Übergang beschreibt Xú als einen von der physischen »Ferne« hin zum meta-physischen »Ohne«, das jedoch kein lebensleeres »Nichts« ist – er verwendet hier in einer kritischen Spitze gegen den Buddhismus die buddhistisch aufgeladene Wendung kōngwú 空無 –, sondern ein »leeres Ohne«, das ein Moment des lebendigen Energiewandels bildet und mit der daoistischen Wendung xūwú 虛無 verknüpft wird.

Diese Perspektive erlaubt es, Ästhetik der Fadheit als Versuch zu deuten, energiewandelnde Subjektivität aus dem Bann *transgres-*

siver Kreativität zu befreien. Indem »kreative Aktivität« sich in einem Ethos der Fadheit zurücknimmt, die Fähigkeit zum Restlassen ausbildet und Möglichkeiten ungenützt zu lassen vermag, wird das »leere Ohne« zur frischen Luft, in der es sich frei atmen lässt.

10. Das Atmen der Freiheit

Chinas Demokratisierung

In einem von Zhuāngzǐ erfundenen Dialog zu Beginn des vierten Kapitels spricht Yán Huí 顏回 mit Kǒngzǐ (Konfuzius) über sein Vorhaben, einen tyrannischen Fürsten aufzusuchen, um gegen dessen ruchlose Herrschaft zu protestieren und ihn zur Abkehr von seinem mörderischen Tun zu bewegen. (Guō 1961: 131–150; Ziporyn 2020: 34–38; Wilhelm 1912: 26–30) Kǒngzǐ fragt Yán Huí nach der Vorgehensweise, mit der er dieses Ziel zu erreichen gedenkt. Nachdem er sich davon überzeugt hat, dass die von Yán Huí anvisierte Vorgehensweise zum Scheitern verurteilt, ja geradezu selbstmörderisch ist, rät er ihm zum »Fasten des Herzens«. Billeter hat wiederholt auf die Bedeutung des politischen Kontextes hingewiesen, in den die Rede vom »Fasten des Herzens« eingebunden ist, und seine Verwunderung darüber ausgesprochen, in welchem Maße die politischen und machtkritischen Implikationen des Dialogs von den meisten chinesischen Kommentatoren ignoriert worden sind. (Billeter 2004: 82; 2010a: 82) Er wendet sich gegen eine antipolitische Deutung dieser asketischen Praxis, der zufolge Zhuāngzǐ hier Kǒngzǐ eine Haltung der weltflüchtigen Schadensvermeidung in den Mund legt.

Billeter ist davon überzeugt, dass es in dem Dialog um »politisches Handeln« geht. Er meint, dass die Perspektive der Weltflucht nicht durch den Text selbst nahegelegt wird, sondern erst durch den Kommentar von Guō Xiàng etabliert worden ist. (Billeter 2004: 98–100) Demgegenüber schlägt er eine Interpretationsrichtung vor, die diesen Dialog zu einem der Teile des *Zhuāngzǐ* macht, der Reflexionen auf das Verhältnis von Subjektivität und Politik herausfordert. Billeter geht davon aus, dass das »Paradigma der Subjektivität« sich darin für eine politische Pluralität öffnet, die unter den Bedingungen des kaiserzeitlichen China und seiner »imperialen Ideologie« marginal geblieben ist. Damit stellt sich also die Frage, ob diese historisch unentwickelte Bedeutungsschicht innerhalb der klassischen chinesischen Philosophie eine Quelle sein könnte, die es ermöglicht, demokratische Subjektivität so zu denken, dass sie die »chinesische Grundlage für politische Freiheit« (Billeter 2010a: 57) bilden könnte. Dem Buch *Zhuāngzǐ* wird damit die Bürde der philosophischen Grundlegung eines liberal-demokratischen China auferlegt. Das klingt absurd, ist aber zumindest als Gedankenexperiment und Denkanstoß durchaus fruchtbar.

Eine Lehre, die der Dialog zwischen Kǒngzǐ und Yán Huí bereithält, ist die selbstreflexive Zurückbindung der moralischen Empörung über gewalttätige Herrschaft an den Zustand der eigenen Subjektivität. Das abrupte »Faste!«, mit dem Kǒngzǐ die Bitte des Yán Huí um Ratschläge beantwortet, bedeutet dann keine resignierte Absage an politisches Engagement überhaupt, vielmehr zunächst nur eine dem Impuls zum empörten Handeln entgegenlaufende Aufforderung zur Selbstbesinnung. Dieses Motiv einer *gegenläufigen Selbstbesinnung* (nìxiàng zìjué 逆向自覺) ist aus dem Nachdenken über das Verhältnis von »moralischer Subjektivität« und demokratischer Politik (»neuer äußerer Königlichkeit«) im zeitgenössischen Neokonfuzianismus wohlbekannt. Wie bereits angedeutet, lässt sich allerdings der Verdacht schwer von der Hand weisen, dass es dem zeitgenössischen Neokonfuzianismus nicht wirklich gelungen ist, das alte »Paradigma der Subjektivität« (»innere Heiligkeit«) hinreichend zu demokratisieren. (Heubel 2016: 170–175) Krankt nicht die politische Philosophie des zeitgenössischen Neokonfuzianismus vor allem daran, dass der »neuen äußeren Königlichkeit« (xīn wàiwáng 新外王), das heißt *demokratischer Politik*, keine »neue innere Heiligkeit« (xīn nèishèng 新內聖) in Gestalt *demokratischer Subjektivität* korrespondiert? Damit ist die grundlegende Frage verbunden, ob die Rede von »innerer Heiligkeit und äußerer Königlichkeit«, die auf das Kapitel 33 des *Zhuāngzǐ* (»Das Himmelunten«, tiānxià 天下) zurückgeht, unter den Bedingungen moderner Politik überhaupt noch angemessen sein kann und wenn ja, wie das Verhältnis der beiden Momente zu verstehen ist. (Lǐ 2016: 265–309)

Yáng Rúbīns Interpretation von Zhuāngzǐ als Konfuzianer lässt sich als Versuch lesen, das konfuzianische Paradigma der Subjektivität radikal zu durchdenken. Sein früherer Versuch, konfuzianische Ethik aus der Perspektive des Leibes zu rekonstruieren (Yáng 1996), war offenbar ein noch unzureichender Schritt auf dem Weg zu einem neuen Paradigma der Subjektivität, das mit einem neuen Paradigma der Politik zu korrespondieren vermag: und zwar nicht nur mit dem, was heute gemeinhin als »Demokratie« verstanden wird. Denn dabei geht es auch um die Klärung der Bedingungen der Möglichkeit einer Demokratisierung Chinas, deren Entwicklung verändern muss, was im Osten wie auch im Westen, im Süden wie auch im Norden unter »Demokratie« verstanden wird. Wenn die *Demokratisierung Chinas* ein unvollendetes Experiment von Weltbedeutung ist, das mit der »republikanischen Revolution« (gònghé gémìng 共和革命) von 1911 und dem Sturz des Kaiserreichs begann, dann kann dieses Experiment nur gelingen, wenn sich mit ihm zugleich eine neue Ordnung der *Welt* herausbildet. In der Sprache gesagt, die Zhuāngzǐ im Kapitel »Das Himmelunten« entwickelt, bedarf diese neue Welt eines »Weges der inneren Heiligkeit und der äußeren Königlichkeit« (nèishèng wàiwáng zhī dào 內聖外王之道), der aber in der Gegenwart noch »dunkel und nicht erhellt, blockiert und nicht entfaltet« ist (àn ér bù míng, yù ér bù fā 闇而不明, 鬱而不發). (Guō 1991: 1069; Ziporyn 2020: 267) Das ist zugleich die Sprache, in der nicht nur liberale Konfuzianer wie Móu Zōngsān, sondern bereits der konservative Revolutionär Kāng Yǒuwéi im späten 19. Jahrhundert die Erneuerung des chinesischen Regierungssystems gedacht hat. Solange in Europa diese Sprache unbekannt und unverstanden bleibt, solange »Demokratie« nur im Rahmen europäischer und amerikanischer Theorien gedacht wird, kann das Problem von Demokratie in China nicht verstanden werden, ja kann weder die *Demokratisierung Chinas* noch die *Demokratisierung Europas* gelingen.

Es geht also nicht nur darum, der politischen Philosophie Chinas mit Hilfe des *Zhuāngzǐ* Anschluss an eine moderne Konzeption kultureller und politischer Pluralität zu verschaffen, die in Europa unter spezifischen historischen Bedingungen entstanden ist. In dieser Hinsicht sieht Billeter einen entscheidenden Unterschied zwischen Europa und China, wo er jene »Pluralität der Personen, der Werke, der Städte« nicht gefunden hat, die für ihn eine der wertvollsten Hervorbringungen Europas bildet. (Billeter 2012: 90–91/82) Es geht um viel mehr: nämlich darum, ein Paradigma der Subjektivität zu entwickeln, das nicht nur den politischen Gehalt von Subjektivität in der klassischen chinesischen Philosophie historisch zu analysieren und kritisch zu korrigieren vermag, sondern darüber hinaus auch dabei helfen kann, die Schwächen und Unzulänglichkeiten einer modernen europäischen Konzeption von Subjektivität in den Blick zu nehmen, die mit einer destruktiven Ökonomie der Kreativität verschwistert ist.

Das führt zu einem Verhältnis von Subjektivität und »Lehren der Kultivierung«, die Billeter mit großem Misstrauen ansieht. (Billeter 2010a: 59–64) Seine allgemeinen Vorbehalte gegen die »Doktrinen der Selbstvervollkommnung« stehen im Zusammenhang mit seiner Kritik an einem Verständnis von »Atem-Energie«, die nicht auf die individuelle Ebene des menschlichen Körpers beschränkt ist, sondern durch die energiewandelnden Vorgänge der Biosphäre bis in die energetisch getriebene Entwicklung kosmischen Geschehens reicht: »nichts ist ihr äußerlich« und sie fließt »in allen Dingen«. (Billeter 2010a: 37) Weil nicht nur daoistische, sondern auch konfuzianische und buddhistische Lehren der Kultivierung häufig in Bereiche ausgreifen, für die inzwischen ausschließlich die Naturwissenschaften als zuständig gelten, stellt sich tatsächlich die Frage, ob sich Billeter hier nicht zu Recht gegen ein universistisch-esoterisches Verständnis chinesischer Philosophie wehrt, das schlicht vormodern und antiaufklärerisch ist. Ist es nicht ratsam, seine politische Kritik an der Philosophie des Energiewandels ernst zu nehmen und das Wirkungsfeld des neuen »Paradigmas der Subjektivität« vor allem im Verhältnis von Subjektivität und Politik zu testen? Die Deutung des Dialogs zwischen Kǒngzǐ und Yán Huí, die ich im nächsten Abschnitt skizzieren möchte, ist von daher ein Gedankenexperiment, in dem Billeters Interpretation und bestimmte Aspekte der chinesischen Gegenwartsphilosophie in eine transkulturelle Dynamik eintreten, die zu Einsichten führt, mit denen ich Billeters politischen Zweifeln an einer zeitgenössischen Philosophie der Kultivierung zu begegnen versuche.

Wird das »Fasten des Herzens«, zu dem Kǒngzǐ seinen Schüler Yán Huí auffordert, als Kultivierungsübung verstanden, stellt sich die Aufgabe, diese Sprache im Bereich des Nachdenkens über ein neues »Paradigma der Subjektivität« zu verorten. In der berühmtesten Passage des Dialogs, in der Kǒngzǐ das »Fasten des Herzens« in wenigen Sätzen erläutert, fallen zwei Begriffe, die dabei von entscheidender Bedeutung sind, nämlich derjenige des »Herzens« oder »Herz-Bewusstseins« (xīn 心) und derjenige der »Atem-Energie« (qì 氣). In den gelehrten Diskussionen um das Verhältnis dieser beiden Begriffe lassen sich zwei Grundorientierungen in der Deutung der damit verbundenen Subjektivität unterscheiden: Vereinfacht gesagt stehen sich *energiewandelnde Subjektivität* (qìhuà zhǔtǐxìng 氣化主體性) und *moralische Subjektivität* (dàodé zhǔtǐxìng 道德主體性) oder die »Subjektivität der Herz-Anlage« (xīnxìng zhǔtǐxìng 心性主體性) gegenüber. In der klassischen chinesischen Philosophie wird erstere durch Zhuāngzǐ vertreten und zweitere durch seinen konfuzianischen Konkurrenten Mèngzǐ. Das ist zumindest eine Konstellation, die sich im zeitgenössischen chinesischsprachigen Diskurs herausgebildet hat. In diesem geht es nicht nur um verschiedene Möglichkeiten der Reaktualisierung alter Quellen, sondern letztlich um verschiedene philosophische Visionen für das, was Heiner Roetz die »nicht-regressive Aneignung der Tradition« (Roetz 1992: 17) genannt hat. Zhuāngzǐ und Mèngzǐ stehen für unterschiedliche Perspektiven der Auseinandersetzung mit der chinesischen Vergangenheit und Gegenwart, die sich aber durchaus auch ergänzen können: die Perspektive der *künstlerischen Kritik* und die Perspektive der *moralischen Kritik*.

Künstlerische oder moralische Kritik?

Konfuzianische Denker des 20. Jahrhunderts haben in ihrer Auseinandersetzung mit Zhuāngzǐ durchaus Fragen von dieser Grundsätzlichkeit gestellt, nicht zuletzt, indem sie ihn immer wieder mit dem konfuzianischen Moralphilosophen Mèngzǐ verglichen haben. Qián Mù 錢穆 (1895–1990) stellt in seiner vergleichenden Studie zu den »Kultivierungstheorien« (xiūyǎng lùn 修養論) der beiden fest, dass Mèngzǐs Theorie dazu verhelfen kann, »die höchste moralische Stufe« (wú shàng de dàodé jìngjiè 無上之道德境界) zu erreichen, Zhuāngzǐ hingegen »die höchste künstlerische Stufe« (wú shàng de yìshù jìngjiè 無上之藝術境界). (Qián 1998/7: 346) Der damit ins Spiel gebrachte Kontrast zwischen moralischer und künstlerischer – oder ästhetischer – Kultivierung wird von Qián begrifflich mit dem Verhältnis von *Herz-Bewusstsein* und *Atem-Energie* in Verbindung gebracht. In seinen Ausführungen bezieht er sich auch auf die Rede vom »Fasten des Herzens« im vierten Kapitel des *Zhuāngzǐ*. Seiner Auffassung nach besteht ein großer Unterschied zwischen der Weise, in der Zhuāngzǐ und Mèngzǐ von Kultivierung sprechen.

Zur Kultivierung, von der Zhuāngzǐ spricht, gehört demnach eine »Askese« (gōngfū 工夫), deren Schwerpunkt auf der »Absage ans ›Herz‹« (shě xīn 捨「心」) und der »Rückkehr zur Atem-Energie« (guī hū qì 歸乎「氣」) liegt; Mèngzǐ hingegen wendet sich von der Atem-Energie herkommend zum Herzen zurück. Die Differenz der beiden Perspektiven sieht Qián in der Art und Weise begründet, in der beide unterschiedliche Prioritäten im Verhältnis der beiden Momente setzen. Um Zhuāngzǐs Lehre der Kultivierung zu verstehen, hält er keine Textstelle für besser geeignet als die über das »Fasten des Herzens«. (Qián 1998/7: 343) Nachdem er Kǒngzǐs Antwort auf Yán Huís Frage nach dem »Fasten des Herzens« zitiert hat, beschreibt er die Unterschiede in der Gewichtung wie folgt: Im Zentrum von Méngzǐs Konzeption der Kultivierung steht das »Nähren des Herzens« (yǎngxīn 養心), dem das »Nähren der Atem-Energie« (yǎngqì 養氣) zugeordnet wird; Zhuāngzǐ hingegen versucht, durch das »Nähren des Herzens« hindurch das »Nähren der Atem-Energie« zu erreichen. Während bei Mèngzǐ die Atem-Energie im Herzen entsteht (shēng hū xīn 生乎心), ist es für Zhuāngzǐ notwendig, zunächst einmal »das eigene Herz zu leeren«, damit die Atem-Energie überhaupt anfangen kann, in Erscheinung zu treten. (Qián 1998/7: 343–344)[23] Offenbar handelt es sich in beiden Fällen um ein Verhältnis von »Herz« und »Atem-Energie«, deren unterschiedliche Gewichtung dazu führt, dem Weg der Kultivierung eine moralische oder eine künstlerische Ausrichtung zu geben, die jeweils unterschiedliche Ideale der Vervollkommnung anstreben.

Aus Qiáns konfuzianischer Perspektive steht außer Frage, dass im Verhältnis dieser beiden Modelle der Kultivierung die moralische Vorrang vor der künstlerischen genießt. Künstlerischer Kultivierung wird eine ergänzende Stellung zugewiesen. Die dabei vorgenommene Gewichtung vergleicht Qián mit dem Verhältnis von »Kohärenz« (lǐ 理, oder »Vernunft-Struktur«) und »Atem-Energie«

in der neokonfuzianischen Philosophie der Sòng-Zeit. (Qián 1998/7: 346)[24] Er vertritt einerseits eine atem-energetische Interpretation des *Zhuāngzǐ*, ordnet diese jedoch andererseits sogleich einer moralischen Position unter, die er durch Mèngzǐ vertreten sieht. In einer ausführlichen Analyse von *Mèngzǐ* 2A2 entwickelt Lǐ Mínghuī eine solche Deutungsperspektive weiter, indem er das Ziel der »Askese des Nährens der Atem-Energie« (yǎngqì gōngfū 養氣工夫) im »Lenken der Atem-Energie durch das Herz« (yǐ xīn yù qì 以心御氣) sieht oder, moderner gesagt, in der »Rationalisierung der Atem-Energie« durch das »moralische Subjekt«. (Lǐ 1995: 150, 153)

Auch Xú Fùguān diskutiert ausführlich das »Fasten des Herzens«. Seine Erörterung ähnelt derjenigen von Qián Mù darin, dass Subjektivität im *Zhuāngzǐ* mit der Sphäre der Kunst in Verbindung gebracht wird. Hinsichtlich der Deutung des Verhältnisses von »Herz« und »Atem-Energie« unterscheiden sie sich jedoch merklich. Insbesondere das zweite Kapitel von Xú Fùguāns *Der Geist der chinesischen Kunst* (»Der Ausdruck des Subjekts künstlerischen Geistes in China – Zhuāngzǐs Wiederentdeckung«, 中國藝術精神主體的呈現—莊子的再發現) enthält eine ausführliche Erörterung der philosophischen Bedeutung des Herzfastens. Seine Rede vom »Geist der Kunst« bzw. vom »künstlerischen Geist« lässt schon die idealistische Grundtendenz seiner ästhetischen Theorie erahnen. Während Qián Mù unter bestimmten Umständen der »Atem-Energie« einen Vorrang gegenüber dem »Herzen« einräumt und gerade in dieser Gewichtung die Bedingung für das Erreichen einer hohen Stufe künstlerischer Kultivierung im *Zhuāngzǐ* sieht, versucht Xú mit erheblichem hermeneutischen Aufwand nachzuweisen, dass »Atem-Energie« in der Wendung »Höre nicht mit dem Herzen, sondern höre mit der Atem-Energie« (wú tīng zhī yǐ xīn ér tīng zhī yǐ qì 無聽之以心而聽之以氣) letztlich nur einen dem Herzen analogen Zustand bezeichnet und sich somit von der »rein physiologischen Atem-Energie« (chún shēnglǐ zhī qì 純生理之氣) unterscheidet, um die es seiner Ansicht nach bei Lǎozǐ geht. (Xú 1966: 382) Xú sieht, dass das »Subjekt künstlerischen Geistes« (Xú 1966: 70) sich weder allein auf die objektbezogene Sinneswahrnehmung (tīng zhī yǐ ěr 聽之以耳) gründen lässt noch auf die bewusste und zielorientierte Aktivität des »Herz-Wissens« (xīnzhī 心知). Deshalb tendiert Zhuāngzǐ seiner Auffassung nach zur »Zurückweisung des psychologischen Subjekts« (Xú 1966: 74)[25] und »scheint das Herz zu meiden, um stattdessen auf Seiten der Atem-Energie einen Ausweg zu suchen«. (Xú 1969: 380) In einer für die idealistische Kritik an der Theorie des Energiewandels charakteristischen Weise wird dieser Ausweg aber sogleich der Unmöglichkeit überführt und als nicht zu Zhuāngzǐ passend zurückgewiesen. Denn Xú ist davon überzeugt, dass Zhuāngzǐ nach »geistigem Leben« (jīngshén shēnghuó 精神生活) strebt und nicht bloß nach einem körperlich-materiellen »physiologischen Leben« (shēnglǐ shēnghuó 生理生活); und da für ihn »geistiges Leben« nicht aus »Atem-Energie« hervorgehen kann, muss es auf das »Herz« gegründet werden: »Auf der Atem-Energie lässt sich eine geistige Stufe nicht eröffnen; nur auf dem menschlichen Herzen ist diese Möglichkeit gegeben.« (Xú 1969: 381)[26] Die rätselhafte Wendung »Atem-Energie ist eine Leere [Sich-Leeren], die auf die Dinge wartet« (qì yě zhě, xū ér dài wù zhě yě 氣也者, 虛而待物者也) dient ihm als Bestätigung für die Idealisierung und Vergeistigung des Moments der Atem-Energie im *Zhuāngzǐ*: Das »Fasten des Herzens« als asketische Übung besteht somit darin, dass das Herz sich leert von bewusster Aktivität und zweckgerichteter Intentionalität, um in einen Zustand des »leeren Wartens« (xū dài 虛待) – des Wartens, ohne zu warten – einzutreten, der Subjektivität über individuelle Wahrnehmung und individuelles Bewusstsein hinaustreibt. Leere und Stille, die im *Zhuāngzǐ* an mehreren Stellen zur Leere hinzutritt, verweisen sowohl auf die asketische Praxis des Leer- und Stillwerdens (xūjìng de gōngfū 虛靜的工夫) als auch auf eine »geistige Stufe« (jīngshén jìngjiè 精神境界), die durch solche Übung erreicht werden kann. (Xú 1969: 383)[27] Eine ähnliche Tendenz zur Vergeistigung des »Hörens mit der Atem-Energie« (im Unterschied zum sinnlichen und zum bewussten Hören), die sich nicht auf die Vieldeutigkeit des Herzbegriffs im *Zhuāngzǐ* stützen muss, zeigt auch der Vorschlag von Yáng Rúbīn, an dieser Stelle das »Hören mit der Atem-Energie« als »Hören mit dem Geist« (yǐ »shén« tīng 以「神」聽) zu verstehen. (Yáng 1991: 85–86) Damit ist der Boden bereitet für einen Bezug zwischen »Fasten des Herzens« und »Nähren des Lebens«, das im Gleichnis vom ochsenzerlegenden Koch Dīng beschrieben wird (siehe Kap. 6): Dass dieser dem Ochsen mit dem »Geist begegnet und ihn nicht mit den Augen sieht«, korrespondiert nun mit dem

»Hören mit der Atem-Energie« aus dem Dialog über das »Fasten des Herzens«. (Wáng 2006: 25)

Dem knappen Vergleich einiger Interpretationen des Herzfastens lässt sich entnehmen, dass Qián Mù in seiner Diskussion von künstlerischer Kultivierung und Atem-Energie der letzteren eine gewisse Sperrigkeit bewahrt, sie also nicht sofort in Vergeistigung übergehen lassen möchte. Auch wenn er sogleich dazu neigt, die künstlerische der moralischen Kultivierung normativ unterzuordnen, eröffnet er doch die Möglichkeit, den Spielraum der »Atem-Energie« in Selbstkultivierung zu erweitern. Die Abschwächung der kritischen Kraft des *Zhuāngzǐ*, gegen die sich Billeter wendet, wird in den vorgestellten Interpretationen nicht aufgrund einer meta-physisch verstandenen und kosmologisch überhöhten »Atem-Energie« erreicht, sondern durch eine vergeistigende Interpretation des Verhältnisses von Atem-Energie und Leere – für Xú gehört Atem-Energie prinzipiell zur »physischen« (xíngérxià 形而下) und *nicht* zur »meta-physischen« (xíngérshàng 形而上) Welt. Xú Fùguān drückt diese Tendenz so aus: »[…] Leere und Stille sind die wichtigsten Anhaltspunkte daoistischer Askese, sie sind zudem die Lebensader daoistischen Denkens. Das leere und stille Herz transzendiert prinzipiell alle Unterschiede und Gegensätze, denn es vermag alles Existierende in sich aufzunehmen.« (Xú 1969: 383–384)[28]

Damit wird ein Missverständnis verständlicher, das im Dialog zwischen Billeter auf der einen Seite sowie Yáng Rúbīn und Lài Xísān auf der anderen hervorgetreten ist. Diese sahen zunächst in Billeters leibphilosophischer Deutung des *Zhuāngzǐ* einen Verbündeten im Bemühen, die älteren, allzu idealistischen Interpretationen zu überwinden. Die Verbindung von Leiblichkeit und Atem-Energie ist demnach geprägt von dem Bemühen, das Buch *Zhuāngzǐ* als Quelle der Kritik wieder fruchtbar zu machen. Die Diskussion führt an dieser Stelle in das Spannungsfeld von zeitgenössischem Neokonfuzianismus und zeitgenössischem Daoismus, in dem »Theorie der Atem-Energie und Leiblichkeit« vielfach zusammen gedacht werden. (Yáng 1993) Diese daoistische Perspektive ist gegen die »moralische Metaphysik« eines Móu Zōngsān gerichtet. Billeter verkennt jedoch das kritische Potenzial, das die Verbindung von Energiewandel, Leiblichkeit und politischer Philosophie in der transkulturellen Zhuāngzǐ-Forschung gewonnen hat.

Stattdessen fällt ihm eine Verbindung von Atem-Energetik, Universismus und politischem Konformismus auf, die aber für Yáng Rúbīn und Lài Xísān keineswegs charakteristisch ist, hingegen sehr wohl für François Julliens Interpretation »chinesischen Denkens«, gegen die Billeter sich polemisch ausspricht. Hier ist also eine interkulturelle Konfusion im Spiel, die nicht leicht aufzuklären ist.

Das Fasten des Herzens

Die kreative Energie der transkulturellen und demokratischen Impulse, von der die Schriften des zeitgenössischen Neokonfuzianismus nach 1949 sich in hohem Maße normativ genährt haben, ist inzwischen weitgehend aufgezehrt. Zwei politische Faktoren haben diese Entwicklung beschleunigt: Seit den 1980er Jahren hat sich (1.) in der VR China eine Abkehr vom Antitraditionalismus und Antikonfuzianismus vollzogen, durch die sich für den Kulturkonservativismus konfuzianischer Denker Entwicklungsperspektiven ergaben, die für die nach 1949 in Hongkong und Taiwan lebenden konfuzianischen Exilphilosophen noch unvorstellbar waren. Ihre Schriften stießen auf dem Festland plötzlich auf breites Interesse und konnten die schnell voranschreitende Erneuerung konfuzianischen Lernens dort entscheidend anregen. Indem allmählich Möglichkeiten der Kooperation oder zumindest der Koexistenz von realem chinesischem Sozialismus und neuem Konfuzianismus auftauchten, wurde der scharfe Antikommunismus der Exilgeneration zunehmend als überholt angesehen. Die akademische Karriere von Tu Weiming (Dù Wéimíng) 杜維明 kann beispielhaft für eine versöhnlichere Haltung stehen, die von der Überzeugung geleitet wird, dass sich der chinesische Sozialismus von innen heraus konfuzianisch transformieren lässt. Er selber hat sich schließlich entschlossen, den Marsch durch die Institutionen anzutreten, und symbolisch einen wichtigen Schritt von der Harvard- zur Peking-Universität getan. Tu kann gleichwohl nicht einfach, wie Heiner Roetz bemerkt, »als Ideologe der VR China abgestempelt werden, doch fügt sich seine Sicht recht problemlos in die Bemühungen des Regimes ein, zu seiner Legitimation die chinesische Kulturtradition anzuzapfen«. (Roetz 2020: 64) Jedenfalls hat er dazu beigetragen, dass der Konfuzianismus wieder ein viel diskutiertes Thema ist und über seine Modernisierung erneut mit großem Engagement gestritten wird. Seitdem macht vor allem die Tendenz zu einem »politischen Konfuzianismus« auf sich aufmerksam, der explizit den »westlichen Liberalismus« kritisiert und an diskursiven wie auch institutionellen Alternativen arbeitet. (Jiǎng 2003; Jiang 2013) Die Verteidigung »liberaler Demokratie« durch konfuzianische Exilphilosophen ist darüber weitgehend in Vergessenheit geraten.

Auf der anderen Seite hat (2.) die Demokratisierung der Republik China (Taiwan), die seit der Aufhebung des Kriegsrechts im Jahre 1987 schnell voranschritt, sich theoretisch weitgehend als Verwestlichung des politischen Diskurses vollzogen, in dem die konfuzianische Unterstützung liberaler Demokratie allenfalls eine indirekte Rolle gespielt hat. Durch Reformen im Erziehungssystem sind klassische Texte des alten China zunehmend aus dem Bildungskanon verdrängt worden, so dass sich in Taiwan mit wachsender Dringlichkeit die Frage stellt, welche Bedeutung konfuzianischen und daoistischen Quellen im Rahmen einer demokratischen »Bürgerphilosophie« (gōngmín zhéxué 公民哲學) überhaupt noch zukommen kann. Das ist der politische Hintergrund der »transkulturellen Zhuāngzǐ-Forschung«, die in Taiwan durch die Auseinandersetzung mit Billeters Perspektive eines neuen »Paradigmas der Subjektivität« wichtige Anregungen erhalten hat. (Heubel 2017; 2017a; 2020a)

Vor diesem geschichtlichen Hintergrund ist Billeters brachial wirkendes Urteil zur Sterilität von Móu Zōngsāns Werk nicht gänzlich abwegig. (Billeter 2006: 85/81) Denn von Móu und seinen Schülern ist die Frage weitgehend unbeantwortet geblieben, wie die zu kultivierende »innere Heiligkeit« so gedacht werden kann, dass sie die Herausbildung einer neuen, demokratisierten »äußeren Königlichkeit« antreiben kann. (Lǐ 2005: 259–283) Billeters *Zhuāngzǐ*-Interpretation wirft Fragen auf, die Móus idealistisches Modell der Selbstkultivierung ignoriert hat, weil es ein Modell *aufsteigender Kultivierung* (xiàngshàng xiūyǎng 向上修養) ist, das die Bedeutung *absteigender Kultivierung* (xiàngxià xiūyǎng 向下修養) nicht zu denken vermag. Auch wenn die topologische Rede von *aufsteigend* und *absteigend*, von oben und unten in diesem Zusammenhang nicht sehr glücklich sein mag, hat sie doch auf traditionelle und moderne Philosophien der Kultivierung in China einen derart starken Einfluss ausgeübt, dass sich die Auseinandersetzung damit aufdrängt. Was bedeutet es also, wenn Selbstkultivierung beginnt, in Regionen der Subjektivität hinabzusteigen, die aus der Perspektive geistiger und moralischer Kultivierung als »unten« oder »niedrig« verstanden werden? Was bedeutet es, die schwer kontrollierbaren, sich bewusster, intentionaler oder vereinheitlichender Steuerung entziehenden Lebensenergien als unhintergehbare Momente von Kultivierung ernst zu nehmen, anstatt sie alsbald durch die Beschwörung von Vergeistigung und Moralisierung zu entschärfen? Aus der Perspektive transkultureller Zhuāngzǐ-Forschung liegt die politische Bedeutung einer solchen Kehrtwende in der Überwindung des autoritären Charakters konfuzianischer durch den paradoxen Charakter daoistischer Kultivierung.

In diesem Sinne geht das Paradigma energiewandelnder Subjektivität aus der vertieften Besinnung auf das Verhältnis von moralischer und künstlerischer Kultivierung hervor, wobei letztere auch den Umgang mit dunklen Kräften *im* Subjekt umfasst, die sich bewusster Kontrolle und Steuerung entziehen. Wichtig ist dabei, *absteigende Kultivierung* nicht nur als Auseinandersetzung mit individuellen Triebwünschen, Vergehen und Lastern zu verstehen, sondern auch als Abstieg in die Welt individueller und kollektiver Verletzungen und Traumata, die durch die Gewalt persönlicher und geschichtlicher Ereignisse verursacht worden sind.

Führt nicht das Ernstnehmen »der *ganzen* Erfahrung, die wir von uns selbst haben«, mitsamt den Paradoxien, die zum »Hin und Her zwischen der Leere und den Dingen« (va-et-vient entre le vide et les choses) gehören, notwendigerweise zu einer Auseinandersetzung mit den schmerzlichen Seiten der Subjektbildung? (Billeter 2010a: 36) Sind es nicht zunächst vor allem Erfahrungen von Spaltung und Desintegration, die Selbstkultivierung in Gang bringen, und nicht Erfahrungen von Einheit und Integration? Billeters *Zhuāngzǐ*-Interpretation ermöglicht es, die Philosophie der Selbstkultivierung für moderne Erfahrungen des Bruchs und des Schocks zu öffnen, die der Theorie moralischer Kultivierung im zeitgenössischen Neokonfuzianismus merkwürdig äußerlich geblieben sind. Das bedeutet gleichzeitig, in einen Kultivierungsprozess einzutreten, in dem die Öffnung gegenüber Aspekten menschlichen Lebens, die Zhuāngzǐ mit Worten wie »Leere« (xū 虛), »Vergessenheit« (wàng 忘) oder »Wandel« (huà化) bezeichnet, Subjektivität nicht blinder Besinnungslosigkeit überantwortet, vielmehr etwas in Gang setzt, was Xú Fùguān in seiner *Zhuāngzǐ*-Deutung »selbstbesinnende Askese« (zìjué gōngfū 自覺工夫) genannt hat. (Xú 1969: 398)

In seinen Büchern zum *Zhuāngzǐ* erörtert Billeter wiederholt das »Fasten des Herzens«. In den vier Vorlesungen zum *Zhuāngzǐ* bleiben seine Ausführungen sehr knapp und konzentrieren sich auf die kurze Passage über das »Fasten des Herzens«, während er sich in »Die Mission des Yán Huí« ausführlich dem politischen Kontext des Gesprächs widmet, in dem sie vorkommt. (Billeter 2004: 71–115) Billeters Kommentar zu Kǒngzǐs Antwort auf Yán Huís Frage nach der Bedeutung dieses Fastens verdient es, ausführlicher zitiert zu werden: »Konfuzius empfiehlt seinem Schüler, die Aufmerksamkeit für die Aktivität seines Leibes [corps propre] zu schärfen. ›Eine deine Aufmerksamkeit‹, sagt er: ›höre nicht mit dem Ohr (ěr [耳]), sondern mit dem Geist (xīn [心; Herz]).‹ Mit anderen Worten: Versuche nicht, Töne, oder was sonst von außen kommen mag, wahrzunehmen. Wende deine Aufmerksamkeit auf die unmittelbare Wahrnehmung deiner selbst. ›Höre nicht mit dem Geist (xīn)‹, sagt er ihm in diesem Sinne, ›sondern mit deiner Energie (qì [氣])‹ – denn diese Wahrnehmung seiner selbst ist keine intellektuelle Angelegenheit, sondern Selbstvergegenwärtigung des Leibes. Sie ist unsere Eigenaktivität, die sich selbst wahrnimmt. Wir gelangen hier zu den elementaren Gegebenheiten der Erfahrung, zum unendlich Einfachen – oder unendlich Nahen und fast Unmittelbaren […]. Unsere sich selbst wahrnehmende Aktivität ist das Fundament unseres Bewusstseins und unserer Subjektivität. Das ›Fasten des Geistes‹ (xīnzhāi [心齋]) ist die Rückwendung auf dieses einfache und vertraute Fundament.« (Billeter 2002: 96–97/95)

Aus Billeters Kommentar spricht eine beträchtliche Sensibilität für den paradoxen Vorgang einer asketischen Übung in Selbstbesinnung, die darin besteht, dass ein Subjekt temporär dem »Geist« – oder, wie ich übersetze, dem »Herz(-Bewusstsein) – entsagt und sich von sich als Bewusstseinssubjekt loslöst. Das Herz »fastet«, indem es sich der unbewussten und zwecklosen Bewegung der »Atem-Energie« öffnet, um in jene »völlig verfügbare [disponible] Leere« (xū ér dài wù 虛而待物) herabzusteigen, durch die »Atem-Energie« an dieser Stelle des *Zhuāngzǐ* erklärt wird. (Guō 1961: 147; Ziporyn 2020: 37) »Mit der Energie hören« ist somit weder eine sinnliche (mit den Ohren hören) noch eine bewusste Angelegenheit (mit dem »Herzen« oder, wie Billeter hier übersetzt, mit dem »Geist« hören), sondern »Selbstgegenwart des Leibes«, ein »Hören mit dem Körper«: »[…] denn in solchen Augenblicken lassen wir die Gesamtheit unserer Vermögen und Ressourcen, bekannt oder unbekannt, zusammenwirken.« (Billeter 2002: 98/96) Für Billeters Verständnis des »Körpers« (corps) ist es charakteristisch, dass er an dieser Stelle »Atem-Energie« durch »Körper« ersetzt. Einige seiner Äußerungen legen in der Tat nahe, dass er zwar eine »allgemeine Philosophie des Qì [Atem-Energie]« ablehnt, nicht jedoch die Verbindung von Subjektivität und einer auf das Individuelle und »Körperliche« begrenzten Atem-Energie: »Qì ist nicht die Grundlage des ganzen Universums, von dem wir nichts wissen, sondern diejenige unserer körperlichen Realität und unserer Subjektivität.« (Billeter 2010a: 89) Aus der Sicht von Billeter kann also die Rede von energiewandelnder Subjektivität als legitim angesehen werden, sofern *Energiewandel* die Grenze individueller Aktivität nicht überschreitet, um sich eine naturphilosophische Bedeutung anzumaßen, durch die er in Konkurrenz zu den modernen Naturwissenschaften tritt.

Allerdings stellt sich die Frage, ob Billeter die Grenze zwischen einem strikt individuellen und einem überindividuellen Verständnis der Atem-Energie wirklich durchzuhalten vermag oder ob nicht auch seine Erörterung des »Paradigmas der Subjektivität« im *Zhuāngzǐ* die Grenze zwischen den beiden Bereichen immer wieder verwischen muss, um zu einer eingehenden Deutung des »Hin und Her zwischen der Leere und den Dingen« zu gelangen. Führt nicht seine Suche nach einer angemessenen Sprache für dieses Paradigma notwendig über die selbstgesetzte Grenze hinaus? Er versteht seine Übersetzung und Deutung als ein Experiment, in dem er sich sprachlich und geistig in eine Gegend vortastet, die in europäischer Philosophie noch weitgehend unbekannt ist. Was bedeutet etwa in diesem Kontext das geheimnisvolle Wort »Leere«, das häufig mit asiatischer Philosophie in Verbindung gebracht wird? Wie ist das Moment der »Leere« in dem von Billeter vorgeschlagenen »Paradigma der Subjektivität« zu verstehen? Ist diese »Leere« ein Zustand, der dem »Nichts« ähnlich ist, oder nicht vielmehr eine Bewegung des Leerens oder Leerwerdens, in der das Bewusstsein sich von fixen Positionen und verhärteten Standpunkten löst, durch die das Subjekt sich in seinem Selbstwandel blockiert? Macht es nicht erst dieses »Sich-Leeren« möglich, dass die »Eigenaktivität« (activité propre) des Subjekts sich selbst in ihrer Aktivität wahrnimmt und damit als »Fundament unseres Bewusstseins und unserer Subjektivität« erkennbar wird?

Das »Fasten des Herzens« gilt Billeter als »Rückwendung auf dieses einfache und vertraute Fundament«. (Billeter 2002: 97/95) Diese Formulierung weckt den Eindruck, als ob Billeter Bewusstsein und Subjektivität aneinander koppelt, so dass »Atem-Energie« als ein vorbewusstes, vorsubjektives Moment dem Bewusstseinssubjekt zugrunde liegt. An anderer Stelle heißt es, dass Zhuāngzǐ »unsere Aktivität, unseren Leib [corps propre] oder unsere Subjektivität (all das ist ein und dasselbe) in ihrem Wesen als eine *fruchtbare Leere* [vide fécond] auffasst.« (Billeter 2002: 100/98) Ist nun diese »fruchtbare Leere« – die somit selbstverständlich keine nihilistische, mangelhafte oder tote Leere, sondern lebendige Leere ist – »Grund« von Aktivität, Leiblichkeit und Subjektivität, die hier miteinander identifiziert werden, in dem Sinne, dass sie den Kern von Subjektivität bildet und somit Teil von dieser ist? Oder meint »Grund« hier etwas, was Subjektivität vorausgeht und von daher unabhängig von dieser existiert? Die erste Möglichkeit kommt *energiewandelnder Subjektivität* nahe, das heißt einer Subjektivität, für die Energiewandel nicht etwas Vorsubjektives, Nichtsubjektives und damit Externes ist, sondern internes Moment. Ist »Leere« etwas, was jedes Subjekt konstitutiv in sich trägt oder ist sie etwas von außen Hinzutretendes, für das sich das Subjekt offen und empfänglich zu halten hat? Die zweite Variante kommt der Auffassung nahe, die von den oben diskutierten konfuzianischen Autoren vertreten wird. Nur die erste Variante erlaubt eine Radikalisierung in Richtung *pluraler Subjektivität*, die der nicht-idealistischen Offenheit des »Hin und Her zwischen der Leere und den Dingen« bedarf.

Doch Billeter scheint zu schwanken. Einerseits spricht er von »dieser Konzeption von Subjektivität als einer nährenden Leere [vide nourricier], mit der wir in Kontakt bleiben müssen«. (Billeter 2002: 100/98) Diese Formulierung lässt vermuten, dass die »fruchtbare Leere« Subjektivität *ist*. An anderer Stelle spricht er jedoch von einer Leere, »von der sich die Subjektivität nährt und ohne die sie eingeht«. (Billeter 2002: 107/105) Eine Ausdrucksweise, die wiederum nahelegt, das Moment der »Leere« als etwas zu verstehen, was *außerhalb* des Subjekts liegt, wovon dieses sich aber nähren muss, wenn es nicht verkümmern will. In Christoph Menkes Diskussion des Verhältnisses von Vermögen und Kraft zeigt sich eine ähnliche Ambivalenz (siehe Kap. 2). Einerseits sind »Subjekt der Vermögen« und »Mensch der Kräfte« einander entgegengesetzt, andererseits charakterisiert Menke die Figur des Künstlers bei Nietzsche als Übergang von Vermögen zu Kraft und zurück (siehe Kap. 7). Die so verstandene Figur des Künstlers scheint dem Subjekt zu entsprechen, das Billeter mit Hilfe des *Zhuāngzǐ* skizziert. Im Gespräch über das »Fasten des Herzens« scheint es ganz ähnlich um das Verhältnis von »Herz« (Vermögen) und »Atem-Energie« (Kraft) zu gehen. Gelingt dort »künstlerische Kultivierung«, wenn (Lebens-)Kunst den Übergang vom einen zum anderen und wieder zurück zu vollziehen vermag? Nein, denn nun fällt auf, dass »Atem-Energie« den Übergang *zwischen* »Herz« und »Dingen« bezeichnet: Sie ist das Wandlungsgeschehen, das beide Momente vermittelt. »Atem-Energie« hat *ontologisch* eine andere Bedeutung als »Kraft«, weil sie dem »Herzen« (Vermögen) nicht dualistisch gegenübersteht, sondern als Energiewandel das Sich-Leeren des Herzens ist, das auf das Auftauchen und Untergehen der Dinge wartet. So gesehen kreist energiewandelnde Subjektivität um die paradoxe Kommunikation zwischen »Herz« und »Dingen«, die sich in einem Wandlungsgeschehen befinden, in dem beide Momente in keine höhere Einheit aufgehoben werden können. Das immer neu zu erreichende Gelingen ihres Kommunizierens ist vielmehr die höchste »Stufe« (jìngjiè 境界) einer Kultivierung, die in diesem Gelingen sowohl *künstlerisch* als auch *moralisch* ist.

Aus dieser Perspektive möchte ich nun zunächst noch einmal auf einige Stellen eingehen, in denen Billeter die Bedeutung der »Leere« im »Paradigma der Subjektivität« erörtert: »Was wir Subjekt oder Subjektivität nennen, erscheint bei ihm als ein Hin und Her zwischen der Leere und den Dingen. Von beiden betrachtet er das erstere – die Leere oder die Verwirrung – als fundamental. Durch diese Leere haben wir die wesentliche Fähigkeit, uns zu ändern, uns zu erneuern und, wenn es Not tut, unser Verhältnis zu uns selbst, zu Anderen und zu den Dingen neu zu bestimmen. Aus ihr schöpfen wir das Vermögen, Sinn und Bedeutung hervorzubringen. Wie wir gesehen haben, erlaubt dieses Paradigma Zhuāngzǐ, unsere Erfahrung, selbst in ihren paradoxen Momenten, auf kohärente und treffende Weise zu beschreiben.« Zhuāngzǐs Lehre »mutet uns paradox an, weil wir uns so sehr daran gewöhnt haben, unsere Autonomie in der bewussten Bemeisterung unseres Tuns zu suchen«. (Billeter 2012: 144–145/142–143)

Ich möchte nun ausgehend von Billeters Überlegungen das »Fasten des Herzens« deuten. Paradox ist, dass »wir« Subjekte sein können, *ohne* »unser« Tun bewusst zu beherrschen. Solches Tun ist *Tun ohne zu tun* (wéi wú wéi 為無為). Ein solches Subjekt gibt den Dingen nicht Sinn, indem dieser ihnen bewusst aufgedrückt und eingeprägt wird, sondern indem es sich zurücknimmt, sich »leert« und »wartet« bis die »Dinge« aus dem Leeren auftauchen, um vorübergehend eine bestimmte körperliche Form anzunehmen. Vorübergehend heißt, dass die »Dinge« sich während dieses Vorgangs *verdinglichen*, aber in dieser *Verdinglichung* bereits den kommenden Übergang in ihre *Entdinglichung* enthalten. Beide Momente gehören zu dem, was Zhuāngzǐ im Gleichnis über den Schmetterlingstraum »Ding-Wandel« (wùhuà 物化) nennt. (Guō 1961: 113; Ziporyn 2020: 21) Aber was hat das mit »Atem-Energie« und deren »Wandel« zu tun? In der paradoxen Kommunikation von Leere und Dingen »atmet« Subjektivität. Energiewandelnde Subjektivität wird *und* ist als »lebendiges Atmen« von Leere und Dingen. Das ist weniger geheimnisvoll, als es klingt. Mit Billeter lässt sich überzeugend darlegen, dass das »Hin und Her zwischen der Leere und den Dingen« der philosophische Ausdruck für alltägliche Wahrnehmungen und Erfahrungen ist, die Zhuāngzǐ mit Hilfe von vielen Gleichnissen und Gesprächen beschrieben hat.

Es ist nicht leicht, sich dem Verständnis von »Atem-Energie« anzunähern, das in der oben bereits erwähnten Schlüsselstelle des *Zhuāngzǐ* auftaucht: »Atem-Energie [Atmen] ist eine Leere [ein Sich-Leeren], die auf Dinge [ein Dingen] wartet.« (Guō 1961: 147; Ziporyn 2020: 21) Diese Stelle legt nahe, »Atem-Energie« nicht als Zustand oder Substanz zu verstehen, sondern als Wandlungsbewegung, als Energiewandel im Sinne eines Hin und Her, eines Kommens und Gehens zwischen »der Leere und den Dingen« oder vielleicht besser zwischen Leerwerden und Dingwerden, zwischen »Leeren« und »Dingen« (gebraucht als nominalisierte Verben). Das »Leeren« oder Fasten des Herzens macht es möglich, dass die Dinge *dingen*, also »von selbst«, aus sich heraus zu sprechen beginnen: »Leeren« ist die Einübung in ein Warten, dass die Dinge zur Sprache kommen lässt. »Atem-Energie« ist gleichsam das lebendige Atmen im Verhältnis dieser beiden Momente.

Billeter verwahrt sich jedoch bereits in den *Leçons sur Tchouang-tseu* und noch entschiedener in den *Notes sur Tchouang-tseu et la philosophie* gegen eine kosmologische oder metaphysische Interpretation des »Kommens-und-Gehens«, des »Hin und Her zwischen der Leere und den Dingen«: »Eine weitere Analyse der Texte würde, wie ich glaube, zeigen, dass in Wirklichkeit das Wirken [fonctionnement] unserer Subjektivität beschrieben wird, wenn von diesem Hin und Her zwischen der Leere und den Dingen die Rede ist. Das Verständnis des *Zhuāngzǐ* wird allerdings dadurch erschwert, dass eben diese Texte später in einem kosmologischen Sinn interpretiert wurden. Das Hin und Her zwischen den Dingen und der Leere wurde als eine kosmologische Beschreibung verstanden, in der das Wirken des Subjekts als ein abgeleitetes, untergeordnetes, abhängiges Phänomen erschien. Der Ansatz zu diesem Perspektivenwechsel ist schon in gewissen Teilen des *Zhuāngzǐ* erkennbar. Bald wurde diese kosmologische oder metaphysische Auslegung vorherrschend und hat die Rezeption des ganzen Zhuāngzǐ bis in die Neuzeit bestimmt.« (Billeter 2012: 145/142–143)

Nicht nur aus der Perspektive einer »metaphysischen« und »universistischen« Deutung dieses Textes wirkt Billeters Rede von einem »Paradigma der Subjektivität« im *Zhuāngzǐ* anstößig. Auch aus der Perspektive postmoderner Subjektkritik muss die Insistenz auf Subjektivität als Rückfall in eine überkommene Subjektphilosophie erscheinen. Ein wichtiges Verdienst von Billeters *Zhuāngzǐ*-Interpretation besteht gerade darin, nach beiden Seiten kritische Distanz zu halten: In dem von ihm skizzierten »Paradigma der Subjektivität« gehören *Disponibilität* und *Autonomie* zusammen, statt gegeneinander ausgespielt zu werden, wie das bei Jullien der Fall ist, der mit Vorliebe von der »Disponibilität« in der Lebenshaltung heiliger und weiser Menschen in China spricht. Diese Zusammengehörigkeit wird von einem Verhältnis zwischen »Körper« (corps) und »Leere« bestimmt, das Billeter wie folgt zusammenfasst: »Zhuāngzǐs Paradigma gewinnt eine zusätzliche Dimension, wenn uns klar wird, dass der Ort der Leere oder der Verwirrung kein anderer ist als der Körper selbst – vorausgesetzt allerdings, dass wir darunter nicht den Körper als Objekt oder als Maschine im Sinne Descartes' verstehen, sondern ihn, wie ich es vorgeschlagen habe, auffassen als die Gesamtheit der Kräfte, Ressourcen und Vermögen, bekannt und unbekannt, wie sie uns zur Verfügung stehen oder uns bestimmen. Zhuāngzǐ spricht dies nicht aus, wenigstens nicht in diesen Worten, aber er zeigt es. Auf vielfältige und oft überraschende Weise gibt er uns zu verstehen, dass wir unsere Autonomie nur dadurch sichern können, dass wir den so verstandenen Körper handeln lassen.« (Billeter 2002: 145–146/143)

In diesen Überlegungen gelingt es Billeter, eine Alternative zu Julliens Interpretation »chinesischen Denkens« zu formulieren: Er befreit *Disponibilität* oder *Wandlungsfähigkeit* vom Bann der Subjektlosigkeit, indem er sie in einer paradoxen Wendung in den Mittelpunkt von Subjektivität rückt. Jullien versucht seine philosophische Deutung »chinesischen Denkens« von der Starrheit komparativer Klischees zu lösen, aber der von ihm eingeschlagene »Umweg« über China endet zumeist dort, wo der Übergang zu den Herausforderungen transkultureller Dynamik und hybrider Modernisierung sich aufdrängt. Für Jullien sind Disponibilität und Autonomie so unvereinbar wie Subjektlosigkeit und Subjektivität. Billeters Erörterung von Subjektivität im *Zhuāngzǐ* zeigt jedoch, dass diese im Verhältnis von Disponibilität und Autonomie eine ungeahnte begriffliche Flexibilität zu gewinnen vermag. Darin eröffnet sich die Möglichkeit, über Billeter hinaus das Verhältnis von Subjektivität und Demokratie neu zu denken. Hier kommt das kritische Potenzial *stillen Wandels* in den Blick.

Für Jullien gehören subjektlose Disponibilität oder Wandlungsfähigkeit und politischer Konformismus in einer für *das* Denken *der* chinesischen Literaten charakteristischen Weise zusammen. Dabei ergänzen Theorie des Energiewandels und die Ästhetik der Fadheit einander. Billeters Kritik an dieser Auffassung kann nicht überzeugen, insofern er das kritische Potenzial des Verhältnisses von Disponibilität und Autonomie nicht auszuschöpfen vermag. Er stilisiert Zhuāngzǐ derart zur kritischen Ausnahmefigur *außerhalb* der chinesischen Geistesgeschichte, dass er als kritische Stimme *innerhalb* der »imperialen Ordnung« kaum mehr vernehmbar ist. Das führt nicht nur zur Vernachlässigung von Zhuāngzǐs Verortung seiner selbst im Kontext konkurrierender Positionen, sondern auch zu einer Zhuāngzǐ durchaus fremden Einseitigkeit, die dazu führt, dass er ein teilweise geradezu grotesk verzerrtes Bild chinesischer Geschichte zeichnet. (Billeter 2006a; Billeter 2020: 9–66) Billeters Verteidigung des Zhuāngzǐ erweist diesem somit einen Bärendienst. Um jenes kritische Potenzial weiter zu entfalten, mag es hilfreich sein, sich die Art und Weise anzusehen, in der Zhuāngzǐ »Leere« ästhetisch qualifiziert. Wie wird die qualitative Seite eines Energiewandels beschrieben, der nicht »strategisch« auf die »Mobilisierung der Energien« (siehe Kap. 8) beschränkt bleibt, vielmehr durch Energiewandel hindurch zu einer Selbstbesinnung kommt, die ethisch bedeutungsvoll und, zumindest indirekt, auch politisch relevant ist?

Billeter kommt in seinen Ausführungen zum Dialog zwischen Kǒngzǐ und Yán Huí auf den Vergleich zwischen Paulus und Zhuāngzǐ zu sprechen. Diesem Vergleich lässt sich ein wichtiger Hinweis auf die grundlegende Bedeutung des Verhältnisses von »Leere« und »Fadheit« entnehmen: »Von den Unterschieden zwischen ihnen scheint mir der wichtigste die Dramatisierung des Denkens bei dem einen und dessen Entdramatisierung bei dem anderen zu sein.« (Billeter 2004: 113) Der Dramatisierung des Denkens bei Paulus steht demnach die Entdramatisierung des Denkens bei Zhuāngzǐ gegenüber. Damit taucht eine Perspektive auf, die es erlaubt, den Abstand zwischen den Paradigmen der Subjektivität, die Billeter und Menke skizzieren (siehe Kap. 7), genauer zu markieren: Der »gebrochene Rausch«, von dem Menke mit Bezug auf Nietzsche spricht, gehorcht einer ästhetischen Logik der *Dramatisierung*; die »fruchtbare Leere« hingegen, von der Billeter mit Bezug auf Zhuāngzǐ spricht, eröffnet den Blick auf eine ästhetische Logik der *Entdramatisierung*. In Billeters Deutung nach einer eingehenderen Erörterung dieses Motivs zu suchen, führt allerdings nicht weit. Am Motiv »fader Atem-Energie« (píngdàn zhī qì 平淡之氣) im *Zhuāngzǐ* ist Billeter nicht interessiert. (Siehe Kap. 4 und Lài 2013: 43–115) Stattdessen besteht er in seinem Verständnis des Verhältnisses von Tragik und Freiheit auf einer Perspektive, durch die sich ein tiefer altgriechischer Schatten auf die sich gerade erst vorsichtig zeigende Möglichkeit legt, Autonomie und Freiheit zu entdramatisieren: »Die Tragödie ist untrennbar mit der Freiheit verbunden, sie ist ihre besondere Schönheit. […] Deshalb haben die Athener des fünften Jahrhunderts, die die Freiheit erfunden haben, auch die Tragödie entdeckt und sie großartig ausgedrückt. Sie sahen, dass Freiheit ein schreckliches Gut ist und dass der Mensch teuer bezahlt für die Fehler und die Blindheit, denen er ausgesetzt ist. […] Nachdem ich in einigen Teilen des *Zhuāngzǐ*, insbesondere in Kapitel 2, ein vergleichbares Bewusstsein unserer Freiheit erblickt hatte, war ich nicht überrascht, hier und da in diesem Buch eine tragische Vision der menschlichen Existenz zu entdecken.« (Billeter 2010a: 107)

Sicherlich erfährt die Kritik des Bestehenden im *Zhuāngzǐ* an vielen Stellen eine dramatische Zuspitzung. Liest man aber, was Michel Foucault zur Dramatisierung und Theatralisierung philosophischen Lebens bei Diogenes und allgemein im Kynismus schreibt, so drängt sich doch der Eindruck auf, dass Diogenes und Zhuāngzǐ für unterschiedliche Modelle philosophischen Lebens stehen, die sich gleichwohl in mancher Hinsicht überraschend nahe sind. (Foucault 2009: 233–245; siehe Heubel 2021: Kap. 7) Folgt man zudem Foucaults Hinweis auf die wie auch immer gewundene Kontinuität, die von der kynischen Dramatisierung philosophischen Lebens über die Entwicklung des christlichen Asketismus bis hin zu den modernen Figuren des Revolutionärs und des Künstlers reicht, so tritt die Macht, um nicht zu sagen, überwältigende Übermacht der Tendenz zur Dramatisierung von Denken und Leben in der Kulturgeschichte Europas zu Tage – zumindest in dieser provokanten modernen Rekonstruktion. Billeters Parteinahme für »Diskontinuitäten«, für »radikalen Bruch«, für den »wahrhaften Anfang« und für »ein Denken des kreativen Auftauchens« (Billeter 2010a: 34–39), kurz für »des idées ou des actes inspirés qui sont des évenéments« (Billeter 2020a: 89) bestätigt die Vermutung, dass seine Deutung von Zhuāngzǐs »Paradigma der Subjektivität« der Logik von Dramatisierung und Transgression zutiefst verhaftet bleibt. Dieser Ansatz erweist sich als fruchtbar, wenn es darum geht, von der chinesischen Kommentartradition verdeckte Aspekte des *Zhuāngzǐ* ans Licht zu fördern. Für die Korrespondenz zwischen Entdramatisierung und Literatenkultur bleibt er jedoch erstaunlich blind.

Wohin führt der Weg, wenn Zhuāngzǐs »Paradigma der Subjektivität« konsequenter aus der Perspektive des Verhältnisses von Dramatisierung und Entdramatisierung oder von Subjektivierung und Entsubjektivierung erörtert wird? Anders gefragt: Bedarf plurale Subjektivität nicht der Entdramatisierung? Verlangt nicht die Institutionalisierung demokratischer Politik die Entdramatisierung politischen Handelns im Sinne eines Übergangs der tragischen Entgegensetzung von despotischer Macht und heroischem Widerstand in – so weit wie möglich – gewaltlose Formen der Veränderung, durch die bestehende Ordnungen des Denkens und des Tuns sich von innen heraus wandeln?

Selbstwandel und Selbstregierung

In seinen Reflexionen zum Verhältnis von vormodernem »Weg des Regierens« und modernem »Weg der Politik« plädiert Móu Zōngsān für eine »neue äußere Königlichkeit«. Er tut dies, weil er sich davon eine Entdramatisierung chinesischer Politik erhofft. Seiner Auffassung nach konnte das kaiserzeitliche China keine gewaltlose Form des Regierungswechsels konzipieren und institutionalisieren. Deshalb war es ihm nicht möglich, einen Ausweg aus der destruktiven Dialektik der »Privatisierung« oder »Familiarisierung des Himmelunten« (sī/jiā tiānxià 私/家天下) durch kaiserliche Familien einerseits und einem »revolutionären« Dynastiewechsel (gémìng 革命) andererseits zu finden. Móu hat sich darum bemüht, eine der »neuen äußeren Königlichkeit« entsprechende »moralische Subjektivität« (innere Heiligkeit) so zu rekonstruieren, dass Kant die an Mèngzǐ orientierte Theorie der »Herz-Anlage« (xīnxìng 心性) bereichern kann. Erklärtes Ziel war es, dadurch die konfuzianische Tradition der Selbstkultivierung für die Aufnahme »liberaler Demokratie« in China zu öffnen. (Móu 2003/10: 22–25) Dabei ging es Móu freilich nicht darum, das sich an Mèngzǐ anschließende Modell »moralischer Kultivierung« Hals über Kopf durch Kants »Autonomie« zu ersetzen, denn er war überzeugt vom universalen Gehalt konfuzianischen Lernens und der Möglichkeit, mit Mèngzǐ über Kant hinauszugehen. (Lee 2001: 70–73; Lee 2013: 65–66) Ist die von ihm konzipierte »moralische Subjektivität«, die stark idealistische und bewusstseinsphilosophische Züge trägt, wirklich geeignet, die Demokratisierung Chinas auf individueller Ebene zu denken? Im Folgenden möchte ich experimentell eine Denkmöglichkeit erkunden, die nicht »moralische Subjektivität« und »liberale Demokratie« verbindet, sondern *energiewandelnde Subjektivität* und *demokratische Selbstregierung*.

Denn ist nicht die »moralische Subjektivität«, die demokratischer Politik auf der Ebene »innerer Heiligkeit« entspricht und für die Móu sich vor allem auf die von Mèngzǐ begründete Tradition »moralischer Kultivierung« bezieht, viel zu stark gebunden an die Annahme, dass das »Herz-Bewusstsein« (xīn 心) eine »flutende Atem-Energie« (hàorán zhī qì 浩然之氣) – Wilhelm übersetzt »flutende Lebenskraft« (Wilhelm 1921a: 29) – zu lenken vermag? Und ist mit dieser nicht wiederum ein moralischer Heroismus verbunden, für den in der wenig aufregenden Sphäre demokratischer Prozeduren kein großes Betätigungsfeld bleibt? – Nicht zu vergessen ist, dass im Kontext des modernen Nationalismus, sei es in China, sei es in Japan, die auf Mèngzǐ zurückgehende berühmte Wendung von der »flutenden und aufrechten Atem-Energie« (hàorán zhèngqì 浩然正氣) immer wieder im Kontext von individueller Willenskraft, militärischem Heroismus und revolutionärer Opferbereitschaft auftaucht. Zum weiten Wortfeld der »Atem-Energie« gehören auch Wendungen wie »soldatische Energie« (shìqì 士氣), was soldatische Kampfkraft und Kampfbereitschaft bedeutet.

Die punktuellen politischen Interventionen, für die Zhuāngzǐ nach Billeters Auffassung plädiert, scheinen jedenfalls recht gut zu einer demokratischen Politik jenseits der mörderischen Dialektik von Diktatur und Revolution zu passen. Die Idee eines »daoistischen Intellektuellen« (dàojiāxíng de zhīshìfènzi 道家型的知識份子), für die Lài Xísān plädiert, lässt sich mit der Figur des »spezifischen Intellektuellen« (Foucault) verbinden, die gegen den Typus des »universalen Intellektuellen« à la Sartre gerichtet ist (siehe Kap. 2). Foucaults Genealogie des revolutionären Subjekts, die bis zur »Dramatisierung« und »Theatralisierung« des »Prinzips des Nicht-Verbergens« bei Diogenes zurückführt (Foucault 2009: 234/330), bezeugt, wie schwierig es politischer Philosophie in Europa fällt, sich in der Entdramatisierung des Verhältnisses von Subjektivität und Politik zurechtzufinden. Wie verführerisch klingt doch der alte Sirenengesang des revolutionären Subjekts, den Foucault wieder zum Sprechen bringt: »Muss das Leben, um wirklich das Leben der Wahrheit sein zu können, nicht ein anderes Leben sein, ein radikal und paradoxerweise anderes Leben? [...] Ist nicht und muss nicht das wahre Leben ein anderes Leben sein?« (Foucault 2009: 226/319–320) Ein auf Atem-Energie *und* Fadheit bezogenes Paradigma energiewandelnder Subjektivität wirkt vor diesem Hintergrund zunächst einmal wirklich »fad«. Aber warum nicht den Versuch machen, die Tendenz demokratischer Politik zur Entdramatisierung aus der Perspektive entdramatisierter Subjektivität her neu zu denken oder vielmehr: überhaupt erst denkbar zu machen?

An dieser Stelle kommt die Frage nach dem Verhältnis von moralischer und energiewandelnder Subjektivität ins Spiel. Ist es möglich, *Freiheit* mit einer Philosophie der Wandlungen und der Atem-Energie zu vermitteln und weiterzudenken? Zhuāngzǐs »Paradigma der Subjektivität« ist nicht apolitisch. Aber die Perspektive, die es auf das »Regieren der Welt« eröffnet, ist seltsam. Die Idee des *Wandels der Energien durch Fadheit* trifft sich mit einem bestimmten Geist der Freiheit und der Befreiung. Eine politische »Atemwende« wird erkennbar, durch die Zhuāngzǐ die Wahrnehmung eines eigentümlichen Weges, das Himmelunten zu regieren, eröffnet. Auf diesem Weg kommunizieren »innere« und »äußere Kultivierung« miteinander: »Lass dein Herz in Fadheit wandeln, vereine deine Atem-Energie mit der Wüstenstille, folge der Dinge Natur, ohne parteiisch [privat] zu sein, und das Himmelunten regiert sich.«

(Guō 1961: 292–293; Ziporyn 2020: 69; Wilhelm 1912: 58–59) Wenn es sinnvoll ist, in Anbetracht eines solchen Ratschlags noch von »Harmonie« zu sprechen, so scheint diese nicht konformistisch oder gar totalitär zu sein, sondern durchaus »anarchisch«, wenn denn dieser paradoxe Traum von *herrschaftsfreier Selbstregierung* mit dem korrespondiert, was John Cage »anarchische Harmonie« genannt hat. (Schädler / Zimmermann 1992: 12) In poetischen Sinnbildern taucht im siebten Kapitel des *Zhuāngzǐ* die Möglichkeit auf, das Himmelunten weniger durch die umfassend planende Vernunft von Fürsten und Führern zu regieren, als durch die Kultivierung der menschlichen Kunst, sich selbst zu regieren und zu wandeln. Aber wie kann die Paradoxie *anarchischer Selbstregierung* gedacht und gelebt werden? Das Gespräch, an dessen Ende ein »namenloser Mensch« die eben zitierte Antwort auf die Frage gibt, wie denn das »Himmelunten« regiert und geordnet werden kann, enthält einige rätselhaft verdichtete Hinweise: »Himmelswurzel wandelt auf der lichten Seite des Berges Yīn. Beim Fluss Liǎo begegnete er von ungefähr dem namenlosen Menschen und sprach zu ihm: ›Darf ich fragen, wie das Himmelunten zu tun ist [wie die Welt regiert werden kann]?‹ Der namenlose Mensch sprach: ›Fort! Niedriger Mensch! Warum diese unerfreuliche Frage? Ich bin gerade dabei, als Mensch dem Schöpfer der Dinge zu begegnen. Ist das langweilig, besteige ich den Vogel Klarleere, verlasse die Grenze der sechs Richtungen [oben, unten und vier Himmelsrichtungen] und wandle in der Gegend Ohne-wie-Etwas, um zu weilen in der Wildnis Weitundbreit. Warum kommst du, um mich mit dem Regieren des Himmelunten zu belästigen?‹ Doch jener wiederholte die Frage. Da sprach der namenlose Mensch: ›Lass dein Herz in Fadheit wandeln, vereine deine Atem-Energie mit der Wüstenstille, folge der Dinge Natur, ohne parteiisch [privat] zu sein, und das Himmelunten regiert sich [wird regiert].«[29]

Für die philosophische Interpretation dieses kurzen Gesprächs wäre mindestens ein eigenes Kapitel nötig, das allerdings von Billeters und Julliens Zhuāngzǐ-Interpretationen weit wegführen würde. Billeter verwirft mit selbstbewusster Geste die gesamte Kommentartradition seit Guō Xiàng als langen Irrweg und fragwürdigen Ballast, um sich direkt in ein gleichgestelltes und erfahrungsorientiertes Verhältnis zu Zhuāngzǐ als einem *Philosophen* zu versetzen, »der selbstständig denkt und seine Erfahrung von sich, den Menschen und der Welt zum Gegenstand seines Denkens macht«: »Wenn ich einen Text des *Zhuāngzǐ* angehe, dann frage ich zuerst nicht nach der Idee, die der Autor entwickelt, sondern danach, von welcher besonderen Erfahrung oder welchem Aspekt der gemeinsamen Erfahrung er spricht.« (Billeter 2002: 12–13/12–13) Das ist eine Perspektive, der es auf beeindruckende Weise gelungen ist, weder der illusionären Suche nach einer ursprünglichen Bedeutung des Textes zu verfallen noch sich im Labyrinth der »traditionellen chinesischen Exegese« zu verlieren.

In der Auseinandersetzung mit Billeters Zugang, den ich im zweiten Teil dieses Buches nachzuzeichnen versucht habe, erschien mir allerdings vor allem die totalisierende Ablehnung der Kommentartradition eine »parteiische« Position zu sein, durch die seine Analyse des Textes nicht nur zu neuen Einsichten gekommen ist, sondern auch auf beunruhigende Weise mit Blindheit geschlagen wurde. Durchaus schmerzlich ist mir zunehmend das Moment der Verblendung in Billeters Traditionskritik aufgefallen, und ich habe mich gefragt: Inwiefern ist mein eigener Zugang auf ähnliche Weise blind? Mein Weg, mit dieser Frage umzugehen, besteht nicht nur darin, der Kommentartradition wieder großes Gewicht für die Orientierung in der Bedeutungsvielfalt des Textes und als Korrektiv für die eigene hermeneutische Fantasie beizumessen. Wichtiger noch ist der ständige Bezug zu zeitgenössischen chinesischen Diskussionen, an denen ich seit vielen Jahren beteiligt bin und auf die ich im vorliegenden Buch immer wieder verwiesen habe. Letztlich führt dieser hermeneutische Perspektivismus jedoch wieder auf die »lebendige Erfahrung« zurück, ohne die der gewundene Weg durch klassische Texte der »Begeisterung« ermangelt und fruchtlos bleiben muss. Die Aufgabe, die sich stellt, ist nicht die *Objektivierung* der individuellen Erfahrung, sondern ihre *Kultivierung.*

Der Standpunkt, auf dem jeder Mensch im Hier und Jetzt steht, erlaubt keine Position, die über allen Positionen und in diesem Sinne »unparteiisch« oder »un-privat« (wúsī 無私) und »öffentlich« (gōng 公) wäre. Aber wie kann denn dann die Forderung verwirklicht werden, das »Himmelunten öffentlich zu machen« (tiānxià wéi gōng 天下為公), die chinesische Reformer und Revolutionäre seit Kāng Yǒuwéi und Sūn Zhōngshān (Sun Yat-sen) vorgebracht haben? Wie ist es möglich, »öffentliches Volk« (gōngmín 公民) – im modernen Chinesisch ein Wort für »Bürger« – eines solchen »Himmelunten« zu werden? Das absurd anmutende Gespräch zwischen Himmelswurzel und dem namenlosen Menschen gibt darauf offenbar keine direkte Antwort, enthält jedoch gleichwohl Hinweise auf Zhuāngzǐs Perspektive auf das Verhältnis von Subjektivität und Politik im Sinne des *Regierens der Welt* (des Himmelunten), das mehr ist als das »Regieren von Staaten« (zhìguó 治國).

Zwischen dem oben zitierten Gespräch in *Zhuāngzǐ* 7.3 und demjenigen, das Kǒngzǐ und Yán Huí im vierten Kapitel führen (*Zhuāngzǐ* 4.1), besteht ein innerer Zusammenhang. Beim »Fasten des Herzens« geht es vor allem um die »innere Heiligkeit«, das heißt um die Frage nach den subjektiven Bedingungen politischer Aktivität: Solange ich Veränderung nur von Anderen fordere, aber nicht bereit bin, mich selbst zu verändern, ist Weltveränderung zum Scheitern verurteilt. In der zitierten Stelle wird nun ein Schritt vom »Fasten des Herzens« über das »Wandeln des Herzens in Fadheit« hin zum »Regieren des Himmelunten« vollzogen: Die »innere Heiligkeit« wird in Richtung »äußerer Königlichkeit« ausgeweitet. Das Verhältnis von Selbstveränderung und Weltveränderung verweist auf das Verhältnis von Selbstregierung und Weltregierung. Jede Selbstveränderung bedarf der Fähigkeit zur Selbstregierung. Im Zusammenhang des neuen »Paradigmas der Subjektivität« ist nun Selbstregierung nicht zu trennen ist von der Fähigkeit, die *Dinge sich wandeln zu lassen* (ràng wù zìhuà 讓物自化). Selbstregierung und Natur im Sinne von »natürlichem Selbstwandel« (zìrán zìhuà 自然自化) kommen hier auf eine Weise zusammen, die im Rahmen der modernen Konstellation von demokratischer Politik und liberaler Ökonomie kaum denkbar ist, in der »Natur« als Gegenstand der Kontrolle und Ausbeutung gilt (siehe Kap. 8). In dieser Konstellation wirkt eine »Urgeschichte der Subjektivität« weiter, in der die »Herrschaft über die außermenschliche Natur und über andere Menschen«, mit der »Verleugnung der Natur im Menschen bezahlt« wird. (Horkheimer/Adorno 1997/3: 73) Aufgrund dieses »tragischen« Fortwirkens ist der moderne Liberalismus weitgehend unfähig zum »Eingedenken der Natur im Subjekt«, unfähig, den »offenen Wahnsinn« wahrzunehmen, der in einem

Paradigma der Subjektivität angelegt ist, das immerfort *tun* muss, aber nicht *lassen* kann. Freiheit und Natur bleiben verstrickt in einen fatalen Gegensatz.

Mit dem Motiv vom »Wandeln des Herzens in Fadheit« wird die »innere Kultivierung« auf eine *aistethische* Kehrtwende des Energiewandels verwiesen, von der aus nun die Ausweitung der individuellen Kultivierung des Subjekts auf die kollektive Kultivierung der Welt des Himmelunten angedeutet wird. Das Streben nach eingreifender Kontrolle des »Herz-Bewusstseins« macht sich »leer«, indem dieses lernt, »in Fadheit zu wandeln«, und die Atem-Energie wird in stille Konzentration zurückgenommen. Damit bildet das »Leeren« des Herzens die Voraussetzung dafür, auf den »Selbstwandel der Dinge« (wù zìhuà 物自化) zu »warten« und zu »folgen«, ohne »parteiisch« zu sein, das heißt ohne den Gang der Dinge durch private Vorlieben und gefestigte Vorurteile in eine bestimmte Richtung lenken zu wollen: »[…] und das Himmelunten regiert sich.« Einige andere Übersetzungsvorschläge lauten: »[…] die Welt wird in Ordnung sein« (Wilhelm 1912: 59); »[…] the world will be in order« (Ziporyn 2020: 69); »Dann wird Alles unter dem Himmel wohlgeordnet sein« (Schumacher 2013: 108); »[…] die Welt wird Frieden kennen« (Levi 2006: 66); »[…] so ist der Staat geordnet« (Kalinke 2019. 245). Diese Übersetzungen übergehen eine Deutungsmöglichkeit, die sich auf die frühen Kommentare von Guō Xiàng und Chéng Xuányīng 成玄英 (608–669) zurückführen lässt. In Guō Xiàngs Kommentar ist davon die Rede, »nicht zu regieren, sondern selbst [*sich selbst* oder *von selbst*] zu regieren« (bù zhì ér zì zhì 不治而自治). Später spricht Chéng Xuányīng davon, dass »das Himmelunten nicht darauf wartet, regiert zu werden, sondern sich [von] selbst wandelt«. (Guō 1961: 293–294)[30] Um jedoch zulassen zu können, dass die Welt sich selbst wandelt und regiert, ist es nötig, dass das Herz »leer« und die Atem-Energie »still« wird.

Der moderne Kommentar von Wú Yí 吳怡 verweist auf die Korrespondenz zum Kapitel 57 des *Lǎozǐ*, in dem es heißt: »Ich bin ohne Tun und das Volk wandelt sich von selbst.« (Wilhelm 1911: 62)[31] Wú schreibt weiter: »Wenn also an dieser Stelle von ›Himmelunten regiert‹ gesprochen wird, ist das die Selbstregierung des Himmelunten, also Selbstwandel. Etwas direkter gesagt, heißt dies, dass das Himmelunten sich regiert, wenn es nicht regiert wird.«

Und er fügt hinzu: »Dieser Abschnitt darf nicht als Äußerung zu konkreter Politik betrachtet werden, berührt jedoch ein Grundproblem von Politik, nämlich die Wunschvorstellungen und das parteiische Herz der Regierenden. Solange dieses Grundproblem nicht gelöst wird, ist alle Politik andauernd damit beschäftigt, das Himmelunten zu regieren, ohne jemals in der Lage zu sein, wahrhaft das [Selbst-]Regieren des Himmelunten zu erreichen.« (Wú 2001: 281)[32]

So gesehen kommt in diesem Gespräch das Ideal eines »Regierens ohne Tun« (wúwéi ér zhì 無為而治) zum Ausdruck, in dem die »Selbstregierung des Himmelunten« (tiānxià zìzhì 天下自治) gedacht wird. (Wáng 2013: 365) *Energiewandelnde Subjektivität* berührt sich hier mit einer *Kunst des Regierens*, in der »Selbstregierung« und »Selbstwandel« sich ergänzen. Diese Überlegungen, die ich an dieser Stelle nur grob skizzieren kann, legen immerhin nahe, dass es keineswegs ausgeschlossen ist, die von Billeter verworfene Kommentartradition zum *Zhuāngzǐ* »demokratisch« zu lesen, wenn denn Demokratie als Selbstregierung des Volkes verstanden wird. In der westlichen Sinologie wird häufig behauptet, dass eine solche Lektüre ausgeschlossen werden muss, weil sich die Autoren im alten China nur an eine kleine Elite der Regierenden gerichtet haben. Selbst wenn das stimmt, bleibt die Möglichkeit, den Personenkreis bewusst auszuweiten, der in diesen Texten angesprochen wird. Unter den Bedingungen »demokratischer Politik« sind prinzipiell alle Menschen angesprochen, weil alle »Regierende« sind, das heißt Menschen, die in mehr oder weniger großem Maße sich selbst und andere Menschen »regieren«. In diesem Sinne hat eine der Gründungsfiguren des zeitgenössischen Neokonfuzianismus, Xióng Shílì 熊十力 (siehe Einleitung), entschieden darauf hingewiesen, dass es ein »großer Fehler« ist, zu meinen, der Einfluss »gewöhnlicher Menschen« (shùmín 庶民) betreffe nur den kleinen Bereich des »Privaten« und nicht auch die »öffentliche« Aufgabe des »Regierens der Staaten« und der »Befriedung des Himmelunten«. (Xióng 2001: 672) Aber was bedeutet aus einer solchen Perspektive die an Zhuāngzǐ orientierte kritische Besinnung auf das Verhältnis von »Subjekt« (zhǔtǐ 主體) und »Demokratie« (mínzhǔ 民主)? Das vorliegende Buch enthält bereits viele Überlegungen, die auf eine Antwort hindeuten. Eine genauere Erörterung dieser

Frage überschreitet jedoch den hiesigen Rahmen und muss kommenden Studien vorbehalten werden.

Die Beantwortung der Frage »Was ist chinesische Philosophie?« führt in dem Gespräch von Himmelwurzel und dem namenlosen Menschen über das Regieren des Himmelunten in eine Sprache, die ratlos macht, die möglicherweise auch abstoßend wirkt, vielleicht aber auch ein befreiendes Lachen hervorruft. Was soll das? Ist sie da nicht wieder, diese »nackte Unmöglichkeit, das zu denken« (Foucault 1966: 7), auf die »wir« regelmäßig zu stoßen scheinen, wenn »wir« die »Vertrautheiten unseres Denkens« verlassen und eine Annäherung an das Chinesische versuchen? Aber worin besteht denn die »Unmöglichkeit, das zu denken«? Für die philosophische Interpretation des oben zitierten Gesprächsausschnitts über das Wandeln des Herzens in Fadheit wäre ein weiteres Kapitel nötig. Aber selbst wenn ich dieses nun noch anfügen würde, wäre absehbar, dass auch dann der alte Zweifel bestehen bleiben wird: Ist denn *das* »Denken«? Soll *das* »Philosophie« sein? Oder ist es etwas anderes?

Damit mündet der Weg, den dieses Buch beschritten hat, in seinen Anfang: »Du brauchst es nicht Philosophie zu nennen, wenn dich dieser Ausdruck schmerzt.«

Anmerkungen

1 Im September 2012 hat François Jullien auf einer Tagung in Taiwan eine chinesische Übersetzung dieses Textes vorgestellt. Während dieser Tagung habe ich mit ihm vereinbart, diesen Text auf einem zu organisierenden Workshop an der Academia Sinica in Taipei weiter zu diskutieren. Eine erste chinesische Version meiner kritischen Auseinandersetzung mit diesem Text habe ich sodann erstmals auf der Veranstaltung zum Thema »Ideas and Methods: Possibilities of a Chinese-Western Dialogue in a Globalized Age (International Summit Dialogue and Forum)« in Běijīng im Dezember 2012 vorgetragen, zu der auch Jullien eingeladen war. Auf der Tagung »Des possibles de la pensée. L'itinéraire philosophique de François Jullien« mit und über Julliens Denken, die im September 2013 im französischen Cerisy stattfand, hatte ich Gelegenheit, eine französische Kurzversion der inzwischen stark angewachsenen deutschen Version zur Diskussion zu stellen. Diese hat eine hitzige Diskussion mit Jullien ausgelöst. Am 7. und 8. November 2013 fand dann ein Workshop mit und über Jullien am Institut für chinesische Literatur und Philosophie der Academia Sinica statt, für den ich eine gegenüber der Version vom November 2012 nochmals stark erweiterte chinesische Version erarbeitet hatte. Für diesen Workshop hatte Jullien eine Antwort auf meine zuvor in Cerisy diskutierte französische Kurzversion vorbereitet, deren chinesische Version in einem Sammelband veröffentlicht worden ist. (Jullien 2013b) Auf Julliens Antwort beziehe ich mich im Folgenden mehrfach. Diese deutsche Version ist gegenüber den 2014 veröffentlichten chinesischen Versionen (Heubel 2014a) stark überarbeitet. Eine leicht veränderte Version des französischen Textes, den ich in Cerisy vorgetragen habe, findet sich am Schluss dieses Kapitels unter dem Titel »Zuspitzung«. Dieser Abschnitt ist eine Zusammenfassung des ganzen Kapitels, die auch zuerst gelesen werden kann. In den später veröffentlichten Tagungsband ist er nicht aufgenommen worden. (Gaillard/Ratte 2015) Die französische Version ist deshalb später eigenständig erschienen. (Heubel 2014b)

2 »Aussi, ce qui est au-dessus (en amont) de l'actualisation est ce qu'on appelle la voie, ce qui est au-dessous (en aval) de l'actualisation est ce qu'on appelle son récipient.« 「是故形而上者謂之道，形而下者謂之器。」(Wáng 1988: 568) Richard Wilhelm übersetzt: »Was oberhalb der Form ist, heißt der SINN, was innerhalb der Form ist, heißt das Ding.« (Wilhelm 1989: 299) Dennis Schilling: »Daher heißt das, was als Gestalt aufsteigt, Weg. Was als Gestalt niedersinkt, heißt Gerät.« (Schilling 2009: 221)

3 「道者器之道，器者不可謂之道之器也。」 (Wáng 1988: 1027)

4 »C'est pourquoi il n'y a pas, de mon point de vue, de ›métaphysique énergétique‹ de Wang Fuzhi. Tout le travail de Wang Fuzhi, notamment dans sa façon d'articuler li 理et qi 氣, que ce soit dans sa philosophie première ou dans sa pensée de l'Histoire, est précisément de désamorcer la possibilité d'une coupure métaphysique – et cela par une critique rigoureuse de Wang Yangming qui, sous influence du bouddhisme, prêtait à cette possibilité.«

5 Jullien insistiert auf dem Abstand zwischen europäischer Philosophie und chinesischem Denken. Auch Philosophen in Ostasien nehmen diesen »Abstand« wahr, jedoch weniger als fließenden, strategisch gemeinten, denn als *Differenz*, die von einer Tendenz zur starren Entgegensetzung von Europa und Ostasien geprägt ist, die als hierarchisierend und diskriminierend wahrgenommen wird. Julliens zur eigenen Verteidigung vorgebrachter Hinweis, seine Idee des Abstands sei nicht diskriminierend gemeint, sondern Ausdruck der Anerkennung der Andersheit einer dem chinesischen Denken eigenen Intelligibilität, verkennt die Dynamik intellektueller Modernisierung. Takahiro Nakajima bringt die Problematik wie folgt auf den Punkt: »I never forgot the debate about whether or not Chinese Philosophy was *philosophy* or not. Non-European philosophies like Chinese Philosophy, Indian Philosophy, and American Philosophy have often been regarded as improper philosophy, pre-philosophy, or non-philosophy. Korean, Vietnamese, and Japanese Philosophies have been subject to even worse contempt. They are forced into being defined as *thought*. There are two typical reactions to this. One is to limit oneself to the realm of thought and play the role of the *other* of European Philosophy. The other is to over-philosophize oneself in an attempt to exhibit the same philosopheme as European Philosophy, and in some cases to even claim to the potential to transcend it. It is a simple matter to find good examples of these two types of reactions in the modern history of philosophy in China and Japan.« (Nakajima 2007: 10) Das von mir skizzierte Verständnis von interkultureller Philosophie als situiert zwischen komparativem Kontrast und transkultureller Dynamik, zwischen regionaler und globaler Philosophie ist ein Vorschlag für den Umgang mit dem von Nakajima formulierten Dilemma.

6 Pierre Hadot versteht mit Bezug auf Sokrates' »Atopie« als »Fremdheit des Philosophen in der Welt« (l'*atopia*, l'étrangeté du philosophe dans le monde). (Hadot 1987: 205) Das erste Kapitel von Gernot Böhmes Buch *Der Typ Sokrates* ist »Atopos« überschrieben. Im Namen von »Atopia« wird Sokrates, das »Urbild des Philosophen«, wie folgt beschrieben: »Sokrates, der Ortlose. Sokrates, der merkwürdige Mann, der Fremde, der Befremdliche, der Sonderling. Sokrates, der Auffällige, der Störenfried, der Asoziale. Sokrates, die unangepaßte, die paradoxe, die absurde Existenz. Atopos ist sein Epitheton – das heißt der Ortlose […].« (Böhme 1992: 19)

7 Während der Tagung in Cerisy (2013) habe ich die Fruchtbarkeit von Julliens Schriften im französischen Kontext eindrucksvoll kennengelernt.

Zugleich hat Julliens Insistenz auf der Tatsache, dass wir in bestimmten Sprachen denken, allerdings auch den Zweifel verstärkt, ob die Rede von *europäischem Denken* (ganz zu schweigen von *abendländischem Denken*) nicht in einem Maße selbstbetrügerisch ist, das ich bisher nicht wahrhaben wollte. In den zahlreichen Invektiven der französischen Referenten gegen moralphilosophische, normative und universalistische Tendenzen in der deutschen Nachkriegsphilosophie habe ich den tiefen Abstand zu spüren bekommen, der die beiden Nachbarländer philosophisch nach wie vor voneinander zu trennen scheint – auch nachdem Habermas' Polemik gegen die Poststrukturalisten innerhalb der Kritischen Theorie einer aufmerksamen Offenheit für philosophische Entwicklungen im französischsprachigen Raum gewichen ist. Während der Tagung in Cerisy war es vor allem Françoise Gaillard, die mich darauf hingewiesen hat, dass das Motiv des *Zivilisationsbruchs* in Frankreich auf breites Unverständnis stößt. Dass für Jullien der Blick von außen auf Europa vor allem Kontinuität offenbar werden lässt – während für mich der Blick auf China das Bewusstsein der Notwendigkeit des Bruchs mit der traditionellen Metaphysik verstärkt –, wird somit besser verständlich. Auch Julliens Kritik an meiner Rede von einem historischen Apriori der Modernisierung als »Metaphysik der Moderne« lässt sich, mit Blick auf Adorno, als Unverständnis gegenüber der Unmöglichkeit von Metaphysik als metaphysischem Problem lesen. Damit wird die Frage berührt, in welchem Maße sich die unterschiedlichen Zugangsweisen zum Verhältnis von China und Europa auch durch diesen historischen und theoretischen *Abstand* zwischen Frankreich und Deutschland erklären lassen: durch einen spannungsgeladenen Abstand zwischen verschiedenen Weisen, Europa und europäische Kultur zu denken.

8 »C'est peut-être là mon principal point de désaccord avec Fabian Heubel: je ne fuis pas la pensée européenne, car celle-ci n'a pas fait qu'aboutir à Auschwitz. Je ne me complais pas dans la mauvaise conscience de la raison européenne, mais je remets celle-ci au travail, à nouveaux frais, en l'ouvrant à la fécondité de la pensée chinoise [...].«

9 Billeter behauptet, die Werke »zeitgenössischer Neokonfuzianer« seien die »Hauptquelle, aus der Jullien geschöpft hat«: Jullien »hat, ohne sie zu kritisieren, unkritische Denker aufgenommen, die ihr Gefangensein nicht sehen und noch weniger die historischen Gründe für dieses Gefangensein« (Billeter 2006: 67). Diese weitreichende Behauptung scheint mir in zweifacher Hinsicht problematisch zu sein: Erstens ist es offensichtlich, dass Jullien und Móu Zōngsān (über den Billeter an dieser Stelle vor allem spricht) beispielsweise in ihren Interpretationen von Zhāng Zǎi keineswegs übereinstimmen, ja geradezu entgegengesetzte Auffassungen vertreten, denn Móu ist ein scharfer Kritiker der »naturalistisch« verstandenen nicht-metaphysischen Immanenz (Heubel 2007); zweitens ist Jullien unkritisch, wo zeitgenössische Neokonfuzianer keineswegs unkritisch geblieben sind, nämlich im Verhältnis zur undemokratischen Politik der Kaiserzeit (Heubel 2014).

10 »Der universelle Intellektuelle weiß sich im Besitz der Wahrheit, d. h. der ›richtigen Repräsentation‹ der Welt, von der ausgehend er nicht nur sagt, was ist, sondern auch vorschreibt, was sein soll. […] Die Rolle des spezifischen Intellektuellen ist zugleich bescheidener und radikaler. Während der universelle Intellektuelle seine individuelle Position universalisiert und im Namen eines allgemeinen Rechts oder historischer Gesetze spricht, denen sich alle gleichermaßen zu unterwerfen haben, spricht dieser nur für sich selbst und nicht für andere oder genauer: Der spezifische Intellektuelle spricht nur für andere, indem er für sich selbst und von sich selbst und seinen persönlichen Erfahrungen spricht. Die Wirksamkeit der Kritik ergibt sich also nicht trotz der Spezifität der Erfahrungen, sondern die Begrenzung des Geltungsanspruchs ist die Voraussetzung für ihren Einsatz in konkreten politischen Projekten.« (Lemke 2001: 273–274)

11 「康顧視日影，索琴彈之，曰：『昔袁孝尼嘗從吾學廣陵散，吾每靳固之，廣陵散於今絕矣。』」

12 「若以大和爲至樂，則榮華不足顧也；以恬澹為至味，則酒色不足欽也。」

13 Ich möchte kein Geheimnis daraus machen, dass der Schlüssel zu *meiner* Perspektive in Frankfurt *und* in Taipei liegt, wobei ich gleichsam versuche, den *innereuropäischen* Abstand zwischen Frankfurt und Paris <u>und</u> den *innerchinesischen* Abstand zwischen Taipei und Peking philosophisch fruchtbar zu machen.

14 「子曰：『君子之於天下也，無適也，無莫也，義之與比。』」 An dieser Stelle verzichte ich auf eine philologische Diskussion des Textes, die verschiedene Lesarten berücksichtigt. Meine deutsche Übersetzung folgt der modernen chinesischen Übersetzung des konfuzianischen Gelehrten Qián Mù 錢穆 (1895–1990) in seiner *Neuinterpretation des Lúnyǔ* (Qián 1998/3: 128): 「先生說：『君子對於天下事，沒有一定專主的，也沒有一定反對的，只求合於義便從。』」 Richard Wilhelm übersetzt: »Der Meister sprach: ›Der Edle hat für nichts auf der Welt eine unbedingte Voreingenommenheit oder eine unbedingte Abneigung. Das Rechte allein ist es, auf dessen Seite er steht.‹« (Wilhelm 1921: 33); die Übersetzung von Ernst Schwarz lautet: »Der Meister sprach: Der edle Mensch verhält sich so zu allem, was unter dem Himmel geschieht: nichts, das er unbedingt gutheißt, nichts, das er unbedingt ablehnt; dem Gebot der Rechtschaffenheit folgt er.« (Schwarz 1985: 49); James Legge übersetzt: »The master said: ›The superior man, in the world, does not set his mind either for anything, or against anything; what is right he will follow.‹« (Legge 1985: 168)

15 「此老、佛之學所以自謂心無所住，而能應變，而卒得罪於聖人也。」

16 「聖人之學不然，於無可無不可之間，有義存焉。」

17 「吾生也有涯，而知也無涯。以有涯隨無涯，殆已；已而為知者，殆而已矣。為善無近名，為惡無近刑。緣督以為經，可以保身，可以全生，可以養親，可以盡年。」Die Fülle der Übersetzungsfragen, die sich alleine in dieser kur-

zen Passage stellen, ist kaum zu übersehen. Während einer Tagung, die der Übersetzung des dritten Kapitels gewidmet war, bemerkte Brook Ziporyn, er habe die Übersetzung dieser kurzen Stelle bereits »hundert Mal« verändert und sei noch immer nicht recht zufrieden. Wilhelm übersetzt: »Unser Leben ist endlich; das Wissen ist unendlich. Mit dem Endlichen etwas Unendlichem nachzugehen, ist gefährlich. Darum bringt man sich nur in Gefahr, wenn man sein Selbst einsetzt, um die Erkenntnis zu erreichen. [...] Wer es aber versteht, die Verfolgung der Hauptlebensader zu seiner Grundrichtung zu machen, der ist imstande, seinen Leib zu schützen, sein Leben völlig zu machen, den Nächsten Gutes zu tun und seiner Jahre Zahl zu vollenden.« (Wilhelm 1912: 22)

18 Die Diskussionen um die Bedeutung des Titels »yǎng shēng zhǔ 養生主« sind umfangreich. Richard Wilhelm übersetzt »Pflege des Lebensprinzips« (Wilhelm 1912: 22), Graziani »Nourrir le principe vital« (Graziani 2006: 41), Levi »Principes pour nourrir sa vie« (Levi 2006: 31), Jullien »Principes du nourissement vital« (Jullien 2005: 89) und Ziporyn »The primacy of nourishing life« (Ziporyn 2020: 29). In chinesischen Kommentaren findet sich zur Erläuterung der damit implizierten Hierarchie menschlicher Vermögen die Unterscheidung zwischen »Herr« – im Sinne von Gastgeber – und »Gast« (kè 客). Im Kommentar einer verbreiteten modernen Textausgabe heißt es: »Der menschliche Körper ist der Gast, der Geist allerdings ist der Herr (Gastgeber). Der Körper ist endlich, der Geist indes unerschöpflich, von daher bezieht sich das Nähren des Lebensherrn auf das Nähren unseres Geistes, nicht auf das Nähren des Körpers« (Huáng 1974: 78). Ähnlich dualistisch beginnt auch der Kommentar von Chén Gǔyìng 陳鼓應: demnach ist das »Nähren des Geistes« (yǎng shén 養神) das wichtigste Moment der Lebenspflege. Allerdings wird sodann als beste Methode des »Nährens des Geistes« das »Der-Natur-Folgen« (shùnrèn zìrán 順任自然) genannt, das dann wiederum durch die Wendung yuán dū yǐ wéi jīng 緣督以為經 erklärt wird. (Chén 2005: 101)

19 In der französischen Übersetzung von Jean Levi (Levi 2006: 31) wird die schwierige Wendung einfach unterschlagen und damit jener Teil, der nach Auffassung wichtiger Kommentatoren der Kernsatz des gesamten Kapitels ist, weil er *das* Prinzip der Lebensnährung konzentriert zum Ausdruck bringt – entsprechend gibt es nur *ein* wesentliches Prinzip, das es zu beachten gilt, und nicht mehrere, wie die Übersetzungen von Levi und Jullien nahelegen (siehe dazu Wáng Shūmín 1994: 99).

20 Wichtige Vertreter des zeitgenössischen Neokonfuzianismus waren in den 1950er Jahren davon überzeugt, dass dieses »Regime« nicht von Dauer sein wird und sein kann, weil seine marxistisch-leninistisch gegründete Regierungsform der aus der chinesischen Geschichte selbst hervorgehenden Forderung nach »demokratischer Politik« entgegenläuft. (Zhāng 1986) Ob dieses »Regime« von Dauer sein kann, wird allein die Geschichte erweisen. Dass es sich überhaupt herausbilden und diverse schwere Krisen überstehen konnte, ist ohne Sinn für die transkulturelle Dynamik der hybriden Modernisierung

Chinas kaum angemessen nachzuvollziehen. Im Überblick, den Billeter von der chinesischen Geschichte gibt, wird unterschlagen, dass es der »Westen« und Japan waren, die an drei entscheidenden Wendepunkten der Geschichte des 20. Jahrhunderts dem Regime der kommunistischen Partei geholfen haben: In den 1920er Jahren haben die systematischen Versuche des imperialistischen Westens, von der Schwäche der Republik China zu profitieren, Sun Yat-sen in die Arme der Sowjetunion getrieben; in den 1930er und 40er Jahren hat erst die japanische Invasion Chinas der kommunistischen Partei um Máo Zédōng die Gelegenheit verschafft, sich zu reorganisieren und schließlich den Bürgerkrieg zu gewinnen; in den 1970er Jahren hat die politische Anerkennung der VR China durch die USA und viele andere Staaten die Grundlage für jene Politik der Öffnung und Reform gelegt, durch die die VR China überhaupt erst zur ökonomischen und technologischen Großmacht werden und das Regime der kommunistischen Partei dauerhaft Legitimität gewinnen konnte. An jedem dieser Wendepunkte haben der »Westen« und Japan – gewollt oder ungewollt – dem Regime der kommunistischen Partei geholfen und gegen die »demokratischere« Alternative optiert, die in Gestalt der Republik China bestand. Das zu verkennen und stattdessen eine historische Kontinuität zu ziehen, die von der »imperialen Ordnung« der Hàn-Zeit bis zum »roten Reich/Imperium« (hóngsè dìguó 紅色帝國) der VR China reicht, läuft Gefahr, einer historischen Einseitigkeit zu verfallen, die dem historischen Determinismus sino-marxistischer Geschichtsschreibung durchaus ähnlich ist. Billeters kritisches Modell der chinesischen Geschichte erweist sich somit als Kehrseite des von der Kommunistischen Partei Chinas propagierten.

21 Den Titel, den ich versuchsweise mit »Brauch der Mitte« wiedergebe, übersetzt Jullien als *Zhong Yong ou La Régulation à usage ordinaire* und Richard Wilhelm als »Maß und Mitte« (Wilhelm 1981: 27–45).

22 「遠是山水形質的延伸。此一延伸，是順著一個人的視覺，不期然而然的轉移到想像上面。由這一轉移，而使山水的形質，直接通向虛無，由有限直接通向無限；人在視覺與想像的統一中，可以明確把握到從現實中超越上去的意境。在此一意境中，山水的形質，烘托出了遠處的無。這並不是空無的無，而是作為宇宙根源的生機生意，在漠漠中作若隱若現地躍動。而山水遠處的無，又反轉來烘托出山水的形質，乃是與宇宙相通相感的一片化機。」

23 「莊子所謂『氣』者，必虛吾心而始見。」

24 「孟、莊兩家之分別，實即後世『理』『氣』二元之所由導也。」

25 「撤去心理地主體」。

26 「在氣上開闢不出精神的境界；只有在人的心上才有此可能。」

27 「虛靜乃是從成見欲望中的一種解放、解脫的工夫；也是解脫以後，心所呈現的一種狀態，亦即是人生所到達的精神境界。」

28 「[...] 虛靜是道家工夫的總持，也是道家思想的命脈。[...] 虛靜之心，本是超越一切差別對立，而會涵融萬有之心。」

29 「天根遊於殷陽，至蓼水之上，適遭無名人而問焉，曰：『請問為天下。』無名人曰：『去！汝鄙人也，何問之不豫也！予方將與造物者為人，厭則又乘夫莽眇之鳥，以出六極之外，而遊無何有之鄉，以處壙埌之野。汝又何帠以治天下感予之心為？』又復問。無名人曰：『汝遊心於淡，合氣於漠，順物自然，而無容私焉，而天下治矣。』」

30 「如是，則天下不待治而自化者耳。」

31 「我無為而民自化。」Dazu heißt es im Kommentar von Chén Gǔyìng 陳鼓應: »I do not act, and the people self-transform (自化): Self-transform (自化) means to cultivate oneself.« (Chén 2017: 242/318) Bemerkenswert ist, dass Friedrich A. von Hayek in einem Text mit dem Titel »Principles of a Liberal Social Order«, in dem er ausführlich auf den Begriff der »spontanen Ordnung« eingeht, zustimmend *Lǎozǐ* 57 zitiert. (Hayek 1966: 617)

32 「至於此處說『天下治』，是天下的自治，也就是自化。說得直截一點，即是不治天下而治天下。當然這段話不能當作具體的政治來看，但卻觸及了政治背後的根本問題，就是為治者的欲望和私心。這個根本的問題如果不能解決，所有的政治都是一直在忙著治天下，而無法真正的達到天下治。」

Literaturverzeichnis

Adorno, Theodor W. 1996. *Probleme der Moralphilosophie*. Frankfurt a. M.: Suhrkamp.

– 1997/4. *Minima Moralia. Reflexionen aus dem beschädigten Leben*. In: *Gesammelte Schriften*, Band 4. Frankfurt a. M.: Suhrkamp.

– 1997/6. *Negative Dialektik*. In: *Gesammelte Schriften*, Band 6. Frankfurt a. M.: Suhrkamp.

– 1997/17. »Anton von Webern«. In: *Gesammelte Schriften* (*Musikalische Schriften* IV), Band 17. Frankfurt a. M.: Suhrkamp.

Assheuer, Thomas 2020. »›Alles unter dem Himmel‹ Ewiger Friede? Der chinesische Philosoph Zhao Tingyang rechnet mit dem Westen ab und entwirft eine neue Weltordnung«. *Die Zeit* (12.3.2020).

Bai, Tongdong (Bái Tóngdōng) 白彤東 2020. *Against Political Equality. The Confucian Case*. Princeton & Oxford: Princeton University Press.

Benjamin, Walter 1980. »Über den Begriff der Geschichte«. In: *Gesammelte Schriften*, Band I.2. Frankfurt a. M.: Suhrkamp.

Billeter, Jean François 1979. *Li Zhi, philosophe maudit (1527–1602) Contribution à une sociologie du mandarinat chinois de la fin des Ming*. Genève: Droz.

– 1989. *L'art chinois de l'écriture*. Genève: Skira.

– 1990. »Comment lire Wang Fuzhi?«. In: Études chinoises, vol. IX, no. 1: 95–127.

– 1998. *Mémoire sur les études chinoises à Genève et ailleurs*. Genève.

– 2002. *Leçons sur Tchouang-tseu*. Paris: Allia. Deutsch: *Das Wirken in den Dingen. Vier Vorlesungen über das Zhuangzi*. Aus dem Französischen von Thomas Fritz. Berlin: Matthes & Seitz, 2015. Chinesisch (Kurzzeichen): 畢來德著, 宋剛譯. 《莊子四講》. 北京: 中華書局, 2009. Chinesisch (Langzeichen): 畢來德著, 宋剛譯. 《莊子四講》. 臺北市: 聯經, 2011.

– 2004. *Etudes sur Tchouang-tseu*. Paris: Allia.

– 2005. »Questions sur un philosophe chinois«. In: *Critique*, Nr. 713: 800–814.
– 2006. *Contre François Jullien*, Paris: Allia. Deutsch: *Gegen François Jullien*. Aus dem Französischen von Tim Trzaskalik. Matthes & Seitz Verlag: Berlin, 2015. Chinesisch: 畢來德著, 周丹穎譯. 《駁于連: 目睹中國研究之怪現狀》. 高雄市: 無境文化, 2011.
– 2006a. *Chine trois fois muette*. Paris: Allia. Chinesisch: 畢來德著, 宋剛譯. 《沈默的中國》. 高雄市: 無境文化, 2015.
– 2010. *Essai sur l'art chinois de l'ecriture et ses fondements*. Paris: Allia.
– 2010a. *Notes sur Tchouang-tseu et la philosophie*. Paris: Allia.
– 2012. *Un paradigme*. Paris: Allia. Deutsch: *Ein Paradigma*. Aus dem Französischen von Tim Trzaskalik. Matthes & Seitz Verlag: Berlin, 2017.
– 2017. *Une rencontre à Pékin*. Paris: Allia.
– 2018. *Une autre Aurélia*. Paris: Allia.
– 2019. *Demain l'Europe*. Paris: Allia.
– 2020. *Pourquoi l'Europe. Réflexions d'un sinologue*. Paris: Allia.
Bauer, Wolfgang 1990. *Das Antlitz Chinas, Die autobiographische Selbstdarstellung in der chinesischen Literatur von ihren Anfängen bis heute*. München: Hanser.
Billioud, Sébastien 2011. *Thinking Through Confucian Modernity. A Study of Mou Zongsan's Moral Metaphysics*. Leiden: Brill.
Böhme, Gernot 1989. *Für eine ökologische Naturästhetik*. Frankfurt a. M.: Suhrkamp.
– 1992. *Der Typ Sokrates*. Frankfurt a. M.: Suhrkamp.
– 1995. *Atmosphäre. Essays zur neuen Ästhetik*. Frankfurt a. M.: Suhrkamp.
– 2001. *Aisthetik. Vorlesungen über Ästhetik als allgemeine Wahrnehmungslehre*. München: Fink.
– 2003. »… vom Interesse an vernünftigen Zuständen durchherrscht …« In: Gernot Böhme und Alexandra Manzei (Hg.). *Kritische Theorie der Technik und der Natur*. München: Fink: 13–23.
– 2008. *Ethik leiblicher Existenz. Über unseren moralischen Umgang mit der eigenen Natur*. Frankfurt a. M.: Suhrkamp.
Brumlik, Micha 2020. »Der Kampf der Weltanschauungen. China gegen den Westen: Von Kant über ›Habeimasi‹ zu ›Tianxia‹«. In: *Blätter für deutsche und internationale Politik* (10/2020): 81–90.

Brunozzi, Phillippe / Hahn, Henning 2020. »Alles unter dem Himmel: Eine kritische Auseinandersetzung«. In *Zeitschrift für Praktische Philosophie*. Band 7, Heft 1: 347–354.

Cài Yíxuán 蔡宜璇 2001. 《悅目: 中國晚期書畫》(Augenfreude: Späte chinesische Kalligrafie und Malerei). 蔡宜璇執行主編. 臺北市: 石頭.

Celan, Paul 1986. »Antwort auf eine Umfrage der Librairie Flinker, Paris (1958)«. In: *Gesammelte Werke in fünf Bänden*, dritter Band. Frankfurt a. M.: Suhrkamp.

Celikates, Robin 2020. »Tianxia und die Herausforderungen des Kosmopolitismus«. *Zeitschrift für Praktische Philosophie*, Band 7, Heft 1: 376–380.

Cheng, Anne 2009. *La Chine pense-t-elle?* Paris: Collège de France/ Fayard.

– 2007. *La pensée en Chine aujourd'hui*. Sous la direction d'Anne Cheng. Paris: Gallimard.

Chén Gǔyìng 陳鼓應 2005.《莊子今註今譯》(*Zhuāngzǐ*, neu kommentiert und übersetzt). 臺北市: 台灣商務.

– 2017.《老子今註今譯及評介》(*Lǎozǐ*, neu kommentiert und übersetzt). 新北市: 臺灣商務 (三版). Englisch: Chen Guying *The Annotated Critical Laozi. With Contemporary Explication and Traditional Commentary*. Edited by Paul J. D'Ambrosio and Xiao Ouyang. Leiden / Boston: Brill, 2020.

Chén Yūn 陳贇 2007. 《天下或天地之間: 中國思想的古典視域》(Himmelunten oder zwischen Himmel und Erde: Der klassische Horizont chinesischen Denkens). 上海: 上海書店.

Cioflec, Eveline 2012. *Der Begriff des »Zwischen« bei Martin Heidegger. Eine Erörterung ausgehend von* Sein und Zeit. Freiburg / München: Alber.

Defoort, Carine 2001. »Is There Such a Thing as Chinese Philosophy? Arguments of an Implicit Debate«. *Philosophy East and West*, Vol. 51, No. 3: 393–413.

Dài Míngyáng 戴明揚1962.《嵇康集校注》/戴明揚校注. 北京: 人民文學出版社.

Deleuze, Gilles 1986. *Foucault*. Paris: Minuit.

– / Félix Guattari 1991. *Qu'est-ce que la philosophie?* Paris: Minuit.

– 2003. »Qu'est-ce qu'un dispositif?«. In: *Deux régimes de fous, Textes et entretiens 1975–1995*. Édition préparée par David Lapoujade. Paris: Minuit: 316–325.

Dèng Yùrén (Norman Teng) 鄧育仁 2015. 《公民儒學》(Bürger-Konfuzianismus). 臺北市: 國立臺灣大學出版中心.

– 2020.《公民哲學》(Bürger-Philosophie). Unveröffentlichtes Manuskript.

Derrida, Jacques 1991. *L'Autre Cap*. Paris: Minuit.

Dikötter, Frank 2013. *The Tragedy of Liberation. A History of the Chinese Revolution 1945–1957*. London: Bloomsbury.

– 2016. *The Cultural Revolution. A People's History 1962–1976*. London: Bloomsbury.

Dussel, Enrique 2000. »Europe, Modernity, and Eurocentrism«. In: *Nepantla. Views from South*, 1.3/2000: 465–478.

– 2013. *Ethics of Liberation: In the Age of Globalization and Exclusion*. Durham and London: Duke University Press.

Edlinger, Karl / Gutmann, Wolfgang Friedrich / Weingarten, Michael 1991. *Evolution ohne Anpassung*. Frankfurt a. M.: Waldemar Kramer.

Erdmann, Eva / Forst, Rainer / Honneth, Axel 1990. *Ethos der Moderne. Foucaults Kritik der Aufklärung*. Herausgegeben von Eva Erdmann, Rainer Forst und Axel Honneth. Frankfurt a. M. / New York: Campus.

Eribon, Didier 1994. *Michel Foucault et ses contemporains*. Paris: Fayard.

Fāng Yǐzhì 方以智 2017. 《藥地炮莊校注》. 蔡振豐, 魏千鈞, 李忠達校注. 臺北市: 臺大出版中心.

Ferrari, Federico / Nancy, Jean-Luc 2002. *Nus sommes, La peau des images*. Bruxelles: Gevaert.

Fetscher, Iring 1985. Überlebensbedingungen der Menschheit, Ist der Fortschritt noch zu retten? München und Zürich: Piper.

Foucault, Michel 1961. »Préface«. In: *Dits et écrits*, Bd. I. Paris: Gallimard, 1994: 159–167.

– 1966: *Les mots et les choses: une archéologie des sciences humaines*. Paris: Gallimard. Deutsch: *Die Ordnung der Dinge. Eine Archäologie der Humanwissenschaften*. Frankfurt a. M.: Suhrkamp, 1974.

- 1967. »Des espaces autres«. In: *Dits et écrits*, Bd. 4, Paris: Gallimard: 752–762.
- 1975. *Surveiller et punir, Naissance de la prison*, Paris: Gallimard.
- 1976. *La volonté de savoir (Histoire de la sexualité 1)*. Paris: Gallimard. Deutsch: *Der Wille zum Wissen. Sexualität und Wahrheit 1.* Übersetzt von Ulrich Raulff und Walter Seitter. Frankfurt a. M.: Suhrkamp, 1983.
- 1976b. »La fonction politique de l'intellectuel«. In: *Dits et écrits*, Bd. III. Paris: Gallimard, 1994: 109–114. Deutsch: *Schriften in vier Bänden*, Band 3, Frankfurt a. M.: Suhrkamp, 2003: 145–152.
- 1978. »Michel Foucault et le zen: un séjour dans un temple zen«. In: *Dits et écrits*, Bd. III, Paris: Gallimard: 618–624. Deutsch: *Schriften*, Bd. 3. Frankfurt a. M.: Suhrkamp, 2003: 776–782.
- 1984. *L'usage des plaisirs (Histoire de la sexualité 2)*. Paris: Gallimard. Deutsch: *Der Gebrauch der Lüste. Sexualität und Wahrheit 2.* Übersetzt von Ulrich Raulff und Walter Seitter. Frankfurt a. M.: Suhrkamp, 1989.
- 1984a. »Qu'est-ce que les Lumières?«. In: *Dits et écrits*, vol. IV. Paris: Gallimard, 1994: 562–578.
- 2001. *L'herméneutique du sujet. Cours au Collège de France (1981–1982)*. Paris: Gallimard/Seuil. Deutsch: *Hermeneutik des Subjekts. Vorlesung am Collège de France (1981/82)*. Aus dem Französischen von Ulrike Bokelmann. Frankfurt a. M.: Suhrkamp, 2004.
- 2004. *Sécurité, territoire, population. Cours au Collège de France (1977–1978)*. Paris: Gallimard/Seuil. Deutsch: *Geschichte der Gouvernementalität I. Sicherheit, Territorium, Bevölkerung.* Vorlesung am Collège de France 1977–78. Herausgegeben von Michel Sennelart. Aus dem Französischen übersetzt von Claudia Brede-Konersmann und Jürgen Schröder. Frankfurt a. M.: Suhrkamp, 2005.
- 2004a. *Naissance de la biopolitique. Cours au Collège de France (1978–1979)*. Paris: Gallimard/Seuil.
- 2009. Michel Foucault, *Le courage de la vérité. De gouvernement de soi et des autres II. Cours au Collège de France* (1984), Paris: Gallimard/Seuil. Deutsch: *Der Mut zur Wahrheit. Die Regierung des Selbst und der anderen II. Vorlesung am Collège de France 1983/84.* Aus dem Französischen von Jürgen Schröder. Berlin: Suhrkamp, 2010.

Gadamer, Hans Georg 1987. »Die Griechen«. In: *Gesammelte Werke*, Band 3 (Neuere Philosophie I). Tübingen: Mohr: 285–296.

Gaillard, Françoise / Ratte, Philippe 2015. *Des possibles de la pensée: L'itinéraire philosophique de François Jullien*. Sous la direction de Françoise Gaillard et Philippe Ratte. Paris: Hermann.

Gé Zhàoguāng 葛兆光 2015.〈對「天下」的想像：一個烏托邦想像背後的政治、思想與學術〉(Eine Fantasie über das »Himmelunten«: Über Politik, Denken und wissenschaftliche Forschung hinter einer utopischen Fantasie). 收入《思想》第29期. 臺北市: 聯經.

Granet, Marcel 1999 (1934). *La pensée chinoise*. Paris: Albin Michel.

Graziani, Romain 2006. *Fictions philosophiques du* Tchouang-tseu. Paris: Gallimard.

– 2019. *L'usage du vide. Essai sur l'intelligence de l'action, de l'Europe à la Chine*. Paris: Gallimard.

Gros, Frédéric 2004. »Michel Foucault, une philosophie de la vérité«. In: *Michel Foucault. Philosophie*. Anthologie établie et présentée par Arnold I. Davidson et Frédéric Gros. Paris: Gallimard.

Guō Qìngfān 郭慶藩 1991.《莊子集釋》(Gesammelte Interpretationen des *Zhuāngzǐ*). 北京: 中華書局.

Habermas, Jürgen 1988. *Der philosophische Diskurs der Moderne. Zwölf Vorlesungen*. Frankfurt a. M.: Suhrkamp.

– 1993. *Vergangenheit als Zukunft*. München: Piper.

– 2011. *Zur Verfassung Europas. Ein Essay*. Berlin: Suhrkamp.

– 2013. »Demokratie oder Kapitalismus? Vom Elend der nationalistischen Fragmentierung in einer kapitalistisch integrierten Weltgesellschaft«. In: *Blätter für deutsche und internationale Politik* (5/2013): 59–70.

– 2019. *Auch eine Geschichte der Philosophie* (Band 1: Die okzidentale Konstellation von Glauben und Wissen). Berlin: Suhrkamp.

Hadot, Pierre 1987. *Exercices spirituels et philosophie antique*. Deuxième édition revue et augmentée. Paris: Études Augustiniennes.

Han, Choong-Su 2016. *Erfahrung* und *Atmung bei Heidegger*. Würzburg: Ergon.

Hayek, Friedrich A. 1966. »The Principles of a Liberal Social Order«. In: *Il Politico*, vol. 31, no. 4 (Dicembre 1966): 601–618.

Hegel, Georg Wilhelm Friedrich 1986/18. *Vorlesungen über die Ge-*

schichte der Philosophie. In: *Werke*, Band 18. Frankfurt a. M.: Suhrkamp.

Heidegger, Martin 1977. »Hegels Begriff der Erfahrung«. In: *Heidegger Gesamtausgabe*, Band 5 (*Holzwege*). Herausgegeben von Friedrich-Wilhelm von Herrmann. Frankfurt a. M.: Klostermann: 115–208.

– 1979. *Heraklit. Der Anfang des abendländischen Denkens; Logik. Heraklits Lehre vom Logos*. In: *Heidegger Gesamtausgabe*, Band 55. Herausgegeben von Manfred S. Frings. Frankfurt a. M.: Klostermann.

– 1981. *Erläuterungen zu Hölderlins Dichtung*. In: *Heidegger Gesamtausgabe*, Band 4. Herausgegeben von Friedrich-Wilhelm von Herrmann, Frankfurt a. M.: Klostermann.

– 1984. *Hölderlins Hymne »Der Ister«* (Freiburger Vorlesung Wintersemester 1942). In: *Heidegger Gesamtausgabe*, Band 53. Herausgegeben von Walter Biemel. Frankfurt a. M.: Klostermann.

– 1993. »Europa und die deutsche Philosophie«. In: Hans Helmuth Gander (Hg.), *Europa und die Philosophie*. Frankfurt a. M.: Klostermann: 31–41.

– 1997. *Holzwege*. Herausgegeben von Friedrich-Wilhelm von Herrmann. In: *Heidegger Gesamtausgabe*, Band 5. Frankfurt a. M.: Klostermann.

– 2000. *Zu Hölderlin – Griechenlandreisen*. In: *Heidegger Gesamtausgabe*, Band 75. Herausgegeben von Curd Ochwadt. Frankfurt a. M.: Klostermann.

– 2000a. *Reden und andere Zeugnisse eines Lebensweges*. In: *Heidegger Gesamtausgabe*, Band 16. Herausgegeben von Hermann Heidegger. Frankfurt a. M.: Klostermann.

– 2014. Überlegungen II–IV (Schwarze Hefte 1931–1938). In: *Heidegger Gesamtausgabe*, Band 94. Herausgegeben von Peter Trawny. Frankfurt a. M.: Klostermann.

Henricks, Robert G. 1983. *Philosophy and Argumentation in Third-Century China. The Essays of Hsi K'ang*. Princeton: Princeton University Press.

Heubel, Fabian 2002. *Das Dispositiv der Kreativität*. Darmstadt: Wissenschaftliche Buchgesellschaft.

– 2007. »Culture de soi et créativité – Réflexions sur la relation entre Mou Zongsan et le Confucianisme énergétique«. In: *Extrême-Ori-*

ent Extrême-Occident, octobre 2007, no.29. Paris: Presses Universitaires de Vincennes: 152–177.

- 2008. »Foucault auf Chinesisch – Methodologische Reflexionen zu einer transkulturellen Philosophie der Selbstkultivierung«. In: *Polylog, Zeitschrift für interkulturelles Philosophieren*, Nr. 19 (2008): 19–35.
- 2009. »Aistethik oder Transformative Philosophie und Kultur der Fadheit«. In: *Polylog, Zeitschrift für interkulturelles Philosophieren*, Nr.22: 35–53.
- 2009a. »Transkulturelle Kritik und die chinesische Moderne: Zwischen Frankfurter Schule und Neokonfuzianismus«. In: Iwo Amelung und Anett Dippner (Hg.), *Kritische Verhältnisse: Die Rezeption der Frankfurter Schule in China*. Frankfurt a. M.: Campus, 2009: 43–65.
- 2011. »Immanente Transzendenz im Spannungsfeld von europäischer Sinologie, kritischer Theorie und zeitgenössischem Konfuzianismus«. In: *Polylog, Zeitschrift für interkulturelles Philosophieren*, Nr. 26: 91–114.
- 2013. »Kritische Kultivierung und energetische Subjektivität. Reflexionen zur französischsprachigen *Zhuāngzǐ*-Forschung«. In: Markus Schmücker und Fabian Heubel (Hg.). *Dimensionen der Selbstkultivierung. Beiträge des Forums für asiatische Philosophie*, Freiburg: Alber: 104–146.
- 2014. »Gebrochene Kontinuität: Selbstkultivierung und Demokratie im zeitgenössischen Neokonfuzianismus«. In: Philipp Mahltig, Eva Sternfeld (Hg.), *Kontinuität und Umbruch in Chinas Geschichte und Gegenwart*. Wiesbaden: Harrassowitz, 2014: 41–60.
- 2014a. 何乏筆 (Fabian Heubel)。簡體版：〈混杂现代化、跨文化转向与汉语思想的批判性重构（与朱利安»对一话«）〉(Hybride Modernisierung, transkulturelle Kehre und die kritische Rekonstruktion chinesischsprachigen Denkens [Ein Dia-log mit François Jullien]). 方维规主编．《思想与方法：全球化时代中西对话的可能》．北京：北京大学出版社: 86–135。繁體版：〈混雜現代化、跨文化轉向與漢語思想的批判性重構（與朱利安「對一話」）〉．《中國文哲研究通訊》. 第24卷, 第4期: 79–136.
- 2014b. »Qu'est-ce que la philosophie interculturelle ? Entre comparatisme et critique transculturelle (Un dia-logue avec François Jullien)«, *Transtext(e)s Transcultures*.

Journal of Global Cultural Studies: http://journals.openedition.org/transtexts/554.
– 2015. »Kritik als Übung. Über negative Dialektik als Weg ästhetischer Kultivierung«. *Allgemeine Zeitschrift für Philosophie*, 40.1: 63–82.
– 2015a. »Umkehrende Transformation. Philosophie und Krisenbewusstsein im China des frühen 20. Jahrhunderts«. *Studia philosophica, Jahrbuch der Schweizerischen Philosophischen Gesellschaft. Annuaire de la société suisse de philosophie*, (Über Krise und Kritik – Crise et critique) 74/2015: 191–204.
– 2016. *Chinesische Gegenwartsphilosophie zur Einführung*. Hamburg: Junius.
– 2017. 何乏筆 (Fabian Heubel) 編.《若莊子說法語》. 臺北市: 臺大人社高研院東亞儒學研究中心.
– 2017a. 何乏筆 (Fabian Heubel) 編.《跨文化漩渦中的莊子》. 臺北市: 臺大人社高研院東亞儒學研究中心.
– 2020. *Gewundene Wege nach China. Heidegger – Daoismus – Adorno*. Frankfurt a. M.: Klostermann.
– 2020a. »Within the Spinning Stillness of the Present: Reflections on Transcultural Zhuangzi-Studies in Taiwan«. *Asian Studies*, Volume VIII (XXIV), Issue 2: 211–230.
– 2021. 何乏筆 (Fabian Heubel).《修養與批判: 跨文化視野中的晚期傅柯》. 新北市: 聯經.
Hölderlin, Friedrich 1957. *Hyperion oder der Eremit in Griechenland*. In: *Sämtliche Werke* (Grosse Stuttgarter Ausgabe). Herausgegeben von Friedrich Beissner, Band 3. Stuttgart: Kohlhammer.
Holz, Hans Heinz 1970. *Widerspruch in China. Politisch-philosophische Erläuterungen zu Mao Tse-tung*. München: Hanser.
Honneth, Axel 1989. *Kritik der Macht: Reflexionsstufen einer kritischen Gesellschafttheorie*, Frankfurt a. M.: Suhrkamp.
– 1994. *Kampf um Anerkennung. Zur moralischen Grammatik sozialer Konflikte*. Frankfurt a. M.: Suhrkamp.
– / Saar, Martin 2003. *Zwischenbilanz einer Rezeption. Frankfurt Foucault-Konferenz 2001*. Herausgegeben von Axel Honneth und Martin Saar. Frankfurt a. M.: Suhrkamp.
Horkheimer, Max / Adorno, Theodor W. 1997/3. *Dialektik der Aufklärung*. In: Adorno, *Gesammelte Schriften*, Bd. 3. Frankfurt a. M.: Suhrkamp.

Hui, Yuk (Xǔ Yù) 許煜 2018. *The Question Concerning Technology in China. An Essay in Cosmotechnics*. Falmouth: Urbanomic.

Jeong, Se Geun (Zhèng Shìgēn) 鄭世根 1993. 《莊子氣化論》(Zhuāngzǐs Theorie des Energiewandels). 臺北市: 臺灣學生.

Jiang Qing (Jiǎng Qìng) 蔣慶 2003. 《政治儒學: 當代儒學的轉向、特質與發展》(Politischer Konfuzianismus: Kehrtwende, Eigenart und Entwicklung des zeitgenössischen Konfuzianismus). 北京: 三聯.

– 2009. »Le confucianisme de la ›Voie royale‹, direction pour le politique en Chine contemporaine«. In: Sébastien Billioud / Joël Thoraval (Hg.). *Extrême-Orient Extrême-Occident* (Regards sur le politique en Chine aujourd'hui), no. 31. Paris: Presses Universitaires de Vincennes.

– 2013. *A Confucian Constitutional Order. How China's Ancient Past Can Shape Its Political Future*. Edited by Daniel A. Bell and Ruiping Fan. Translated by Edmund Ryden. Princeton & Oxford: Princeton University Press.

Jullien, François 1979. *Lu Xun. Écriture et révolution*. Paris: Presses de l'École normale supérieure.

– 1986. »Le plus long détour: De la sinologie comme discipline occidentale«. *Communications*, Année 1986, Volume 43, Numéro 1: 91–101.

– 1989. *Procès ou Création. Une introduction à la pensée des lettrés chinois (Essai de problématique interculturelle)*. Paris: Seuil.

– 1991. *Eloge de la fadeur. A partir de la pensée et de l'esthétique de la Chine*. Paris: Éditions Philippe Picquier. Deutsch: Über das Fade – eine Eloge. *Zu Denken und Ästhetik in China*. Berlin: Merve, 1999.

– 1992. *La propension des choses, Pour une histoire de l'efficacité en Chine*, Paris: Seuil.

– 1993. *Figures de l'immanence, Pour une lecture philosophique du* Yi king. Paris: Grasset.

– 1993a. *Zhong Yong, La Régulation à usage ordinaire*. Texte traduit, introduit et commenté par François Jullien. Imprimerie nationale, o.O.

– 1995. *Le Détour et l'Accès, Stratégies du sens en Chine, en Grèce*. Paris: Grasset. Deutsch: *Umweg und Zugang, Strategien des Sinns in China und Griechenland*. Wien: Passagen Verlag, 2000.

– 1996. *Traité de l'efficacité*. Paris: Grasset. Deutsch: Über die Wirksamkeit. Berlin: Merve, 1999.
– 1998. »Détour d'un grec par la Chine. Entretien avec François Jullien« (Interview mit Richard Piorunski). In: *Ebisu*, Nr. 18: 147–185.
– 1998b. *Un sage est sans idée ou l'autre de la philosophie*, Paris: Seuil. Deutsch: *Der Weise hängt an keiner Idee. Das Andere der Philosophie*. München: Fink, 2001.
– 1999. Yú Lián 于連 (François Jullien), »Dá Zhāng Lóngxī« 〈答張隆溪〉(Eine Antwort auf Zhāng Lóngxī). In: *Èrshíyī shìjì shuāngyuèkān*, 1999 nián 10 yuè hào (zǒng wǔshíwǔ qí)《二十一世紀雙月刊》(1999年10月號): 119–122.
– / Marchaisse, Thierry 2000. *Penser d'un dehors (La Chine)*. Paris: Seuil. Deutsche Teilübersetzung in: François Jullien. *Der Umweg über China. Ein Ortswechsel des Denkens*. Berlin: Merve, 2002.
– 2000a. *De l'essence ou du nu, Avec des photographies de Ralph Gibson*, Paris: Seuil. Deutsch: *Vom Wesen des Nackten, Mit Photographien von Ralph Gibson*, aus dem Französischen von Gernot Kamecke. München: sequenzia, 2003.
– 2003. *La valeur allusive, Des catégories originales de l'interprétation poétique dans la tradition chinoise (Contribution à une réflexion sur l'altérité interculturelle)*. Paris: PUF, 2003 [1985].
– 2003a. *La grande image n'a pas de forme ou du non-objet par la peinture*. Paris: Seuil. Deutsch: *Das große Bild hat keine Form oder Vom Nicht-Objekt durch Malerei. Essay über Deontologisierung*. Aus dem Französischen von Markus Sedlaczek. München: Fink, 2005.
– 2004. »Une déconstruction du dehors: De la Grèce à la Chine«. In: *La vocation philosophique*, Paris: Centre Pompidou / Bayard, 2004: 195–224.
– 2005. *Nourrir sa vie*, À l'écart du bonheur. Paris: Seuil. Deutsch: *Sein Leben nähren. Abseits vom Glück*. Herausgegeben und übersetzt von Ronald Voullié. Berlin: Merve, 2006.
– 2005a. *Conférence sur l'efficacité*. Paris: PUF. Deutsch: *Vortrag vor Managern über Wirksamkeit und Effizienz in China und im Westen*. Berlin: Merve, 2006.
– 2007. *Chemin faisant: Connaître la Chine ou relancer la philosophie*. Paris: Seuil.
– 2008. *De l'universel, de l'uniforme, du commun et du dialogue entre les cultures*. Paris: Fayard. Deutsch (Teilübersetzung): *Das Univer-*

selle, das Einförmige, das Gemeinsame und der Dialog zwischen den Kulturen. Berlin: Merve, 2009.

– 2009. *L'invention de l'idéal et le destin de l'Europe*. Paris: Seuil.
– 2009a. *Les transformations silencieuses*, Paris: Grasset. Deutsch: *Die stillen Wandlungen*. Aus dem Französischen von Ronald Voullié. Berlin: Merve, 2010.
– 2010. *Le Pont des singes: De la diversité à venir*. Paris: Galilée. Deutsch: *Die Affenbrücke. Kulturelle Fruchtbarkeit statt nationaler Identität: über künftige Diversität*. Aus dem Französischen von Paul Maercker. Wien: Passagen, 2011.
– 2011. »Hinterfragen wir – ausgehend von der Exteriorität des Chinesischen erneut die europäische Entstehung des Politischen«. In: *Festschrift zur Verleihung des Hannah-Arendt-Preises für politisches Denken 2010 an François Jullien*. Berlin/Bremen: Heinrich-Böll-Stiftung: 5–11.
– 2012. *L'écart et l'entre, Leçons inaugurale de la Chaire sur l'altérité*. Paris: Éditions Galilée.
– 2012b. *Entrer dans une pensée ou Des possibles de l'esprit*. Paris: Gallimard.
– 2012c. *Cinq concepts proposés à la psychanalyse*. Paris: Grasset.
– 2013. *De l'intime. Loin de bruyant Amour*. Paris: Grasset.
– 2013a. »Réponse à l'intervention de Fabian Heubel au colloque de Cerisy, septembre 2013«. Unveröffentlichtes Manuskript, verlesen auf der Tagung »Betweenness and Propensity: A Workshop on François Jullien's Interpretation of ›Chinese Thought‹«, Institute of Chinese Literature and Philosophy, Academia Sinica, 8–9. November 2013. Veröffentlichte chinesische Versionen: 簡體版: 〈回覆何乏笔2013年9月在法国瑟立吉学术研讨会上提交的报告〉. 方维规主编.《思想与方法: 全球化时代中西对话的可能》. 北京: 北京大学出版社: 279–282. 繁體版: 〈回覆何乏筆 2013 年 9 月在法國瑟立吉學術研討會上提出的報告〉. 《中國文哲研究通訊》. 第25卷, 第1期 (2015年3月1日) : 135–140.
– 2016. *Il n'y a pas d'identité culturelle*. Paris: L'Herne. Deutsch: *Es gibt keine kulturelle Identität*. Berlin: Suhrkamp, 2017.
– 2016a. »Une culture n'a pas d'identité car elle ne cesse de se transformer«. Interview mit Anastasia Vécrin. In: *Libération* (1. Oktober 2016): 20–21.
– 2017. *Une seconde vie*. Paris: Grasset.

Kalinke, Viktor 2019. *Zhuangzi: Der Gesamttext und Materialien*. Aus dem Chinesischen übertragen und kommentiert von Viktor Kalinke. Zweite verbesserte Auflage. Leipzig: Leipziger Literaturverlag.

Kant, Immanuel 1968/8. *Metaphysik der Sitten*. Werkausgabe in 12 Bänden, Band 8. Herausgegeben von Wilhelm Weischedel. Frankfurt a. M.: Suhrkamp.

Kē Xiǎogāng 柯小刚 2010. 《道學導論 (外篇)》 (Einführung in das Lernen des Weges [äußere Kapitel]). 上海: 華東師範大學出版社.

Klöpsch, Volker 2009. *Sunzi. Die Kunst des Krieges*. Aus dem Chinesischen übertragen und mit einem Nachwort versehen von Volker Klöpsch. Frankfurt a. M. und Leipzig: Insel.

Kubin, Wolfgang 2008. »Wider die Neofiguristen. Warum China wichtig, die Sinologie aber unbedeutend ist«. In: *Kontroverse über China. Sino-Philosophie*. Berlin: Merve: 65–76.

Kuo, C. Jason (Guō Jìshēng) 郭繼生 1990. *The Austere Landscape. The Paintings of Hung-jen*. Taipei/New York: SMC Publishing.

Lài Xísān (Lai Hsi-san) 賴錫三 2013. 《道家型知識份子論:《莊子》的權力批判與文化更新》(Das daoistische Modell des Intellektuellen: Machtkritik und kulturelle Erneuerung im *Zhuāngzǐ*). 臺北市: 臺大出版中心.

– 2019. 《莊子的跨文化編織:自然・氣化・身體》(Transkulturelle Verflechtungen im *Zhuāngzǐ*: Natur, Energiewandel, Leib). 臺北市: 臺大出版中心.

Lee, Ming-huei (Lǐ Mínghuī) 李明輝 2001. *Der Konfuzianismus im modernen China*. Leipzig: Leipziger Universitätsverlag.

– 2013. *Konfuzianischer Humanismus. Transkulturelle Kontexte*. Bielefeld: transcript.

Legge, James 1985. *The Chinese Classics*, vol. I (*Confucian Analects*). Taipei: Southern Materials Center.

Lehmann, Olf 2003. *Zur moralmetaphysischen Grundlegung einer konfuzianischen Moderne. ›Philosophisierung‹ der Tradition und ›Konfuzianisierung‹ der Aufklärung bei Mou Zongsan*. Leipzig: Leipziger Universitätsverlag.

Lemke, Thomas 2001. »›Freiheit ist die Garantie der Freiheit‹ – Michel Foucault und die Menschenrechte«. In: *Vorgänge. Zeitschrift für Bürgerrechte und Gesellschaftspolitik*, 40 (3): 270–276.

Levi, Jean 2004. *Éloge de l'anarchie par deux excentriques chinois. Po-*

lémiques du troisième siècle traduites et présentés par Jean Levi. Paris: Éditions de l'encyclopédie des nuisances.
- 2006. *Les Œuvres de Maître Tchouang.* Traduction de Jean Levi. Paris: Éditions de l'Encyclopédie des nuisances.
- 2008. *Les sept traités de la guerre.* Traduit du chinois et commenté par Jean Lévi. Paris: Hachette Littératures.
- 2011. »Réponses à un questionnaire sur François Jullien pour un journal vietnamien«. In: *Réflexions chinoises. Lettrés, stratèges et excentriques de Chine.* Paris: Albin Michel.

Liáng Zhìpíng 梁治平 2018.〈想像「天下」: 當代中國的意識形態建構〉(Die Fantasie des »Himmelunten«. Die Konstruktion von Ideologie im gegenwärtigen China). 收入《思想》第36期. 新北市: 聯經.

Lí Jìngdé 黎靖德 1994/2. 《朱子語類》(Die gesammelten Gespräche von Meister Zhū) (黎靖德編). 第二冊. 北京: 中華書局.

Lǐ Mínghuī (Lee Ming-huei) 李明輝 1990.《儒家與康德》(Konfuzianismus und Kant). 臺北市: 聯經.
- 1995.〈《孟子》知言養氣章的義理結構〉(Die philosophische Struktur des Kapitels über das Wissen der Worte und die Nährung der Atem-Energie im *Mèngzǐ*). 收入李明輝主編《孟子思想的哲學探討》. 臺北市: 中央研究院中國文哲研究所.
- 2005.《儒家視野下的政治思想》(Politisches Denken aus konfuzianischer Perspektive). 臺北市: 臺灣大學出版社.
- 2016.〈關於康德〈永久和平〉的若干思考〉(Einige Gedanken über Kants »Zum ewigen Frieden«). 收入《中山大學學報(社會科學版)》2016年第6期.
- 2016a.《儒家與現代意識》(Konfuzianismus und modernes Bewusstsein). 增訂版. 臺北市: 臺灣大學出版社.
- 2020.《李明輝新儒學論文精選集》(Lǐ Mínghuī: Ausgewählte Texte zum Neukonfuzianismus). 臺北市: 臺灣學生.

Lín Yuèhuì 林月惠 2019. 〈理學第三系說?--氣學的商榷〉. 收入林月惠主編.《中國哲學的當代議題: 氣與身體》. 臺北市: 中研院文哲所.

Linck, Gudula 2011. *Leib oder Körper. Mensch, Welt und Leben in der chinesischen Philosophie.* Freiburg: Alber.

Liu Jianmei (Liú Jiànméi) 劉劍梅. 2016. *Zhuangzi and Modern Chinese Literature.* New York: Oxford University Press.

Liú Jìhuì (Joyce C. H. Liu) 劉紀蕙 2020. 《一分為二: 現代中國政治思想的哲學考掘學》(Die Teilung des Einen in Zwei: Eine philosophi-

sche Archäologie des modernen chinesischen politischen Denkens). 新北市: 聯經.
Liú Yìqìng 劉義慶 2006.《世說新語校箋》. 劉義慶撰; 劉孝標注; 楊勇校箋. 北京: 中華書局.

Marcuse, Herbert 1995. *Triebstruktur und Gesellschaft, Ein philosophischer Beitrag zu Sigmund Freud*. Frankfurt a. M.: Suhrkamp.
Martin, Nicolas / Spire, Antoine 2011. *Chine, la dissidence de François Jullien suivi de Dialogues avec François Jullien*, Paris: Seuil.
Marx, Karl 1981. Ökonomische Manuskripte, 1857/58. In: *Marx-Engels-Gesamtausgabe*, Band 1, Teil 2. Berlin: Dietz.
– 1986. *Das Kapital. Kritik der politischen Ökonomie*. Band I (Marx-Engels-Werke, Band 23), Berlin: Dietz.
McDonough, William / Braungart, Michael 2002. *Cradle to cradle, Remaking the way me make things*. New York: North Point Press.
Menge, Hermann 1906. *Griechisch-Deutsches Schulwörterbuch*. Berlin-Schöneberg: Langenscheidtsche Verlagsbuchhandlung.
Menke, Christoph 2003. »Zweierlei Übung. Zum Verhältnis von sozialer Disziplinierung und ästhetischer Existenz«. In: Axel Honneth / Martin Saar (Hg.): *Zwischenbilanz einer Rezeption. Frankfurter Foucault-Konferenz 2001*. Frankfurt a. M.: Suhrkamp, 283–299.
– 2004. *Spiegelungen der Gleichheit. Politische Philosophie nach Adorno und Derrida*. Frankfurt a. M.: Suhrkamp.
– 2008. *Kraft. Ein Grundbegriff ästhetischer Anthropologie*. Frankfurt a. M.: Suhrkamp.
– / Pollmann, Arndt 2008a. *Philosophie der Menschenrechte zur Einführung*. Hamburg: Junius.
– 2013. *Die Kraft der Kunst*. Berlin: Suhrkamp.
– 2017. »Vorwort zur Taschenbuchausgabe«. In: *Kraft. Ein Grundbegriff ästhetischer Anthropologie*. Berlin: Suhrkamp.
Metzger, Heinz-Klaus 1969. »John Cage oder die freigelassene Musik«. In: Ulrich Dibelius (Hg.). *Die Flucht der Musik vor sich selbst*. München: Hanser.
Mignolo, Walter D. 2002. »The Geopolitics of Knowledge and the Colonial Difference«. In: *The South Atlantic Quarterly*, Volume 101, Number 1 (Winter 2002): 57–96.
Mitter, Rana 2004. *A Bitter Revolution. China's Struggle with the Modern World*. Oxford: Oxford University Press.

Móu Zōngsān 牟宗三 2003/10. 《政道與治道》. 收入《牟宗三先生全集》, 第十冊. 臺北市: 聯經.

– 2003/31.《周易哲學演講錄》. 收入《牟宗三先生全集》, 第三十一冊. 臺北市: 聯經.

Murthy, Viren 2006. »Modernity against Modernity. Wang Hui's Critical History of Chinese Thought«. In: *Modern Intellectual History*, 3.1: 137–165.

Nakajima, Takahiro 2007. *The Chinese Turn in Philosophy*. Tokyo: The University of Tokyo Center for Philosophy.

Nietzsche, Friedrich 1988/1. *Richard Wagner in Bayreuth*. In: *Kritische Studienausgabe*, Band 1. Herausgegeben von Giorgio Colli und Mazzino Montinari. München: DTV/de Gruyter.

– 1988/11. *Nachgelassene Fragmente 1884–1885*. In: *Kritische Studienausgabe*, Band 11. Herausgegeben von Giorgio Colli und Mazzino Montinari. München: DTV/de Gruyter.

Obert, Mathias 2007. *Welt als Bild: Die theoretische Grundlegung der chinesischen Berg-Wasser-Malerei zwischen dem 5. und dem 12. Jahrhundert*. Freiburg/München: Alber.

– 2013. »Leibliche Mimesis und Selbstsorge in den chinesischen Künsten des Pinsels«. In: Markus Schmücker und Fabian Heubel (Hg.). *Dimensionen der Selbstkultivierung. Beiträge des Forums für asiatische Philosophie*, Freiburg: Alber: 396–426.

Ommerborn, Wolfgang 1996. *Die Einheit der Welt. Die* Qi-*Theorie des Neo-Konfuzianers Zhang Zai (1020–1077)*. Amsterdam/Philadelphia: Grüner.

Osterhammel, Jürgen 2020. »Zukünftige Weltordnung: Unter dem chinesischen Himmel«. In: *Frankfurter Allgemeine Zeitung* vom 2.4.2020, https://www.faz.net/-gro-9you7 (zuletzt gesehen am 31.10.2020)

Péng Guóxiáng 彭國翔 2016.《智者的現世關懷: 牟宗三的政治與社會思想》(Die Sorge eines Weisen um die gegenwärtige Welt. Das politische und soziale Denken von Móu Zōngsān). 臺北市: 聯經.

Qián Mù (Ch'ian Mu) 錢穆 1998/3. 《論語新解》(Eine Neuinterpretation des *Lúnyǔ*). 收入《錢賓四先生全集》, 第3冊 (Gesammelte Werke des Herrn Qián Bīnsì [Qián Mù], Band 3). 臺北市: 聯經.

– 1998/7.〈比論孟莊兩家論人生修養〉(Vergleich der Kultivierung des Lebens bei Mèngzǐ und Zhuāngzǐ). 收入《莊老通辯》(Zhuāngzǐ und Lǎozǐ: Gemeinsamkeiten und Unterschiede), 《錢賓四先生全集》, 第七冊 (Gesammelte Werke des Herrn Qián Bīnsì [Qián Mù], Band 7), 臺北市: 聯經.

Riehn, Rainer 1990. »Noten zu Cage«. In: Heinz-Klaus Metzger und Rainer Riehn (Hg.). *Musik-Konzepte Sonderband John Cage I.* Zweite veränderte Auflage. München: Edition Text + Kritik: 97–106.

Roetz, Heiner 1984. *Mensch und Natur im alten China.* Frankfurt a. M.: Peter Lang.

– 1992. *Die chinesische Ethik der Achsenzeit. Eine Rekonstruktion unter dem Aspekt des Durchbruchs zu postkonventionellem Denken.* Frankfurt a. M.: Suhrkamp.

– 1995. *Konfuzius.* München: Beck.

– 1997. »Eine Brücke zur Moderne: Chinas Tradition der Traditionskritik«. In: Christiane Hammer und Bernhard Führer (Hg.), *Tradition und Moderne. Religion, Philosophie und Literatur in China.* Dortmund: projekt: 15–36.

– 2002. »Gibt es eine chinesische Philosophie?«. In: *Information Philosophie* (Mai 2002): 20–32.

– 2005. »Philosophy in China? Notes on a Debate«. In: *Extrême Orient–Extrême Occident* 27: 49–65.

– 2008. »Confucianism between Tradition and Modernity, Religion, and Secularization: Questions to TU Weiming«. In: *Dao* 7: 367–380.

– 2011. »Die Chinawissenschaften und die chinesischen Dissidenten. Wer betreibt die ›Komplizenschaft mit der Macht‹«. In: *Bochumer Jahrbuch für Ostasienforschung* (35, 2011): 47–79.

– 2011a. »Transfer in Dispute. The Case of China«. In: *Representations in Asia, Europe and the Arab World since the Middle Ages.* Jörg Feuchter, Friedhelm Hoffmann, Bee Yun (Hg.). Frankfurt a. M./New York: Campus.

– 2012. »Human Rights in China. An Alien Element in a Non-Western Culture?«. In: Walter Schweidler (ed.). *Human Rights and Natural Law. An Intercultural Philosophical Perspective.* Sankt Augustin: Academia: 297–313.

– 2013. »A Comment on Pragmatism in Chinese Studies«. In: *Confucianism in Inter-cultural Perspectives* (Modern Developments.

Papers from the Fourth International Conference on Sinology). Taipei: Academia Sinica: 279–299.
- 2013a. »Chinese ›Unity of Man and Nature‹: Reality or Myth?«. In: *Nature, Environment and Culture in East Asia. The Challenge of Climate Change*. Edited by Carmen Meinert. Leiden / Boston: Brill.
- 2016. »Closed or Open? On Chinese Axial Age Society«. In: *Bochumer Jahrbuch für Ostasienforschung* (39, 2016): 17–67.
- 2016a. »Erinnerung. 50 Jahre Kulturrevolution«. In: *Bochumer Jahrbuch für Ostasienforschung* (39, 2016): 230–246.
- 2018. »Zwischen Vergangenheit und Zukunft. Der Aufstieg der Gegenwart im China der Zeit der Streitenden Reiche«. In: *Bochumer Jahrbuch für Ostasienforschung* (41, 2018): 17–67.
- 2020. »Zu den Antizipationen modernen Denkens in der chinesischen Philosophie der Achsenzeit«. In: Hubert Cancik, Stefan Rebenich, Alfred Schmid (Hg.). *Archäologie der Moderne. Antike und Antike-Rezeption als Paradigma und Impuls*. Basel: Schwabe: 61–88.

Rošker, Jana 2016. *The Rebirth of the Moral Self. The Second Generation of Modern Confucians and their Modernization Discourses*. Hong Kong: The Chinese University Press.

Saar, Martin 2007. *Genealogie als Kritik. Geschichte und Theorie des Subjekts nach Nietzsche und Foucault*. Frankfurt a. M.: Campus.

Schickel, Joachim 1976. *Große Mauer, Große Methode. Annäherungen an China*. Frankfurt a. M.: Suhrkamp.
- / Schmitt, Carl 1970. »Gespräch über den Partisanen«. In: Joachim Schickel (Hg.). *Guerrilleros, Partisanen. Theorie und Praxis*. München: Hanser: 9–29.

Schilling, Dennis 2009. *Yijing. Das Buch der Wandlungen*. Aus dem Chinesischen übersetzt und herausgegeben von Dennis Schilling. Frankfurt a. M. und Leipzig: Verlag der Weltreligionen / Insel.

Schleichert, Hubert / Roetz, Heiner 2009. *Klassische chinesische Philosophie*. 3., neu bearbeitete Auflage. Frankfurt a. M.: Klostermann.
- 2020. *Klassische chinesische Philosophie*. 4., grundlegend überarbeitete und erweiterte Auflage. Frankfurt a. M.: Klostermann.

Schmidt, Alfred 1971. *Geschichte und Struktur. Fragen einer marxistischen Historik*. München: Hanser.
- 1984. *Goethes herrlich leuchtende Natur: Philosophische Studie zu deutschen Spätaufklärung*. München: Hanser.

Schmidt-Glintzer, Helwig 2009. *Chinas Angst vor der Freiheit. Der lange Weg in die Moderne*. München: C. H. Beck.

Schmitt, Carl 2002. *Der Begriff des Politischen* (7. Auflage). Berlin: Duncker & Humblot.

Schmücker, Marcus / Heubel, Fabian. *Dimensionen der Selbstkultivierung. Beiträge des Forums für asiatische Philosophie*. Herausgegeben von Marcus Schmücker und Fabian Heubel. Freiburg: Alber.

Schumacher, Stephan 2013. *Zhuangzi: Das Buch der Spontaneität*. Herausgegeben und aus dem Chinesischen ins Englische übertragen von Victor H. Mair. Aus dem Englischen übersetzt von Stephan Schumacher. Oberstdorf: Windpferd.

Schwarz, Ernst 1985. *Konfuzius, Gespräche des Meister Kung (Lun Yü)*. München: DTV.

Shí 2000/23. 《論語注疏》(Kommentare zum *Lúnyǔ*). 收入《十三經注疏》. 《十三經注疏》整理委員會整理. 北京: 北京大學出版社.

Spiegel, Hermes 2020. *China liegt nah. Über chinesisches Denken und seine zeitgenössische westliche Rezeption*. Hamburg: Meiner.

Thoraval, Joël 1994. »De la philosophie en Chine à la ›Chine‹ dans la philosophie. Existe-t-il une philosophie chinoise?«. *Esprit*, no. 201 (Mai 1994).

Trawny, Peter 2016. *Was ist deutsch? Adornos verratenes Vermächtnis*. Berlin: Matthes & Seitz.

Tu Wei-ming (Dù Wéimíng) 杜維明 1979. *Humanity and Self-Cultivation. Essays in Confucian Thought*. Berkeley: Asian Humanities Press.

Van Gulik, Robert 1941. *Hsi K'ang and his Poetical Essay on the Lute*. Tokyo: Sophia University.

– 1974. *Sexual Life in Ancient China*. Leiden: Brill.

Waldenfels, Bernhard 2000. *Das leibliche Selbst. Vorlesungen zur Phänomenologie des Leibes*. Frankfurt a. M.: Suhrkamp.

Wáng Bāngxióng (Wang Pang-Hsiung) 王邦雄 2006.〈《莊子》心齋「氣」觀念的詮釋問題〉(Zu Frage der Deutung der Idee der »Atem-Energie« im Fasten des Herzens des *Zhuāngzǐ*).《淡江中文學報》. 第十四期 (2006年6月), 頁15–31.

– 2013.《莊子內七篇・外秋水・雜天下的現代解讀》(Eine moderne

Interpretation der sieben inneren Kapitel sowie der Kapitel 17 (Herbstwasser) und 33 (Himmelunten) des *Zhuāngzǐ*). 臺北市: 遠流.

Wáng Fūzhī 王夫之 (alias Wáng Chuánshān 王船山) 1988. 《船山全書》 (*Gesammelte Schriften von Chuánshān*). 第一冊 (dieser Band enthält die beiden Kommentare von Wáng Fūzhī zum *Buch der Wandlungen Yìjīng*: *Zhōuyì nèizhuàn*《周易內傳》und *Zhōuyì wàizhuàn*《周易外傳》. 長沙: 嶽麓書社.

– 1990.《四書訓義（上）》(Philologische und philosophische Erläuterungen zu den Vier Büchern, erster Band). 《船山全書》第七冊. 長沙: 嶽麓書社.

– 1993.《莊子解》 (Zhuāngzǐ erklären). 收入《船山全書》(Gesammelte Schriften von Chuánshān), 第十三冊. 長沙: 嶽麓書社.

Wāng Huī 汪暉 2008.《中國現代思想的興起》 (Der Aufstieg des modernen chinesischen Denkens). 北京: 三聯 (第二版). Englische Übersetzung der Einleitung: *China vom Empire to Nation-State*. Translated by Michael Gibbs Hill. Cambridge, Massachusetts/London, England: Harvard University Press, 2014.

Wáng Shūmín 王叔岷 1994.《莊子校詮》 (Kritische Erläuterungen zum Zhuāngzǐ). 臺北市: 中央研究院史語所.

Wilhelm, Richard 1912. *Dschuang Dsi. Das wahre Buch vom südlichen Blütenland*. Aus dem Chinesischen übersetzt und erläutert von Richard Wilhelm. Jena: Diederichs.

– 1921. *Kungfutse: Gespräche (Lunyu)*. Aus dem Chinesischen verdeutscht und erläutert von Richard Wilhelm. Jena: Diederichs.

– 1921a. *Mong Dsi (Mong Ko)*. Aus dem Chinesischen verdeutscht und erläutert von Richard Wilhelm. Jena: Diederichs.

– 1926. *Die Seele Chinas*. Berlin: Hobbing.

– 1981. *Li Gi. Das Buch der Riten, Sitten und Gebräuche*. Aus dem Chinesischen übersetzt und herausgegeben von Richard Wilhelm. Düsseldorf/Köln: Diederichs.

– 1989. *I Ging. Das Buch der Wandlungen*, aus dem Chinesischen übersetzt und herausgegeben von Richard Wilhelm. München: Diederichs.

Wolff, Christian 1985. *Rede über die praktische Philosophie der Chinesen (Oratio de Sinarum philosophia practica)*. Lateinisch–deutsch. Herausgegeben von Michael Albrecht. Hamburg: Meiner.

Wú Yí 吳怡 2001.《新譯莊子內篇解義》(Die inneren Kapitel des *Zhuāngzǐ* neu übersetzt und erläutert). 臺北市: 三民.

Xià Kějūn夏可君 2009.《平淡的哲學》(Philosophie der Fadheit). 北京: 中國社會出版社.

– 2013.《無餘與感通: 源自中國經驗的世界哲學》(Restlosigkeit und affektive Kommunikation: Eine chinesischer Erfahrung entspringende Weltphilosophie). 北京: 新星出版社.

– 2019.《無用的神學: 班雅明、海德格與莊子》(Theologie des Ungebrauchs: Benjamin, Heidegger und Zhuāngzǐ). 臺北市: 五南.

Xióng Shílì 熊十力 2001.《熊十力全集》(Xióng Shílì Gesamtausgabe). 第三卷. 蕭萐父主編. 武漢: 湖北教育出版社.

Xú Fùguān (Hsü Fu-kuan) 徐復觀 1966. 《中國藝術精神》(Der Geist der chinesischen Kunst). 臺北市: 台灣學生書局.

– 1969. 《中國人性論史》 (Die Geschichte der Theorie menschlicher Natur in China). 臺北市: 台灣學生書局.

Yamaguchi, Ichiro 1997. *Ki als leibhaftige Vernunft: Beitrag zur interkulturellen Phänomenologie der Leiblichkeit*. München: Fink.

Yáng Rúbīn (Yang Rur-bin) 楊儒賓1991.《莊周風貌》. 臺北市: 黎明文化.

– 1996.《儒家身體觀》(Die konfuzianische Konzeption des Leibes). 臺北市: 中研院文哲所.

– 2012.《異議的意義: 近世東亞的反理學思潮》(Der Sinn der Dissidenz: Die geistige Strömung des Anti-Neokonfuzianismus im modernen Ostasien). 臺北市: 臺大出版中心.

– 2016.《儒門內的莊子》(Zhuāngzǐ als Konfuzianer). 臺北市: 臺大出版中心.

– 2019.《道家與古之道術》(Daoismus und die alte Kunst des Weges). 臺北市: 臺大出版中心.

– 2019a.〈重審理學第三系說〉. 收入林月惠主編.《中國哲學的當代議題: 氣與身體》. 臺北市: 中研院文哲所.

Zarrow, Peter 2005. *China in War and Revolution, 1895–1949*. London: Routledge.

Zhāng Jūnmài (Carsun Chang) 張君勱1986. »A Manifesto for a Reappraisal of Sinology and Reconstruction of Chinese Culture«. Appendix in:《新儒家思想史》(Geschichte des Neokonfuzianismus). 台北市: 弘文館出版社.

Zhāng Lóngxī 張隆溪 1999.〈漢學與中西文化的對立——讀于連先生訪談錄有感〉(Die Sinologie und der Gegensatz von China und dem Westen – Meine Reaktion auf die Lektüre des Interviews mit François Jullien). 收入《二十一世紀雙月刊》, 1999年6月號（總五十三期）: 144–148.

Zhāng Wénjiāng 張文江 2018.《莊子內七篇析義》(修訂本). 上海 : 上海書店出版社.

Zhāng Yǒnglè 2010. »The Future of the Past. On Wang Hui's *Rise of Modern Chinese Thought*«. In: *New Left Review* 62 (March–April 2010): 47–83.

Zhào Tīngyáng 趙汀陽 2005. 《天下體系: 世界制度哲學導論》(Das System des Himmelunten: Eine Einführung in die Philosophie der Weltinstitutionen). 南京: 江蘇教育出版社.

– 2016.《天下的當代性 : 世界秩序的實踐與想象》. 北京: 中信出版集團. Deutsch: *Alles unter dem Himmel. Vergangenheit und Zukunft der Weltordnung*. Aus dem Chinesischen von Michael Kahn-Ackermann. Berlin: Suhrkamp, 2020.

Zhōng Zhènyǔ (Chung Chen-yu) 鍾振宇 2006.《道家的氣化現象學》(Daoistische Phänomenologie des Energiewandels). 臺北市: 中研院文哲所.

Zhōu Cèzòng (Chow Tse-tsung) 周策縱 1992.〈《莊子·養生主》篇本意復原〉(Recovering the original meaning of the ›Yang Sheng Chu‹ Chapter in *Chuang-tzu*). 中國文哲研究集刊, 第二期 (1992): 13–50.

Zhū Xī 朱熹 1983. 《四書章句集注》(Gesammelte Kommentare zu den Vier Büchern). 北京: 中華書局.

Ziporyn, Brook 2020. *Zhuangzi. The Complete Writings*. Translated, with an Introduction and Notes, by Brook Ziporyn. Indianapolis: Hackett.

Formale Hinweise

Für die Romanisierung chinesischer Schriftzeichen wird in diesem Buch durchgängig Hànyǔ Pīnyīn 漢語拼音 verwendet. Das moderne Standardchinesisch ist eine Tonsprache, in der die vier Töne phonemisch (wortunterscheidend) sind und jede Silbe mit einem bestimmten Tonhöhenverlauf ausgesprochen wird. Ohne Kenntnis der Töne ist die korrekte Aussprache der Umschrift nicht möglich. In wissenschaftlichen Veröffentlichungen ist deshalb der Gebrauch diakritischer Zeichen für die vier Töne verbreitet, die im Alltagsgebrauch meist weggelassen werden. Das sind Markierungen über den Vokalen (z. B. ā á ǎ à). Der 1. Ton wird durch ein Makron (ā), der 2. Ton durch einen Akut (á), der 3. Ton durch ein Hatschek (ǎ) und der 4. Ton durch einen Gravis (à) dargestellt. Sofern in Zitaten und Buchtiteln andere Umschriften vorkommen, werden diese beibehalten, dann steht etwa Laotse (oder Lao-tse) für Lǎozǐ und Dschuang Dsi für Zhuāngzǐ. Auf genauere Hinweise zur Aussprache verzichte ich an dieser Stelle, da Informationen dazu im Netz leicht zu finden sind. Die Aussprache der Pīnyīn-Umschrift bedarf einer gewissen Übung, da sie sich teilweise von der intuitiven Lesung im Deutschen unterscheidet. Auch für Nicht-Sinologen ist sie allerdings ohne große Schwierigkeiten zu erlernen.

Chinesische Personennamen werden durchgehend in der in China üblichen Reihenfolge geschrieben: erst kommt der Familienname, dann der Name. Um die Verwirrung zu vermeiden, die durch unterschiedliche Umschriften entsteht, wird für Personennamen in der Regel die Pīnyīn-Umschrift verwendet und die Schreibung in anderen Umschriften im Literaturverzeichnis in Klammern ergänzt: z. B. 楊儒賓 Yáng Rúbīn (Yang Rur-bin).

Übersetzungen aus dem Chinesischen, Französischen und Englischen sind von mir erstellt worden, sofern dies nicht anders gekennzeichnet ist. Wenn ich auf bereits veröffentlichte Übersetzungen zurückgegriffen habe, wird deren Seitenzahl durch einen Schrägstrich markiert (z. B. 4/5). Die zweite Zahl verweist dann auf die Seitenzahl der Übersetzung, die im Literaturverzeichnis direkt hinter dem Titel in der Sprache der Erstveröffentlichung genannt wird. Deutsche Übersetzungen habe ich in der Regel neu angefertigt oder überarbeitet, sofern mir dies angebracht erschien. Diese Veränderungen werden nicht gesondert ausgewiesen.

Auf Wunsch des Verlages sind Seitenangaben von zitierten Werken in den Haupttext integriert worden. Die Zahl der Anmerkungen wurde möglichst gering gehalten und ihr Inhalt weitgehend auf Hinweise beschränkt, die für des Chinesischen Kundige hilfreich sind. So findet sich dort der chinesische Originaltext für Zitate aus Büchern oder Ausgaben, die nicht ohne weiteres zugänglich sind.

Bei den Angaben zu chinesischen Publikationen im Literaturverzeichnis habe ich eine deutsche Übersetzung des Titels hinzugefügt, aber auf die Angabe des ganzen Titels in Umschrift verzichtet. Das wäre mit großem Aufwand verbunden, letztlich jedoch nur für diejenigen verständlich gewesen, die das Chinesische sowieso lesen können.

Vorstudien

Die Überlegungen in diesem Band beruhen auf Vorstudien in verschiedenen Sprachen, auf die ich hinweisen möchte:

1. Das andere Zwischen
- Chinesisch (Langzeichen): 何乏筆 (Fabian Heubel) 2014.〈混雜現代化、跨文化轉向與漢語思想的批判性重構 (與朱利安「對一話」)〉(Hybride Modernisierung, transkulturelle Kehre und die kritische Rekonstruktion chinesischsprachigen Denkens [Ein Dia-log mit François Jullien]).《中國文哲研究通訊》. 第24卷, 第4期: 79–136.
- Chinesisch (Kurzzeichen): 何乏笔 (Fabian Heubel) 2014.〈混杂现代化、跨文化转向与汉语思想的批判性重构 (与朱利安»对一话«)〉. 方维规主编.《思想与方法: 全球化时代中西对话的可能》. 北京: 北京大学出版社: 86–135.
- Französische Kurzfassung: »Qu'est ce que la philosophie interculturelle? Entre comparatisme et critique transculturelle (Un dia-logue avec François Jullien)«. *Transtext(e)s Transcultures. Journal of Global Cultural Studies* (9/2014): http://transtexts.revues.org/554.
- Deutsche Kurzfassung: 2018. »Hybride Modernisierung in der chinesischen Philosophie«. *Acta Historica Leopoldina*. Nr. 69: 85–109.

2. Immanente Transzendenz: Ist chinesisches Denken konformistisch?
- 2011. »Immanente Transzendenz im Spannungsfeld von europäischer Sinologie, kritischer Theorie und zeitgenössischem Konfuzianismus«. In: *Polylog, Zeitschrift für interkulturelles Philosophieren*, Nr. 26: 91–114.

3. China: Utopie, Dystopie, Heterotopie, Atopie?
- Unveröffentlicht.

4. Aistethik oder Fadheit und Widerstand

- 2008. »How to Compare a Nude and a Rock? Some Trans-cultural Reflections on Energetic Aesthetics«, in: *The Proceedings from the 2007 Asian Art Biennial Forum*, Taichung: National Taiwan Museum of Fine Arts: 140–150.
- 2009. »Aistethik oder Transformative Philosophie und Kultur der Fadheit«. In: *Polylog, Zeitschrift für interkulturelles Philosophieren*, Nr. 22: 35–53.
- 2011. »L'Aistéthique: transformation énergétique et culture de la fadeur«. In: *Rue Descartes* (Philosopher en Chine aujourd'hui), no. 172 (2011/2): 119–143.
- 何乏筆 (Fabian Heubel) 2010.〈平淡的勇氣: 嵇康與文人美學的批判性〉(Der Mut der Fadheit: Jī Kāng und der kritische Geist der Literatenästhetik).《哲學與文化》, 37卷9期, (2010年9月): 141–154.

5. Konfuzianischer (Non-)Konformismus

- 何乏筆 (Fabian Heubel) 2009. 〈跨文化批判與中國現代性的哲學反思〉(Transkulturelle Kritik und die philosophische Reflexion der chinesischen Moderne). 《文化研究》, 第8期: 89–95.
- 2009. »Transkulturelle Kritik und die chinesische Moderne: Zwischen Frankfurter Schule und Neokonfuzianismus«. In: Iwo Amelung / Anett Dippner (Hg.). *Kritische Verhältnisse: Die Rezeption der Frankfurter Schule in China*. Frankfurt a. M., Campus: 43–65.

6. Kritische Kultivierung

- 何乏筆 (Fabian Heubel) 2008. 〈養生的生命政治: 由于連之莊子研究談起〉 (Die Biopolitik des Nährens des Lebens: Ausgehend von der Zhuāngzǐ-Forschung François Julliens). 《中國文哲研究通訊》. 第18卷, 第4期: 115–138.
- 2013. »Kritische Kultivierung und energetische Subjektivität. Reflexionen zur französischsprachigen Zhuangzi-Forschung«. In: Markus Schmücker / Fabian Heubel (Hg.). *Dimensionen der Selbstkultivierung. Beiträge des Forums für asiatische Philosophie*. Freiburg: Alber: 104–146.
- 何乏筆 (Fabian Heubel) 2017. 〈養生的生命政治: 由法語莊子研究談起〉 (Die Biopolitik des Nährens des Lebens: Ausgehend von der französischsprachigen Zhuāngzǐ-Forschung). 收入何乏

筆主編.《若莊子說法語》. 臺北市: 臺大人社高研院東亞儒學研究中心: 339–375.

7. Energiewandelnde Subjektivität: Über das Buch Zhuāngzǐ als Quelle für eine Demokratie der Zukunft
- Chinesisch (Langzeichen): 何乏筆 (Fabian Heubel) 2012.〈氣化主體與民主政治: 關於《莊子》跨文化潛力的思想實驗〉(Das energiewandelnde Subjekt und demokratische Politik: Ein Gedankenexperiment zum transkulturellen Potential des *Zhuāngzǐ*).《中國文哲研究通訊》. 第22卷, 第4期: 41–73.
- Chinesisch (Kurzzeichen): 何乏笔 (Fabian Heubel) 2014. 〈气化主体与民主政治: 关于《庄子》跨文化潜力的思想实验〉. 乐黛云、李比雄主编.《跨文化对话》. 第32辑. 北京: 三联书店: 210–251.
- 2015. »Entdramatisierung der Subjektivität. Über das Buch *Zhuāngzǐ* als Quelle für eine Demokratie der Zukunft«, in: *Bochumer Jahrbuch zur Ostasienforschung* 38, München: Iudicium: 63–88.

8. Restlassen und Restlosigkeit: Ist der Daoismus Teil des kreativen Kapitalismus?
- 2012. »Zhuangzi im Kapitalismus: Überlegungen zu Effektivität und Effizienz«. In: *Widerspruch. Münchner Zeitschrift für Philosophie*. Nr. 56 (2012/2): 67–85.

9. Aufwärts gegen den Strom: Energiewandel in der chinesischen Literatenmalerei
- 何乏筆 (Fabian Heubel) 2018.〈(不)可能的平淡: 山水畫的跨文化反思〉. 收入陳昭瑛編.《徐復觀的思想史研究》. 臺北市: 臺大人社高研院東亞儒學研究中心: 523–543.
- 2010. »Ästhetik der Fadheit – Zur energetischen Ökonomie des Selbst«. In: Barbara Gronau und Alice Lagaay (Hg.). Ökonomien der Zurückhaltung, Kulturelles Handeln zwischen Askese und Restriktion. Bielefeld: transcript: 189–206.

10. Das Atmen der Freiheit
- 2020. »Within the Spinning Stillness of the Present: Reflections on Transcultural Zhuangzi-Studies in Taiwan«. *Asian Studies*. Volume VIII (XXIV). Issue 2: 211–230.